Ullstein

ÜBER DAS BUCH:

»Es ist wohl kein Zufall, daß ein Band Reportagen das bisher beste Buch über die sowjetisch besetzte Zone Deutschlands ist. *Die deutsche Not* enthält nahezu alle Motive, die Jahr um Jahr die Bewohner der Provinzen Vorpommern, Mecklenburg, Brandenburg, Thüringen und der beiden Sachsen zu Scharen in die Flucht treiben ... Erika von Hornstein, die selbst einst die Zone verließ, sprach mit den Flüchtlingen in Westberlin im Lager, im Café, auf Spaziergängen. Sie ließ erzählen: Arbeiter, Bauern, Handwerker, Angestellte, Lehrer, Pfarrer, Ärzte, Wissenschaftler, Künstler, Jugendliche und Kinder, ja, Funktionäre, Volkspolizisten, Spione. Das Tonband, das ihre Berichte aufnahm, gewährte ein erschreckendes Maß an Authentizität ... Jeder Deutsche sollte dieses Lesebuch für Deutsche lesen. Die 43 Fälle, die Erika von Hornstein reportiert, sind 43 Pfähle ins Fleisch der Gleichgültigkeit ...« (*Die Welt*, 1961)

DIE AUTORIN:

Erika von Hornstein wurde in Potsdam geboren und wuchs in Berlin auf. Sie begann als Malerin – Meisterschülerin von Karl Schmidt-Rottluff – und kam durch die Aufzeichnung ihrer Nachkriegserlebnisse in Mecklenburg zum Schreiben: *Andere müssen bleiben* (1953), *Der gestohlene Phönix* (1956). Es folgten: *Die deutsche Not. Flüchtlinge berichten* (1960), *Staatsfeinde. Sieben Prozesse in der DDR* (1963), *Adieu Potsdam* (1969). Erika von Hornstein lebt und arbeitet als Schriftstellerin und Filmemacherin in Berlin und Italien.

Erika von Hornstein

Die deutsche Not

Flüchtlinge berichten

Ullstein

ein Ullstein Buch
Nr. 22854
im Verlag Ullstein GmbH,
Frankfurt/M – Berlin

Ungekürzte Ausgabe

Umschlagentwurf:
Elżbieta Woźniewska
Foto: Ullstein Bilderdienst

Taschenbuchausgabe mit
freundlicher Genehmigung
der Vito von Eichborn
GmbH & Co. Verlag KG,
Frankfurt am Main

Printed in Germany 1992
Gesamtherstellung:
Ebner Ulm
ISBN 3 548 22854 2

Oktober 1992
Gedruckt auf Papier mit
chlorfrei gebleichtem
Zellstoff

Die Deutsche Bibliothek –
CIP-Einheitsaufnahme

Hornstein, Erika von:
Die deutsche Not: Flüchtlinge berichten /
Erika von Hornstein. – Ungekürzte
Ausg. – Frankfurt/M; Berlin: Ullstein,
1992
(Ullstein-Buch; Nr. 22854)
ISBN 3-548-22854-2
NE: GT

Inhalt

Vorwort

Die deutsche Not, von der Flüchtlinge vor mehr als dreißig Jahren berichteten, sie wirkte fort und hat noch immer kein Ende. Dreiundvierzig Menschen erzählen in diesem Buch vom Elend ihres Daseins in der DDR und dem Drama ihrer Flucht. Die aufgezeichneten Schicksale liegen in Zeiten vor der Errichtung der Mauer. Nach dem 13. August 1961 wäre eine Sammlung von Erfahrungen in dieser Raumweite nicht mehr möglich gewesen, zu wenigen glückte noch der Sprung in die Freiheit.

Als die Mauer sich schloß, wurde es dahinter stumm. Wer hörte vereinzelten Klagen noch zu? Aber für die abgesperrten Menschen ging das Leben weiter, unter verstärktem Druck. Was Angst, Anpassung und Pression in den Seelen angerichtet haben – heute erst kommt das Bewußtsein davon auf und damit das Entsetzen.

Dabei war mit Anbeginn der kommunistischen Diktatur bereits alles da: die immer drohende Vernichtung von Existenz und Leben, der unheimliche Apparat der Staatssicherheit mit Erpressungen, Verhaftungen, Foltern – dieses Buch berichtet davon.

Als es 1960 im Verlag Kiepenheuer & Witsch erschien, trug es den Titel *Die deutsche Not.* 1985, in einer Neuauflage bei Greno, herausgegeben in Hans Magnus Enzensbergers *Die Andere Bibliothek,* hieß das Buch *Flüchtlingsgeschichten – 43 Berichte aus den frühen Jahren der DDR.* In dieser Zeit der sogenannten Entspannung schien der alte Titel zu pathetisch. Jetzt, da sie offenliegt, die deutsche Not, erhält die Ullstein-Taschenbuchausgabe wieder den Originaltitel.

Im Vorwort zur Erstausgabe 1960 heißt es: »Tausende von Aussagen liegen vor, sind seit Jahren gesammelt, werden immer wieder kontrolliert, gegeneinander abgewogen ... Der Bewohner der westlichen Welt kann also wissen, was hinter der Zonengrenze vor sich geht, wenn er sich die Mühe macht, es wissen zu wollen.«

Wer hat sich noch diese Mühe gemacht? Wohl gab es die vom Westen mühsam erkämpften Reiseerleichterungen und damit verstärkte private Kontakte, doch löste sich das Dunkel nicht auf, das weiter über dem Land lag. Auf beiden Seiten der Mauer hatte man sich mit dem status quo eingerichtet.

Jetzt, da es gilt, sich gegenseitig in die Augen zu blicken, kann die Lektüre solcher Berichte helfen, etwas von dem Ungeheuerlichen zu begreifen, was mit den Menschen im östlichen Teil unseres Vaterlandes geschehen ist – und warum es so schwierig ist mit der Vereinigung.

Berlin, im Sommer 1992 *Erika von Hornstein*

Alle meine Kinder

Ich bin 24 Jahre alt. Bis 58 waren wir drüben im Westen. Die Kinder sind alle im Westen geboren. Im Oktober war Jahrgang 28 wehrpflichtig, und da sollte mein Mann drankommen. Das wäre ja nicht lange gewesen, und ich sagte, du gehst hin.

Er war nun sehr politisch und mochte nicht. Er war Funktionär in der Ostzone gewesen und hatte da einmal eine dumme Sache gedreht und ist getürmt. Als erster Funktionär für die FDJ (Freie Deutsche Jugend) im Ort hatte er mit der Jugendarbeit zu tun gehabt. Er sollte mit seinen Helfern bis zum Abend soundso viele neue FDJ-Mitglieder werben. Sie haben aber nicht genug gekriegt und ein paar dazugeschwindelt. Sie hatten in Wirklichkeit nicht mal die Hälfte zusammen, und da kriegte mein Mann Angst wegen der falschen Angaben, die er gemacht hatte, und ist getürmt. Das war 1950.

Er hat sich dann wohl bei der Partei im Westen bewährt, jedenfalls war er kaum einen Abend zu Hause. Sie haben ihm dann gesagt, geh wieder rüber in den Osten. Und das ist ja auch eine Propaganda.

Wir haben uns polizeilich in Hannover abgemeldet und sind in den Osten umgezogen nach Thüringen. Er hat da im Straßenbau gearbeitet. Er bekam im Monat rund 800 Mark. Also, wenn dies nicht gekommen wäre und die Politik nicht wäre, wir wären ausgekommen. In Westdeutschland hatte er gestempelt, er wurde arbeitslos; und da war ich es ja gewohnt, ein bißchen sparsam zu sein. Jedenfalls hatten wir uns gut eingerichtet. Aber man muß ja laufen, um etwas zu bekommen. Es gibt neuerdings auf Raten Schlafzimmer, gute Schlafzimmer, die kosten rund 1900 Mark. Je nach Verdienst muß man soundso viel Raten abzahlen. Wir hatten Schlafzimmer, dann ein kleines Wohnzimmer, also Wohnzimmer und Küche zusammen, dann haben wir eine kleine Küche gekauft, 500 und noch ein paar Mark. Wir haben im ersten Stock in einer Stadtwohnung gewohnt.

Aber mein Mann war das ganze Jahr über so nervös, gleich nachdem wir im Osten waren. Jeden Freitag kam er nach Hause, und die Kinder immer: Papi hier und Papi da, und er immer: Laßt mich zufrieden. Er hat ja in Eisenberg im Straßenbau gearbeitet und kam nur von Freitag bis Montag nach Haus. An einem Montag war er losgefahren und war sehr aufgebracht und hatte gedroht abzuhauen, von mir und aus der Ostzone. Ich hab' mir da gar nichts bei gedacht. Jedenfalls ging ich Freitag mit den Kindern zur Bahn, wie immer, und er kam nicht. Und da bin ich nach Haus gegangen und habe die Kinder ins Bett gebracht, und nun saß ich ja da. Die Kinder schliefen schon, auf einmal klopft es, und ein Arbeitskollege kommt herein und bringt mir seine Aktentasche. Mein Mann nahm immer für die ganze Woche Verpflegung mit.

Und wo ist Günther? sagte ich.

Der wollte mir das so etwas schonend beibringen und druckste rum. Ich sagte: Ist etwas passiert, oder habt ihr euch festgesessen? Und er druckste rum und druckste rum und sagte: Der Günther kommt nicht wieder.

Und da sagte ich: Ist er abgehauen nach drüben?

Und da sagte er: Nein, sie haben ihn festgenommen vom Staatssicherheitsdienst.

Und am andern Tag bin ich zum Staatssicherheitsdienst gegangen, aber da wußten sie nichts. Dann bin ich nach Haus gegangen, und nach einer langen Zeit, nach fünf Wochen, bekam ich ein Schreiben von Eisenberg aus, vom Staatsanwalt, daß die Beschuldigungen, die gegen meinen Mann gemacht worden sind, zu Recht bestehen, und ich möchte Wäsche zur Staatssicherheit bringen.

Und da fing das mit mir an. Ich mußte eine Arbeit suchen. Ich stand da ohne Pfennig. Bis ich Arbeit hatte, wurde ich

Tag und Nacht zum Verhör geholt. Ich konnte ja gar nicht richtig arbeiten. Grob waren sie nicht, aber haben mich immer bekniet, ich wäre doch mit meinem Mann verheiratet und ob ich das und das nicht gemerkt hätte.

Ich sagte, doch, er wäre sehr nervös geworden.

Er war wegen Spionage angeklagt, und wenn ich etwas wüßte, sollte ich es sagen. Er hatte Arbeit in der Nähe eines großen Truppenübungsplatzes, und dort wurden Panzerstraßen gebaut. Nun haben sie bei der Haussuchung doch im Schrank bei uns von ihm alles gefunden. Nach meiner Meinung, wie ich meinen Mann kenne, waren das ganz belanglose Sachen, das waren so Landkarten, das ganze polnische Gebiet. Das hat er nun aus dem Atlas geschrieben, die kleinen Städte in Deutsch geschrieben, die Einwohnerzahl hintergeschrieben. Er konnte niemals so wie ich am Abend ruhig im Sessel sitzen. Ich hab' ja immer gern dann so vor mich hin geträumt. Er hat ein Buch gehabt und gelesen. Das waren Bücher, die gab es hier in Geschäften. Er war ein Mensch, der hat sich eben für alles interessiert. Er hatte die einfache Volksschule, aber sie sagen, intelligent soll mein Mann gewesen sein. Ich war so stolz darauf.

Beim Verhör fragten sie mich immer wieder: Diese Bücher und dieser Atlas; was wollte Ihr Mann mit diesem Atlas?

Ich sagte: Mein Gott, jeder normale Mensch hat ja so einen Atlas. Da wurde das alles nun so ausgelegt, und ich dachte, mein Gott, damit hast du dich nun reingelegt.

Nu' war das Schlimmste: Mein Mann war etwas jähzornig, und mit den Kindern hat er sich öfters vergessen. Er konnte sich eben nicht beherrschen. Fünf Minuten später tat's ihm wieder leid. Unsere Ehe wäre nicht gegangen, auch wenn er nicht verhaftet worden wäre.

Einmal hatte er den Jungen geschlagen und kriegte ihn so mit dem Fuß, und da fällt der Junge gegen den Ofen und hat sich den Kopf aufgeschlagen. Da mußte ich in die Poliklinik mit ihm, und da wurde er genäht. Und sie fragten: Wovon ist das?

Und da sagte ich: Die Kinder haben sich geschlagen.

Das ist keine Schlagwunde, sagten sie.

Die Wände im Haus sind ja nun so hellhörig, und mein Mann hat so eine helle Stimme, und der über uns wohnt, ein Oberleutnant von der Polizei, der war mal sein bester Freund. Der hat das gemeldet, und da haben sie auf der Polizei zu meinem Mann gesagt: Das darfst du nicht, die Kinder so schlagen, du bist nicht mehr in Westdeutschland.

Ich habe immer gesagt: Mensch, schrei nicht so. Wenn wir uns in der Wolle haben, dann tu das wenigstens, wenn die Kinder weg sind. Und große Furcht hatten die Kinder vor dem Vater, wenn er freitags kam!

Und weil ich mich nun scheiden lassen wollte, da hatten wir ja eine ganz entsetzliche Auseinandersetzung. Ich bin nun so 'n Mensch, ich kann nicht bockig sein. Das habe ich von meiner Mutter, die ist auch so. Bei uns ist alles bald wieder gut. Und dann dachte ich immer, ach Gott, die Kinder!

Aber einmal – den Tag werde ich nicht vergessen –, da habe ich zu meinem Mann gesagt: Wenn du nicht freiwillig in die Scheidung einwilligst, dann werde ich einen Grund finden – aber so was hätte ich ja in Wirklichkeit nie getan. Mein Mann ist nun die ganze Woche weggewesen und ist sehr eifersüchtig. Er dachte, wo ich nach sechs Jahren die Scheidung will, da steckt ein Mann dahinter.

Du kannst mich schlagen, soviel du willst, aber es steckt kein Mann dahinter, sagte ich. Ich will wegen der Kinder weg, damit die Ruhe vor dir haben.

Er hat mir ja leid getan. Aber ich hab' gedacht, du mußt hart bleiben. Es ging einfach nicht mehr.

Na ja, und dann ging er auf mich los. Ich saß im Sessel und hatte grade ein Strickzeug in den Händen, und da bekam er mich dann zu fassen und zu würgen – er ist 1,85 groß und sehr stark und konnte nun die Griffe –, und das gab einen

Klamauk. Das haben die Leute oben mitgekriegt. Die haben geklopft, und er hat das Radio aufgedreht und die Tür abgeschlossen. Er schrie, und die klopften immer wilder.

Ich sagte: Mein Gott, reiß dich doch zusammen.

Und er hat dann in der Aufregung geschrien: Du Weibsbild, umbringen sollt' man dich, umbringen.

Ich hatte große Angst. Die Kinder standen alle hinter mir und schrien. Und Peter hat sich auf die Erde geschmissen und schrie. Und da kriegte mich mein Mann so – ich merkte, ich kann mich nicht mehr wehren – er hatte die Knie in meinen Leib reingestemmt – und dunkelroter Kopf –, und dann hörte ich nur ein Krachen: Die von oben hatten die Tür aufgebrochen.

Sie haben ihn mitgenommen zur Polizei – das war Sonntag – und haben ihn Montag früh entlassen, daß er seine Sachen holen konnte und zur Arbeit. Und in dieser Woche haben sie ihn verhaftet.

Mich haben sie im Verhör immer nur gepiesackt wegen dieses einen Wortes: Weswegen wollte Ihr Mann Sie umbringen?

Hörte der eine auf, fing der andere an. Nachher waren es sechs Mann beim Verhör. Weshalb wollte Ihr Mann Sie umbringen?

Ich hab' alles auf mich genommen. Gut, wirst du eben schuldig geschieden. Er hat es ja jetzt auch nicht gut.

Manchmal haben sie mich nachts um 1 Uhr rausgeholt, und morgens um 8 bin ich nach Haus gekommen, und dann mußte ich gleich zur Arbeit. Mir ist jetzt noch so zumute, als wenn ich noch eingesperrt wäre. Ich weiß nicht, wie mir zumute ist. Ich laß alles auf mich zukommen – –.

Ich hab' in der Brauerei gearbeitet. An der Maschine hatte ich einen Unfall durch Glassplitter und kam ins Krankenhaus. Ich bin unter der Maschine gewesen, und da ist zu stark Preßluft gekommen, und da sind soundso viel Flaschen geplatzt, und ich lag darunter. Der Chef hat gesagt, das geht nicht mehr so. Ich wäre mit den Gedanken eben woanders, nicht bei der Maschine. Ich war in Gedanken immerzu bei meinen Kindern. Die Kinder nahmen ab. Wenn ich abends nach Hause kam und sah, wie dünn sie waren ... Der Junge war schon so niedlich mit seiner Schwester. Vier und fünf Jahre – er ging mit ihr zusammen morgens in den Kindergarten, und die Kleine brachte ich früh selbst zur Krippe.

Sie sagen einem ja immer, man soll die Kinder in die Staatsheime geben, da haben sie's viel besser. Und da dachte ich nun, mein Gott, haben sie nun recht oder haben sie nicht recht damit? Es sind doch meine Kinder. Aber wenn die Mutter arbeitet, strolchen sie den ganzen Tag rum, und da habe ich gedacht, was wird denn nun aus den Kindern? Meine waren so gut erzogen, aßen schon mit Messer und Gabel.

Am 18. August 58 war nun der Termin für meinen Mann. Da hatte ich Angst. Der Tag rückte immer näher. Ich sollte als Zeugin auftreten. Ich hatte Angst. Nirgends konnte man hingehen und fragen, wie man sich verhalten sollte. Und da haben die Nachbarn gesagt: Mein Gott, Sie sind noch hier? Hau'n Sie bloß ab!

Ein paar Tage vor dem Termin, an einem Sonnabend, da wollte ich mit den Kindern weg, und am Donnerstag haben sie mich festgenommen. Ich hatte ein Paket nach Hannover zu meinen Eltern geschickt und auch Briefe. Aber das alles hatten sie festgehalten. Das ist gar nicht erst abgegangen. Meine Mutter schrieb immer: Sieh zu, daß du rüberkommst, und laß dich nicht erst einsperren. Sie haben alles kontrolliert und haben alles gewußt, und darum habe ich auch eine so hohe Strafe bekommen, weil ich Zeugin war und weg wollte. Fahnenflucht – oder ich weiß auch nicht, wie sie das nennen. Ich hatte in der Zeit Tag- und Nachtschicht und habe meine Kinder darum ins Vorschulheim gebracht. Es hieß, da kann man sie jederzeit wieder rausholen. Ich hatte sie ja freiwillig hingebracht. Die Kinder fühlten sich auch wohl da, und sie brauchten nachts nicht allein zu sein, wenn ich Nachtschicht hatte. Ich bin in der Woche meist hingefahren, und Sonnabend/Sonntag hab' ich sie mir nach Hause geholt. Die Kleine hatte ich ja noch bei mir daheim.

Nun wollte ich die Kinder wegholen, weil ich ja abhauen wollte, und wie ich hinkomm' – Ja, das tut mir leid, sagt die Leiterin, wir haben eine Epidemie, Scharlach, und die Kinder sind weggekommen ins Krankenhaus.

Nachher auf meinem Termin haben sie mir gesagt, das wäre eine Vorsichtsmaßnahme gewesen, sie hätten die Kinder da weggebracht, damit ich sie nicht holen und mit ihnen abhauen könnte. Aber das hat auch nicht mal gestimmt, die Kinder sind die ganze Zeit über im Heim gewesen.

Ach Gott, dachte ich, nu' Scharlach, ach –

Und nun hatte ich Angst und bin nach Hause gefahren und hab' mir gesagt, nun gut, bleibst du eben hier. Die Kinder sind krank, da mußt du hierbleiben. Ich war schon so gleichgültig. Ich dachte, sperren sie dich ein, dann sperren sie dich eben ein. Ich bin wieder zur Arbeit gegangen. Und am Donnerstag haben sie mich verhaftet.

Das ist alles nur so gekommen wegen meiner Federbetten. Ich wollte so gerne meine Federbetten retten. Da war eine Familie Karenz, das sind unsere Nachbarn, und mit denen stand ich ja ganz gut. Da hab' ich immer mal mein Herz ausgeschüttet. Das waren die, die zu mir gesagt haben, ich sollte bloß abhauen, und sie wollten mir meine Federbetten nach Westberlin bringen. Ich war noch auf der Arbeit und hab' ihnen die Federbetten gegeben, und was haben sie gemacht? Sie sind hingegangen und haben die Federbetten andern Leuten zum Verkauf angeboten! Ich war ja ganz erstaunt, als die Polizei mir sagt, sie hätte die Federbetten sichergestellt. Die Leute, denen die Karenz die Federbetten verkaufen wollten, sagten sich: Nanu, Karenz Betten verkaufen? Die haben doch selbst nichts, das ist sicher von mir, wo mein

Mann doch eingesperrt ist. Und sie sind hin zur Polizei und haben gesagt, die will türmen. Und so ist alles gekommen.

Bei der Kriminalpolizei wurde mir die Karenz dann gegenübergestellt. Ich dachte, das kann doch nicht wahr sein, das kann doch nicht sein, daß grade die mich verraten haben. Und sie haben sogar noch lauter Sachen gesagt, die nicht stimmten. Und dabei waren sie es, die mir geraten hatten abzuhauen. Aber sie waren mir nicht feindlich gesinnt, sie wollten nur ihre Haut retten. Die hatten jetzt Angst, daß sie eingesperrt würden, und da haben sie sich so festgelogen. Sie wollten sich an meinen Sachen bereichern, und was hab' ich von meinen Sachen verloren! So wie ich jetzt entlassen wurde, mein Gott! Nichts ist mehr da. Die haben dann auch eine Strafe bekommen. Der Schwiegersohn hat sechs Monate bekommen, und sie hat fünf Monate bekommen wegen Beihilfe. Und der Schwiegersohn hat noch soundso viele Monate dazugekriegt, über ein Jahr. Er ist so jähzornig und hat das Essen verweigert und hat dem Wachtmeister – das stand in der Zeitung, ich konnte mir ja eine Zeitung halten im Gefängnis –, hat ihm die Schüssel mit dem heißen Essen – so eine Porzellanschüssel – einfach über den Kopf geschüttet, und dann hat er kurzerhand die Zellentür zugeschmissen und alles demoliert. Und dann kam er in die Strafzelle rein, Arrest und ohne Essen. Da wurde er noch verrückter und da hat er vier Monate Strafe gekriegt, der sitzt nu' noch. Das kann ich mir vorstellen, wie sie den gebändigt haben, einen jungen kräftigen Kerl.

Mein Mann hat ja zehn Jahre gekriegt. Ich habe ihn nur auf dem Termin noch kurz gesehen, sonst nie mehr.

Also, jetzt muß ich noch erzählen, wie das war, mit meiner Verhaftung. Ich bin am 3. Juni 58 morgens verhaftet worden. Ich hatte Nachtschicht hinter mir und bin nur nach Hause gegangen – die Kleine, die stand da nun schon in ihrem Kinderbettchen, und verweint sah sie aus, sie war ja die Nacht immer allein. Ich hab' sie gewaschen und gefüttert, ich war auch sehr müde. Um 12 Uhr fing meine Schicht nachts an, aber zu Hause, da habe ich doch nur gegrübelt, und da hab' ich noch die Tagschicht gemacht. Wie ich um 10 Uhr zur Arbeitsstelle komme, sind schon zwei Herren vom Staatssicherheitsdienst da, die kannte ich schon vom Verhör. Da sagt der eine: Können wir Sie einen Augenblick sprechen?

Ich war ja nun auf alles gefaßt. Draußen, als es die Kollegen nicht mehr hören konnten, sagt er: Sie müssen mitkommen. Es wird nicht lange dauern, dann können Sie wieder nach Hause. Im Staatssicherheitsdienst sagten sie: Wir müssen Sie festhalten, denn Sie wollten flüchten. Und dann haben sie mich bis zum 18. August, also bis mein Mann seinen Termin hatte, in Untersuchungshaft dabehalten. Da wurde ich von den Kriminalen verhört, und die sind ja ein bißchen ekelhafter als die Stasi, so grob, da hatte ich jedesmal Angst. Sie haben mich gequält und gefragt, warum ich türmen wollte. Ich habe doch sicher von meinem Mann was gewußt, weil ich türmen wollte. Ich habe so große Angst gehabt bei den Verhören.

In der Zelle, da hört man ja, wenn es vorn klingelt. Mein Gott, dachte ich, nun holen sie dich schon wieder. Da fuhr mir der Schreck durch.

Zweieinhalb Monate war ich in Einzelhaft. Und das Schlimmste während der Haftzeit war ja mit der Kleinen. Jedem Gefangenen steht doch ein Eingangsbrief zu, wenn er inhaftiert ist. Da kann er seinen Angehörigen schreiben, wo er abgeblieben ist. Und ich bekam auch einen Eingangsbrief, den hab' ich an meine Nachbarin geschrieben. Sie sollte sich kümmern, wo Christinchen ist, und mir das schreiben, und ob sie mir nicht ein bißchen Wäsche bringen könnte. Den Brief hat der Kriminale vor meinen Augen zerrissen und gesagt: Das gibt's nicht. Das war so ein junger Leutnant, jünger als ich. Der war so 22 gewesen, der war ganz gemein zu uns Gefangenen, ein ganz gemeiner Kerl.

Dann abends um 6 Uhr kommt auf einmal einer von der Stasi, wurde ich wieder rausgeholt: Haben Sie Angehörige? Wo können wir die Kleine hinbringen? Da hatten die wohl von der Krippe angerufen, denn um 6 Uhr wird da Schluß gemacht, und nun standen die Schwestern mit Christinchen da und wußten nicht, wohin mit ihr. Sie sind wohl zu mir nach Haus, und es gab 'ne große Aufregung. Da hab' ich nun gebettelt, ob ich nicht meine Mutter benachrichtigen kann wegen der Kinder; das durfte ich auch nicht. Ob ich nicht an das Kinderheim schreiben kann? Dahin durfte ich auch nicht schreiben. Ich stand mit der Leiterin gut. Daß sie mich anlügen mußte wegen dem Scharlach, das war ja Auftrag; sie mußte ja lügen.

Dann kam der Termin von meinem Mann, und da war ich Hauptzeugin.

Mit der grünen Minna haben sie mich nach Leipzig gebracht. Und der Saal war voll, oje! Und da wurde ich vorgeführt!

Und so sah ich meinen Mann nun wieder nach sieben Monaten. Mit anderen Angeklagten saß er hinter der Barriere, und wir haben uns nur angesehen. Reden miteinander darf man ja nicht. Aber mager war er geworden, ein ganz knochiges Gesicht, und sah sehr niedergeschlagen aus.

Und dann wurde ich gefragt: Sind das die Bücher von Ihrem Mann? Ich sag': Ja, die hat er sich gekauft, aber das hat hiermit nichts zu tun, denn mein Mann, der ist ein großer Büchernarr, der hat den Bücherschrank voll gehabt.

Das wollen wir gar nicht wissen, sagt der Richter. Der war sehr patzig. Gegenüber von meinem Mann saß einer, der frug auch so. Das war bestimmt der Staatsanwalt. Mein Mann hatte keinen Verteidiger, er hat sich selbst verteidigt. Aber ich habe nichts gehört, ich wurde gleich wieder rausgeführt. 60 Zeugen sind da aufmarschiert, und mein Mann soll alles eingestanden haben.

Na ja, Staatssicherheitsverhöre!

Auf der Anklagebank saßen mehrere, es waren mehrere angeklagt. Ich konnte meinen Mann auch gar nicht sprechen. Aber wie der Richter mich frug, da sprang mein Mann einmal auf und rief: Das habe ich ja schon zu Protokoll gegeben, meine Frau hat da nichts von gewußt!

Ein Glück, denn wenn ich was gewußt hätte, in so einem Verhör, da hält man ja nicht stand.

Und dann kam mein eigener Termin, und ich stand mit meinen beiden Nachbarn vor Gericht. Da waren Richter, Staatsanwalt und zwei Schöffen. Und ich mußte mich selbst verteidigen. Die Staatsanwältin, das war eine Frau, die hat über ein Jahr für mich beantragt. Da kullerten mir die Tränen, aber ich hab' gedacht, nein! Ich hab' mich zusammengerissen und gedacht, vor denen darfst du nicht heulen. Dann stand der Richter auf und hat dann so gesprochen, über meine Familienverhältnisse, und man müßte bei der Angeklagten bedenken, sie wäre jung und hätte eine schlechte Ehe. Der wußte genau Bescheid. Und das alles vor der Öffentlichkeit. Das war scheußlich.

– Und man sollte mir eine Chance geben, und er verurteilte mich zu 9 Monaten. Die sollten mir eine Lehre sein wegen Republikflucht und weil ich als Zeugin abhauen wollte.

Während meiner Haftzeit bekam ich ein Schreiben, da stand als Adresse drauf: Ilse R. z. Zt. Untersuchungshaftanstalt.

Meinem Mann wurde ja gleich das Erziehungsrecht abgenommen, und in dem Schreiben an mich stand drin, ich wäre politisch noch nicht so gefestigt – und daß ich türmen wollte –, also sie könnten mir die Kinder nicht anvertrauen. Ich könnte die Kinder nicht gesellschaftlich erziehen, und deshalb entzogen sie mir das Sorgerecht bis zum 18. Lebensjahr der Kinder, bis zur Selbständigkeit.

Als ich dieses Schreiben bekam, das war ein entsetzlicher Tag für mich! Während der ganzen Zeit in Untersuchungshaft hab' ich ja nicht ein einziges Mal an die Kinder schreiben können und habe überhaupt nichts von ihnen gehört. Jetzt, wo ich im Arbeitskommando war, da konnte ich den ersten Brief ans Kinderheim schreiben. Das war nach fünf Monaten.

Ein Glück nur, daß ich in der Haft arbeiten konnte. Wir waren auf einem Staatsgut eingesetzt als Landarbeiter. Ich war Melkerin. Wir haben genausoviel Lohn bekommen wie die Freiheitsleute, 1,35 die Stunde. Davon gingen soundso viel Prozent ab zur Anstalt und für Bekleidung, und soundso viel bekam das Gut für Unterkunft und Essen. Reinverdienst bei den Melkern hatte ich ungefähr 65 Mark im Monat. Das war ganz schön. Da hatten wir alle 10 Tage unsern Einkauf und konnten uns kaufen, je nachdem, was wir wollten. Es wurden Listen aufgestellt, und die Lagerleiterin – das war auch eine Strafgefangene –, die besorgte alles. Das andere Geld ging auf Konto. Bei der Entlassung bekam ich dann 161 Mark ausgezahlt.

Die Arbeit war schwer. Wir haben geschuftet. Wir haben so geschuftet, daß wir abends todmüde ins Bett fielen, und dann denkt man nicht mehr soviel. Das ist auch besser so. Wie ich dann nach neun Monaten von der Haftanstalt rauskam, bin ich gleich ins Kinderheim gefahren, zuerst zum Peter. Die Heimleiterin sagte: Peter, du hast Besuch, deine Mutter ist da. Der guckte dann so, und dann kam er gleich die Treppe heruntergestürzt. Ich blieb zwei Tage da. Ich konnte im Kinderheim schlafen.

Er hat mir voller Stolz das Pionierzimmer gezeigt. Sie haben da ein Aquarium drin und Vögel. Und auf dem Hof haben sie zwei kleine Affen und Eichhörnchen. Und im Gehege vier Rehe, und Wildschweine haben sie auch.

Das Heim steht so im Kiefernwald, und da können sie toben, und sie können alles anstellen, was sie wollen. Da kann man dann feststellen, für was ein Kind sich eignet, für welchen Beruf.

Jede Gruppe hat eine Erzieherin. 40 Kinder waren in dem

Heim. Über jedes Kind wird Buch geführt, und es wird photographiert, und dann kommt das Bild in das Buch hinein, und es wird darunter geschrieben: Peter beim Baden, oder Peter baut sich eine Höhle.

Dann bin ich von Peter nach Eisenberg gefahren und habe geschlafen bei einer Arbeitskollegin. Da habe ich mich erst mal frisch gemacht und was eingekauft für die Mädchen. Und bei den Mädchen blieb ich dann auch einen Tag. Die Kleine kannte mich überhaupt nicht mehr. Sehr bockig ist sie geworden. Sie saß auf meinem Schoß, ja, aber keinen Ton!

Ich hab' mich dann um meine Sachen gekümmert. Meine Wohnung war ja inzwischen aufgelöst, und die Sachen waren bei meiner Nachbarin untergestellt, die ist gestorben, und dann hat sich jeder so genommen, was er brauchte.

Ach, ich war ja zufrieden, daß ich überhaupt noch was hatte. Ich dachte, das schaffst du dir schon wieder an.

Der Rat des Kreises hat mir dann Arbeit vermittelt als Melkerin. Mir war ja im Anfang alles egal, Hauptsache, raus aus Eisenberg. Ich wollte ja nur weg aus Eisenberg.

Ich wurde hingefahren auf dem Motorrad zur neuen Arbeitsstelle. Die Wohnung gefiel mir. Allein! Über 60 Frauen waren wir in einem Kommando gewesen, über 60 Frauen in einem Raum während der Haftzeit. Nun war ich froh, endlich allein zu sein. Auch bekam ich gleich ein paar gute Nachbarn. Ein junges Ehepaar, so alt wie ich. Sie hieß Lisa, und ihr Mann war Kutscher. Er hat mich abgeholt von Eisenberg.

Meine neue Arbeitsstelle, das war ein früheres Gut und war aufgeteilt in Siedlerstellen, und nun wurde es wieder als LPG (Landwirtschaftliche Produktionsgenossenschaft) zusammengeschlossen. Die Kühe standen in alten Gutsställen. Im Gutshaus war ein Kulturraum drin, und da wohnten auch viele Leute. Sie hatten nur die großen Schaf- und Schweineställe abgerissen. Die LPG schimpft jetzt und sagt, das war schön dumm, und ist jetzt böse darüber. Aus den Steinen waren die kleinen Siedlerhäuser gebaut worden, sehr nette kleine Häuser.

Die Siedler, die auf Draht sind, die sagen: Wir in die LPG? Nein, wir sind doch nicht verrückt, so eine Lotterwirtschaft!

Aber wehe, wenn nun mal einer in Rückstand kommt mit seinem Soll. Jetzt in der letzten Zeit haben sie vier Siedlerstellen zubekommen. Da sind die Siedler abgehauen, und grade jetzt in der Erntezeit standen sie nun da mit der Ernte, und keine Arbeitskräfte. Ich hatte ein kleines Siedlerhäuschen, ein Zimmer und Küche, und dann ging's hoch zum Boden, und oben war es schon so eingerichtet, nach einer Seite zwei Fenster und nach der andern ein Fenster, das konnte man dann ausbauen. Und gleich am Haus dran der Stall. Möbel bekam ich vom Rat der Gemeinde. Das wurde mir vorläufig zur Verfügung gestellt, so lange, bis ich was Neues hätte. Ich hab' mir ja nichts Neues angeschafft. Ich dachte, wenn du die Kinder nicht raus bekommst, kaufst du nichts. Ich hab' nur das Notwendigste gekauft, was ich brauchte, und das andere Geld habe ich zu den Kindern hingeschickt.

Während meiner Haft brauchte ich ja nichts für sie bezahlen, aber jetzt mußte ich dann 75 Mark im Monat geben.

Ich hatte nun die Wohnung und einen hübschen Garten und habe versucht, die Kinder zurückzubekommen. Erst mal den Jungen, weil der alleine war.

Man hat mich abgewiesen und gesagt: Gehen Sie Ihrer Arbeit nach, und ich sollte mich bewähren.

Ich war nun in keinem DFD (Demokratischer Frauenbund Deutschlands) drin, keine Deutsch-Sowjetische Freundschaft, sogar in der Gewerkschaft nicht.

Im Rat des Kreises, die Vorsitzende von Mutter und Kind, die wollte mich ja so überreden, alles politisch! Und ich hab' gesagt: Davon hab' ich die Nase voll; ich will nichts weiter wie meine Kinder. Ich habe sie fünf Jahre lang erzogen, und ich kann sie jetzt auch weiter erziehen.

Sie konnte mir ja nun nichts Schlechtes nachsagen. Ich hatte mir wegen der Kinder nichts zuschulden kommen lassen. Aber gegen die Reden von ihr, da kam ich einfach nicht an.

Jeden Monat einmal konnte ich meine Kinder sehen. Da bin ich sonnabends gefahren und montags wieder zurückgekommen. Aber es war schrecklich. Wenn ich kam – die Kinder wurden immer fremder, immer fremder. Das war für die Kinder nicht gut, und ich war die ganze Woche nicht mehr zu gebrauchen. Da hab' ich mir gedacht, nein, du machst dich verrückt und die Kinder auch.

Und meine Mutter, die muß was gemerkt haben aus meinen Briefen. Als ich wieder mal mit den Nerven ganz fertig war, da hab' ich geschrieben, und sie schrieb dann, sie hätte Angst, daß ich mich verrate, ich sollte sehr vorsichtig sein und keinem Menschen was sagen und zu niemandem Vertrauen haben. So hat sie sich ausgedrückt.

Gut, hab' ich gedacht, was sollst du dich hier quälen, und für die Kinder dieses Seelische – das hab' ich ihnen immer mehr angemerkt. Ich hatte ja nun Angst. Ich dachte, arbeite erst mal, dann bekommst du die Kinder raus.

Und dann habe ich gearbeitet und gearbeitet, ich habe mich angestrengt, bis ich zuletzt nicht mehr konnte. Ich habe bis 23 Kühe gehabt, 16 waren mein Gang. Aber wenn man da fertig war, mußte man in den andern Gängen helfen, und da bin ich manchmal bis 23 gekommen. Sie haben ja nicht viel Milch, aber ...

Also ich habe mich so gequält, bis ich zuletzt nicht mehr konnte. Das Melken mußte ich dann aufgeben, ich hatte eine Sehnenscheidenentzündung in den Armen.

Da hatte ich nun so gearbeitet, und während der Haft hatte ich Wasser und eine doppelseitige Lungen- und Rippenfellentzündung, nun war ich davon nicht mehr auf der Höhe und immer sehr viel krank.

Ich habe gewußt, ich muß hier Schluß machen. Aber wie

konnte das bloß gehen mit den Kindern? Ich konnte sie nicht mitnehmen, und hierlassen konnte ich sie doch auch nicht. Der Junge, der war so unglücklich, wie ich das letzte Mal da war, und weinte und weinte: Mutti, nimm mich mit zurück, nimm mich doch bitte, bitte mit zurück zu dir.

Da bin ich wieder zum Rat des Kreises und hab' gefragt, ob ich Peter denn nicht mitnehmen kann nach Hause, und ich hab' geweint. Aber diese Vorsitzende da vom Ausschuß für Mutter und Kind – was ist das bloß für eine Frau, hab' ich gedacht, die hat selber sechs Kinder! –, die hat nun gemerkt, daß ich niedergeschlagen war, und ich hab' gebettelt und geweint.

Sie müssen sich nicht wundern, hab' ich gesagt, wenn ich eines Tages verschwunden bin.

Ja, um Gottes willen, daß ich das nicht tu', arbeiten Sie, gehen Sie Ihrer Arbeit nach!

Ja, sag' ich, wofür arbeite ich denn? Ich habe keine Lust mehr zu arbeiten, wofür? Nur daß mir das Geld abgezogen wird für die Kinder, und von den Kindern hab' ich überhaupt nichts.

Und wie ich dann wieder nach Hause fuhr, habe ich den Entschluß gefaßt. Ich habe mir dann ein paar Sachen zusammengepackt, das Notwendigste, und bin zu meiner Freundin Lisa rübergegangen. Also ihr Mann durfte nichts davon wissen, er war ja bei der Polizei im Dorf. Lisa sagte: Ich helf' dir.

Da ist noch was. Ich war nicht allein deswegen zu dem Entschluß gekommen. Aber von meiner Freundin Lisa, da ist noch ihr Bruder. Den kannte ich, seit ich im Dorf war, und wir hatten uns gern. Ich war ja immer so allein gewesen, und mein Mann, bei dem hatte ich's doch auch nicht gut, und da war nun Lisas Bruder, und wir hatten uns verlobt.

Er war schon zwei Jahre bei der Volkspolizei, und jetzt hatte er noch ein Jahr. Er sagte zu mir: Ehe wir heiraten, will ich noch das Jahr Dienstpflicht abmachen. Er kam nicht drum rum.

Jedenfalls schickten sie ihn auf einen Schulungskurs, und wie er von dem Schulungskurs zurückkam, da war er ganz anders umgestellt. In den Sachen bin ich ja nun feinfühlig durch meinen Mann. Und da war ich schon mißtrauisch.

Er ließ sich weniger bei mir blicken. Er war nicht mehr so wie erst. Sie hatten ihn da geschult und hatten ihm zugesetzt, und wie er zurückkam, saß er immer da mit einem ganz bösen Gesicht, und seine Mutter hatte auch schon Angst vor ihm und sagte: Meinen Jungen, den kenn' ich ja gar nicht wieder, so ein böses Gesicht hat er vordem nie gemacht.

Die Kameraden haben ihm da zugesetzt, daß er nicht so eine Frau heiraten kann, die wegen Republikflucht gesessen hat.

Und dann ist ja nun jetzt ein Kind unterwegs, ich bin im vierten Monat. Und erst hat er sich so mit auf das Kind gefreut, aber jetzt spricht er gar nicht mehr davon und ist plötzlich keine Rede mehr von Heirat. Seine Schwester, meine Freundin Lisa, weiß auch gar nicht, was sie dazu sagen soll. Sie hat dichtgehalten und ihm nicht gesagt, daß ich abhauen will. Ich weiß ja nicht, vielleicht besinnt er sich noch, und es wird ihm alles ein bißchen klar, und dann kommt er mir nach.

Aber ich bin ja nun froh um das Kind, dann hab' ich wenigstens ein Kind, wo ich meine drei andern Kinder doch verloren habe. Und wer weiß, ob ich die noch mal im Leben sehen werde. Aber ich habe so große Angst, daß ich das Kind nicht austragen kann. Der Arzt sagt, das wird schwer sein, weil ich so hab' arbeiten müssen, und davon bin ich im Unterleib nicht mehr in Ordnung. Ich hoffe so sehr, daß ich das Kind nicht verliere. Ich habe doch nichts mehr als dieses Kind. Meine Mutter, die freut sich ja auch schon darauf, und auch ihr Mann, das ist nicht mein Vater, es ist ihr zweiter Mann, der freut sich auch schon auf das Kind, weil er keine Kinder mehr mit meiner Mutter haben konnte, weil meine

Mutter doch Magen- und Darmkrebs hat. Und darum ist es ja gut, daß ich nun zu ihr komme, damit ich ihr beistehen kann, wenn es schlimmer mit ihr wird.

Vater haben sie aus dem Zug geholt

Meinen Vater haben sie Bahnhof Friedrichstraße aus dem Zug geholt. Sie haben sicher gleich gesehen, daß mein Vater Bauer ist. So einen kurzen Überzieher hatte er an, eine helle Schirmmütze und nur eine Aktentasche – aber da waren alle Papiere drin über unsern Hof. Vater ist groß, hat ein breites Gesicht, daran haben sie ihn bestimmt gleich erkannt.

Mutter und mein Bruder und ich blieben im Abteil sitzen, als Vater von den Polizisten rausgeführt wurde. Er hat kein Wort gesagt, wir konnten auch alle nichts sagen, saßen nur da, und der Zug fuhr mit uns ab. Nächste Station war schon Westsektor, da sind wir ausgestiegen und wußten nun nicht, was wir machen sollten. Mutti wurde schlecht, wir mußten sie zu einer Bank auf dem Bahnsteig führen. Sie ist nicht mehr gut mit ihren Nerven, weil sie zehn Kinder gehabt hat. Die ersten fünf starben alle schon nach ein paar Tagen. Vom sechsten ab blieben sie am Leben, und dann war mein Vater zufrieden; er wollte Kinder haben. Mein Bruder und ich sind die Jüngsten. Mein Bruder ist 16, und ich bin grade 15 geworden.

Ich ging zu Haus auf unserem Dorf noch zur Schule. Mutti wollte ja überhaupt nicht weg von zu Haus, aber mein Vater hat sich mit dem Vorsitzenden von der neuen LPG angelegt, da mußten wir weg. Wir haben schon nichts mitgenommen, keinen Koffer, bloß daß wir durchkommen. Bis Schönefeld ging auch alles gut mit den Kontrollen. Vater spricht ja nie viel; er saß immer nur so da, wenn die Trapo ihn fragte, wo er hin will und warum er unterwegs ist. Mutti hat für ihn geantwortet.

Sie hat noch durchgehalten, wie sie Vati aus dem Zug holten, aber jetzt auf dem Bahnhof im Westsektor kippte sie uns um. Ich holte ihr beim Stationsvorstand ein Glas Wasser, und mein Bruder sagte: Ich fahr' sofort wieder zurück zum

Bahnhof Friedrichstraße. Die Züge fuhren immerzu an uns vorbei, wie wir da saßen, und mein Bruder stieg in den nächsten ein, wo draufstand »Friedrichstraße«. Wir haben über zwei Stunden auf der Bank gewartet, Mutti und ich, dann kam mein Bruder wieder mit einem Zug von Friedrichstraße angefahren und sagte: Ich habe Vater gesehen, aber machen konnte ich nichts.

Er ist rumgelaufen auf dem Bahnhof, die Treppen immer rauf und runter, und da waren zwei Türen nebeneinander, und da hat mein Bruder gesehen, wie einer vom Zoll mit drei Leuten reinging, die trugen ihre Koffer. Da hat mein Bruder die Tür ganz schnell aufgemacht, hat gesagt: Entschuldigung, und sie dann wieder zugemacht. Da hat er Vater gesehen. Der stand ganz hinten, den Rücken ihm zugedreht, und packte grade seine Aktentasche aus vor einem Herrn, der da am Tisch saß. Mein Bruder ist dann ein Stückchen zurückgegangen, hinter so einen Pfeiler, und hat die Tür im Auge behalten. Aber Vater kam nicht wieder raus. Sicher gibt es da noch einen anderen Ausgang.

Wenn sie Vater nun ins Gefängnis abgefahren haben, sagte Mutti, ich halte es hier nicht aus. Ich fahr' zurück und will wissen, was mit Vater ist.

Dann hat Mutti uns bloß ihre Handtasche dagelassen mit allen Papieren drin und ist wieder rübergefahren in den Osten.

Sie ist nicht zurückgekommen.

Mein Bruder und ich haben bis in die Nacht auf der Bank gesessen und gewartet, dann ist ein Beamter gekommen und hat sehr freundlich gesagt: Der Bahnsteig wird geschlossen, der letzte Zug fährt jetzt ein in Richtung Ostsektor.

Da sind wir mit dem Zug in den Ostsektor gefahren. Wir sind von einem Bahnhof zum anderen gefahren und haben unsere Eltern gesucht. Wir wußten nicht, wo wir suchen sollten. Wir waren dann auch am Ostbahnhof, wo sie die

Republikflüchtigen sammeln, aber in den Raum konnten wir nicht reingucken.

Mein Bruder hat mir gut zugeredet, weil ich weinte; er war noch sehr ruhig.

Wir haben uns am Morgen am Ostbahnhof jeder eine Tasse Kaffee gekauft, und dann haben wir überlegt, was wir nun machen sollen. Schließlich sind wir doch wieder nach Westberlin rübergefahren. Wir haben uns durchgefragt zum Lager Marienfelde, und von da kam ich einen Tag später schon in ein Heim für minderjährige Mädchen, und mein Bruder kam nach Kladow ins Jugendlager. Von unseren Eltern haben wir nichts mehr gehört, und die Fürsorgerinnen wissen nun nicht, was sie mit uns machen sollen.

Das individuelle Schwein

Sieben Kinder waren wir, sechs Söhne und ein Mädchen. Meine Mutter hat jeden Tag fünf Brote für uns alle gebakken. Mein Vater hatte einen Bauernhof an der Elbe, schon von Großvater geerbt, den sollte mein ältester Bruder bekommen, der Bernhard. Ich habe zu Hause mitgearbeitet und bin dann auf einen großen Bauernhof ins Nachbardorf gegangen zur Arbeit. Drei Töchter waren auf dem Hof, die älteste Tochter war die tüchtigste, die habe ich ein Jahr später geheiratet. Aber immer so rumsitzen bei den Schwiegereltern, nein. Man will doch seine Selbständigkeit haben. Und die Kleine war auch schon geboren. Ich habe mich umgehorcht, ist nicht ein Hof zu haben, da oder da? In Pacht vielleicht? Aber wenn eine Wirtschaft verwaist ist, weil der Bauer geflohen war, gleich schluckt ihn die ÖLB (Örtliche Landwirtschaftliche Betriebe).

Kommt mein Schwiegervater eines Abends heim und sagt: Du, Erwin, da ist der Hof zu haben von Maier Karl. Der Alte war gestorben und hatte keinen Sohn, und sein Erbe, ein Neffe, sitzt im Westen, und der ist kein Bauer, der ist Bäcker.

Da habe ich den Hof gekauft. Bezahlen konnte ich ihn nicht, denn ich konnte dem Neffen ja nicht das Geld in den Westen bringen! Ich mußte die Zinsen dafür auf sein Sperrkonto zahlen und die Hypotheken übernehmen, die auf dem Hof lagen. 10000 Mark.

Der Hof war runtergewirtschaftet, aber wir haben ihn wieder hochgebracht. Meine Frau und ich haben schwer gearbeitet, nur mit einem achtzehnjährigen Jungen als Hilfe, denn Arbeitskräfte für die Privatbetriebe gibt es nicht. Der Kleine, der Heinzi, ist dann 57 geboren. Jetzt hatten wir zwei Kinder. Und sieben Kühe hatten wir und fünf Färsen und den BHG-Bullen, denn ich hatte die Deckstation (BHG = Bäuerliche Handelsgenossenschaft). Eine elektrische Melkanlage hatte ich mir angeschafft – und damit fing es ja an: Es hapert hier an Melkstrümpfen. Da habe ich in einer Gemeindeversammlung gesagt – weil die doch immer so Reden schwingen, erst müßte der sozialistische Sektor bedient werden, und dann erst kämen die Privatbauern dran –, also bei der LPG bekommen sie Melkstrümpfe, sage ich, und wir bekommen keine. Es ist doch egal, wo die Butter herkommt, als ob die Leute beim Einkaufen fragen, ob die Butter vom Einzelbauern kommt oder von der LPG! Die Hauptsache, es ist welche da!

Und ein paar Tage später kommt ein Flugblatt heraus:

Egal, woher die Butter kommt?

Der Landwirt Z. meint, es ist dem Arbeiter egal, woher die Butter kommt, ob von der LPG oder vom Einzelbauern. Ist das dem Industriearbeiter wirklich egal? Wenn Herr Z. sich ein Auto kaufen will, dann läßt er es nicht bei einem Handwerksmeister anfertigen, sondern kauft sich eins aus der Serienproduktion. Warum? Weil so ein Auto bedeutend billiger ist als eins, das in Einzelanfertigung hergestellt wird.

Unsere LPGs besitzen große Rinderherden, die sind in Komplexen untergebracht, in denen sich die Tiere mit äußerst geringem Kostenaufwand pflegen lassen. Während Herr Z. für die Pflege seiner Tiere mindestens 5 Stunden eine Arbeitskraft benötigt, werden in einer LPG 60 Kühe nur von 2 Personen betreut. Logisch, daß die Milch billiger wird. Die LPG-Bauern haben nur noch einen Kostenaufwand von 18 Pf. pro Liter erzeugter Milch (Milch im Soll-Verkauf bringt 24 Pf. pro Liter, freie Spitze 60 Pf.). Wenn die Produktionskosten für Milch billiger werden, gilt das auch für Butter.

Und weil wir billiger und mehr Butter produzieren wollen als Westdeutschland, darum entwickeln wir unsere LPGs, und darum fragt der Arbeiter, wo die Butter herkommt, weil er weiß, daß mit der Entwicklung der LPGs die Verbesserung des Lebensstandards verbunden ist.

Auf dieses Flugblatt hin haben sie mich eingeladen auf das Bürgermeisteramt. Der Bürgermeister ist zugleich der Vorsitzende der LPG im Dorf. Neun Betriebe hatten sich schon freiwillig im März 59 zusammengeschlossen, die, die wirtschaftlich nicht mehr weiter konnten, keine Arbeitskräfte bekamen, ein ganz lahmer Haufen. Hieß: *»Rotes Banner«.* Sie brauchten einfach große, gesunde Betriebe und junge Arbeitskräfte, und der Bürgermeister sagt zu mir: Ich rate dir, geht rein in die LPG, Erwin! Mit dem Flugblatt, das geht sonst übel für dich aus. Am besten, du unterschreibst gleich für Typ III; mit Typ I, das ist doch bloß alles Murks, und hat mir das Ding zum Unterschreiben auf den Tisch gelegt. Aber ich habe nicht unterschrieben und bin nach Hause gegangen.

Das war Montag. Am Donnerstag war Versammlung. Der Parteisekretär kommt auf den Hof und sagt: Du mußt kommen. Und ging zum Beermann und zu meinem Schwiegervater und zum Rumler Hans und hat sie auch aufgefordert. Wir vier, wir waren sozusagen das Rückgrat der Gemeinde, und uns wollten sie niederknüppeln, daß die andern Angst kriegen. Und dann gaben sie uns Zunder in der Versammlung. Der Vorsitzende des Kreises steht auf und sagt: Hier gibt es immer noch welche, die die sozialistische Entwicklung aufhalten, wer das tut, ist ein Staatsfeind und Saboteur. Der Bauer Z. – das war ich – hat zum Fritz K. gesagt: Wenn du in die LPG gehst, dann schlag' ich dir in die Schnauze. Da spring' ich hoch und sag': Das ist eine gemeine Lüge. Aber ihr betrachtet uns Einzelbauern ja als zweite Kategorie von Mensch. Mit zweierlei Maß meßt ihr. Nehmt doch ein glühendes Eisen und sengt uns einen Stempel ein, damit ihr uns von weitem erkennt.

Am nächsten Tag hieß es überall, der Erwin Z. hat gesagt, euch müßte man einen roten Stern auf die Stirn brennen mit einem glühenden Eisen! Und dann stand ein Artikel in der Zeitung:

Ehrlich sein, Herr Z.

Da sagte doch kürzlich auf einer Versammlung der Bauer Z.: Es gibt zweierlei Menschen. Wir haben eine bescheidene Frage an Sie, Herr Z.: Leben Sie schlechter bei uns in der DDR als jeder andere Bürger? Sie werden die Frage verneinen müssen. Erhalten Sie als Bauer nicht die gleichen Rechte für Ihre gelieferten Produkte wie jeder andere Genossenschaftsbauer? Oder können Sie Ihre Produktion nicht beliebig hochsteigern wie jeder andere Ihrer Berufskollegen?

Nein, das konnte ich nicht. Treibstoffzuteilung und alles wurde uns zudiktiert, 460 Liter Treibstoff fürs ganze Jahr, für 19 Hektar. Vergünstigungen der MTS (Maschinen-Traktoren-Station) und all so was haben wir doch nie gehabt. Ich sollte Mais anbauen. Ich sage: Gut, aber dann müssen wir einen Vertrag machen, damit die MTS den Mais nachher auch häckselt mit ihrem Maishäcksler. Als es soweit war mit dem Mais, sage ich: Kommt bei mir Mais häckseln. Ist kein Vertrag da, sagen sie. – Ich sage: Mensch, wir haben doch einen Vertrag abgeschlossen. – Ja, dann ist der vielleicht nicht anerkannt worden, sagen sie. Sieh zu, wie du dein Zeug abdrischst. Der steht jetzt noch draußen, der Mais. Im vorigen Jahr habe ich auch einen Vertrag gemacht mit der MTS über das Mähen und Dreschen von Korn. Wir selbst hatten keine Maschinen und kriegten auch keine. Von unserer Dreschmaschine war schon während des Krieges der Draht abgenommen, und ich hatte nun einen Antrag gestellt auf eine Portion Draht von der Mastleitung bis zu meiner Scheune. Darauf wurde mir mitgeteilt: Wir haben keinen Draht, und du brauchst keinen Draht. Dafür haben wir die MTS. Voriges Jahr kamen sie auch noch zu uns, weil ich gesagt habe: Wenn ihr nicht dreschen kommt, könnt ihr euer Soll nicht bekommen. Da schleppten sie die Dreschmaschine mit dem Trecker auf unseren Hof, ein Traktorist kam mit, für die übrigen Arbeiten müssen wir selbst Leute stellen.

In diesem Jahr gab es das nicht mehr. Es hieß: Wer dreschen will, muß sich mit der LPG in Verbindung setzen, wenn die eine Maschine frei hat, die auf dem Ortsplatz steht, dürft ihr dreschen. Da hieß es: beladen und aufpassen, wann die LPG grade nicht drischt. Die Dreschmaschinen dürfen ohnehin von früh bis 1 Uhr mittags nicht arbeiten wegen Stromüberlastung, nur nachmittags und nachts. Die Nachmittagsstunden nimmt natürlich die LPG, für den Einzelbauern bleiben nur die Nachtstunden. Aber dafür muß man auch erst die Erlaubnis des Brigadiers haben. Wir kamen dies Jahr überhaupt nicht ran. Wir mußten auch mit der Hand mähen und binden, bekamen auch dafür keine Maschinen von der MTS. So sieht die Wirklichkeit aus. Und dann heißt es weiter in dem Zeitungsartikel:

Herr Z., haben Sie nicht das Recht, in allen Fragen, die Ihre Gemeinde und die Entwicklung betreffen, mitzubestimmen?

Nein! Nein! Nein! Ich war in die Gemeindevertretung gewählt, uns Einzelbauern haben sie das letzte Jahr gar nicht mehr eingeladen. Sie wußten schon, warum nicht.

Oder stehen Ihren Kindern nicht die Entwicklungsmöglichkeiten zu wie jedem anderen Kinde in der DDR?

Bei mir trifft's noch zu, weil ich noch werktätiger Einzelbauer bin mit 19 Hektar. Hätte ich nur einen Hektar mehr gehabt und wäre also Großbauer gewesen, hätten meine Kinder nicht auf die Oberschule gekonnt, kein Studium machen dürfen ...

Wenn Sie nur ein Fünkchen Ehrlichkeit besitzen, dann müssen Sie zugeben, daß Sie in allen Fällen gleichberechtigt mit allen Bürgern der DDR sind. Es gibt allerdings in einem Teil Deutschlands zweierlei Menschen. In Westdeutschland, im sogenannten goldenen We-

sten, da wird tatsächlich mit zweierlei Maß gemessen. Während Ihr Berufskollege X. von der westzonalen Polizei oder ihren Bütteln in den Kerker geworfen wird, nur weil er einen Berufskollegen aus dem Westen zur landwirtschaftlichen Ausstellung in der DDR einladen wollte, während Friedenskämpfer und Menschen, die für die Wiedervereinigung unseres Vaterlandes eintreten, verfolgt werden, werden Faschisten und solche, die schon zweimal in 50 Jahren großes Elend über Europa heraufbeschworen haben, nicht nur auf freien Fuß gesetzt, sondern noch unterstützt. Dort gibt es wirklich zweierlei Menschen, dort wird der Bauer unterdrückt und leidet unter den Folgen der Krise und des amerikanischen Imports. Das sollten auch Sie, Herr Z., einsehen.

Das war alles im August, das Flugblatt, die Versammlungen und dann der Zeitungsartikel. Im Herbst haben sie uns von neuem angeschossen. Wieder sollten wir auf einer Versammlung die Verpflichtung zum Eintritt in die LPG unterschreiben, und wieder sind wir am Abend auseinandergegangen, ohne unterschrieben zu haben. Das war Dienstag. Und Freitag fuhr bei mir der Staatssicherheitsdienst vor. Zwei Mann mit einem großen BMW-Wagen. Sie kamen rein in die Stube – ich war grad vom Feld gekommen mit dem Gespann –, und dann: Wir möchten uns mal mit Ihnen unterhalten. Ich sage: Bitte, könn' Sie tun. Um was handelt sich's?

Nun, wegen der LPG ...

Ich sage: Mit wem habe ich's zu tun? Zeigen Sie mir Ihre Ausweise. Haben sich vorgestellt: Der Chef vom Staatssicherheitsdienst, der zweite auch Stasi.

Na ja, das ist traurig, daß ihr hier erscheint, sag' ich. Sie müssen doch von jemandem geschickt worden sein ...?

Und dann ging es los: Warum und weshalb haben Sie an dem Abend nicht unterschrieben?

Ich sage: Wie kann ich unterschreiben, wo ich gar nicht weiß, wie das dann mit den Zinsen gehen soll? Ich muß die

Zinsen weiter selbst aufbringen, auch wenn ich in der LPG bin, ich habe doch jedes Jahr ungefähr 1000 Mark Zinsen zu zahlen für den Besitzer im Westen und für die Hypotheken. Die LPG übernimmt die Zinsen nicht. Ich gebe also meine ganze Wirtschaft hin und muß noch weiter die Zinsen zahlen, wovon soll ich dann mit meiner Familie leben? Ich kann nicht unterschreiben.

Also morgen ist wieder Versammlung, sagen sie, und du wirst unterschreiben. Sonst, wenn deine Unterschrift fehlt, da werden wir uns bald wiedersehen! Wenn die Sache jetzt hier nicht hinhaut, dann könnt ihr was erleben. Wir gehen nicht raus aus dem Dorf, bis der letzte gefallen ist. Und wer von euch nicht will – da fährt unser Auto vor, und dann kommt der Mann mal ein bißchen zu uns, und wenn das noch nicht genügt, »sanieren« wir ihn, sperren ihn ein! Dann hat er Bedenkzeit ...

Ich saß nur da, guckte auf den Fußboden und dachte: Um Gottes willen, sag kein Wort mehr ...

Dann fing er wieder an: Sie haben da einen Fernsehapparat. Haben Sie auch ein schönes Westbild?

Den Fernsehapparat, den hatten wir nun grad neu. Das Kollektiv – das sind welche von der Partei und Arbeiter im Dorf –, die hatten ewig hin- und hergeredet, bis sie mir den Kauf bewilligt hatten. Den Antrag hatte ich schon vor einem Jahr gestellt. Ich sag' zum Chef von der Stasi: Das Westbild klemmen sie uns doch bald ab. Ich habe da so 'ne hübsche Karte bekommen, daß sie die Antennen kassieren wollen. Dann haben wir sowieso kein Westbild mehr.

Endlich sind sie abgefahren, nach drei Stunden, mit ihrem BMW. Den Vertrag für LPG Typ III ließen sie auf dem Tisch liegen zum Unterschreiben. Ehe sie zu mir kamen, sollen sie sich auf dem Bürgermeisteramt nach mir erkundigt haben, was ich für einer wär, und gesagt haben: Mit dem Z., da werden wir mal ein stärkeres Wort reden müssen.

Ich hatte den Vertrag nun bei mir liegen, 24 Stunden lang.

Ich habe mich abgequält, aber ich mußte unterschreiben, ob ich wollte oder nicht. Aber ich habe ihn umgeändert und reingeschrieben, was mir nicht gefiel.

Von mir ist die Stasi zum Beermann gefahren, hatten das Formular zum Unterschreiben auch gleich mitgebracht. Er hat gesagt: Nee, ich wollte Typ I unterschreiben, nicht Typ III, und das hat man mir nicht vorgelegt.

Bitte schön, hier ein Vertrag für Typ I. Unterschreib!

Da mußte er unterschreiben vor den Augen des Staatssicherheitsdienstes.

Den Beermann und mich hatten sie nun. Jetzt kam mein Schwiegervater dran.

Er fuhr am nächsten Nachmittag vom Feld grad am Gemeindeamt vorbei, da saßen sieben Mann drin, und er mußte reinkommen, und sie haben ihn bearbeitet. Er war aber verbissen, er wollte nicht und ist nach Hause gegangen. Eine Stunde später kamen sie zu ihm ins Haus, und gedrückt und gedrückt: Komm doch, komm doch, komm doch! Was wartest du noch? Und hinter ihm her, in den Stall, in die Wohnstube, rein in die Küche, und: Hier komm, hier hast du einen Bleistift, unterschreib!

Und da sagt der Parteisekretär: Wie war denn das mit deinem neuen Stall? Wir wissen genau, daß die Zeichnung dafür ganz anders gewesen ist – wo hast du den Zement hergehabt? Und die Eisenträger? Schwarz hast du dir das besorgt! Also, nun entweder . . . oder . . .

Da hat mein Schwiegervater unterschrieben.

Es fehlte ihnen nur noch der Rumler, das war ein kleiner Bauer mit vier Kühen. Wo sie ihm am Abend auf der Versammlung gesagt haben, daß wir drei unterschrieben haben, da hat er's auch getan, für den war's nicht so schwer. Die Kleinen sind besser dran in der LPG. Da wird einfach alles auf einen Nenner gebracht, und die Einnahmen kommen alle in einen Topf. Ehe sie uns bekamen, war die LPG in unserm Dorf arm. Mein Schwiegervater hat über 60 Hektar eingebracht, der war der Größte. Aber Bargeld hat er nicht gesehen für sein Vieh, weil die LPG arm war. Es wurde geschätzt, und sie haben gesagt, sie zahlen es auf ein Sperrkonto ein, und später bekommt er was davon. Dabei schätzen sie schon so niedrig wie möglich, die Kuh bringt zwischen 350 und 450 Mark, aber Bargeld hat keiner von uns dafür gesehen.

Nun hatten sie also alle, das ganze Dorf war voll kollektiviert, und die konnten's in die Zeitung bringen. Und keiner von uns war in der SED. Meine Schwiegermutter, die ist rumgegangen am nächsten Tag und wollte sich aufhängen. Den ganzen Tag ist sie mit einem Strick rumgerannt. Sie haben meine Frau geholt, auf sie aufzupassen, und Frauen vom DFD. Von dem Tag an sagte meine Frau immer nur: Mann, was wollen wir denn noch hier? Was wollen wir denn noch hier?

Wie das in einem voll kollektivierten Dorf zugeht, das wußte ich ja von meinem Heimatort, da konnte ich mir keine Illusionen machen. Da haben sie schon vor zwei Jahren die Einzelbauern kaputtgemacht, und weil sie über jeden eine geheime Karte haben, so hatten sie auch Gründe genug zu Erpressungen. Einer war gesehen worden auf der Grünen Woche in Berlin. Einer hatte schwarz geschlachtet und Schweine mal verheimlicht oder sein Soll nicht erfüllen können und deshalb mit einem anderen was getauscht.

Meinen Vater haben sie auf ganz besondere Art fertiggemacht. Früher hatten sie da mal Listen gefunden, ganz alte Listen vom ersten Weltkrieg über Besitzer von Schußwaffen. Nach dem ersten Weltkrieg waren die registriert worden. Die Waffen durften damals im Zivilleben weiter behalten werden. Also mein Vater hatte auch so ein Dings, und wie er zum Volkssturm berufen wurde, hat er's mitgenommen, und als es zum Ende zuging, hat er's weggeschmissen. Und nun im Jahr 55 sind sie früh um sechse bei ihm vorgefahren und haben ihn geweckt und haben ihn eingeladen ins Auto und ab aufs Kriminalpolizeiamt. Derweil haben zwanzig Mann von der Kriminalpolizei bei uns zu Hause die Bude auf den Kopf gestellt, die Scheune, die Ställe, jedes Stückchen Eisen um- und umgedreht, ob's nicht ein Revolver wär. Haben natürlich nichts gefunden. Meine Mutter, die wurde ja ganz verrückt vor Angst, die wußte gar nicht, was los war. Und derweil haben sie meinem Vater auf der Kriminalpolizei zugesetzt, wo er die Schußwaffe hat, und Kreuzverhör hin und her. Dann haben sie politisch angefangen, und da ist mein Vater ausfällig geworden. Bis abends haben sie ihn dabehalten und immerzu Verhör, und da hat mein Vater einen Nervenzusammenbruch gehabt, ist ein bißchen zusammengeklappt, und sie haben ihn ins Nebenzimmer geschafft, und da hat er durch die Tür gehört, wie der Kriminale gesagt hat: Wenn wir ihn so nicht greifen können, dann greifen wir ihn uns eben politisch.

Nachts haben sie ihn erst mal nach Hause geschickt. Da hat er zu meiner Mutter gesagt: Jetzt ist Schluß! Komm! Ich laß mich von den Lumpen doch nicht einsperren. Ohne jemandem etwas zu sagen, ist er zwei Tage später auf den Bahnhof gegangen und ist nach Leipzig gefahren und von da nach Berlin. Er arbeitet jetzt in einer Teppichfabrik in Westdeutschland. Den Hof hat mein ältester Bruder bekommen, der mußte sofort in die LPG. Ich war voriges Jahr in meinem Heimatdorf zu Besuch. Sie haben da große Ställe gebaut, und mein Bruder macht den Viehbrigadier. Ich sage: Du, Bernhard, ich möcht' mir die Sache mal ansehn.

Na, komm mal mit, sagte er. Da waren 150 Kühe. 18 Stück sind ihm kaputtgegangen, die 18. zog er gerade raus an dem Tag, als ich da war. Die Kühe laufen in großen Boxen rum zu 48 Stück, und weil sie nicht gewöhnt sind aneinander, rammeln sie sich mit den Hörnern. Überall große Blutergüsse! Die Herde, sagt mein Bruder, hat 150 Zentner Fleisch verloren, an jeder Kuh einen Zentner. Was ist das für ein Verlust! Guck sie an, sagte er, als ich sie bekommen hab', waren sie in Ordnung, und jetzt? Wie die Garderobenständer! Der Tierarzt war da und sagt, ich darf nichts zur Schlachtung freigeben, ich habe für meinen Kreis – das sind sechs Dörfer – nur soundsoviel Rindvieh frei zur Schlachtung. Und wir müssen die alten Rinder, die trockenstehn und das Futter fressen, was so knapp ist, weiter mit durchfüttern. Von 150 Kühen 1200 Liter Milch täglich. Diese Kühe haben früher fast das Doppelte gebracht. Sieben große LPGs wollen sie in unserem Kreis machen. In einem Dorf nur Schweine, im anderen nur Rinder – das nennt sich Plan! Perspektive! . . . Wahnsinn!

Der Tierarzt aus unserem Kreis ist auch getürmt. In den Ställen brach eine Seuche aus. Leberegel. Das Rindvieh ist nur so eingegangen. Der Tierarzt kam aus dem Westen, mit großen Versprechungen hatten sie ihn zu uns herübergelockt. Nun war er natürlich der Sündenbock, der Sabotage gemacht hatte in der sozialistischen Landwirtschaft. Er ist grade noch weggekommen, bevor sie ihn verhaften wollten.

In unserem Dorf gab es noch keine großen Gemeinschaftsställe. Das Vieh wurde auf die Höfe verteilt, wo am meisten Platz war in den Ställen. Eine individuelle Kuh hatten wir behalten und fünf individuelle Schweine. Meine Frau machte den Schweinebrigadier. Und das war unser Unglück!

In unseren Stall kamen dann Schweine von der LPG, und zwei Monate später warfen sie vom Vorstand meiner Frau vor, sie hätte unsere individuellen Schweine mit staatlichen Futtermitteln gemästet. Wir wurden auf die Polizei in der Kreisstadt bestellt. In dem ersten Stock, das wußten wir schon, da sitzt die Kriminalpolizei. Und unten hatten wir unsere Personalausweise abgeben müssen. Wie wir in das Zimmer kommen, telefoniert der Kriminale grade und ist sprachlos, als er uns eintreten sieht. Ich glaube, er hat gedacht, wir wären schon getürmt. Bis der LPG-Vorsitzende reinkommt, war er sehr freundlich. Wie meine Frau aber den sieht, wird sie ganz rot im Gesicht. Wenn sie morgens kurz vor sieben auf unserem Hof schon das Knattern von seinem Motorrad hörte, dann krümmte sie sich direkt zusammen. Unser Hof liegt in der Mitte vom Dorf, und darum versammeln sich die Mitglieder der LPG hier jeden Morgen um 7 Uhr und werden von dem Vorsitzenden zur täglichen Arbeit eingeteilt. 26 Jahre ist der Vorsitzende alt.

Bei der Kriminalpolizei hielt er nun große Reden, mit dem Futter für die Schweine stimme das nicht bei uns, und ich sage, ich habe noch genug Futtervorräte, um sechs Spitzenschweine fett zu machen, ich brauche das Futter von der LPG nicht dazu, und wir sind immer ehrlich gewesen. Und meine Frau hat sich auch verteidigt, aber was soll man tun, sie bleiben einfach dabei, wir hätten ihr Futter genommen. Es war schon spät, und wir sollten nach Hause gehen und am Donnerstag wiederkommen, sie wollten noch weiter Erkundigungen einziehen. Unten haben sie uns die Ausweise wiedergegeben. Als wir die Treppe hinuntergingen, dacht' ich, unsere Ausweise, die bekommen wir ja nun nicht zurück, damit wir nicht türmen können.

Zu Hause, da sind wir gar nicht erst zu Bett gegangen. Meine Frau hat zwei kleine Taschen gepackt, und ich habe noch das Vieh gefüttert und die Katze freigelassen. Mit unserm Hund wußten wir nicht, wohin. Freilassen konnten wir ihn nicht, er wäre uns nachgelaufen, und wenn ich ihn zu den Kühen in den Stall sperre, dann bellt er wie verrückt. Ich mußte ihn im Haus lassen und hab' seinen Napf noch mit Milch gefüllt.

Dann sind wir um 3 Uhr nachts losgegangen mit den Kindern. Ich hab' den Kleinen getragen, und wenn Ilschen nicht mehr laufen konnte, nahm meine Frau den Kleinen und ich Ilschen. Wir mußten 7 km marschieren durch Waldwege, wir hatten Angst, zu unserer Bahnstation zu gehen, und wollten einen Omnibus in der Stadt bekommen, der die Arbeiter morgens zur Schicht bringt. Wir sind dann umgestiegen in den Zug nach Potsdam. Wie wir am Bahnhof ankommen: Alles gesteckt voll mit Volkspolizisten. Und ich hab' doch nun all unsere Papiere dabei und sag' zu meiner Frau: Geh du schon durch die Sperre mit den Kindern, und ich warte, bis ein Fernzug kommt, dann werden die Polizisten rübergehn auf den andern Bahnsteig, und ich kann durch.

Aber als der Fernzug einläuft, steigen nur so drei Leute aus, und die Volkspolizei blieb immer am Zug stehen nach Berlin. Ich mußte eben durch. Ich schwitzte furchtbar. Ich hatte zwei Mäntel übereinander an. Wie wir nun schon im Zug sitzen, der nach Berlin fahren soll, kommen sie in die Wagen zur Kontrolle, und während der Zug anfährt: Bitte Ihre Personalausweise. Ich denke: Schau ihn an, ganz fest schau ihm in die Augen.

Es war ein junger Kerl, vielleicht 18. Er gibt mir die Ausweise zurück und geht weiter. Ich seh', wie meine Frau zittert.

Der Zug fährt und fährt und immer die Volkspolizei mit drin. Aber am nächsten Bahnhof mußten sie raus, es war der letzte Bahnhof der DDR.

Die beiden Kleinen, die waren ja so müde von der Nacht, die haben im Zug fest geschlafen und nichts von allem gemerkt. Aber als unser Zug dann in der ersten Station vom Westen einfuhr, da konnte meine Frau nicht mehr an sich halten ... Da sind die Kinder aufgewacht.

Die Agentin

Ich habe für die Amerikaner gearbeitet und dafür habe ich drei Jahre Zuchthaus weggemacht. Es war die Schuld anderer, die Schuld meiner Dienststelle.

Die Herren amerikanischen Offiziere haben sich auf dem Chaiselongue schön und lustig gemacht mit den Weibern, und ich bin dafür hinter Gitter gegangen. In die Wohnung des Hauptagenten – er war ein Deutscher – haben sie die Weiber mitgebracht und ihre Orgien da gefeiert, und wie die Herren eingeschlafen sind, haben die holden Damen aus der Wohnung Papiere geklaut und sind ab damit in den Osten – Auftrag erfüllt! Und jetzt konnte die Stasi uns kaschen. Ich weiß nun, warum die Stasi sich die hübschen Mädchen als Spitzel holt. Und die Herren in der Clay-Allee werden ja auch wissen, wo und wie alles passiert ist. Die haben dadurch meine ganze Familie unglücklich gemacht, nicht nur mich, sondern auch meinen Sohn.

Am 3. März nachts um ½ 12 Uhr kam die Staatssicherheit in meine Wohnung in Leipzig und hat mich kassiert. Obwohl sie ja die Papiere hatten, habe ich wochenlang geleugnet. Die sagten schließlich: Wir reiben Ihnen das Ding gleich um die Ohren.

Ich habe nichts verraten, ich habe nur zugeben müssen: Ich hatte ein paar Telegramme. Sie haben die Telegramme von den Trommeln runtergeholt auf unserem Zustellamt und mir vorgelegt. Bei einem konnte ich mich noch 'n bißchen rauslügen, aber in einem anderen ging es um einen Truppenübungsplatz, da war es vorbei, da habe ich nicht mehr gewußt, was ich antworten sollte. Und sie haben eben die Papiere gehabt. Mein Verteidiger sagte zu mir: Lügen Sie nicht, was denken Sie, was losgeht, wenn Sie das abstreiten.

Mr. X., meinen Chef, habe ich noch bei unserem letzten Treffen in Berlin im Zoo gefragt: Besteht für mich Gefahr?

Sagt er ganz prompt: No!

Und ein paar Tage später holen sie mich nachts ab.

Auf der Stasi wußten sie alles, sogar die Wohnung von Mr. X. in Frankfurt am Main. Sie sagten: Sie haben doch Geheimberichte dorthin geliefert.

Ich fragte: Wo denn hin?

Wir werden es Ihnen sagen . . . und dann nannten sie die Adresse. Sie kannten sogar den Spitznamen des Hauptagenten, alles durch die Weiber. Die hatten sogar ein Foto des Hauptagenten geklaut, sein Hochzeitsbild, wo er vor dem Kirchenportal mit seiner Frau steht, Blumen im Arm. Das Foto hielt mir der Staatsanwalt vor die Nase. Ich sagte: Ich kenne den Mann nicht. Ruck, zuck haben sie's mir um die Ohren gefleddert: Na, dann wollen wir Ihnen sagen, wer's is'.

Ich bin ja nicht alleine aufgeflogen. Da hingen noch ganz andere Personen mit drin. Und alle haben dafür gesessen, bis auf zwei, die konnten sich rausschwindeln, die sind auch hier durchs Lager Marienfelde gegangen. Einer muß viel ausgesagt haben, der hat sieben Jahre Zuchthaus gekriegt. Der hat fünf Kinder, der sitzt noch.

Ich war hartnäckig; aus mir bekamen sie nichts raus. Darum haben sie mich nach 6 Wochen Einzelhaft mit einem jungen Frauenzimmer zusammengesteckt, die hieß »die rote Rita«. Ich habe bald gemerkt, daß das ein Zellenspitzel war. Unten bei den Verhören haben sie mir vorgehalten, was ich ihr in der Zelle erzählt hatte. Ich sagte daraufhin zu dem Oberleutnant: Tun Sie die Rita mal lieber gleich aus der Zelle raus, wenn ich nämlich nachher zurückkomme, drehe ich dem Frauenzimmer den Hals um.

Da sagt der Oberleutnant: Nanu, die hat Ihnen wohl was erzählt? Der war dümmer als ich. Aber er hat telefoniert, und als ich in die Zelle zurückkam, jup heidi, war die Rita schon raus.

Nach der Verurteilung kam ich nun ins Zuchthaus. Das ist

ja das Schlimmste, das Zuchthaus runterzuwurzeln. Ich bin 51 Jahre und mußte Männerarbeit machen. Es gab auch leichtere Arbeit, aber ich stand den ganzen Tag am Schusterbock und machte Militärstiefel für eine Schuhfabrik. Zuerst hatte ich keine Ahnung, wie man die arbeitet. Aber die lernen Ihnen das schon! Wer's nicht begreift, muß ins Nichtarbeiterhaus, und das ist noch viel schlimmer. Wenn man sich sagt, du sitzt jetzt drei Jahre lang in der Zelle drin und guckst das Gitter an – da habe ich mich doch lieber rumgeschunden.

In der Frauenstrafanstalt waren Kriminelle und Politische, aber es waren auch sehr viele Dirnen da. Es heißt ja immer, im Osten gibt es das Dirnenunwesen nicht, das gibt es nur im Westen. Aber was meinen Sie, was da los ist! Man weiß das sonst alles gar nicht. Auf einmal in so 'nem Gefängnis sieht man sozusagen hinter die Kulissen.

Berufsmäßige Dirnen gibt es nicht mehr. Aber die Mädchen, die nicht arbeiten wollen, die drücken sich am Hauptbahnhof rum, manche ohne Quartier, manche haben Absteigen bei älteren Frauen. Die jungen Bengel gehen auch in gewisse Lokale, wo die Dirnen sitzen. Am schlimmsten treiben's die von der Volkspolizei. An die Russen können sich die Mädchen nicht ranmachen. Kein Russe darf abends aus seiner Kaserne raus. Wenn mal einer im Lokal sitzt, wird er von der russischen Streife rausgeholt. Also das ist ganz geordnet. Die deutsche Polizei greift die Mädchen auch meist in den Lokalen auf, dann geht's auf den Dohlenberg – so nennen das die Dirnen in Leipzig. Und da wird jede erst mal auf Geschlechtskrankheiten untersucht, und dann werden alle, die krank sind, gespritzt. Die letzte Spritze heißt der Hundebiß. Die Mädchen kommen nicht eher raus, bis sie die ganze Kur hinter sich haben, die dauert mindestens 6 Wochen. Und dann werden sie sortiert. Die ordentlichsten lassen sie noch mal laufen, die kriegen einen Vermerk. Die anderen gehen ins Gefängnis oder in Heime. Ganz energisch geht der Staat da vor, wie der Deubel sind sie hinter so was her.

Wenn die Mädchen für Geld losgegangen sind, dann kriegen sie 6 Wochen Gefängnis, danach holt sie der Polizeiwagen ab und bringt sie in ein Heim. Von da müssen sie tagsüber zur Arbeit gehen.

Mit solchen Weibern saß ich also nun im Zuchthaus zusammen. Tagsüber habe ich ja schwer gearbeitet. Ich habe meine Norm immer 100%ig erfüllt. Es gibt den § 146, d. h. bedingte Strafaussetzung für die restlichen Monate für die, die ihre Norm 100%ig erfüllen und denen eine einwandfreie Führung bescheinigt wird. Ich habe so ein Zeugnis bekommen und von meinen 3 Jahren nur 2½ verbüßt. Ich wäre aber nicht früher rausgekommen, wenn mein Sohn inzwischen wäre abgehauen in den Westen. Unser Rechtsanwalt hat zu ihm gesagt: Wenn Sie weglaufen, muß die Mutti bis zum letzten Tag ihre Strafe absitzen.

Da hat der arme Junge ausgehalten. Ich habe ja während meiner Haft immer nur an den Jungen gedacht. Wir beide hatten doch alleine zusammen gelebt. Ich bin von meinem Mann schon seit 18 Jahren geschieden. Weil ich mich und den Jungen durchbringen mußte, habe ich das auch gemacht, daß ich für die Amerikaner gearbeitet habe.

Es fing so an, daß eine Frau R., eine Polin, mich mit dem Hauptagenten zusammenbrachte. Die war katholisch, und der Hauptagent war auch katholisch. Die Amerikaner zahlten gut, und das kommunistische Regime hier, das konnte ich nicht ausstehen. Mich hat das Leben hart gemacht, aber mein Sohn, der Dieter, der war weich. Ich mußte ihn immer noch mit meinem Willen unterstützen. Dabei ist er so intelligent. In der Schule war er immer der Erste, und nach dem Abitur haben sie ihn zum Studium zugelassen. Er studierte Sprachen, Englisch und Russisch, und wollte gern Professor an der Universität werden.

Als sie mich verhaftet haben, hatte er schon 4 Semester, und jetzt warfen sie ihn von der Universität, weil seine Mutter verurteilt worden war. Als ich das durch unsern Rechtsanwalt erfuhr, habe ich Tag und Nacht geheult in der Zelle. Nun hatten sie nicht nur mich unglücklich gemacht, sondern auch meinen Sohn. Und alles nur, weil die sich die Papiere haben klauen lassen von den Weibern. Ein Beamter des Staatssicherheitsdienstes sagte mir während der Untersuchungshaft: Ihr Sohn soll sich mit dem Hammer in der Pfote sein Geld verdienen. Da habe ich gedacht: Na warte! Und nach dem Prozeß habe ich die Staatsanwaltschaft zu sprechen gewünscht. Die hat sich vorgestellt: Staatsanwältin soundso.

Ich sagte: Frau Staatsanwältin, mir ist hier erklärt worden von der Staatssicherheit – ich hatte ja nun keine Angst mehr, ich war ja verurteilt –, ich sagte, mir ist erklärt worden, meinen Sohn haben sie von der Universität geworfen, weil er sich sein Geld mit dem Hammer in der Pfote verdienen soll. Frau Staatsanwältin, mein Großvater war Schmied, mein Vater ist auch Schmiedemeister, nun möchte ich Sie fragen, ob es im sozialistischen Staat eine Schande ist, sein Geld mit dem Hammer in der Pfote zu verdienen.

Sie hat einen roten Kopf gekriegt und sagte ganz schnell – damit sie nichts mehr von mir zu hören kriegte, denn ich war in Rage: Nein, nein, wir machen es nicht wie die Nazis. So etwas gibt es bei uns nicht. Ich werde mich sofort mit der Universität in Verbindung setzen.

Da war ich im guten Glauben, das geschieht. Aber sie hat mich belogen, gar nichts hat sie für meinen Sohn getan.

Als Dieter das nächste Mal zur Sprechstunde kam, fragte ich gleich: Was ist mit dir? Bist du wieder angekommen bei der Universität? Mein Sohn guckte mich so an, ganz starr, und sagte: Ja, mach dir keine Sorgen, Mutti, ich bin wieder angekommen auf der Universität. Es geht alles in Ordnung.

Als er das nächste Mal zur Sprechstunde kam: Wie ist es, Dieter, wie weit bist du mit dem Examen? Wenn's mit dem Stipendium nicht reicht, verkauf das und das aus der Wohnung.

Und mein Sohn immer nur: Ich bin soundso weit, ich lerne das und das jetzt; es geht mir gut –.

Und hat immer blasser und magerer ausgesehen von Mal zu Mal. Und am Tag, als ich entlassen wurde, stand mein Sohn am Tor der Strafanstalt, um mich abzuholen. Hat seine Sommerhose an, keinen Mantel, und das im Oktober. Wir gehen ein Stück die Straße herauf, er trägt meinen kleinen Koffer, und plötzlich bleibt er stehen und sagt: Mutti, ich hab' dich angelogen; ich bin nicht auf der Universität. Sie haben mich nicht wieder angenommen. Ich geh' seit zwei Jahren als Briefträger.

Ich konnte keinen Schritt mehr weiter tun. Ich wußte nur, das jetzt ist das Schlimmste. Jetzt haben sie auch noch das Leben von dem Jungen kaputtgemacht. Er ist so intelligent. Er studierte so fleißig, und nun als Briefträger! Er konnte nirgendwo anders unterkommen, erzählte er. Wo er hinkam, mußte er den Fragebogen ausfüllen: Mutter? Strafanstalt! Schon haben sie ihn wieder weggeschickt. Er hat einen Nervenzusammenbruch gehabt. Die letzten Wertsachen hat er aufs Leihhaus geschafft. Meinen Schmuck, meinen Pelzmantel, seinen Wintermantel. Es mußten ja noch die Prozeßkosten gezahlt werden. Der Rechtsanwalt hat eine fette Summe verlangt, dafür, daß er nichts ausgerichtet hat.

Wir sind bettelarm, Mutti, sagte Dieter. Wir haben kein Geld mehr, nichts.

Es war noch ein langer Weg von der Strafanstalt zum Bahnhof mit dem Koffer. Im Zug war es voll in den Abteilen. Wir konnten uns nicht unterhalten. Ich starrte nur aus dem Fenster und konnte meinem Sohn einfach nicht ins Gesicht sehen. Es war alles zu bitter. Er saß auch ganz stumm. Vom Leipziger Hauptbahnhof bis zu unserer Wohnung ist es dann noch eine halbe Stunde zu Fuß, und wir konnten weitersprechen.

Der von der Stasi, erzählte Dieter, der mich immer vernommen hat nach deiner Verhaftung, so ein Rothaariger, der wollte mir unbedingt beweisen, daß ich was gewußt haben muß. Ich habe immer nur gesagt: Ich habe nichts gewußt, ich habe keine Ahnung. Und zum Glück hatte ich ja wirklich wenig Ahnung . . .

Aber jetzt hab' ich 'ne Ahnung, sagte ich zu meinem Sohn. Wie sah dieser Herr von der Stasi aus?

Also so 'n weißes Gesicht, rotblondes Haar, hier gescheitelt, einen blaukarierten Mantel, hier mit einer goldenen Schnalle, und eine schäbige Aktentasche.

Dieter, sagte ich, das ist der, den sie uns wollten in die Wohnung reinsetzen.

Ein paar Tage vor meiner Verhaftung war ich nämlich nach Hause gekommen vom Einholen, und da war die Zuhaltung an unserer Wohnungstür nicht zurückgeschnappt. Ich hatte mir noch nichts weiter dabei gedacht und den Schlosser bestellt, der das wieder in Ordnung brachte. Ein paar Tage später kam ein Schreiben vom Wohnungsamt: Sie haben per sofort ein Zimmer abzutreten. Und nachmittags ist schon ein Herr da, so um die Dreißig, rothaarig. Ich bin Ihr neuer Mieter!

Ich sagte: Nanu, wer schickt Sie denn?

Das Wohnungsamt.

Ich sagte: Hier kommen Sie überhaupt nicht rein. Wir haben zweieinhalb Zimmer, und das halbe Zimmer braucht mein Sohn als Studierraum, weil das große Zimmer nach vorn, nach der Straße zu, viel zu laut ist. Bei uns kann niemand mehr unterkommen.

Ja, das nützt alles nichts, sagt der ganz frech, das Wohnungsamt schickt mich.

Ich fragte: Wo arbeiten Sie überhaupt?

Ich mach' im Betrieb 'n Lehrgang.

Na, sagte ich, da werden Sie bisher ja auch nicht unter 'ner Treppe geschlafen haben. Da gehen Sie mal wieder da hin, wo Sie bis jetzt gewohnt haben.

Am nächsten Vormittag ist er wieder da, droht: Wenn Sie

morgen um 10 Uhr nicht hier sind und mich in die Wohnung reinlassen, wird die Wohnung aufgebrochen.

Da bringen Sie gleich eine Säge mit, wir haben ein kompliziertes Sicherheitsschloß, das müssen Sie raussägen, schrie ich und schmiß die Tür zu.

Ich wartete, bis mein Sohn mittags von der Universität nach Hause kam, und nahm ihn mit aufs Wohnungsamt. Der Herr auf dem Wohnungsamt hat sich auf nichts einlassen wollen. Ich fragte: Wo ist denn dieser Mann überhaupt her?

Aus Berlin!

Das ist kein Berliner, habe ich gesagt, das ist ein waschechter Leipziger, als wenn man das nicht an der Sprache merkt.

Wir stritten immer so hin und her, und der Herr vom Wohnungsamt hat schließlich ganz schnippisch gesagt: Nun, morgen früh reden Sie nicht mehr so.

Und zwei Stunden drauf haben sie mich abgeholt! Waren sie da mit ihrem schwarzen Polizeiauto!

Und jetzt, zweieinhalb Jahre später, wie ich mit Dieter wieder dieselbe Straße raufgeh' zu unserer Wohnung hin, sag' ich zu ihm: Wenn wir damals den Mensch, den rothaarigen, drinne gehabt hätten in unserer Wohnung, dann hätten die mich noch nicht gleich verhaftet. Sie hätten in meiner Stube was Hübsches unter 'n Tisch geklemmt, so 'n hübsches kleines Mikrophon, und hätten mitgehört. Die Papiere hatten sie damals schon und viele Namen, aber sie hofften, noch mehr Namen zu hören und wer weiß was alles. Sie dachten, bei mir in der Wohnung werden sicher welche von den Agenten zusammentreffen.

Mein Sohn wollte mich beruhigen und trösten und sagte: Ach, Mutti, denk nicht mehr an alles zurück.

Als er aber die Wohnungstür aufschloß, blieb er so in der Tür stehen und druckste rum: Mutti, du mußt dich jetzt nicht erschrecken, ich habe auch manches von den Möbeln verkaufen müssen.

Da habe ich zu meinem Sohn gesagt: Das macht jetzt auch nichts mehr aus, wir gehen doch rüber in den Westen. Das hab' ich mir schon im Zuchthaus vorgenommen. Die amerikanische Dienststelle soll jetzt bezahlen. Die sollen mir zweieinhalb Jahre Zuchthaus bezahlen, die sollen mir unser ganzes Unglück bezahlen. Kann ich denn dafür, daß ich nun nicht mal mehr 'n Stuhl unterm Hintern hab'?

Wenn die Sache so ist, dann auf Wiedersehen

Es gibt Leute, die sind direkt zum Offizier geboren. Die brauchen das Kasernenleben, die können woanders gar nicht existieren. Manche reizt auch die schicke Uniform. Aber die meisten befriedigt das viele Geld, das sie bei der Armee bekommen. Mich hat nicht so sehr das Geld befriedigt als die Arbeit. Ich konnte meine Gesellenprüfung als Rundfunkmechaniker machen und kam auf die Offiziersschule und habe dort mein Examen für Flugzeugfunk abgelegt.

Ich verdiente sehr gut: 1029 Mark brutto, davon bekam ich 850 Mark ausbezahlt und dazu noch Gefahrenzulage. Ich kam im Monat auf über 1000 Mark und dabei alles frei: Kost, Logis und Bekleidung. Wir hatten jede Woche 12 Stunden Politunterricht. Das beeinflußt den Menschen natürlich, einen mehr, einen weniger. Ich hatte auch eine Zeit, da war ich restlos begeistert. Uns selbst ging es ja gut, und alles sah so schön aus. Ich wäre damals für die Sache durchs Feuer gegangen. Aber schon bei der Armee, als man in die Praxis rauskam, da hat man gemerkt, was alles faul ist.

In der ersten Zeit regte ich mich wahnsinnig darüber auf. Ich kam in die Industriefliegerei als funktechnischer Offizier – ich war Leutnant –, da sind uns dann Fälle passiert! Da erschienen z. B. die Ingenieure auf der Erprobungsstation und sagten: Wir haben das Material erprobt, und ihr könnt euch drauf verlassen. Und dann ist das Zeugs schon am Boden zerflogen. Einmal bin ich abgeschmiert, davon hab' ich die Narbe im Gesicht.

Zur gleichen Zeit fing man aber groß an mit Düsenflugzeugen, man wollte Düsenpassagierflugzeuge bauen. Da dachte ich: Ihr wollt Düsenflugzeuge bauen und habt nicht mal Material für ein anständiges Auto.

Ich bin dann im Herbst 57 von der Armee weg. Ich hatte es

satt. Ich ging in einen Privatbetrieb als Fernsehmechaniker, und wenn man bei Kunden aus allen Bevölkerungsschichten in die Wohnungen kommt und so Worte fallen über das und jenes, da geht einem ein Licht auf. Ich hatte ja tüchtig politische Schulung hinter mir bei der Armee und war auch aus der Kirche ausgetreten – ich war evangelisch. Zu dem Austritt hat mich niemand gezwungen, die kommunistische Weltanschauung hatte mich eben überzeugt.

Die Theorie des dialektischen Materialismus ist meiner Meinung nach richtig. Das denke ich heute noch. Bloß die Ausführung machen sie schlecht. Die kommunistische Idee ist gut, nur die Übergangsperiode wird falsch aufgezogen. Man darf auf die Kräfte der Intelligenz nicht verzichten, das sagt auch die Theorie. Und dann machen sie einen Arbeiter einfach zum Betriebsleiter, auch wenn er gar nicht das Zeug dazu hat. Ich habe oft mit Ingenieuren gesprochen, die was leisten; aber ihre Arbeit befriedigt sie nicht, weil sie einen Betriebsleiter vor der Nase haben, der eben eine Nudel ist, also nichts als nur Parteifunktionär.

Als ich aus der Armee entlassen wurde, habe ich wieder bei meiner Mutter gewohnt. Sie bekommt als Witwe eines Bankbeamten eine Rente. Ich habe mich mit meiner Mutter immer gut verstanden, aber wenn man mal länger von zu Hause weg war, ist es doch schwierig; man möchte sein Eigenes haben.

Ich habe dann ein Mädchen kennengelernt. Mein Freund hatte mich zu einem Betriebsfest eingeladen, und da saßen wir alle zusammen an einem Tisch. Sie hat mir gleich gut gefallen: klein und zierlich und rotblond. Wir kannten uns ein Jahr, dann war ein Kind unterwegs, und wir haben geheiratet. Als wir noch miteinander gingen, hat sie immer sehr liebevoll mit mir getan. Auf allen Tanzvergnügungen immer nur mit mir und immer eng umarmt – ich war zwei Köpfe größer als sie, und ich gefiel ihr, weil ich so kräftig und groß bin und Locken habe, sagte sie. Wir waren richtig verliebt.

Ich bin dann mit zu meiner Schwiegermutter gezogen, und dann war es aus.

Meine Frau war eine Hundertfünfzigprozentige. Sicher war sie das schon vor unserer Verheiratung, aber entweder hat sie es nicht so gezeigt, oder es hat mich noch nicht gestört. Mag auch sein, daß ich selbst damals politisch noch anders dachte.

Ich war nur Parteianwärter. Zu Versammlungen bin ich nie gegangen und bekam so nie die zwei Bürgen zusammen, die für die Aufnahme in die Partei nötig sind. Ich habe auch keine Beiträge mehr gezahlt und war, was man so eine Karteileiche nennt.

Meine Frau aber war richtig! Sie war sogar Mitglied der Kreisleitung. Sie ist drei Jahre jünger als ich. Ich will damit sagen, ich habe doch noch so eine schwache Erinnerung an die Zeit früher, aber sie nicht. Sie ist ganz und gar in diese heutige Zeit hineingelebt. Es gibt einfach nichts anderes für sie, keine andere Erinnerung, keine andere Erfahrung. Ihre Kindheit hatte sie bei den Pionieren.

Sie war einzige Tochter. Ihr Vater hatte ein Lebensmittelgeschäft in Schlesien, den brachten die Polen um. Aber ihre Mutter, die war auch eine Hundertfünfzigprozentige. Das konnte ich nie verstehen. Wenn ich mal ein selbständiges Geschäft hatte und die Polen meinen Mann vor meinen Augen umgebracht haben, dann krieche ich denen doch jetzt hier nicht in den Arsch, wie man auf gut deutsch sagt. Daß meine Frau so war, lag auch an der Mutter. Wenn ich mal ein politisches Wort geredet habe – und ich sage schon meine Meinung –, dann hat sich meine Schwiegermutter aufgeregt, schrie rum: Ich zeig' das bei der Stasi an! Knallte mir den Suppenteller auf den Tisch. Wenn ich RIAS hörte: immer Theater! Es ist schließlich so weit gekommen, daß ich mir ein Radio selbst gebastelt habe und damit in unserer Stube die Westsender hörte. Weil wir alle in der Partei waren, hatten wir eine sehr schöne Wohnung. Ein großes Wohnzimmer, ein Schlafzimmer, und meine Schwiegermutter hatte auch Wohnzimmer und Schlafzimmer, dazu ein Korridor und eine hübsche Küche, und das Ganze für 25 Mark Miete im Monat; alles so schön eingerichtet: grüne Couchgarnitur, großer Bücherschrank mit Glas, Fernsehapparat, Durchlauferhitzer, eben so allen Komfort. Meine Frau verdiente auch gut: 430 Mark im Monat, und ich bekam 500 Mark. Ich hatte noch Geld zusammengespart in meiner Armeezeit.

Anfangs sind wir auch mal auf ein Tanzvergnügen gegangen. Aber die Menschen sind da so anders als hier. Sie sind fröhlich und ausgelassen, auch meine Frau war fröhlich, aber das ist eine andere Fröhlichkeit, die habe ich nie verstanden. Wenn ich auf einem Betriebsfest war, ich konnte trinken, was ich wollte, ich kam nie in Stimmung.

Richtig schief ging es mit unserer Ehe, seit ich beim VEB Fortschritt war. Meine Frau arbeitete im gleichen Betrieb, erst bei der Betriebszeitung als Redakteurin, und als sie da weg mußte, weil ich als Redakteur hinkam, wurde sie Sachbearbeiterin in der Kaderabteilung. Es ist nicht erlaubt, daß Mann und Frau in der gleichen Abteilung arbeiten. Sie wollte hoch hinaus, sie wollte zur Kreiszeitung, aber damit hing es hinten runter, weil ich nicht der richtige Mann für eine solche Frau in solcher Position war. Mir persönlich haben sie nie was gesagt. Ich meine, wenn einem von diesen Parteisekretären meine Nase nicht paßt, dann hätte er's mir ja auch ins Gesicht sagen können, aber dazu sind sie zu feige. Dafür haben sie meiner Frau zugesetzt: Du, wie dein Mann sich benimmt, und das und das hat er wieder gesagt.

Meine Frau kam dann nach Hause, wild wie eine Katze, und am Eßtisch und nachher im Bett immer nur: Warum tust du das? Nichts als Beschwerden hör' ich über dich. Sie sagen, ich soll mich scheiden lassen!

Ich sagte: Scheiden laß ich mich nicht, wo wir das Kind haben. Wenn das Kind nicht wär', das kannst du mir glauben, da hätte ich mir längst was anderes gesucht, weit weg, auf einer Schiffswerft oder sonst wo. Aber so mußt du dich eben damit abfinden, daß ich bin, wie ich bin.

Jetzt ist meine Frau mich ja losgeworden, vom einen Tag auf den anderen. Jetzt wird sie auf politische Scheidung klagen, weil ich in den Westen geflohen bin. Für mich wäre das nur ein Vorteil, dann brauchte ich für das Kind nicht zu zahlen, das bezahlt der Staat; dafür wird mir das Vaterrecht abgesprochen. Mit einem so kleinen Kind könnte ich ja hier sowieso nichts anfangen. Und wenn es größer ist, haben wir hoffentlich andere Verhältnisse, und es wird keine Rolle spielen, ob man mir aus politischen Gründen mal das Vaterrecht abgesprochen hat oder nicht.

Die Trennung von dem Kind ist mir ja schwer geworden. Es ist anderthalb Jahre, es läuft schon. Wenn ich nach Hause kam, dann wackelte es mir immer so entgegen und immer: Papa, Papa ...

Ich hätte ja auch nicht gedacht – trotz allem –, daß ich einmal so Hals über Kopf türmen müßte. Das Ganze kam so:

Ich war als verantwortlicher Techniker bei VEB Fortschritt, das ist ein Riesenwerk, 6 Werke an verschiedenen Orten mit 500 bis 600 Arbeitern. Da werden nur Leute mit einem politischen Bewußtsein – meistens Genossen – von der Partei als Agitatoren für die Sozialisierung in der Landwirtschaft verpflichtet. Das Geld bekommen sie weiter vom Werk, aber eingesetzt werden sie von der Parteileitung. Das fängt mit Diskussionen an über die Notwendigkeit der Sozialisierung der Landwirtschaft. Die Genossen werden verpflichtet, persönliche Patenschaften über Einzelbauern zu übernehmen. An Beispielen wird ihnen klargemacht, in welcher Form die Überzeugungsarbeit zu leisten ist. Mich hatten sie auch dafür rangekriegt, und jeden Sonnabend wurden wir zusammengetrommelt, und es hieß: Du übernimmst Bauer soundso und du Bauer soundso, und jeder von uns wurde über die Probleme des einzelnen Bauern genau informiert. Dann wurde uns klargemacht, in welcher Form die Überzeugungsarbeit zu leisten wäre.

Zuerst muß man dem Bauern mit Lockungen kommen, mit Argumenten wie: Sieh mal, Kollege, wenn du der LPG beitrittst, bist du die ewige Angst mit den Sollverpflichtungen los. Individuelles Vieh kannst du dir ja weiter halten, aber du hast deinen Achtstundentag, während du jetzt früh um 5 Uhr aufstehen mußt und bis in die Dunkelheit hinein schuftest. Wenn du in der LPG bist, hast du deinen bezahlten Urlaub, deine Krankenversicherung und dein Clubhaus, außerdem gibt es Steuerermäßigung. Größere LPGs können sich ihren eigenen Maschinenpark halten. Also, wenn ihr alle eintretet, erreicht ihr diese Vorteile, dann übernimmt die LPG den Maschinenpark einer MTS.

Das klingt alles ganz überzeugend. Ehe ich rauskam auf die Dörfer, habe ich manches davon selbst noch geglaubt.

Dann wurde uns in der Versammlung weiter erklärt: Wenn der Bauer auf die freundliche Tour nicht anbeißt, müßt ihr ihm eben anders kommen. Auch dafür wurden Beispiele gegeben. Man muß nachforschen: Hat der Bauer vielleicht einen Sohn, der in der SS war? Oder hat er einen Fernsehapparat und mit anderen Leuten zusammen westliche Sendungen angesehen? Oder kann man unter Anwendung eines bestimmten Gesetzes die Steuerverpflichtung des Bauern erhöhen? Die Zahlung einer Steuerschuld rückwirkend auf soundso viel Jahre schafft kein Bauer. Dann unterschreibt er lieber für die LPG. So ausgerichtet wurden wir also auf die Dörfer losgelassen. Ich hatte erst mal in einer Gemeinde beim Bürgermeister einen Dorffunk aufzubauen. Durch den Dorffunk hat man ein gutes Propagandamittel in der Hand. Damit wird aufgerufen zum Wettbewerb »Das schöne Dorf«, oder wir geben Parolen durch wie »Plane mit – arbeite mit – regiere mit« oder »Zum 10. Geburtstag unserer Republik mästet jeder Bauer ein Kalb«.

Während der Butterknappheit hieß die Parole: Bauern, ihr

müßt euch zum sozialistischen Dorf zusammenschließen, dann werdet ihr von den Arbeitern, die in den sozialistischen Brigaden in den Betrieben arbeiten, Maschinen erhalten, die euch unterstützen. Die Arbeiter fordern das von euch, denn sie wollen mehr Butter haben. In den Betrieben hatten wir folgende Losung zum Inhalt der Kommentare zu machen: Die Bauern sind dabei, sich zu sozialistischen Dörfern zusammenzuschließen. Sie fordern von euch Arbeitern, daß ihr euch ebenfalls zu sozialistischen Brigaden zusammenschließt. Das Dorf braucht mehr Maschinen, und dann werdet ihr auch mehr Butter bekommen.

Wenn die Agitatoren einen Bauern in der Diskussion so weit gebracht haben, daß er nur einen unverbindlichen Satz sagt, wie: Na gut, wenn die anderen in die LPG eintreten, werde ich mich nicht ausschließen –, dann ging es sofort los:

Die Lautsprecher wurden angeworfen und eine große Sendung gemacht: Der Bauer soundso hat sich soeben bereit erklärt – usw. In diesem Moment hat man den Bauern von den andern abgespalten. Er kann nicht mehr zurück. Das ganze Dorf weiß es bis zu den letzten Häusern. Drei Druckkammerlautsprecher hatte ich aufgebaut – wie sie hier die Polizei hat –, die gehn ja unheimlich laut, bis weit hinaus auf die Felder. Und wenn dann die Leute, die da arbeiten, hören, der Nachbar hat sich verpflichtet, dann sehen sie ihn als ihren Feind an, er ist sofort isoliert. Man hat einen Keil zwischen ihn und die andern Bauern getrieben, und das war bezweckt.

An einem Sonnabend hatten wir im Betrieb Kampfgruppenübung, und der Betriebsfunk war Alarminstrument, und wir brauchten auch noch den Druckkammerlautsprecher. Als ich ihn beim Bürgermeister im Dorf abholen wollte, sagte er: Nein, der bleibt hier. Der ist für uns.

Ich sage: Der gehört aber dem Betrieb.

Der Bürgermeister gab ihn nicht heraus, und ich fuhr zurück, um mich bei meinem Vorgesetzten zu erkundigen, was ich machen soll. Der sagt zu mir: Du kommst grade recht, eben ist eine Beschwerde über dich eingelaufen. Du sollst dich gleich mal bei der Kreisleitung melden.

Ich sage: Was ist los, was habe ich verbrochen?

Du hast dich nicht auf deine Agitationsarbeit konzentriert. Du mußt einsehen lernen, wie wichtig diese Arbeit ist, und überhaupt, wie diskutierst du denn mit den Leuten!

Ich hatte ja mein Motorrad da und dachte, jetzt bist du richtig geladen, da fährst du gleich mal hin.

Auf der Kreisleitung haben sie mich dann aufgeklärt über mein mangelndes politisches Bewußtsein und über meine Aufgaben als Agitator und über die Eigentumsverhältnisse bei einer LPG, mit mein und dein und unser. Da bin ich gar nicht mehr mitgekommen, das war für mich zu hoch.

Wir haben uns hin und her gestritten, und der Brigadeleiter sagte schließlich, ich sollte gleich dableiben und in seiner Gegenwart mit Bauern diskutieren, damit ich lerne, wie es in der Praxis geht.

Ich sagte: Das braucht ihr mir nicht zu zeigen, das weiß ich auch alleine. Aber es half nichts, ich mußte mit herausfahren aufs Dorf und da rein in die Kneipe. Wir setzten uns, vier Mann, um einen Tisch und warteten. Wenn dann ein Bauer reinkam: gleich ein Bier für ihn bestellt. Da gab es Bauern, die nahmen das Glas, haben es einfach in die Gaststube reingeschüttet, einfach so auf den Boden, und sind rausgegangen. Und andere nahmen's und tranken's eben. Mit dem fing dann einer an unserem Tisch an zu diskutieren über das sozialistische Dorf.

Und plötzlich war die Schlägerei da! Ich hatte es schon kommen sehen und versuchte noch zu schlichten. Ich sagte zu dem einen Bauern: Du ziehst hier den kürzeren, geh raus aus dem Lokal, laß die, die können dir den Hobel blasen, die können dir ja nichts, wenn du nicht willst!

Daraufhin haben die mich von der Kreisleitung gepackt und aus der Kneipe rausgeschmissen; ich bin wieder rein und flog wieder raus. Ich hatte eine wahnsinnige Wut. Ich nahm mein Motorrad und fuhr nach Hause. Kaum war ich da angelangt, klingelt's schon, und einer steht da und sagt: Sofort zur Kreisleitung kommen!

Ich dachte, hingehen kannst du ja, du kennst ja das Gebäude, da kommst du schon irgendwie wieder raus.

Ich geh' die Treppe rauf, und da erwarteten sie mich schon, drei Mann hoch. Und dann ging's los: Ich hätte parteifeindliche Äußerungen getan; ich hätte zu einem Bauern gesagt, euch können sie doch nichts, wenn ihr nicht wollt, ich hätte damit gegen den Sozialismus gehetzt und wäre außerdem noch tätlich geworden. Ob das meine Überzeugung wäre, oder ob ich nur so in Hitze geredet hätte.

Die saßen da wie die Richter, und ich stand vor ihnen am Tisch und habe gesagt: Es ist eine Schuftigkeit, daß man den Bauern erst halb besoffen macht und dann jeden gegen jeden hetzt. Die Knechte hetzt man gegen die Bauern und die Bauern gegen die Knechte. Jeden hetzt man gegen jeden auf, so daß jeder eines jeden Feind wird.

Ich habe genug Theorie gehabt, auch die Theorie der Übergangsperiode, aber die Praxis stimmt nicht mehr mit der Theorie überein. Es ist eine Schuftigkeit! Genauso wie man den Bauern gegen den Arbeiter hetzt und den Arbeiter gegen den Bauern. Die Theorie sagt, sie sollen einig sein und Bündnispolitik machen. Wenn Bündnispolitik so aussieht – also da komm' ich nicht mehr mit. Da müssen Sie mich noch aufklären, da muß ich noch zulernen.

Diese Gelegenheit haben wir dir gegeben, sagten sie drohend.

Ich sagte: Na, ist ja gut, ich sollte schon lange mal auf die Parteischule; das ist vielleicht eine Bildungslücke von mir.

Darüber entscheiden jetzt andere, sagten sie. Erst mal kommst du mit zum Staatssicherheitsdienst. Es passiert dir nichts, nur weil eine Meldung dahin gegangen ist.

Ich hatte innerlich einen irrsinnigen Zorn. Aber nun

dachte ich, wenn ihr so blöd seid und schickt mich da selbst noch hin ... Ich mußte ja sehen, wie ich aus der Falle wieder rauskomme.

Zu Hause erwartete mich schon meine Frau. Die hatten alles so eingefädelt, daß meine Frau aufpassen konnte, ob ich auch zum Staatssicherheitsdienst ginge.

Ich komm' in unser Wohnzimmer rein, und da sitzt meine Frau am Tisch und guckt mich so an und sagt: Du weißt doch, wo du jetzt hinzugehen hast?

Ich sage: Ich geh' aber nicht.

Sie machte böse Augen und sagte: Wenn du nicht zur Stasi gehst, dann gehe ich.

Ich stand so am Fenster und sagte: Das hätte ich nie von dir gedacht, daß du deinen eigenen Mann bespitzelst.

Sie war damals schon auf dem Gericht gewesen wegen Scheidung, das wußte ich. Sie wollte unbedingt erreichen, daß ich jetzt zur Stasi hinginge, und ich war mißtrauisch, weil sie schon einmal einem Bekannten in den Westen hinübergeholfen und ihn dann mit Versprechungen der Stasi wieder zurückgeholt hatte, und er wurde verurteilt zu zwei Jahren. Meine Frau hatte der Stasi geglaubt, daß ihm nichts passieren würde. Aber wenn man so was erlebt hat, dann wird man doch schlauer. Meine Frau ist nicht schlauer geworden, die hatte nur Angst um ihre Karriere.

Ich hab' so am Fenster gestanden und gewartet, was sie tun wird. Sie ist aus dem Zimmer gegangen, und dann hörte ich sie in der Küche, und plötzlich klappte die Wohnungstür. Ich habe bloß meine Arbeitstasche geschnappt und bin hinterher.

Das Haus vom Staatssicherheitsdienst ist nicht weit von uns. Ein großer, roter Kasten. Meine Frau ging die Straße rechts herauf, und ich nahm einen anderen Weg und stellte mich in einen Torbogen und beobachtete. Meine Frau ging auf das Gebäude der Stasi zu, klingelte und verschwand darin.

Ich dachte, na, wenn die Sache so ist, dann auf Wiedersehen! Und bin fort, hinten über die Höfe, und habe mich den Tag in den Außenbezirken der Stadt rumgetrieben.

Als es dunkel wurde, bin ich nochmals zurückgegangen, ich wollte wissen, was los ist. Ganz leise schloß ich die Wohnungstür auf, zog mir die Schuhe aus und schlich auf Socken den Flur hoch. Da steht meine Frau plötzlich im Nachthemd vor mir und schlottert und sagt: Was, du bist noch hier? Ich denke, du bist schon drüben im Westen.

Da hast du dich aber geirrt, sagte ich, wie du siehst, bin ich noch hier.

Konntest du denn nicht früher kommen? Ich habe dich eben bei der Kripo angezeigt und beim Fahndungsdienst, sagt sie und kommt dabei auf mich zu und will so den Arm um mich legen und will plötzlich ganz liebevoll sein. Und ich dachte, auf die Tour nicht, du hast schon mal einen zurückgeholt, und der sitzt jetzt im Gefängnis. Wer weiß, was sie dir heut auf der Stasi aufgetragen haben.

Ich schob sie von mir – und mich umgedreht, die Tür hinter mir zugeknallt und weg! Aber jetzt endgültig!

Liebe Bauern

Ich mußte aus der DDR fliehen, weil ich meiner Schwester geholfen hatte, nach Westberlin rüberzukommen. Aber sie ist mit ihrem Sohn wieder zurückgegangen, weil ihr Mann es nicht über die Grenze geschafft hat. Sie haben ihn festgenommen und verhaftet. Meine Schwester sieht mir ähnlich, auch so ein mageres, längliches Gesicht. Darum konnte sie mit meinem Personalausweis durchkommen – aber nun ist ja doch alles umsonst gewesen, die furchtbare Aufregung und die ganze Quälerei überhaupt.

Wenn ich das alles wieder erzählen soll, wird mir ganz schlecht. Das kommt vom Herzen. Seit meiner KZ-Zeit habe ich's mit dem Herzen. Aber die Sache mit meiner Schwester hat mir den Rest gegeben. Ich muß das mal richtig hintereinander erzählen, sonst versteht das kein Mensch:

Ich war von Freisler zum Tode verurteilt. Eine Bombe schlug bei uns ein, alles hin! Da sagte ich in meiner Verzweiflung: Warum hat die Bombe nicht den Hitler erschlagen, der ist schuld an allem, an dem ganzen Unglück. Da wurde ich vom Volksgerichtshof zum Tode verurteilt. Aber dann erschlug die Bombe den Freisler – das hat Gott so gewollt –, und so blieb ich am Leben und wurde nur ins KZ gesperrt. Daraus haben mich dann die Russen befreit, und dann bin ich herumgezogen und habe meine fünf Kinder gesucht. Mein Mann war tot; er war vermißt, hieß es, aber er war tot! Und die Kinder waren verteilt in Heimen und hatten andere Namen bekommen. Nur mein Jüngster, der Hansi, ein Jahr alt, den nahm meine Schwester zu sich.

Als sie aus Schlesien fliehen mußte im Januar 45, bei der großen Kälte, da hat meine Schwester auf der Flucht ihr eigenes Kind verloren. Sie konnte nur mein Kind retten und hat ihr eigenes geopfert, und darum ist das so schrecklich für mich, was jetzt mit meiner Schwester passiert ist.

Vier von meinen Kindern habe ich dann wiedergefunden und zog mit ihnen nach Köpenick und arbeitete in Teltow in der Nahrungsmittelfabrik Maizena als Vorarbeiterin. Damit konnte ich mich und meine Kinder durchbringen. Den Hansi hatte meine Schwester noch; ihr Herz hing so sehr an dem Kind, und es hat Mama zu ihr gesagt und zu mir Mutti. Der Hansi hat zwei Mütter. Und bei der Lebensmittelnot damals in der Stadt war es ja auch besser für ihn, daß er noch auf dem Land blieb.

Der Mann von Erna, meiner Schwester, ist auch nicht aus dem Kriege zurückgekommen. Sie ging auf ein Dorf und hat da den Bauern geheiratet, bei dem sie in der Landwirtschaft gearbeitet hatte. Das war schon ein älterer Mensch, fünfzig Jahre, mit großen Kindern, Witwer. Ein fleißiger Mann und hat niemandem was Unrechtes angetan. Hansi sagte Papa zu ihm. Wenn mein Schwager aufs Feld ging, der Kleine immer mit.

Meine Schwester hat dann noch ein Kind bekommen, auch einen Jungen, und als Hansi elf Jahre alt war, hat sie ihn mir zurückgegeben, weil ich nicht allein sein konnte. Ich halte Alleinsein einfach nicht aus, und die Großen waren dann schon aus dem Haus, und mit denen habe ich ja auch viele Enttäuschungen erlebt.

Mein Schwager hatte eine Bauernstelle von 15 ha, und 1938 hat er noch 100 Morgen Land dazugekauft für seine Kinder. Er hat versucht, das Land urbar zu machen, aber es war Sandboden, abgeholzter Waldboden, und als 1945 dieses Land mit in die Sollveranlagung kam, da konnte er das Soll nicht bringen.

Da haben die ihn wegen Wirtschaftsvergehen zu einem Jahr Gefängnis und 2000 Mark Geldstrafe verurteilt. Dadurch kam die Wirtschaft noch mehr herunter, und er konnte erst recht sein Soll nicht erfüllen und wurde 1949 wieder zu einem Jahr Gefängnis und 5000 Mark Geldstrafe verurteilt.

Ich bin in der Zeit, so oft ich konnte, zu meiner Schwester gefahren, denn sie war von dem Elend ganz herunter. Mein Schwager ist ein kräftiger Mann, der konnte es besser aushalten. Die Familie ernährte sich von Schafsmilch und Schafskäse, denn sie durften nicht mal für den eigenen Bedarf schlachten, weil sie mit dem Soll so im Rückstand waren. Von 1953 ab durften sie dann wieder jedes Jahr ein Schwein schlachten.

Mein Schwager und meine Schwester lebten schlechter als früher die Landarbeiter. Sie schufteten schwer und schafften es trotzdem nicht. Wie sollten sie das aufholen, die zwei Jahre, die mein Schwager im Gefängnis war, und die 7000 Mark Strafe. Vergangenen Herbst verlangte die Gemeindevertretung, daß meinem Schwager das Wirtschaftsrecht abgesprochen wurde, damit der Betrieb in die LPG übernommen werden könnte.

Mein Schwager hatte früher schon Antrag auf Eintritt in die LPG gestellt, weil er mit seinem Betrieb nicht leben und nicht sterben konnte, aber sie hatten ihn damals als »Staatsfeind, Saboteur und Großbauer« abgelehnt.

Jetzt wollten sie ihn persönlich kaputtmachen.

Die Gemeindevertretersitzung, die war nur wegen ihm einberufen worden, aber sie hatten seinen Fall unter »Verschiedenes« auf die Tagesordnung gesetzt.

Da stand mein Schwager nun und mußte sich anhören, was sie alles gegen ihn vorbrachten. Erst mal zählten sie seine Sollrückstände auf: Milch, Wolle, Fleisch, Getreide, das war zum Teil schon gestundet. Es wurde ihm vorgeworfen, daß er noch Pferde besaß. Der Direktor von der MTS stand auf und sagte, die Volksvertretung soll dem Kollegen Brandt – das ist mein Schwager – das Wirtschaftsrecht absprechen. Der Brandt ist eine Schande für die anderen Bauern. Aber da ist ein anderer aufgestanden und hat dagegen geredet und gesagt: Nein, das ist eine Schande, wenn man dem Brandt das Wirtschaftsrecht absprechen will, denn er ist

63 Jahre alt, und es ist allen bekannt, daß er ein fleißiger und arbeitsamer Bauer ist. Der LPG-Vorsitzende rief in den Saal: Kollege Brandt soll noch heute seinen Eintritt in die LPG erklären, dann soll alle persönliche Feindschaft vergessen sein, andernfalls: Absprache des Wirtschaftsrechtes.

Aber mein Schwager hat einen harten Schädel; jetzt wollte er nicht, jetzt schon gar nicht! Da riefen sie, Kollege Brandt soll seine Stellungnahme abgeben.

Mein Schwager ist vorgetreten und hat gesagt: Liebe Bauern, ihr kennt mich und wißt, daß ich mein möglichstes getan habe. Ich wollte für meine Kinder Land schaffen und habe eine ehemalige Waldfläche urbar gemacht, doch 1945, als ich noch lange nicht fertig war und der Boden noch nicht anbauwürdig, da hat der Bürgermeister Drescher diesen Boden mit in die Veranlagung genommen. 1946 zeigte sich dann die Pleite: schlechte Ernte! Der Sand bekam zuwenig Feuchtigkeit, und für die große sandige Fläche fehlte Dünger. Ich wurde auf Veranlassung vom Kollegen Drescher zu einem Jahr Gefängnis und 2000 Mark Geldstrafe verurteilt. 1949 konnte ich mein Soll wieder nicht erfüllen und wurde wieder zu einem Jahr Gefängnis und 5000 Mark Geldstrafe verurteilt.

Liebe Bauern, ihr wißt, wie schlecht ich lebe und wie schwer ich es habe. Meine Gebäude sind alt und beschädigt, und ich zwei Jahr' weg und soviel Geld weg. Wo soll ich Geld hernehmen, um die Ställe zu erweitern und zusätzlichen Dünger zu kaufen? Die MTS stellt mir keine Maschinen, also was soll ich machen? Ich fühle mich unschuldig. Ich werde mich um Hilfe an den Herrn Präsidenten Wilhelm Pieck wenden.

So hat er gesprochen. Und ist nach Hause gegangen und hat geweint.

In der Gemeindevertretersitzung haben sie dann über ihn abgestimmt. Aber von den sieben Stimmen waren nur drei gegen ihn. Bei der nächsten Abstimmung hat man die SED-

Gemeindevertreter unter Druck gesetzt, und sie bekamen Parteiauftrag, in der Sitzung für den Beschluß zu stimmen, daß dem Brandt das Wirtschaftsrecht abgesprochen wird. Die haben es aber vorsichtshalber gar nicht zur Abstimmung kommen lassen, nur gefragt, wer hat Einwände dagegen, und dann wurde die einstimmige Annahme als Beschluß verkündet.

Damit fiel das Land, die ganze Wirtschaft, das Vieh und alles an die LPG, und der MTS-Direktor und der LPG-Vorsitzende haben vorgeschlagen, man sollte die Gebäude abreißen und einen großen Schweinestall errichten und in der weiteren Perspektive einen Abferkelstall.

Die Familie Brandt, die müßte eben woanders im Dorf untergebracht werden.

Mein Schwager hat sich nun in großer Verzweiflung hingesetzt und einen Brief um Hilfe geschrieben an den Präsidenten Wilhelm Pieck und an das ZK und an das Ministerium für Land- und Forstwirtschaft. Meine Schwester hat mir später den Brief zu lesen gegeben. Da hat mein Schwager so geschrieben:

Die Gemeindevertretung hat mir das Wirtschaftsrecht abgesprochen, obwohl meine Getreide- und Hackfruchternte im besten und gepflegten Zustand ist, während in der LPG »Freier Bauer« unter Vorsitz des Meisterbauern Gläser die Kartoffeln in einem Meldewald ersticken.

Und so hat er alles erklärt, den ganzen Zustand, und am Schluß schrieb er:

Ich gestatte mir die Anfrage, aus welchem Grunde mir am 17. September das gesamte lebende und tote Inventar mit polizeilicher Unterstützung entwendet wurde. Meine schönen jungen Pferde sollen geschlachtet werden. Ich betrachte diese Maßnahme als Raubüberfall und bitte um Ihre Hilfe und um umgehende Aufklärung der Angelegenheit am besten durch sofortigen Lokaltermin. Und wenn das nicht mehr in Ordnung kommen kann, dann bitte ich um eine Ausreisegenehmigung aus der DDR, um einen ruhigen Lebensabend verbringen zu können und um mich von dem Unrechtstaat zu erholen.

Für Frieden und Einheit!
Friedrich Brandt

Wenn ich dagewesen wäre, als mein Schwager diesen Brief abschickte, da hätte ich gleich gesagt: Um Gottes willen, damit brichst du dir den Hals. Und er hat sich damit den Hals gebrochen.

Sie kamen, um ihn zu verhaften. Ein Nachbar sah sie kommen und rief von seinem Stall herüber meiner Schwester durchs offene Fenster zu: Polizei kommt!

Mein Schwager ist durch die Hintertür raus in die Scheune und hat sich tief ins Heu reingegraben.

Sie haben das ganze Haus nach ihm abgesucht und die Ställe und das Grundstück und sämtliche Schriftstücke beschlagnahmt: die Besitzurkunden, die Flurkarten, seinen Personalausweis und seinen alten Wehrpaß und auch sein EK I.

Mein Schwager hat im Heu versteckt gehört, wie sie in der Scheune herumgingen und nach ihm suchten; er hörte ihre Stiefeltritte und ihre Stimmen, wie sie sagten: Wir werden sofort Meldung durchgeben zu den Grenzorten, der Brandt ist getürmt.

Endlich gingen sie vom Hof runter, aber mein Schwager ist noch nicht vorgekommen aus dem Heu. Sein Sohn, der Friedel, dreizehn Jahre alt, der ist zu seinem Vater hingekrochen und hat ihm zugeflüstert: Ich hab' das Rad hinten aufs Feld gelegt.

Der Friedel hatte auch ein Messer eingesteckt. Er hat zu seiner Mutter gesagt: Wenn sie den Vater finden, dann verteidige ich ihn; und das hätte der Friedel auch getan.

Als es dunkel wurde, ist mein Schwager dann aus der

Scheune, aus dem Heu herausgekrochen und aufs Feld und hat das Fahrrad gefunden und ist damit los. Es war ein klappriges Ding, und er kam nur schwer damit vorwärts. Vier Uhr morgens ist er damit bei mir in Köpenick angekommen. Ich bin furchtbar erschrocken, als es da immerfort ganz leise ans Fenster klopfte. Ich hatte geschlafen und fuhr hoch und machte das Fenster auf – ich wohne zu ebener Erde –, und da steht draußen im Dunkeln mein Schwager, den Hut ganz tief in die Stirn gedrückt. Ich sagte: Um Gottes willen, Friedrich, was ist passiert?

Ich habe ihn reingeholt und erst mal Kaffee aufgebrüht, und der Hans, der ist auch wach geworden, und er setzte sich dazu, der ist jetzt sechzehn. Mein Schwager hat alles erzählt und gesagt: Ich muß sofort über die Grenze nach Westberlin. Aber sie haben meinen Namen schon durchgegeben, meinen Personalausweis habe ich auch nicht.

Ich sagte: Da ist es besser, du wartest erst einmal hier, bei mir suchen sie dich nicht so schnell. Ich werde das Fahrrad nehmen und zu Erna fahren und ihr Bescheid sagen, daß du bei mir bist.

Mein Schwager, der hat sich so schwere Gedanken um seine Frau gemacht.

Ich zog mich in großer Eile an und fuhr los. Ich traute mich nicht, den Zug zu nehmen, aber mit dem Rad war es eine furchtbare Anstrengung für mich – mit dem Herzen. Ich fuhr vier Stunden und kam vormittags an, aber ich wagte mich nicht hinein ins Dorf und traf einen Bekannten, einen Schneider, der wohnt ein bißchen außerhalb. Er hat mich in sein Haus mitgenommen und seine Tochter zu meiner Schwester herübergeschickt. Ich habe solange bei ihm im Flur gesessen und habe mich verschnauft. Und dann kam meine Schwester angelaufen mit dem Jungen, so wie sie war, in der Schürze, nicht mal einen Mantel hatte sie, nur ein Kopftuch um. Und es war November. Sie war in furchtbarer Aufregung, sie zitterte und weinte und wollte sofort mit mir zusammen weg. Sofort, sie wollte gar nicht mehr in ihr Haus zurück.

Die Volkspolizei war am Morgen wiedergekommen und hatte wieder nach meinem Schwager gesucht und hatte auch ihren Personalausweis weggenommen.

Ohne Ausweis, da kann man sich ja überhaupt nicht bewegen in der DDR, da ist man ja wie ohne Beine.

Die Frau von dem Schneider hat meiner Schwester noch eine Jacke gegeben, und wir sind losgegangen über Land. Wir haben erst viel später einen Omnibus genommen und dann wieder zu Fuß, und so sind wir bis Köpenick durchgekommen ohne Kontrolle. Mein Schwager hat solange zu Hause gesessen und auf uns gewartet. Äußerlich, da ist er ja ganz ruhig gewesen, aber er war weiß wie ein Handtuch. Meine Schwester, wie sie ihren Mann gesehen hat, die ist richtig zusammengeklappt. Und dann kam ja das Schlimmste: Ohne Personalausweis mußten sie beide nach Westberlin rüber. Mein Schwager wollte um Berlin herumfahren und sehen, wie er durchkäme. Dem konnte ich nicht helfen.

Ich bin mit meiner Schwester und ihrem Jungen und meinem Sohn nach Teltow gegangen zur Brücke. Der Teltowkanal ist die Grenze zwischen der Zone und Westberlin. Auf der Brücke stehen Posten auf beiden Seiten.

Es war schon wieder Abend, so gegen 6 Uhr, und bis zu einer Querstraße sind wir zusammen gegangen. Dann bin ich stehengeblieben und habe meiner Schwester meinen Ausweis gegeben. Wenn sie ihr Kopftuch um hat, sehen wir uns sehr ähnlich. Ich habe ihr also meinen Ausweis gegeben und bin selbst stehengeblieben – das war grad vor einem Bäckerladen –, und die drei sind losgegangen. Meine Schwester mit den beiden Jungens, ihrem Sohn und meinem.

Ich sehe, wie sie die Straße heruntergehen und auf die Brücke zu und wie meine Schwester dem Grenzpolizisten meinen Ausweis vorzeigt, und in dem Moment bricht meine

Schwester zusammen. Sie fällt dem Grenzpolizisten direkt vor die Füße.

Ich schrie auf. Ich habe so laut aufgeschrien, ich hatte mich nicht mehr in der Gewalt. Wenn das gehört worden war, mein Gott! Ich konnte mich nicht von der Stelle rühren. Ich sah, wie mein Junge sich bückte und meine Schwester hochzog und wie er mit dem Grenzpolizisten sprach, und dann sah ich, wie sie weiter über die Brücke gingen, Schritt für Schritt, Hans stützte meine Schwester, und ihr Sohn, der Friedel, lief nebenher.

Die Westberliner Polizisten hatten alles von drüben beobachtet und warteten schon und nahmen meine Schwester in Empfang. Sie nahmen sie ein bißchen beiseite, damit sie wieder zu sich kommen sollte. Und dann ist Hans gleich über die Brücke zurückgegangen, um mir meinen Ausweis zu bringen. Das war so verabredet. Ich stand wie angewurzelt da, immer noch vor dem Bäckerladen. Und dann sind wir sofort losgegangen – ich hatte nicht mehr die Kraft, etwas anderes zu tun, als loszugehen, entweder in mein Unglück oder über die Brücke in den Westen.

Es war derselbe Grenzpolizist, aber er hat nichts gemerkt oder er wollte nichts merken: Wir konnten über die Grenze, die Brücke gehen. Und am Ende der Brücke stand meine Schwester. Wir sind uns weinend in die Arme gefallen. Wir haben uns umarmt und immer nur umarmt, und die Westpolizisten sagten: Gehen Sie doch ein bißchen da hinter das Haus, die von drüben brauchen das doch nicht zu sehen. Und ich habe immer nur gesagt: Liebe Schwester, nun habe ich gutgemacht, was du damals an meinem Jungen getan hast. Nun habe ich dir wiedergegeben, was du mir einmal gegeben hast.

Aber mein Schwager kam nicht. Wir saßen im Notaufnahmelager in Marienfelde und warteten und warteten, er kam nicht. Meine Schwester ist vor Angst um ihn halb verrückt geworden. Und dann nach drei Tagen erschien ein Bekannter aus unserm Dorf, der war auch geflohen, und erzählte, daß sie meinen Schwager gefaßt hatten. Auf irgendeiner Station bei Berlin haben sie ihn gefaßt und verhaftet und zurücktransportiert. Jetzt muß er Zuchthausstrafe absitzen, einmal für seinen Brief an Wilhelm Pieck, weil er das geschrieben hat mit dem Unrechtstaat, und dann für Republikflucht. Meine Schwester hat gesagt: Was soll ich alleine mit dem Kind im Westen? Und der Friedrich sitzt in der Heimat im Zuchthaus, und niemand kann ihm helfen.

Und dann hat sie ihren Jungen genommen und ist in die DDR zurückgefahren.

Brief an einen Bruder

Lieber Bruder!

Heute muß ich Dir leider Trauriges mitteilen. Zum zweitenmal haben wir unsere Existenz verloren. Marie und ich sind gestern mit den Kindern im Berliner Notaufnahmelager angekommen.

Unser Ältester, Karl, sollte mit seinem Motorrad bis Zepernick fahren, das ist an der Grenze Zone/Sektor, und dort versuchen, in eine S-Bahn zu steigen, die durchgeht bis Westberlin. Bis jetzt ist Karl nicht angekommen. Die VP ist jetzt unheimlich scharf auf junge Leute, die nicht in die NVA (Nationale Volksarmee) wollen und türmen. Wir müssen weiter auf Karl warten. Marie ist schon ganz verzagt. Es geht ihr nicht gut. Seit ihr das damals auf der Flucht aus Stettin mit den Russen passiert ist, kam sie mit ihrem Unterleib nicht mehr in Ordnung. Die Ärztin hier im Lager sagt, sie muß operiert werden. Sie hat sich zu sehr abrackern müssen mit den sechs Kindern, und ich in Kriegsgefangenschaft, und als ich die Familie endlich wiederfand in der Baracke, da ging's uns ja auch nicht gleich gut.

Ich bin über Land zu den Bauern und hab' ihnen ihr kaputtes Zeugs heilgemacht – war ja genug kaputt von den Russen! –, und ein Klempner wurde überall gebraucht. Da brachte ich abends wenigstens mal ein Stück Speck oder Eier mit nach Haus.

Nach zwei Jahren bekamen wir endlich die Wohnung, und ich konnte eine Werkstatt einrichten und einen Gesellen nehmen, und der Karl wurde bei mir Lehrling. Beim Vater lernt er immer noch am meisten.

Soviel Plagerei all die Jahre! Endlich ging's aufwärts. Und dann haben sie mich in die PGH reingezwungen, und das war das Ende. Ich hätte ja alles mitgemacht, hätte alles ausgehalten, nur damit die Familie nicht wieder weiterwandern muß. Aber jetzt ist es soweit gekommen, jetzt haben sie mich aus der PGH ausgeschlossen, und wenn ein Mitglied aus der PGH ausgeschlossen ist, kriegt es keine Arbeit mehr woanders. Kein Betrieb stellt so einen ein. Wovon soll dann die Familie leben, lieber Bruder?

Das Ganze ist gekommen, weil der neue Vorsitzende sich nicht mit mir vertragen konnte. Ich bin 55 Jahre alt, bin seit 20 Jahren Meister, und dieser Drecksack mit 27 Jahren will mir was befehlen und hat keine Ahnung. Dafür ist er Genosse, darum haben sie ihn zum Vorsitzenden gewählt. Ich hätte ja nicht Vorsitzender sein wollen. Da mußt du Kampfgruppen aufziehn, politische Kurse, die paar Lehrlinge für die NVA werben. Und dann die Freizeitgestaltung! Lieber Bruder, also die Freizeit, die haben sie uns ja gestaltet!

Der Vorsitzende schickt uns also morgens los, hierhin, dahin, keine Übersicht, keine Einteilung.

Ich sag' zu ihm: Du, hör mal, so geht das nicht. Da kommt jetzt einer, ein Bauer, und sagt, ihm ist das Wasserleitungsrohr kaputtgegangen und hat jetzt kein Wasser im Stall fürs Vieh. Dem mußt du sofort jemand hinschicken. Aber nein, der neue Vorsitzende wußte alles besser. Ich mach' die Einteilung, sagt der, da hast du mir nicht dazwischenzureden.

Und derweil konnte der Bauer zu Hause seine Wasserleitung fürs nächste Vierteljahr abstellen. Jeden Tag so Ärger. Ich sag': Ich mach' diesen Betrieb hier nicht mehr mit. Ich bin als Handwerker gewohnt, ordentliche Arbeit zu machen, die Kundschaft zufriedenzustellen, aber hier sieht das ja so aus, als wenn die Kundschaft für die PGHs da wär und nicht umgekehrt. Da wollte der Vorsitzende mich loswerden und hat Antrag gestellt auf meinen Ausschluß.

Ich mußte dabeisitzen, wie sie über mich abstimmten. Karl saß neben mir, kreideweiß, der Junge. Von 21 Stimmen waren 14 für Ausschluß. Ich bin dann aufgestanden und rausgegangen. Draußen standen ein paar Kollegen, die sagten zu mir: Also als nächste sind wir dran, als nächste müssen wir weg.

Ich bin dann mit Karl nach Hause gegangen. Mir haben sie die Füße abgesägt, hab' ich zu Marie gesagt. Marie weinte und sagte: Womit haben wir das verdient?

Dann habe ich mich um andere Arbeit bemüht; ich bekam keine. Da mußten wir eben weg. – Wenn bloß Karl bald käme. Wenn sie ihn bloß nicht an der Grenze verhaftet haben. Jetzt ist schon wieder Abend, und er ist immer noch nicht da.

Jetzt muß ich Dir noch sagen, lieber Bruder, unsere Tochter Gisela ist in der DDR zurückgeblieben. Weil sie verlobt ist mit einem Neulehrer – der ist ein Hundertfünfzigprozentiger und hat sie damit angesteckt. Sie denkt jetzt anders als ihre Eltern. Wir konnten ihr nicht mal sagen, daß wir weg wollten, sonst hätte sie das ihrem Bräutigam erzählt, und der hätte uns gemeldet beim Staatssicherheitsdienst. So werden wir wohl für lange von unserer Tochter getrennt bleiben.

Glaubst Du, daß es noch einmal eine Wiedervereinigung gibt?

Nächste Woche sollen wir ausgeflogen werden nach Westdeutschland. Dann wird es nach 17 Jahren ein Wiedersehen zwischen uns geben, lieber Bruder. Aber Marie sagt, bis der Junge nicht da ist, fliegt sie nicht rüber in den Westen. Wenn der Junge nun nicht kommt, was sollen wir dann bloß machen?

Sei herzlich gegrüßt von Deinem Bruder Fritz.

Zoll am Bahnhof Friedrichstraße

Ich habe nur eine Dorfschule besucht und war dann Traktorist auf einer MTS. Eines Tages fragte mich der Betriebsleiter, ob ich mich weiterbilden will. Ich sagte: Ja, ich möchte gern; ich will nicht immer auf'm Traktor sitzen. Für Landwirtschaft hab' ich sowieso nichts übrig.

Is' gut, sagte er, dann melde dich Dienstag in Stralsund, Heidemannring.

Als ich hinkam, sah ich, daß das kasernierte Volkspolizei war. Sie fragten einen auf den Formularen, ob man größere Maschinen fahren möchte, Panzer. Ich schrieb: Ja, denn wenn man sich weiterbilden kann, das möchte man schon mitnehmen.

Mein Vater sagte: Du mußt alleine wissen, was du machst; du bist alt genug. Ich war 18.

Dann kam Bescheid von der KVP (Kasernierte Volkspolizei), ich sollte mich melden. Als wir eingestellt wurden, erfuhren wir erst, daß hier eine Offiziersschule war. Die ersten Tage ging alles gut. Wir sagten schon, wenn's so weitergeht, das hält man aus. Dann waren 14 Tage rum, wir wurden eingekleidet in blaue Uniformen. Vom Tag der Einkleidung an ging alles im Laufschritt, zum Unterricht, zum Essen. In den ersten vier Wochen gab es gar keinen Ausgang, und später nur bis 10 Uhr. Mit der Zeit kam uns alles schon saurer vor. Es war das Jahr 1953, und eines Morgens, am 17. Juni, wurden wir plötzlich in großen Lastwagen nach Riesa verfrachtet, da sollten wir das Bahngelände bewachen. Ich konnt' mich da mit 'n paar Eisenbahnern unterhalten. Ich sagte: Was ist denn hier bloß los? Einer antwortete mir: Mensch, wißt ihr denn nischt? In der Zone ist Aufstand!

Ich sagte: Verflucht noch mal, und was soll'n wir jetzt tun?

Ich mach' meinen Dienst hier, sagte der Eisenbahner, und du machst deinen Dienst da; ich bin auch bloß 'n Mensch.

Und ich sagte: Ick schieß' keen, und du haust ooch keen.

Nee, sagte er, das machen wir beede nich'.

Ich sagte: Wir sind ooch bloß hergeschickt, und der größte Teil meiner Kameraden, die kannste ruhich über'n Haufen laufen, Hauptsache, ihnen tut keener wat, die tun ooch keenem wat.

Warum geben se uns das Geld ooch nich', sagte der Eisenbahner. Jetzt auf einmal schreiben se in der Zeitung, das haben se längst beschlossen. Wenn se's schon beschlossen hätten, dann hätte ja jetzt keiner protestiert.

Nach 8 Tagen kamen wir zurück in die Dienststelle, da hatten wir nur noch Alarmstufe 3. Dann wurden wir gefragt, ob wir die Schule weitermachen wollten, drei Jahre lang, und dann müßten wir uns für 10 Jahre verpflichten.

Ich bin in Urlaub gefahren und habe zu meinem Vater gesagt: Drei Jahre die Schule und dann noch für 10 Jahre verpflichten, das mach' ich nicht. Ich sage, dann ist ja mein Leben hin, wat hab' ick'n denn. Is' man mit der Ausbildung fertig, wohnt man trotzdem in der Kaserne, hat Dienst bis 10 Uhr, ist kein freier Mensch, und da wieder wegzukommen, is' auch nicht leicht. Entweder man muß was ausfressen, damit sie einen rausschmeißen, oder man muß abhauen, um erlöst zu sein. Mein letzter Zugführer, ein Leutnant, der hatte es ooch bis oben hin voll. Der sagte: Ich mach' eines Tages ooch 'n Abgang.

264 Mark bekam ich monatlich als Soldat ausgezahlt, davon mußten wir allerdings Wäschegeld abgeben. Wenn wir Ausgang hatten, durften wir nur ein bestimmtes Lokal aufsuchen, die andern waren für uns verboten. Das ging bei uns zu wie bei den Russen. Denen erlaubte man auch keinen Ausgang, und wenn die mal 25 Mark in die Finger kriegen, besaufen sie sich gleich und hau'n dann über 'n Zappen, und dann gibt's drei Tage Leichten bzw. Schweren.

Mein Vater sagte auch: Dann mach mal deine drei Jahre

als Soldat ab, und dann machst du deine Arbeit und bist ein freier Mensch. Dann weißt du, wie's is', Soldat zu spielen.

Ich wurde nach Berlin versetzt zum Ministerium für Nationale Verteidigung. Wir waren regelrecht ein Kraftfahrerbataillon, alles Kraftfahrer, die mit dem Wagen dem Ministerium zur Verfügung standen, die nur lauerten, auf Abruf irgendwohin zu fahren. Ich fuhr den Kaderchef.

In der Kaserne hieß es: 6 Uhr aufstehen, 10 nach 6 raus, 20 Minuten Frühsport, waschen, Stuben reinigen und um 7 Uhr zum Frühstück. Wenn Sie nun Cheffahrer waren, mußten Sie schon um ½8 bei dem vor der Tür stehen, dann mußten Sie noch früher aus dem Bett. Abends hat der nicht vor 10 Feierabend gemacht, und dann noch Wagenwaschen.

Einmal im Monat hatten wir Grundausbildung, Exerzieren auf'm Flugplatz draußen in Adlershof. Da ging's dann rund. Das war ganz schön anstrengend, man ist ja als Kraftfahrer nicht gewöhnt, man sitzt den ganzen Tag auf'm Bock. Wenn es auf Fernfahrt ging, dann um 3 Uhr, um 4 Uhr früh los und raus in die Zone zu einer Waffenwerkstatt oder sonstwohin. Wenn wa dann am selben Tag zurückkamen, dann hatten wa oft über 1000 km gemacht. Einen kameradschaftlichen Zusammenhalt gab es wohl unter uns, aber das Ganze teilte sich in Gruppen. Die 'n bißchen reaktionär waren, das war 'ne Truppe für sich, und die politisch höher gestellt waren, die bildeten auch 'n Trupp für sich. Das sieht man schon jeden Montag im Politunterricht, wo einer hingehört. Die meisten sind zurückhaltend. Wer sich kritisch äußert, den haben sie gleich weg.

Dann wurden Referate vorgelesen, wie es der Landbevölkerung geht. Ich war bei der Diskussion immer der einzige, der dagegen geredet hat. In der Mittagsstunde mußte ich zum Kompanieführer, da hab' ich dann meine Linien gekriegt.

Ich habe gesagt: Meine Eltern haben eine Landwirtschaft, ich weiß, wie es da zugeht, mir können Sie nichts erzählen; ich kann Ihnen Zeugen bringen, sogar den Bürgermeister.

4½ Jahre hab' ich so bei der KVP abgerissen. Es hat mir dann auch Spaß gemacht, als ich eine ausländische Delegation fahren konnte, Ungarn und Bulgaren, Offiziere und Journalisten. Die guckten sich die Heime an, in denen ihre Offiziere hier ihren Urlaub verbringen sollten. In den deutschen Offiziersheimen waren überall Plätze für ihre Leute reserviert. Die kommen mit den Deutschen aber nicht zusammen. Die wohnen und essen extra und werden selbstverständlich besser behandelt als die Deutschen.

Auf diese Weise war ich monatelang in der Zone draußen. Mal oben an der Ostsee, mal in Oberwiesental, Oberhof; man fühlte sich direkt als freier Mensch.

Aber von den Ausländern wurden wir getrennt gehalten. Wir aßen auch nicht zusammen. Die hatten ihr Zimmer, und wir aßen im Vorraum. Natürlich bekamen sie etwas Besseres vorgesetzt als wir. Ich hab' dann mal die Köchin gefragt: Warum krieg' ich eigentlich nur 'n halbes Ei am Tag – also jeden zweiten Tag eins –, und die kriegen jeden Tag zwei Eier?

Sie müssen immer bedenken, sagt sie, das sind doch Gäste.

Na, Mann, sag' ick, das sind doch ooch nur Menschen, die leben ooch nur. Die kriegen zu Mittag 'ne anständige Flasche Wein mit zwei Mann, und wir, wir lutschen am Daumen.

Aber unser Leben war doch wenigstens schön, weil man draußen war und nicht in der Kaserne. Ein deutscher Offizier fuhr mit. Der hat zu mir gesagt: Hier müssen wir uns noch festhalten, hier ist noch was zu erben. Wir haben unsere Spesen gekriegt.

Der Offizier bestimmte, morgen um die und die Zeit wird weitergefahren. Er hat gesagt, wann wir in Uniform fahren mußten und wann in Zivil. Die Ausländer gingen immer in Uniform. Die hatten Ledermäntel an und Schulterstücke drauf. Der deutsche Offizier ging auch immer in Uniform, nur der Fahrer konnte wechseln.

Einmal in Erfurt, da hatten wir unterwegs Kontrolle. Da kam ein General von Straußberg. Der Wagen war natürlich schmutzig von der Fahrt. Hat der General mich gleich angebrüllt, weswegen ich mit 'nem schmutzigen Wagen fahre. Ich habe gesagt, ich bin grade angekommen, und jetzt hab' ich gegessen, und jetzt will ich Wagenpflege machen.

Mit ausländischen Gästen fahren, und dann mit 'nem schmutzigen Wagen, tobte der.

Ich sage: Na, schließlich wird der Wagen doch mistig bei Regenwetter und Patsch, und dann müssen Sie sich mal die Straßen ankieken, die hier in der DDR sind.

Na, da lag ich gleich schief.

Wann fahren Sie zurück?

Ich sage: Übermorgen.

Dann melden Sie sich gleich in meinem Vorzimmer.

Ich sage: Is' in Ordnung.

Kam ich hin, sagt er: Sie fahren nicht mehr auf Fernfahrt mit Delegationen.

Ich sage: Is' in Ordnung, bleib' ich eben zu Hause.

Dann kam ich zu meinem Kompanieführer und hab' dem das gesagt.

Ja, sagt er, da müssen Sie den Wagen abgeben, dann kriegen Sie 'n BMW.

Na, das war so 'ne grün angestrichene Minna. Da hatte ich gar keine Lust mehr. Keine Politur, nichts mehr druff. Der Chromstahl alles verstrichen. Ich sage, mit so 'nem Wagen fahr' ich nich' uff de Straße. Ich laß mich doch nich' auslachen von den Leuten. Ich sage, ich bin Kraftfahrer, dann will ich ooch 'n anständigen Wagen haben.

Dann wurde uns in Straußberg auch gleich gesagt, hier abends immer ausgehen, das fällt flach. Bis dahin konnte man sich doch einigermaßen frei bewegen. Dann hörte ich zu meinem Glück, daß am 15. Mai 1957 Entlassungen sind. Es war März, ich hab' also gleich ein Entlassungsgesuch geschrieben. Sie haben mir noch zugeredet: Bleib doch noch. Ich sagte: Bei mir is' nischt mehr, hier Sense. Nu' laß doch mal jeden hier 4½ Jahre rummachen, da wirste ja meschugge.

Na sachte, sachte, nu' mäßige dir mal 'n bißken. Hier sind jetzt Neue, verderb uns die nich' gleich.

Wir sind auseinandergesperrt worden, die Alten und die Neuen. Zum Essen sind die extra gegangen, und wir ooch. Die wußten schon, warum sie uns getrennt hielten.

Die Offiziere waren ganz unterschiedlich. Manche waren gut, es waren aber ooch Viecher drunter, ganz brutale. Wenn Sie sich mal 5 Minuten geraubt haben, um Ihre eigenen Sachen in Ordnung zu bringen, und es kam so einer uff die Stube, und Sie sind nich' gleich hochgesprungen und haben Meldung gemacht: Komm raus, Flur wischen!

Besonders unangenehm waren Offiziere bürgerlicher Herkunft. Unser Kompanieführer war aus bürgerlichen Kreisen und der eine Leutnant auch. Mein Zugführer war früher Arbeiter, der konnte einen verstehen. Wenn man sagte: Jetzt hab' ich aber ooch mal die Nase voll, dann sagte er: Seht mal zu, daß ihr's 'n bißchen hingeschoben kriegt und dann haut ab, ich bieg' das schon grade. Auf so was ließen sich die anderen ja gar nicht ein. Die haben einem höchstens noch einen zugedreht.

Nun war ich also endlich frei. Ich hatte noch 4 Wochen Urlaub und bin zu meinen Eltern gefahren. Inzwischen hatte ich geheiratet. Ich kannte meine Frau schon von zu Hause. Sie ist aus dem Nachbardorf. Um von der Landwirtschaft wegzukommen, weil's ja da nicht bezahlt wird, ging meine Frau als Serviererin in ein Heim des Ministeriums des Inneren. Da war Staatssicherheit und alles was so drum is' ab Major. Meine Frau war etwa ein halbes Jahr da, kommt ein General mit seiner Frau und fragt, ob sie nicht nach Berlin möchte zu ihnen in den Haushalt. Ja, hat sie gesagt, da möchte ich gern hin, denn mein Verlobter ist auch in Berlin, das würde gut passen.

Wir haben dann die Ehe geschlossen und konnten uns ein Leerzimmer nehmen; das hat der General gedreht. Dann haben wir uns Möbel angeschafft.

Als ich von der KVP wegging, hatte ich keinen Zuzug für Berlin. Man sagte mir: Wenn Sie hier in Berlin bleiben wollen, dann müssen Sie auch weiter bei einer Dienststelle tätig sein. Als ich zur Registrierstelle kam, fragten sie mich: Also wo wollen Sie nun hin? Wollen Sie bei der Schutzpolizei anfangen, bei den weißen Mäusen? Na, Mann, sagte ich, mit Uniform und so, das steht mir nicht mehr, das ist jetzt genug.

Ich wurde von einer Stelle zur andern geschickt. Dann kamen die vom Zoll: Sie kriegen Essen oder Essensgeld, Sie kriegen Uniform, und wenn Sie Dienstschluß haben, dann können Sie in Zivil gehen. Kommen Sie zu uns zum Zoll. Na ja, sage ich, wenn man in Zivil gehen kann und nur seine 8 Stunden Dienst hat, warum nicht? Also arbeiten muß der Mensch ja überall.

Na, dann war ich beim Zoll. Am zweiten Tag gleich Schulung, wie die Taschen nachgesehen werden bei der Kontrolle usw. Dann die ganzen Paragraphen einstudiert; jeder von uns bekam ein paar Exemplare mit nach Hause, um zu lernen. Drei Tage dauert die ganze Ausbildung, und gleich am ersten Tag nach Bahnhof Friedrichstraße.

Und nu' noch nie so im Verkehr gewesen! Die Leute haben einen gleich von oben bis unten bekiekt, neue Uniform, dunkelblaue mit grünen Spiegeln und silberner Litze. Na, denke ick, das wird ja noch gut werden. Und immer ein Alter und ein Neuer vom Zoll zusammen. Dann hat der Alte zu mir gesagt: Jetzt gehste da rin in die S-Bahn, wenn die anhält. Brauchst keene Angst zu haben, die fährt nicht weiter. Ick laß sie nich' eher weiterfahren, ehe du nich' wieder raus bist – die nächste Station war schon Westsektor. Und denn nimmste zwei oder drei Mann und denn bringste sie mit raus, die Gepäck haben oder ooch ohne Gepäck, die dir eben so aussehen.

Dann hab' ick vor der Tür gestanden, ick sage: Ach, jeh du mal rin.

Nanu, sagt der, das mußte schon machen.

Ick sage: Nee, geh du mal erst rin, Mensch, das is' ja gräßlich! Um 2 war Ablösung; sagt der: Kurz vor 2 mußte noch einen rausholen, sonst meld' ick dir, dann mußte woanders hin morgen.

Mann, sach ick, hier halt' ick's sowieso nich' aus. Wenn welche von zu Hause kommen und sehn mir hier als Taschenschnüffler, dann bin ick ja geliefert, dann darf ick mir im Urlaub nich' mehr sehen lassen.

Und immer so hin und her geredet. Und schließlich ick denn rin in den Wagen – mit so 'ner Birne! – und durchgegangen, und dann stand da einer an der Tür mit 'm Koffer. Ich sage: Kommen Sie bitte mit zur Kontrolle.

Ich? sagt der. Was soll ich denn?

Ich sage: Ich weeß ooch nich', komm' Sie man mit.

Mir war das selbst peinlich. Kam der dann hinterher, ich mußte ihn rinführen in den Raum im Zwischenstock von Bahnhof Friedrichstraße, wo sie die Koffer aufmachen. Gesucht werden die, die nach dem Westen was verschieben wollen, hauptsächlich aber Republikflüchtige. Mit der Zeit kriegt man einen Blick dafür. Sie werden ja schließlich so abgebrüht, weil man sich ja ooch sagt, wenn du heute was bringst, hast du Vorteile.

Schließlich habe ich dem Kollegen gesagt: Dann hau mal ab, ich mach' das schon alleene. Ich hab' dann keinen mehr aus der S-Bahn rausgeholt, die in Richtung Westen fuhr, sondern ich hab' die genommen, die aus dem Westen kamen. Das hat man ja gesehen an den Netzen und an den Taschen und an der Kleidung. Was ein waschechter Berliner ist, den erkennt man ja sofort. Die Westberliner können ja im Osten doch nichts kaufen, nur Bücher und Zeitungen. Die BZ im Osten, die hat so einen ähnlichen Kopf wie die im Westen, und die wurde laufend verteilt, na, und die haben die Westberliner ooch genommen. Sie haben sich gesagt, wo's umsonst gibt, da nehmen wa mit.

Jeden Morgen gab's erst mal Informationen, auf was heute besonders zu achten ist. Vor allem jetzt, wenn die Zeit so ist zum Herbst für Republikflüchtige, die mit viel Gepäck und mit Betten kommen. Die sofort rausholen, nicht erst lange hin und her gefackelt, und uff'n Kopp zu sagen, daß sie türmen wollen, und gleich 'n Ausweis abnehmen. Dann die Leute irreführen: Also wir rufen jetzt in Ihrem Heimatort an und fragen, was Sie hier in Berlin wollen. Dann kriegen die Angst und sagen, ja, wir wollten abhauen, wir können nicht mehr weiter, jetzt is' aus.

Wenn sie nun einen Republikflüchtigen schnappen, dann wird der von der Kontrollstelle im Zwischenstock nach oben in die Baracke gebracht. Da wird der Personalausweis abgenommen, und dann kommen die Leute zum Hauptzollamt, das ist jetzt an der Jannowitzbrücke, und von da in die Magazinstraße bzw. zum Flüchtlingsaufnahmelager. Und dann nimmt sie die Staatssicherheit in die Arme. Da sind sie dann erst mal zwei Jahre beim Staat sicher. Da dürfen sie dann erst mal zwei Jahre brummen.

Wir hatten mal einen, der wollte sich vor die S-Bahn schmeißen. Der sagte: Mein Leben ist sowieso zu Ende, ich mache jetzt Schluß. Die haben mir so lange gequält, und jetzt soll's mit 'm Quälleben weitergehen? Nee, ick will meine Freiheit haben, und vor allen Dingen will ick meine Ruhe haben, wie sich das für 'n anständigen Menschen gehört.

Auf 'm Bahnhof Friedrichstraße kommt mal einer auf mich zu, so 'n Kleiner, Schmächtiger, und sagt: Könn' Sie mir erklären, wie ick nach 'm Westen komme zum Lager?

Ich sage: Mensch, det darfste mir doch nich' fragen, hau bloß ab.

Da sachta: Um Gottes willen, wo fährt ein Zug nach 'm Westen?

Beide Seiten, sag' ich, schnell!

Sacht er: Schönen Dank, hier haste noch Geld.

Ick sage: Mann, nimm bloß mit, det brauchste da.

Der ist dann mit seinen beiden Koffern ringesprungen, dann ging die Tür auch schon zu, ab . . .

Da sagt der Kollege vom Zoll: Wat wollt' denn der?

Ich sage: Der wollte nach Friedenau zu seinen Verwandten, der frug bloß, ob er hier richtig is'.

Na, sagt mein Kollege, du, der hatte zwei Koffer mit, den hättste anhalten sollen, der hatte bestimmt Gänse oder Betten drin. Ich sage: Ach, sag' ick, danach sah der gar nich aus. Der war so ehrlich.

Dann sind auch viele gekommen, die haben gefragt, ob sie was rüberbringen dürfen, von hier nach drüben oder von drüben nach hier. Dann haben wir eben Auskunft gegeben. Also bis 30 Mark können Sie sich schenken lassen, das unterteilt sich dann aber, 20 Mark für Textilien usw., und das gilt dann für beide Seiten. Die Hauptknotenpunkte wie Friedrichstraße, Schönhauser Allee, Treptow, die sind ja immer schwer besetzt. Leichter ist's auf Bahnhöfen wie Baumschulenweg, wo nur Einsatzsprünge gemacht werden. Da wird festgesetzt: Morgen um 6 eine Gruppe nach Baumschulenweg. Da ist dann Pendelverkehr, da fahren Sie mit bis Betriebsbahnhof Schöneweide. Dann geh'n Sie 'n Zug durch und kontrollieren, gucken sich 'n Personalausweis an. Schlagen gar nicht nach, wo die Leute herkommen, gucken nur nach der römischen Zahl. Die römischen Zahlen bezeichnen die Bezirke. Z. B. römisch zehn und fünf, also fünfzehn, das ist Berlin. Und römisch eins, halt stopp, der kommt von Rostock, was will der in Berlin? Hat er Gepäck? Wo wollen Sie hin? Kommen Sie mal mit! Und dann wird er ausgefragt, erst von einem, dann vom zweiten, vom dritten, und jeder kriegt irgendwas raus.

Wir vom Zoll waren alles Jüngere. Daß wir nun besonderen Spaß dran hatten, kann ich nicht sagen. Für die meisten war die Hauptsache, daß sie ihr Geld bekamen. Wenn's ging, daß sie nicht selber deshalb verpfiffen wurden, dann haben sie sich oft umgedreht und mit andern unterhalten oder einfach weggekiekt, wenn sie sahen, da wollten welche abhauen.

Wenn man selber aus der Zone is', dann weiß man ja, wie das ist. Mein Schwiegervater sein Onkel, der wollte mal hier zur Grünen Woche fahren, weil er Tauben hat und is' ooch im Züchterverein. Im Zug von Neubrandenburg: Zugkontrolle! Haben sie zu ihm gesagt: Wo wollen Sie hin? Na, nach Berlin, das sehen Sie doch an meiner Fahrkarte. Und zu wem wollen Sie da? Ick hab' da Bekannte. Ach, grade jetzt haben Sie Bekannte da, wo die Grüne Woche ist, sagen die. Wieso Grüne Woche? hat der sich angestellt. Also jetzt nehmen Sie die Fahrkarte und fahren Sie sofort wieder zurück, sagten die. Und zu Hause hat ihn dann die Kreisleitung unter die Lupe genommen.

Wenn Sie einen Republikflüchtigen schnappen, dann kriegen Sie einen Beförderungsaufschwung. Das ist der Anreiz. Sie sagen untereinander: Wir müssen heute was schaffen, die und die Brigade hat soundso viel geschafft gestern, 25 haben sie erwischt, und alle hatten was, da waren allein vier Republikflüchtige bei, und der Manfred hatte davon zwei Stück. Na, und dann beim Übungsschießen: Antreten! Manfred vortreten! Wirst befördert zum Anwärter oder Hauptwachtmeister oder was weiß ich. Dann sagen die unter'nander: Der hat was geschafft, der kriegt wieder 30 Mark mehr jeden Monat.

Wir waren 'ne Clique mit drei Mann und haben uns abgesprochen, also wenn sie uns nicht befördern, dann sollen sie uns den Buckel runterrutschen, wir machen unsern Dienst wie bisher.

Wir haben uns dann auch 'ne Freundin angeschafft von Westberlin. Die hat uns von da Zigaretten mitgebracht. Das war natürlich streng verboten. Aber man will doch ooch mal in den Genuß von 'ner anständigen Zigarette kommen. Die Freundin is' denn morgens uff'm Bahnhof einpassiert, schnell die Zigaretten in die Hand gedrückt, in die Tasche damit – na, dann können Sie doch ooch nich' in den nächsten fünf Minuten zu einem andern hingehen und kontrollieren, ob er im Westen was gekauft hat.

Wir drei Mann haben uns dann auch abgesprochen, also wir wollen nur abnehmen, wo wir sehen, daß einer viel Geld hat, so 'n Großgrundbesitzer oder so. Zu dem konnte man sagen: Mann, das trifft ja keenen Armen nich'. Aber wenn 'ne Frau kam mit zwei, drei Tafeln Schokolade, und im Personalausweis haben Sie gesehen, vier, fünf Kinder hat sie, na dann haben wir gesagt: Brechen Sie die Schokolade durch, daß es Bruchschokolade is', dann kann sie Ihnen keiner abnehmen.

Aber wenn Westberliner kamen und hatten sich einen Fotoapparat oder Lebensmittel von Bekannten kaufen lassen im Osten, das wurde natürlich beschlagnahmt. Die Leute kamen dann vor den Schnellrichter. In der Magazinstraße ist das Schnellgericht, und sie sind dann innerhalb vier, fünf Stunden abgeurteilt worden. Je nachdem, was sie nun gekauft haben, bei größeren Sachen gab's drei Monate, dann mußten sie in den Ochsenkopf brummen geh'n. Da wurden die Haare geschnitten, und für ihre Angehörigen in Westberlin waren die erst mal verschwunden. Nachricht geben durften sie nicht. Die Angehörigen konnten sich zu Tode ängstigen, die Leute waren wie vom Erdboden verschluckt.

Also das hab' ick 'n halbes Jahr gemacht. Meine Frau sagte schon immer: Wir können nich' mal drüben ins Kino gehen, und die hauen mir hier noch was ins Kreuz, weil du den Leuten die Taschen nachschnüffelst.

Wenn ich nach Hause fuhr in meiner Uniform, dann haben die in der Straßenbahn schon immer geschnüffelt: Stinkt ja hier so, 'n Taschenschnüffler! Die haben Sie angepöbelt, die hatten direkt ein' Haß auf Sie. Zoll ist ja noch schlimmer wie Polizei. Und in der Uniform sind Sie eben gleich dran.

Am Bahnhof Friedrichstraße läuft außer Zoll auch noch Transportpolizei rum und Staatssicherheit auch, aber die geht eben in Zivil, ganz unauffällig. Die geht mal hier und mal da und kommt zu uns ran und sagt: Den schnappen Sie sich mal und bringen Sie ihn uns.

Meine Frau wurde immer unglücklicher. Manchmal sind wir tanzen gegangen, aber schon wenn man Eintritt bezahlt, muß man überall den Personalausweis vorzeigen, dann haben sie gleich geguckt, Zoll, aha, Mund halten. Und war man dann drin im Tanzlokal und bestellte sich Getränke, wieder Personalausweis vorzeigen. Ich hatte noch dazu einen Dienstausweis. Die um uns rum saßen, die schreckten direkt vor mir zurück. Macht denn so 'n Leben überhaupt noch Spaß? Keiner wollte sich mit uns unterhalten, und dabei waren wir doch alle jung. Die dachten natürlich: Vorsicht, Zoll, kein Wort fallenlassen, und ich konnte ja auch nicht sagen, ich denke so und so. Man wußte ja nie, an wen man gerade kam. Man mußte ja selbst vorsichtig sein.

Mit meiner Frau wär' ich gern mal im Westen ins Kino gegangen. Im Osten sieht man ja bloß sowjetische Filme und immer Balalaika, Balalaika. Sind Sie ringekommen, dann sind Sie ganz bescheuert wieder rausgegangen. Meine Kollegen, die dicht am Westsektor wohnten, die sagten dann: Mann, du, heute hab' ick 'n anständigen Film gesehen, 'n schönen Liebesfilm, da mußt du hin!

Mensch, ick darf doch gar nicht rüber, sag' ick. Wenn die mir sehen, dann is' Polen offen.

Wenn die rauskriegen, daß Sie westliche Bindung haben, dann werden Sie rausgeschmissen, und dann: gesiebte Luft! Sie müssen ja vorher unterschreiben, daß Sie keine Westzone und keinen Westsektor betreten, daß Sie in keinem brieflichen Verkehr mit Westdeutschland oder Westberlin stehen, daß Sie keine Verwandten im Westen haben. Ich mußte sogar für meine Eltern unterschreiben, daß sie keinen RIAS hören, für meine Eltern und für meine Schwiegereltern. Ich kann doch meinem Vater nicht verbieten, RIAS zu hören. Na, denn kam ick mal nach Hause und sagte: Was, ihr hört hier RIAS? Na, willst du uns das verbieten, sagt mein Vater; du bist gut. Wenn dir das nicht paßt, dann geh in die Schlafstube und leg dich aufs Chaiselongue und pack deine Ohren mit Watte ein.

Na, und meine Schwester, die ist zwanzig Jahre, die läßt sich doch von mir nichts verbieten. Im RIAS, da ist doch wenigstens 'n anständiger Rabatz drinne, 'ne anständige Musik, sagt sie.

Ick sag' bloß, wenn sie das draußen hören, wenn da einer von der VP vorbeikommt, dann haben se mir gleich am Arsch. Ich mußte das doch alles unterschreiben.

Meine Frau sagte immer: Du mußt bald Schluß machen. Die kieken uns alle schon schief an. Laß dir 'n Schnurrbart stehen, sagte sie, und wenn du abhaust, dann rasierst du den ab.

Na, wie es denn so kam, haben wir beim Zoll in der Versammlung diskutiert – der Schnurrbart wuchs schon –, und ein Kollege und ich haben immer dagegen geredet. Und der Kollege hat gesagt: Also, wenn da 'n großer Parteibonze is', und der kooft drüben ein für 3000 Mark, und da is 'n Arbeiter, der sich für seine paar Groschen was gekauft hat, was es bei uns nicht gibt, Medikamente und so, da muß ich dem Arbeiter sein bißchen abnehmen, und den Parteibonzen mit dem Parteibuch in der Hand, den hab' ich festgenommen, aber den habt ihr laufenlassen.

Den Kollegen haben sie gleich rausgeschmissen, weil er gesagt hat: Parteibonze. Er hat ooch keine Arbeit gekriegt. Dann hat er sich bei der Reichsbahn gemeldet, weil die ja unheimlich suchen, und da mußte er dann als Picker gehen, so Steine einpicken.

Die Sache mit dem Kollegen hat mir dann den Rest gegeben, ich bin weg vom Zoll und in einen VEB-Betrieb. Wir können Sie gut gebrauchen, sagten sie da. Sie waren bei der

Armee, beim Zoll. Sie können bei uns die Kampfgruppe und die GST mit aufbauen.

Mein Gott, dachte ich, kommst du denn gar nicht frei davon. Ich will nischt mehr mit alldem zu tun haben. Ich will mein ordentliches Privatleben und meine ordentliche Arbeit und gut. Aber die ließen nicht locker.

Ich war im Betrieb als Kraftfahrer angestellt, und die haben mir nun so 'ne Beschäftigung gegeben, wo ich immer auf 'm Hof bin, um alle Leute kennenzulernen. Ich sollte mich mit ihnen unterhalten und werben zur GST für Schießen, Motorradfahren und was so dazugehört.

Eines Tages kamen auf 'n Hof ein paar Mann, und ick hab' schon so den Geruch, det müssen Bullen sein. Mensch, dachte ich, du bist doch noch gar nicht lange hier, was wollen die von dir? Na, nun kamen die auf mich zu: Wir müssen mal mit Ihnen sprechen.

Na, sag' ich, bitte.

Also, Sie sollen die GST aufbauen. Sie können das erst mal ehrenamtlich machen, und wenn Sie sich fest entschließen, dann machen Sie es hauptamtlich. Dann legen wir zwei, drei Betriebe zusammen, und Sie kriegen Ihr gutes Geld. Sie brauchen keine Angst zu haben. Ick sage: Das liegt mir nicht, schon bei der Armee wollten sie mir 'n paarmal 'n Gruppenführer andrehen, aber ich bin jung, und im Betrieb sind Ältere, und die dann zusammendonnern und ihnen Vorschriften machen, nee. – Die haben alle Familie, die wollen doch sonntags zu Hause bleiben, wollen ihren Garten machen, nee –.

Ja, sagen die, Sie müssen die Leute eben dafür begeistern.

Ich sage: Ich mach' wohl alles mit, lauf' da mit, wo die größte Horde hinläuft; aber für diese Sache suchen Sie sich mal lieber 'n andern.

Die ließen nicht locker. Sie können sich da qualifizieren, Sie haben da Entwicklungsmöglichkeiten. Sie kriegen da auch mehr bezahlt.

Ich sage: Das haben sie mir schon oft versprochen, da sind Sie nicht der erste.

Na, wann kommen Sie denn heute nach Hause?

Ich sage: Um 4 Uhr hab' ich Schluß, so um 5 Uhr werd' ich wohl zu Hause sein.

Na ja, sagten die, dann werden wir kommen, dann werden wir uns weiter unterhalten.

Ich dachte, nu' is' Sense. Die sind von Weißensee, die kennen genau die Akten, die wissen Bescheid. Ich war doch selber lang genug in dem Verein.

Nun hab' ich meine Sachen genommen und bin in die Straßenbahn eingestiegen. Die Straßenbahn ist gefahren und gefahren, und ich hab' immerzu überlegt, was machst du nun, fährst du nach Hause, oder fährst du nicht. Was machst du nun? Also getan hätten die mir erst mal noch nichts. Aber die hätten mich soweit gebracht, ich kenn' mich doch aus, ich wär' geplatzt. Ich hätt' sie rausgeschmissen, und fünf Minuten später hätten sie mich verhaftet.

Nun hab' ich gedacht, hauste ab. Dann bin ich rin in die S-Bahn und gleich durchgefahren nach Marienfelde. Ich kenn' mich doch aus, ich wußte, wo ein Loch in der Kontrolle ist.

Aber nun saß ich im Lager Marienfelde und dachte, was machste nu'? Kein Geld, nicht mal für 'ne Briefmarke. Da lag ich denn mit andern auf der Stube, und einer hat mir dann Briefpapier und eine Marke gespendet. Dann hab' ich geschrieben an meine Frau. Die ist dann gestern hergekommen.

Was denkst du, wie ich in Ängsten geschwebt habe, sagte sie, ich wußte doch von nichts. Heute war die Kriminalpolizei da, und die haben gesagt, du sollst wieder rüberkommen, sie tun dir nischt. Ich bügel' das alles glatt.

Na, ich sage, sei doch ehrlich, wir brauchen uns doch nichts vorzumachen. Ich kann doch keine Nacht da mehr ruhig schlafen. Ich hab' ja nischt ausgefressen; ich hab' keen totgeschlagen oder betrogen, aber die lassen mich ja nicht in Ruhe und Frieden leben, da muß ich eben dahin gehen, wo ich in Ruhe und Frieden leben kann.

Der Dorfschmied

Wir waren zwei Schmiedemeister im Dorf. Ein reiches Dorf, nah an der Oder! Geld hatten die Bauern da! Bauten Kohl, der bringt mehr Geld als das Getreide. Zweimal im Jahr Ernte, erst Kohlrabi und Wirsingkohl, dann Weißkohl und Rotkohl. Zigtausend Mark Jahresumsatz macht ein Bauer allein mit 12 bis 14 Morgen, nur mit Kohl, der gedeiht da wie verrückt, das kommt durch das wärmere Grundwasser der Oder. Zwölf große Gärtnereien gab es im Dorf, die beschäftigten bis zu 15 Arbeiter und Arbeiterinnen und bauten nur Kohl. Da fuhr bald jeder große Bauer seinen Wartburg.

Uns Handwerkern ging es auch nicht schlecht in den letzten Jahren. Ich fuhr mit meinem Wagen die ganze Umgebung ab und reparierte den Bauern ihre Landmaschinen. Was glauben Sie, was es da zu tun gab, wo doch neue Maschinen und Maschinenersatzteile so rar sind wie Kälber mit zwei Köpfen. Also immer nur Flicken.

Ich arbeitete allein, seit mein letzter Geselle zur MTS abgegangen war. Die MTS hat ja schon überall auf den Dörfern eigne Handwerkerstützpunkte und zahlt einem Gesellen 1,48 die Stunde, und wir privaten Handwerksmeister dürfen nach Tarif nicht mehr als 1,18 Mark Stundenlohn bezahlen. Wenn wir nur einen Pfennig mehr geben wollen, brauchen wir die Genehmigung der Handwerkskammer dazu.

In der Werkstatt half mir mein Vater. Er ist auch Schmied und hat sich die Werkstatt und unser Haus vor dreißig Jahren gebaut, zweistöckig, mit einem kleinen Blumengarten davor. Meine Frau versorgte die Wirtschaft der Schwiegereltern mit, weil meine Mutter Altersstar hat, aber mein Vater steht noch den ganzen Tag am Schmiedefeuer mit seinen 83 Jahren. Er macht alle Schmiedenägel selbst, weil es die nicht gibt. Mit der Materialzuteilung für die privaten Handwerker war es ja schlecht bestellt. Die Reparatur-Kontingente ganz und gar unzureichend! Ab und zu gab's mal ein paar Tafeln Bleche, meist nur Abfälle. Statt Flacheisen lieferten sie uns Kopfendenbleche, schrumpliges, welliges Zeug, daraus mußten wir dann die Streifen schneiden. Ein Glück, daß unsere Werkstatt noch so gut eingerichtet war, denn es gibt ja nichts, keine neuen Bohrmaschinen, keine neuen Drehbänke für den privaten Sektor.

Die Arbeit machte Freude, es ging langsam voran. Wir hatten genug zu essen, man konnte sich was anschaffen, und mit der Partei ließen sie mich auch in Ruhe. Als sie damit bei mir ankamen im Jahr 48, sagte ich zu ihnen: Einmal in meinem Leben bin ich in eine Partei eingetreten und habe daran geglaubt und bin betrogen worden: Nie wieder! – Und als sie kamen wegen Beitritt zur Deutsch-Sowjetischen Freundschaft, sagte ich nur: Nach dem, was meiner Frau mit den Russen passiert ist? Kein Mensch kann das von mir verlangen!

Nur wegen meiner Tochter machte ich mir Gedanken. In zwei Jahren würde sie soweit sein, daß sie auf die Oberschule käme, aber als Kind eines selbständigen Handwerkers würde sie die Erlaubnis dazu nicht bekommen. Und sie ist so ein kluges Mädchen, gern möchte ich sie etwas Höheres lernen lassen. Ich grübelte oft darüber nach, wenn ich so über Land fuhr, aber Ulbricht hat mir diese Sorge abgenommen!

Am 20. Februar 59 verkündete er auf der VI. Konferenz der LPG: MT-Stationen und LPGs sollen auch Handwerker aufnehmen!

Mein Kollege, der andere Schmiedemeister im Dorf, trat dann auch in die LPG ein. Er war ein Genosse und mußte der Weisung seiner Partei parieren. Er ging hinein mit einem Gesellen und einem Lehrling und wurde wie die anderen Mitglieder einer LPG nach Arbeitseinheiten bezahlt, aber besser. Ein Landarbeiter bekommt eine Arbeitseinheit pro Tag, ein Handwerker eineinhalb bis zwei Einheiten.

Das war im vergangenen Sommer. Ein paar Wochen schien Ruhe, und ich fuhr weiter in die Dörfer. Die Bauern wurden schon unruhig, aber du glaubst ja nicht an das Unglück, bis es dir nicht über den Schädel haut. Die Handwerkskammer lud uns immer wieder zu Versammlungen ein und malte uns die Genossenschaft in rosigstem Licht. Einmal hab' ich mich zum Wort gemeldet. Ich habe zu dem Funktionär da oben auf dem Rednerpult gesagt: Das ist ja alles schön und gut mit einem Zusammenschluß von Schmieden, Schlossern und Klempnern zu einer PGH (Produktionsgenossenschaft des Handwerks). Aber wollen Sie mir mal sagen, mit wem ich mich zusammenschließen soll? Der einzige Schmiedemeister außer mir im Dorf ist in der LPG! Der Schlosser ist vorige Woche abgehauen. Im Nachbardorf, vier Kilometer entfernt, ist der nächste Klempnermeister, dann schließt mich also mit dem zu einer Genossenschaft zusammen. Das geht dann so: Entweder er wählt mich oder ich ihn zum Vorsitzenden, und er bestimmt dann über mich oder ich über ihn, wie die Arbeitseinsätze gemacht werden. Er kennt meine Kundschaft und meine Arbeit nicht, ich kenne seine nicht, da frag' ich Sie, wo ist da ein Sinn drin. Da bleibt doch jeder am besten für sich, damit ist ihm und der Kundschaft besser gedient!

Da wurde ich aber belehrt, daß mir die Ohren dröhnten. Ein Nörgler und Querulant war ich, einer, der dem Kapitalismus verfallen ist, der den Sozialismus aufhält. – Keiner meiner Kollegen wagte für mich einzutreten, dabei dachte jeder wie ich.

Meine Mutter war im Krankenhaus wegen ihrer Augen, die holte ich nach der Versammlung ab und nahm sie im Auto mit heim. Sie hatte die Augen verbunden, aber an meiner Stimme merkte sie was. Ich mochte sie nicht beunruhigen, ich sagte nur: Oma, wir haben es doch so schön miteinander, nicht? Können sie uns denn nicht in Frieden leben lassen?

Nein, wir sollten nicht in Frieden leben. Am 28. Februar erschienen in unserem Dorf die Agitatoren für die LPG und drückten die Bauern und drückten die Gärtner, die sollten mit ihren großen Gärtnereien sich zu GPGs (Gärtnerische Produktionsgenossenschaften) zusammenschließen. Am nächsten Morgen waren die beiden besten Gärtner weg über Nacht mit ihren Familien. Es waren die ersten überhaupt aus dem Dorf, die flohen. Das war ein furchtbarer Schock für alle. Die Leute standen in Gruppen auf der Straße herum, keiner ging arbeiten, ein paar Arbeiterinnen in den Gärtnereien weinten, standen am Haus und zwischen den Beeten, wußten nicht, was tun. Sie weinten ihren »Ausbeutern« nach.

Von diesem Tag an sank die Arbeitsmoral im ganzen Dorf. Die Menschen waren wie verstört. Ich fuhr täglich weg über Land, hielt es nicht aus bei uns im Dorf, aber in den anderen Dörfern hatten die Agitationstrupps ihr Werk schon vollbracht oder sie standen bevor, gingen ja um wie eine Seuche, verschonten nichts und niemand.

Eines Abends kam ich heim, sagt meine Frau ganz verweint: Heute waren sie bei uns, wollten dich sprechen. Kommen morgen wieder.

Früh am nächsten Tag fuhr ich weg, kam erst bei Dunkelheit heim und sehe schon den BMW vor meiner Tür stehn. Und drin im Haus warteten sie. Fünf vom Agitationstrupp, die sollten im Zuge der Bauernliquidierung auch mich gleich fertigmachen.

Ich sagte, ich sei müde von der Arbeit, aber das störte sie gar nicht. Stunden und Stunden und Stunden redeten sie auf mich runter. Als dann einer – so ein kleiner Dürrer, der sich als Lehrer vorgestellt hatte – mit so einer hohen Stimme sagte: ... Außerdem wird PGH-Mitgliedern zugestanden, daß ihre Kinder keine Schwierigkeiten beim Besuch der Oberschule haben sollen – da war ich mit meinen Nerven am Rande! Ich sah schon die ganze Zeit über, wie meine Frau mir angstvoll von der Tür her Zeichen machte, weil sie sah, wie ich schwer atmete, ich spürte wieder mein Herz, das machte mir in der letzten Zeit schwer zu schaffen. Ich hatte einen unerträglichen Druck in der Brust. Und dann brüllte ich los: Euch brauche ich nicht die Bildung meiner Tochter zu verdanken! Euch nicht! Ich werde selbst für meine Tochter sorgen! Auch ohne eure Gnade wird sie was Höheres lernen! Es gibt auch noch andere Wege –

Welche anderen Wege? hakten die gleich ein. Soll das heißen, daß Sie republikflüchtig werden wollen? Also da haben wir ja unsere Mittel –. Es gab ein wildes Hin- und Hergerede, und sie brausten ab mit ihrem BMW. Mein Wagen stand noch vor dem Haus, es war Nacht inzwischen, ich habe meine Frau und meine Tochter genommen und bin losgefahren in derselben Stunde. Ich wußte, was mir sonst blühte! In Ostberlin, am Alexanderplatz, haben wir in den frühen Morgenstunden den Wagen stehenlassen und sind mit der S-Bahn in den Westen herübergefahren.

Aber die Sorge um meine Eltern! Mitnehmen konnten wir sie nicht. Ich hoffe nur, sie können in ihrem Haus wohnen bleiben, man wirft sie nicht heraus und sie bekommen Sozialunterstützung. Mein Vater hat nie Marken geklebt, darum zahlen sie ihm keine Rente. Man wird ihnen doch nichts tun, weil der Sohn republikflüchtig ist? So alte Leute, was können die schon dafür?

Leider kein Arbeiter- und Bauernkind

In Potsdam ist adlig sein nichts Besonderes, das finden dort sogar die Kommunisten! Deshalb konnte ich zur Oberschule mit durchrutschen. Aber dann saß ich da mit meinem Abiturzeugnis! Die Humboldt-Universität lehnte mich nach dem Prinzip: das Bildungsprivileg muß gebrochen werden! ab. Mein Vater konnte mir auch nicht damit helfen, daß er vor siebzehn Jahren gefallen war. Er blieb ein Junker, und seine Tochter hatte deshalb ganz von unten anzufangen.

Nun gut! Was sollte ich aber anfangen? So gern hätte ich Kunstgeschichte studiert. Damit war's aber nichts – wie gesagt: das Bildungsprivileg. Das hatten jetzt die Arbeiter- und Bauernkinder, und ich saß in Potsdam und grübelte vor mich hin. Unser Garten reichte bis zur Havel hinunter, so saß ich unten an der Havel und grübelte – den Geruch meiner Kindheit in der Nase – moddriges Havelwasser! Und da dachte ich: Wenn ich nicht studieren kann, warum soll ich dann nicht das tun, was ich mir seit meiner Kindheit sehnsüchtig wünschte: malen lernen? Ich wollte einmal eine große Malerin werden! Das hatte ich als kleines Mädchen so geträumt – in Potsdam! Mami war natürlich nicht dafür, aber weil keine Universität mich nahm und weil sie meinen Dickkopf kannte, sagte sie schließlich: Dann versuch's! Du bist bald zwanzig, du mußt es selbst wissen, es ist dein Leben!

Auf der Kunstschule in Weißensee sagten sie nicht wie auf der Humboldt-Universität: Sie waren eben unvorsichtig in der Auswahl Ihrer Eltern! – Ich machte die Aufnahmeprüfung und wurde angenommen. Ich hatte mich für die Graphikklasse eintragen lassen.

Jeden Morgen um 6.30 Uhr stieg ich am Bahnhof Potsdam in die Stadtbahn und machte die Riesenreise über den großen Berliner Ring um die Stadt herum. Hätten sie die Brücke der Einheit – das ist die alte ›Glienicker Brücke‹ – nicht fest zugemacht, ich hätte von unserem Haus in der Neuen Königsstraße – die jetzt Stalinallee heißt – nur ein paar Schritt zur Brücke gehabt, wäre drüben in einen Westberliner Bus gestiegen und hätte quer durch Berlin die Hälfte der Fahrzeit gespart! Nun ja! Im Sommer ging das noch. Im Winter, unmöglich! Mami sagte schließlich selbst: Du bist schon so dünn, bald ist nichts mehr von dir übrig, wenn du so weitermachst. Nun zieh schon lieber nach Berlin!

Sie wußte, daß ich Potsdam ziemlich satt hatte. Unsere ewig klagenden, verlorenen Zeiten nachjammernden Tanten, die dort langsam eine nach der andern hinstarben, für Mami war das entsetzlich.

Und auf der anderen Seite die Kasernen voll von NVA, KVP und russischen Regimentern! Ich wollte weg von Potsdam.

Im Herbst zog ich also nach Ostberlin, in ein möbliertes Zimmer bei rührenden Leuten, einem alten Eisenbahner und seiner Frau. Sie sorgten für mich wie für eine Tochter. Wenn ich nachmittags aus der Kunsthochschule zurückkam, stand gewärmtes Essen für mich in der Küche.

Ich war fleißig, in einer östlichen Kunsthochschule muß man fleißig sein! Ein Wechsel von einer Abteilung zur anderen – so wie an westlichen Akademien –, das ist nicht üblich. Und jedes Jahr Zeugnisse über sämtliche Fächer! Diese Zeugnisse entscheiden über das Leistungsstipendium. 95 % von uns hatten Stipendien. Es gab das Grundstipendium und das Arbeiter- und Bauernstipendium. Studenten aus bürgerlichen Schichten bekamen weniger, 155 Mark monatlich. Obwohl ich noch eine Klasse schlechter war als die bürgerlichen, erhielt ich auch 155 Mark.

Manche errangen mit einem Leistungsstipendium noch zusätzlich 40 Mark, und wer ›sehr gut‹ als Note hatte, sogar 80 Mark. Ein Wilhelm-Pieck-Stipendium brachte sogar 300 Mark ein, das bekamen nur die politischen Musterkinder.

In der GST mußten wir alle sein, das war Pflicht. Für mich

war am schlimmsten der Gewi, der gesellschaftswissenschaftliche Unterricht.

Im ersten Studienjahr: Grundwissenschaft im Marxismus-Leninismus, im zweiten politische Ökonomie und im dritten marxistisch-leninistische Philosophie, im vierten marxistisch-leninistische Ästhetik. Das fünfte Studienjahr heißt dann das Diplomjahr. Das hat alles seinen kontinuierlichen Ablauf.

Nach jedem Studienjahr muß man in den Fächern der Gewi eine Zwischenprüfung machen und 1 bis 2 Klausuren schreiben. Zwei Doppelstunden in der Woche Gewi und alle 14 Tage Seminar! In den Seminaren kann man sich nicht in die Anonymität retten, da zwingen sie einen, Farbe zu bekennen, persönlich Stellung zu nehmen, Vorträge zu halten – also zu heucheln.

Ich hatte mich politisch entgegengesetzt engagiert: Ich war in die Katholische Studentengemeinschaft eingetreten, in die KSG. In Potsdam ist es immer schwierig gewesen, katholisch zu sein, darum ist Mami mit mir als Kind ganz bewußt morgens zur Messe gegangen, und ich ging auch jeden Sonntag in Ostberlin in die Kirche. Ich wollte mit der Politik nichts zu tun haben, ich wollte malen lernen! Sie hätten mich doch in Ruhe lassen können!

Ende des zweiten Semesters erschien ein Herr bei mir – es hatte geklingelt, meine Wirtin öffnete, und dann klopfte es an meiner Zimmertür, ein jüngerer Mann trat ein, grüßte, setzte sich sofort unaufgefordert in einen Sessel und tat kund, er sei von der Staatssicherheit! Der Mann sah intelligent aus, war elegant: grauer Anzug, seidener Schlips, schön zurückgebürstetes krauses Haar – ich fand ihn nicht mal unsympathisch ... Er fing damit an, ich wäre doch bedroht, vom Westen her –

Ich sagte: Ich? Bedroht? Vom Westen? Das kann nicht sein!

Doch! Sie sind es! Auch wenn Sie nichts davon merken!

Und dann begann er, Einzelheiten aus meinem Leben, von meiner Familie, sogar von meinen westdeutschen Verwandten, zu erzählen – da wurde mir angst! Woher wußte er das? Und warum wußte er's?

Sie sind bedroht! wiederholte er. Wenn Sie sich unsicher fühlen, rufen Sie mich sofort an! Hier ist meine Nummer, eine Geheimnummer. Nennen Sie nichts als Ihren Vornamen, Sie werden dann sofort mit mir verbunden. Ich komme in 14 Tagen wieder und sehe nach Ihnen, wir werden uns um Sie kümmern –

Und dann mußte ich einen Schein unterschreiben, den er vor mich hinlegte und auf dem stand: Ich verpflichte mich, zu niemandem über diesen Besuch zu sprechen!

Ich setzte nur mit Widerwillen meinen Namen darunter. Aber was sollte ich machen? Ich hatte Angst! Als der Mann gegangen war, lief ich wie eine Verrückte im Zimmer hin und her. Was wollen sie bloß von mir, um Gottes willen! Ich war doch nicht interessant für sie, eine kleine Kunststudentin, unpolitisch – zwanzig Jahre!

Der Stasimensch kam wieder, regelmäßig, alle 14 Tage etwa! Nach dem dritten Besuch merkte ich endlich, worauf er hinauswollte: Ich war in der Katholischen Studentengruppe, ich sollte dort für die Stasi spitzeln!

Ich hatte Angst, mich zu weigern. Ich redete herum und hielt den Mann hin. Wir hatten interessante Diskussionen, natürlich konnte er mich niemals überzeugen, aber intelligent war er! Manchmal machten mir unsere komplizierten Dispute direkt Vergnügen.

Er bot an, mir bei den schriftlichen Aufgaben für den politischen Unterricht zu helfen, die Vorträge mit mir auszuarbeiten. Ich nahm das Angebot natürlich nicht an, aber er gab mir gute Tips für meine Aufsätze.

Wenn er mir gegenübersaß, ein Mensch aus Fleisch und Blut, gepflegt, höflich, dann hatte ich am wenigsten Angst. Sobald er weg war, begann die Nervosität, steigerte sich –

am schlimmsten wurde es, als er mal drei Wochen wegblieb! Ich rief schließlich an, ich drehte die Geheimnummer zum ersten Mal. Eine weibliche Stimme! Ich sagte meinen Vornamen, wurde sofort weiterverbunden, und tatsächlich kam seine Stimme: Ja, er sei verreist gewesen, er komme morgen!

Und er kam. Holte mich im Auto ab, wir fuhren zusammen spazieren, und ich hatte das Gefühl: Solange ich ihn neben mir habe, passiert mir nichts! Ich wurde mit der Zeit ganz verrückt. In einer solchen Zwangssituation wird man doch verrückt! Ich hatte ihnen nicht versprochen, zu spitzeln, aber ich konnte auch nicht wagen, nein zu sagen – und sie ließen sich Zeit für mich! Sie bearbeiteten mich!

Auf der Hochschule sah ich jetzt überall Fallen, Fangfragen! Ich traute niemandem mehr, weder meinen Mitschülern noch den Professoren – nicht einmal den Studenten, die mit mir in der KSG waren! Bei jedem dachte ich: Vielleicht hast du genauso den Auftrag, auf mich aufzupassen wie ich auf dich?

Wenn unser Professor in der Graphikklasse besonders freundlich zu mir war, bekam ich schon Angst. Vielleicht war er auch von der Stasi verpflichtet, sollte etwas aus mir herauslocken!

Ich lernte weiter, ging jeden Morgen zur Kunsthochschule, so als sei nichts geschehen. Der Unterricht war ausgezeichnet. Natürlich im Sinne des sozialistischen Realismus! Die Professoren waren um ein gutes Durchschnittsniveau bemüht, Spitzenleistungen interessierten nicht. Man soll ja später auch im Kollektiv malen können, ausgeprägter individueller Stil ist gar nicht erwünscht.

Wenn die Ausbildung an der Hochschule beendet ist, gibt es ein Diplom, und der Student wird, wenn er Maler oder Bildhauer ist, automatisch Mitglied vom Verband bildender Künstler. Das ist eine Sektion innerhalb des Kulturbundes. Der gibt dem jungen Künstler einen Förderungsauftrag, er wird in ein Werk geschickt – vielleicht ins Kraftwerk Henningsdorf –, bekommt drei Monate lang 500 Mark pro Monat und muß Motive der Arbeit malen. Wenn er das zur Zufriedenheit der Auftragskommission gemacht hat – Helden der Arbeit dargestellt, einen kraftvollen Hennecke, eine fleißige Frieda Hockauf –, so bekommt er weitere Aufträge, es geht aufwärts mit ihm auf dem Weg des sozialistischen Realismus!

Den Weg habe ich nun nicht mehr beschritten. Ich habe meine Ausbildung an der Kunsthochschule in Weißensee abgebrochen! Mein seltsamer Freund von der Stasi war eines Tages verschwunden, kam nicht mehr zu mir, statt dessen klingelte einer im Ledermantel, ein rüder, ordinärer Kerl, und der setzte turnusmäßig die Arbeit an mir fort. Sie hatten mich noch nicht weich. Aber ich spürte, wenn ich nicht wegginge, müßte ich bald tun, was sie wollten. –

Der Ledermantelmann war meine Rettung, denn er trieb es mit mir auf die Spitze! Er fragte mich einmal: Brauchen Sie Geld? Sie möchten doch sicher hübsche Kleider haben? Wie wär's mit einer Auslandsreise? So plump war der!

Da wurde ich wütend und schrie: Ich will nicht mehr! Ich habe genug! Lassen Sie mich in Ruhe, verschwinden Sie für immer!

Er blieb ungerührt sitzen und sagte: Wir können Sie nicht so einfach sausen lassen, nachdem wir Ihnen unser Vertrauen geschenkt haben! Wir müssen uns auch schützen! Sie müssen wissen: Ehe wir mit einer Person Kontakt aufnehmen, überlegen wir uns das reiflich! Sie werden es bereuen, wenn Sie aus dieser Verpflichtung raus wollen! Wir lassen Sie nicht raus!

Dann schnaubte er durch die Nase, stand auf und sagte drohend: Lassen Sie es sich nicht einfallen wegzulaufen, vielleicht gar in den Westen!

Als ich die Wohnungstür hinter ihm zuklappen hörte, blieb ich noch eine ganze Weile im Zimmer stehen und horchte angespannt – sein Auto mußte längst abgefahren sein –, und dann holte ich meinen Koffer vom Schrank, packte ein paar Sachen zusammen, schrieb ein Abschiedsbriefchen für meine Wirtsleute, lief die Treppen hinunter, auf die Straße, zum Stadtbahnhof. Wenn ich mich beeilte, würde ich noch wegkommen – über die Sektorengrenze!

Agitprop

1948 im Lager Krasnogorsk kam man uns mit dem Dreh, wer von den Kriegsgefangenen sich zur VP verpflichtete, würde bevorzugt in die Heimat entlassen. Viele Kameraden haben sich dafür gemeldet, weil jeder dachte: Erst mal raus hier, alles andere wird sich dann schon in Deutschland finden.

Ich wollte aber ungern zur VP. Polizist spielen, wenn einer jahrelang ordentlicher Soldat war – nein! Ich hatte mich 1928 freiwillig zum Militärdienst gemeldet und war Waffenlehrer und im Kriege Panzerfahrer, immer vorn an der Front selbstverständlich. Mir hat das Handwerk Spaß gemacht. Nur zum Schluß des Krieges wurde es übel. Ich habe mich nicht zur VP verpflichtet, sondern zur Zentralschule im Lager gemeldet. Dort wollten sie Agitprops ausbilden für den Einsatz in Deutschland. Es hieß, auf diese Weise käme man ebenfalls früher als die übrigen Kriegsgefangenen in die Heimat zurück. So eine Ausbildung dauerte ein halbes Jahr und war sehr interessant. Aber sie nahmen nicht jeden. Man mußte eine Aufnahmeprüfung machen, und ich saß einer Kommission von drei Russen und drei Deutschen gegenüber, die kreuz und quer Fragen stellten über Politökonomie, Philosophie, über russische und deutsche Geschichte. Ich hatte keine Ahnung, aber blieb ihnen selten irgendeine Antwort schuldig. Ich weiß mir zu helfen. Ich habe aufgepaßt im Leben. Irgendeine Antwort findet sich immer.

Die Deutschen wollten mich nicht haben. Sie sagten, ich sei im Marxismus-Leninismus nicht geschult. Aber die drei Russen waren für mich, sie befahlen einfach: Mann wird genommen! Mann kann lernen! Wird gut lernen.

Dann wurden wir also geschult. Jeden Morgen sieben Uhr begann der Tag. Lernen – lernen – lernen. An den Abenden noch organisiertes Selbststudium bis 11 Uhr nachts in Gruppen von 20 Genossen. Ich habe alles in mich reingelöffelt.

Für mich war das leichter als für andere, weil ich groß im Auswendiglernen bin. Habe ich schon erzählt, daß ich als junger Mensch Kulissenschieber und Statist an der Cottbuser Bühne war? Ich hatte immer eine Nase für Theaterluft und wäre am liebsten dabeigeblieben. Die großen Rollen konnte ich fast alle auswendig nur vom Zuhören. Ich habe auch eine schöne Stimme; ich kann Ihnen Operettenarien vorsingen, wenn Sie das möchten, aus der »Lustigen Witwe« oder aus »Zigeunerliebe«. Ich mache auch Gedichte für Gelegenheiten und schreibe selbst kleine Theaterstücke. Im Lager von Krasnogorsk habe ich immer die Vergnügungsabende organisiert. Bin auf eine Kiste gestiegen und habe den Conférencier gemimt. Alle waren begeistert. Dadurch hatte ich selbst im Lager kein schlechtes Leben.

Nein, in Gewissenskonflikte oder so was bin ich in der Ausbildung als Agitprop nie gekommen. Wissen Sie, man muß immer das sagen, was die von einem zu hören erwarten. Wenn Sie das erst mal raushaben, ist es gar nicht so schwierig.

Kamen Fragen beim Unterricht, bei Diskussionen, in einer Prüfung, auf die ich die Antwort nicht wußte, dann immer nur scharf nachgedacht: Was wollen die hören? Wie lautet ihr Katechismus? Schon hatte ich die Antwort. Man muß nur den Klingelknopf finden, da drückt man dann drauf.

Mit Lernen mußten wir natürlich scharf ran; da gab's nichts. Aber man kann alles lernen. Wir wurden geschult, wie es hieß, durch bestimmte Ideen und Losungen auf das Bewußtsein und die Stimmung der breiten Masse einzuwirken. Die Losungen und Programmreden der Parteiführer müssen so lange wiederholt werden, bis sie mit der Person eins geworden sind. Aber sie müssen auch auf den besonderen Anlaß und die politischen Nahziele abgestellt sein. Man muß auf die Gemütstube der Leute drücken, muß emotionale Wirkungen erzielen und sich dabei aller Kunstgriffe bedienen. Mir lag dabei das Theater am meisten. Ich konnte das schon im Lager erproben und hatte guten Erfolg damit.

Als Agitprop-Schüler haben wir auch Moskau kennengelernt. Eine großartige Stadt, ganz großstädtisch. In Gruppen zu zwölf Genossen wurden wir mit einem Führer die 18 km in Omnibussen nach Moskau gefahren und konnten uns da die nationalen Denkmäler ansehen. Vor dem Lenin-Mausoleum standen endlose Schlangen organisierter Besuchergruppen, aber wir von der Zentralschule brauchten nicht zu warten, uns ließ man vor.

Nach einem halben Jahr war unsere Ausbildung als Agitprop beendet, und wir wurden zum Einsatz nach Deutschland geschickt. Ich kam zuerst zu einem Regiment kasernierter Volkspolizei als Waffenlehrer im Rang eines Hauptmanns. Ich mußte die Leute ausbilden an der russischen Pak, an Granatwerfern und schweren Maschinengewehren. Es wurden da die Waffenlehrer ausgebildet, die dann später die Genossen in den Kampfgruppen der Betriebe auszubilden hatten.

Für so was war ich ja noch vom Kommiß her gut geschult. Das konnte ich, die Bengels schleifen. Die exakte Arbeit mit den Waffen macht Spaß. Der Geist in diesem neuen Heer aber hat mir gar nicht gefallen. Keine soldatische Einstellung mehr. Keine Disziplin!

Ich wurde dann der Politik-Kultur-Offizier des Regiments. Damit unterstand ich nicht mehr dem Kommandeur und den Truppenoffizieren, ich stand neben dem Kommandeur. Ich war für die politische Ausrichtung der Einheiten und für die Durchführung des politischen Schulungsprogramms verantwortlich.

Und dann, bald darauf, mußte ich den Militärdienst quittieren, weil ich eine Äußerung getan habe, die als gefährlich und staatszersetzend angesehn wurde. Ich habe gesagt: In den Truppen des Hitlermilitärs ist mehr Zug drin gewesen als in den Truppen der neuen DDR.

Sie wollten mir deshalb noch ein Parteiverfahren anhängen, wollten mich aus der Partei ausstoßen, aber ich bekam Bewährungsfrist und wurde Clubleiter im Haus der Deutsch-Sowjetischen Freundschaft. Da konnte ich organisieren; das lag mir. Bei mir klappten die Vorträge, die Theateraufführungen, die Ausstellungen wie am Schnürchen. Ich habe 120000 organisierte Besuche im Jahr geschafft, mein Vorgänger hatte nicht die Hälfte aufzuweisen. Das mußte eben nur alles richtig aufgezogen werden.

Dann wurde ich Kulturdirektor im Haus der Jugend. Da verkehren die Jungens und Mädchen der FDJ. Denen brachte ich bald ein bißchen militärischen Schliff bei. So rumlümmeln, ans Treppengeländer gelehnt, Zigarette im Mundwinkel, das gab's bei mir nicht. Das Haus der Jugend war vorher gradezu berüchtigt, es hieß im Volksmund »Der blaue Engel«, so war es da zugegangen. Ich habe damit aufgeräumt und mit meiner neuen Organisation großen Erfolg gehabt. Die jungen Leute waren begeistert von meinen Arrangements. Kleine Theateraufführungen, Rezitationsabende; ich selbst habe Gedichte dafür gemacht, patriotische Gedichte natürlich, manche davon sind sogar gedruckt worden. So ein Gedicht mache ich Ihnen in ein paar Stunden, brauche nur einen guten Schnaps dazu.

Ja, also ich wäre gern weiter in meiner Stellung als Kulturdirektor geblieben, aber irgendeinem von der Partei hat meine Nase plötzlich nicht mehr gepaßt. Ein schwarzes Kreuz hatte ich ja immer noch von meinem Ausspruch bei der KVP her, so was wetzt sich nicht wieder aus. Jedenfalls setzten sie mir eines Tages einen Kulturleiter hin, auf meinen Platz in mein Zimmer, und ich mußte in den ersten Stock heraufziehen. Plötzlich durfte ich nicht mehr die Arrangements machen, sollte nur den dummen August markieren, links rum, wenn der Neue links rum macht, rechts rum, wenn der rechts rum macht. Dabei wußte er überhaupt nicht Bescheid – war eben nur ein streng Politischer – und mußte mich immer um alles fragen. Aber ich dachte nicht daran, ihm auch noch zu helfen. Ich saß oben in meinem Zimmer und las Zeitungen! Ich brauchte mir diese Behandlung nicht gefallen zu lassen!

Ich überlegte, sollst du nun von dir aus kündigen oder nicht. Ich verdiente ja ganz nett, über 600 monatlich netto, und meine Frau verdiente auch noch in einem Kiosk als Verkäuferin. Kinder haben wir keine.

Aber die Entscheidung wurde mir abgenommen. Ein Genosse kommt eines Tages in mein Zimmer – ich lese grade wieder Zeitung – und sagt zu mir: Ich würde dir raten, vorsichtiger zu sein, Genosse; du hast das und das gesagt, und die sammeln Material gegen dich. Du hast nicht die strenge Parteiauffassung, meinen sie. Du machst deinen eigenen Dreh, und jetzt, sagen sie, weil du beleidigt bist, boykottierst du hier die Arbeit. Sie bereiten von der Partei ein Verfahren gegen dich vor.

Da hatte ich genug! Habe ich so eine Behandlung verdient? Ich habe meine Arbeit immer tadellos gemacht. Natürlich, wenn mir was nicht paßte, konnte ich auch mal unangenehm werden.

Ich bin sofort nach Hause gegangen, habe meine guten Sachen angezogen und einen Koffer gepackt. Nein, meine Frau habe ich nicht mitgenommen auf die Fahrt nach Westberlin. Das war zu riskant. Ich war ja gefährdet.

Sie wollen mir das wohl auch nicht glauben? Gestern im Notaufnahmeverfahren haben mir die Herren gesagt, sie geben mir keine Zwangslage, sie erkennen mich nicht als politischen Flüchtling an. Na gut, bleib' ich eben so hier im Westen. Zurückschicken kann man mich ja nicht, und ich find' schon wieder eine Tätigkeit, meinen Sie nicht?

Der Agronom

Unser Herr Baron war mit einem alten Coupé und zwei Pferden gerade noch über die Elbebrücke gekommen, ehe der Russe uns hier eroberte. Da nisteten sich die neuen Herren in dem Schloß mit seinen 99 Zimmern ein wie in einem Paradies. Ich konnte im Verwalterhaus wohnen bleiben und sollte ihnen den Betrieb leiten. Wir wurden Versorgungsgut für die Rote Armee.

Nun war das Jahr zu Ende, und dies und das war nicht richtig. Es kam eine Kommission aus Potsdam, alles Offiziere, einer immer dicker als der andere; da mußte ich zum Verhör. Ich sagte: So geht es nicht weiter, meine Herren, wenn Sie hier was rausholen wollen aus dem Betrieb, dann müssen die ganzen uniformierten Menschen verschwinden, die hier herumrennen und herumkommandieren. Einer bestimmt immer was anderes als der andere, und wenn's schiefgeht, ist es keiner gewesen. Keiner will die Verantwortung tragen. Übergeben Sie mir den Betrieb allein, ich kenne ihn, bin seit sieben Jahren hier Verwalter, dann können Sie nach einem Jahr wiederkommen und sich's ansehen.

Die Offiziere haben sich hinterm Ohr gekratzt – wie sie's immer so machen –, aber sie waren vernünftig und beschlossen, alle Russen wegzuschicken und mir die Leitung des Betriebes zu übergeben. Das hat einen Kampf gekostet, die sowjetischen Herren mit ihren Familien aus dem Schloß herauszubringen! Die hatten doch da ein Leben geführt wie Gott in Frankreich. Den letzten mußten sie noch einfangen, der hatte sich im Wald versteckt; an Händen und Füßen gefesselt haben sie ihn auf einem LKW abgefahren.

Nun war ich allein, und die Arbeit hat mir gut gefallen. Wir hatten kein Ablieferungssoll, und alles hat tadellos geklappt, bis das Gut 1947 an die deutsche Verwaltung abgegeben wurde. Es war dann volkseigenes Gut, und ich blieb als

Betriebsleiter. Aber es dauerte nicht mehr lange, bis die Örtlichen, die Roten, zu bohren anfingen. Was die schlimmsten Verbrecher waren, die stellten plötzlich was vor und wollten mich beiseite bringen. Der Bürgermeister war mein größter Feind, ein früherer Waldarbeiter. Er wußte, daß ich ihn mit meinen Erfahrungen und meinem Können in die Tasche steckte. Da war eben das einzige, mich verschwinden zu lassen.

Eines Mittags – ich wollte grade nach Hause zum Mittagessen –, da kam einer vom Gemeindebüro auf den Hof und sagt: Sie möchten mal zum Gemeindebüro kommen.

Ich sage: Jetzt? Vor dem Mittagessen? Da werde ich aber schnell noch meiner Frau Bescheid sagen.

Ach, sagt der, das tut nicht nötig. Sie sind gleich wieder da. Ich komme in das Gemeindebüro, da sitzen schon so sechs von den neuartigen Kripomenschen. Hände in den Taschen, Koppel um, Pistole – so saßen sie da!

Mensch, denk' ich, was ist jetzt bloß los?

Fängt der eine an, mit einem Gesicht wie ein Fuchs: Sie korrespondieren noch mit Ihrem Baron, mit dem früheren Besitzer!

Ich sage: Soo? Da weiß ich gar nichts davon.

Wir haben Beweise, ja.

Ich sage: Sie müssen sie mir aber schon zeigen.

Das werden wir auch.

Das Auto stand schon draußen bereit, und rein mit mir und ab nach Potsdam. Wir gehörten zum Regierungsbezirk Potsdam. Also vorgefahren vor die russische Kommandantur. Rein in den Keller. Abgeschlossen. Weg war ich. Das war nun Anfang November und ganz schön kalt und nichts als eine kahle Pritsche. Ein paar alte Zeitungen lagen auf dem Boden, die habe ich mir in die Hose gesteckt, damit ich nicht so zu frieren brauchte. Und immerzu denke ich: Da wartet jetzt die Frau zu Hause und hat das Kind – das war erst vierzehn Tage alt –, und sie hatte schon zuwenig Milch für die Kleine. Fünf Tage, sieben Tage, elf Tage, dann konnte ich nicht mehr zählen. Kein Verhör, nichts. Nur das Essen wurde mir von einem russischen Posten reingeschoben. Endlich tauchte einer von der GPU auf mit der Pistole in der Hand, und ich wurde rausgeholt wie ein Schwerverbrecher. Dawai, Auto setzen! Und der GPU-Mensch wußte nicht, wo er die Pistole lassen sollte; er mußte ja steuern. Er klemmte sich das Ding zwischen die Beine und fuhr los mit mir zur Komandantura.

Da ging dann das Verhör los. Der Offizier macht die Schublade auf, holt einen Brief raus, der wäre vom Baron an mich. Ich guck' mir das Dings an und sage zur Dolmetscherin: Der ist doch gar nicht an mich. Der ist an irgendwelche Angehörigen vom Baron. Das sehen Sie doch, das ist alles eine fingierte Sache gegen mich, weiter nichts.

Ich habe noch mehr Dokumente, sagt der Offizier und holt wieder so einen Wisch raus.

Aber der hatte mit mir genausowenig zu tun, und außerdem war ich mit dem Baron spinnefeind gewesen und habe nie im Leben daran gedacht, ihm zu schreiben.

Der Offizier guckt mich tückisch an, aber mit mir war so nichts zu machen. Schublade zu und gefragt: Parteizugehörigkeit? Nazi und so? Aber ich habe die Nerven behalten, ich dachte: Frag du nur zu.

Plötzlich wird dem Offizier das alles zu dumm. Plötzlich wird er Mensch. Die Russen sind ja auch gar nicht so. Er fragt mich, ob ich verheiratet bin, ob ich Kinder habe, wo ich wohne. Und als ich sage, meine Kleine ist grad erst zwei Wochen alt, steht er auf und sagt: Geh nach Hause zu Kind. Und dann hat er mich in seinem Auto heimgefahren.

Am nächsten Morgen bin ich durchs Dorf gegangen. Die glotzten alle, die hatten sich eins gefeixt, daß sie mich nun beiseite geschafft hätten.

Das war ihnen also nicht gelungen, und nun fingen sie von der andern Seite an. In so einem großen Betrieb kann man ja immer was finden; und ich war kein Parteigenosse und roch für sie eben nach Junker. Da habe ich mich versetzen lassen nach Vorpommern als Betriebsleiter auf ein volkseigenes Gut. Der frühere Besitzer hatte eine Pferdezucht für Warmblüter gehabt. Ich habe das dann weitergemacht, und eine Weile ging es gut. Dann kam mir die Partei auch wieder in den Weg. Ich hatte auch wieder so meine Freunde da, Parteigenossen, Parteisekretäre, den Kulturleiter. Eine ganze Clique, die immer zusammen soff und feierte, und ich habe mich davon ferngehalten, und das war eben verkehrt. Immerfort kam ich mit ihnen aneinander, alle Augenblicke schickten sie mir Kontrollen auf den Hals.

Die kamen vom Feld auf den Hof, drei, vier Mann mit ihren Schirmmützen auf dem Kopf. Ich wußte noch gar nicht, von wo sie kamen, da hatten sie die Felder schon abgelaufen und hier was gefunden und da was gefunden.

Auf dem Gut waren neun Traktoren und immer die Himmelsangst, ob man sie morgens in Gang kriegt. Was war ich froh, wenn sie alle auf dem Feld waren! Aber es dauerte keine Stunde, da kommt der eine Arbeiter angelaufen, dann der andere: Der Traktor ist ausgefallen und der ... Man kann den besten Willen haben, man kann sich totmachen, es geht eben nicht, wie es soll. Die Kulturen wurden vorgeschrieben: Kartoffeln, Rüben, Getreide. Da muß dann genau die angegebene Hektarzahl eingehalten werden. Man hat sein Soll, aber bei den staatlichen Gütern ist es damit nicht so schlimm. Bei Mißernten z. B. werden die Staatsgüter genau wie die LPGs vom Staat unterstützt, um überhaupt existenzfähig zu bleiben. Das sind in den meisten Fällen Zuschußbetriebe. Der Staat läßt sich kosten, was es will, um sein Programm durchzuführen.

Eines Abends kamen sie angefahren vom Rat des Kreises von Greifswald und brachten mein Kündigungsschreiben und gleich den neuen Betriebsleiter. Über Nacht war das Ganze erledigt. Das war 1952, die Zeit, in der viele Bauern flüchteten. Da war im Kreis eine Bauernstelle verwaist. Der Bauer hatte sich im Gefängnis erhängt. Er hatte krumme Sachen gedreht, wurde eingesperrt – also krumme Sachen vom Standpunkt der Regierung aus. Die beiden Söhne waren dann geflüchtet, und der Kreis trat an mich heran, ich möchte doch diese Stelle in Pachtung übernehmen. Ich wollte und wollte nicht. Ich hatte noch nie in der Art selbständig gearbeitet. Dann dachte ich wieder: Vielleicht ist es besser so, dann hast du nicht soviel mit Politik zu tun, keine Betriebsversammlungen, keine Facharbeiterschulungen, keine BGL-Sitzungen an den Abenden.

Wir zogen also auf den Bauernhof und richteten uns ein. Das dritte Kind war grade unterwegs, und wir dachten, nun kommen wir endlich zur Ruhe. Anfangs ging es auch. Dann konnte ich meine Abgabeverpflichtungen nicht erfüllen, das Vieh hat auch gefehlt. Die Frau des Bauern, der sich erhängt hatte, die wohnte bei Verwandten im Dorf und hatte das Beste beiseite geschafft, bevor der Hof verpachtet wurde. Sie tat auch alles, um die Leute von mir wegzuhalten. Ich bekam keine Arbeitskräfte. Wer unter 20 Hektar besitzt, darf überhaupt keine fremden Arbeitskräfte einstellen. Ich mußte direkt betteln um jeden einzelnen und hatte gleich einen schweren Anfang. Dann hat man mir die besten Kühe gepfändet, weil ich mit dem Milchsoll nicht nachkam.

Ich hatte eine Kuh mit 4200 l Jahresleistung, die haben sie kassiert, das hat ihnen gefallen. Im Durchschnitt kann man mit einer Jahresleistung von 2500 l rechnen. Das haben sie in den LPGs nicht. Was noch an gutem Vieh da war, das haben sich die Hauptgenossenschaftsbauern, die LPG-Kommissare, untern Nagel gerissen. Die haben Kühe in ihrem Stall von 3500/4000 l. Aber guck mal einer in die LPG-Ställe, da stehen hundert Kühe, die haben Euter wie 'ne gute Ziege, aber nicht wie 'ne Milchkuh.

Es darf keine Färse geschlachtet werden, so gibt es keine Möglichkeit, die schlechten auszumerzen. Dasselbe mit den

Schweinen. Der Einzelbauer hat ausgemästete Schweine, die LPG nicht und die Mastanstalten auch nicht. Eine Mastanstalt bei uns hat ca. 1000 Schweine, die liegen auf Beton oder Holzplatten, das wird nur abgespült und gut. Keine Streu.

Ein Ferkel kostete Mitte Juli 100/120 Mark. Das Schwein, das als Soll abgeliefert wird, muß zu Hause mindestens 225 Pfund wiegen, wenn es auf der Fahrt zum Schlachthaus noch 24 Stunden gehungert hat, da wiegt es schließlich noch 200 Pfund, und die muß es haben. Für dieses ausgemästete Schwein bekommen wir 150/153 Mark ausgezahlt. Das Ferkel hat 120 Mark gekostet, dann füttern wir es ein dreiviertel Jahr, und dann bringt das Ganze 150 Mark. Früher brachte ein frei verkauftes Schwein das Doppelte des jetzigen Preises. Da kann man sehen, was der Bauer heutzutage dabei zusetzen muß.

Ich konnte es mit den Ablieferungssolls einfach nicht schaffen, und dazu wurde meine Frau krank.

Schließlich ging es nicht mehr, und ich nahm meine Frau und die drei Kinder – das Kleinste war grade geboren – und zog weiter. Ich habe dann eine örtliche Landwirtschaft übernommen bei Greifswald. Das war der schlechteste Betrieb im ganzen Kreis. Lauter einzelne Bauernhöfe, von denen die Bauern geflohen waren. Es war ein großer Pfarrhof dabei von 360 Morgen, aber der Pfarrer war noch da. Mitte September kam ich hin, da lagen noch die Getreidegarben so auf dem Feld, wie sie der Binder hat fallen lassen. Der Bürgermeister hat dann angeordnet, daß die Bauern, die noch da waren, das Getreide abfahren sollten; eine Fuhre für sich und eine für die ÖLB (Örtliche Landwirtschaftsbetriebe). Der Raps lag im September noch so auf dem Feld, wie er gemäht worden war, und derart im Unkraut eingewachsen, man konnte ihn gar nicht mehr finden. Und die Rüben, die waren wohl gedrillt, aber die standen so hoch in Melde, wenn man die Melde auseinanderbog, konnte man unten die Rübenreihe sehen. Das einzige, was ich als Futter vorfand, das waren zwei Hektar Wrucken, und die ganze ÖLB hatte ungefähr 300 ha. Kein Mensch macht sich eine Vorstellung, wie wüst es da aussah. Im Dorf gab es auch eine LPG, die sich gut stand, weil die Bauernhöfe noch in Schuß waren. Deshalb wollte die LPG die ÖLB auch nicht übernehmen in so einem versauten Zustand.

Na, und ich Idiot, ich wühle und wühle da auf dem Betrieb rum wie ein Verrückter, Tag und Nacht, um ihn wieder hochzubringen. Vom September bis April habe ich geschuftet. Ich hatte auch Arbeitskräfte und kam mit den Leuten gut aus. Als alles wieder soweit in Ordnung war, traten sie vom Kreis an mich heran: Ja, Kollege, das ist alles schön und gut mit der ÖLB, aber das ist nun überholt; das muß jetzt LPG werden. Die Arbeitsmoral in dem Betrieb hier ist auch nicht die richtige – und solchen Unsinn.

Ich hab' mich so gewehrt; ich hab' geredet; ein Wunder, daß ich noch am Einsperren vorbeigekommen bin. Eine große Versammlung wurde einberufen; die ganzen Partei- und Staatsfunktionäre, alles war vertreten, und es wurde beschlossen, daß die Örtliche von der LPG übernommen wird. Es durfte doch nicht sein, daß eine Örtliche die LPG überflügelt, denn eine Örtliche ist ja nur der Übergang zu einer LPG. Und so wurde die ÖLB in die LPG übernommen, es war nichts zu machen.

Ich konnte mich nicht entschließen, auch in die LPG reinzugehen, denn der Vorsitzende war ein ganz dummer Ochsenjunge von 25 Jahren. Da habe ich nein gesagt und ging zur MTS als Agronom.

Die MTS war im Nachbardorf, und ich saß noch in meiner alten Wohnung drin, und das war nun plötzlich eine Wohnung von der LPG. Das erste, was der Vorsitzende tat, war, daß er mich aus der Wohnung rausbringen wollte. Ich fuhr täglich mit meinem Motorrad die 4 km rüber zur MTS, denn dort war keine Wohnung für meine Familie zu finden. Aber der Vorsitzende hat nicht nachgelassen, um uns aus unserer

Wohnung herauszubringen. Er hat alles unternommen. Wenn der Landrat zur Sitzung kam, hat der Vorsitzende vorher meine Ställe aufgemacht, wenn ich nicht da war, und hat mein Jungvieh laufen lassen und dann gesagt: Guck an, was der hier für eine Wirtschaft hat! Dann ging eines Nachts die Pumpe kaputt, die elektrische Wasserversorgung für den Pfarrhof. Das liegt ein Ende ab von meiner Wohnung, und ich werde es doch nicht gleich gewahr. Und am andern Morgen brüllt das Vieh. Gleich die ganze Parteiorganisation zusammengeholt: Was machen wir mit dem? Der läßt das Vieh verdursten! Ja, so arbeiten diese Strolche!

Es gab keine ruhige Stunde mehr für uns. Meine Frau, die war nun schon zwei Jahre krank. Als es zum Ende ging mit der Wohnung, da lebte sie nicht mehr. Ich war nun allein mit den Kindern und mußte meine Mutter kommen lassen, aus Westdeutschland, denn wer sollte die Kinder hüten. Der Vorsitzende gab trotzdem keine Ruhe und war zweimal die Woche beim Landrat, denn der Landrat muß seine Unterschrift geben, damit einer mit Polizeigewalt aus seiner Wohnung geschmissen werden kann. Dann hatte er es im Oktober 1953 endlich geschafft. Ich bekam die schriftliche Aufforderung, sofort auszuziehen, mit der Drohung, daß ich sonst mit Polizeigewalt rausgeworfen würde.

Ich bin gleich am nächsten Morgen in die Stadt gefahren und habe versucht, den Landrat zu sprechen. Es war unmöglich, er hat sich überall verleugnen lassen. Und als ich wieder in unser Dorf zurückkam, war die Horde schon dabei, so zehn Mann von der LPG mit Polizei. Die hatten die Tür mit der Axt aufgeschlagen, und Kartoffelsäcke hatten sie mit und die Schränke aufgerissen und rein in die Säcke, alles, was kam, in die dreckigen Säcke, und auf 'n Wagen geladen. Die Kinder schrien und heulten, und meine Mutter war ganz fertig, die alte Frau.

Ich habe denen gesagt: Nun warten Sie doch wenigstens, bis meine Mutter wieder weg ist nach Westdeutschland, damit sie das nicht mitzuerleben braucht.

Ach, keine Rücksicht, keine Rücksicht!

Meine Mutter hat nur immerzu geweint: Ich will hier weg, ich will zurück in den Westen. Hier ist ja die reine Hölle.

Wie die wilden Tiere sind sie in meine Wohnung eingefallen. Ich kam in ein Handgemenge mit einem Polizisten. Ich hab' gezittert vor Wut. Aber ich habe mich ja noch schwer beherrschen müssen, sonst hätten sie mich obendrein eingelocht. Sie haben dann die Sachen mit dem Wagen abgefahren zu der Wohnung, in die ich rein sollte. Ein Loch. Da lief das Wasser von den Wänden runter. Da habe ich nun ein paar Jahre gelebt mit den Kindern und mich immer bemüht um was anderes. Ich war immer noch bei der MTS. Dann ging ich in eine LPG als Agronom, weil ich dadurch endlich eine Neubauwohnung bekam. Ich habe alles streichen und tapezieren lassen und bin im März 1959 eingezogen. Wir waren glücklich, meine Mutter und ich, für die Kinder; die Kleinen hatten ja nirgends einen ruhigen Platz bisher.

Wirtschaftlich ging es mir jetzt gar nicht mehr schlecht. Ich hatte im Monat 640 Mark und außerdem Naturalien. Wir wurden alle nach Arbeitseinheiten bezahlt, genau wie die Mitglieder der LPG, aber die erhielten nur 120 bis 150 Mark monatlich und keine Naturalien.

Ich war dem Vorsitzenden unterstellt, genau wie der Feldbaubrigadier und der Viehbrigadier. Dann gab es noch den BOP, den Betriebsobmann, der ist zugleich erster Sekretär der LPG und muß Mitglied der SED sein. Als Agronom war ich für die praktischen Aufgaben des Betriebes verantwortlich, nicht für die politischen, dafür war der Vorsitzende und der BOP da. Es gibt außerdem noch die Revisionskommission, die besteht aus drei Bauern, möglichst den Dümmsten im Dorf, damit sie bei den Prüfungen nicht in die Quere kommen.

Es war aber ein schwieriger Betrieb, fast 1000 ha, drei Ortsteile, keine Leute, und alles ging drunter und drüber. Die LPG hat im vorigen Jahr noch im September Korn gemäht. Das alles war schwarzer Dreck. Das Zeug konnten sie nur als Streustroh nehmen, Häckselstroh fehlte gänzlich. Dann hatten sie ein paar Morgen mit dem Binder gemäht; das ist auch nicht zur Zeit hereingekommen und draußen versaut. Mit dem Korn war es nicht anders. Die Kornernte brachte längst nicht das, was die Einzelbauern früher auf demselben Land geerntet hatten. Bei der Kartoffelernte fehlten Leute. Sonst hatten sie dazu Fabrikarbeiter herangezogen, die hatten sich dieses Jahr aber geweigert, Landarbeit zu machen, nun waren wir fast nur auf die Schulen angewiesen. Volksschüler und Oberschüler, na, was können die schon leisten in der Landwirtschaft.

Die Einzelbauern im Dorf, die hatten unterdessen gutes, sauberes Trockenstroh eingefahren, die konnten auch ihre Viehbestände durchbringen; die LPG konnte es nicht. In diesem Jahr hatte die LPG ihr ganzes Vieh dauernd auf der Weide, und das war doch gar keine richtige Weide, alles vertrocknet. Die Kühe wurden über die Felder getrieben und haben den ganzen Dreck reingefressen.

Im Sommer hat man dann den ersten Vorsitzenden der LPG eingelocht, und ich mußte den ersten Vorsitzenden machen. Die Stasi war dauernd hinter mir her. Fast jeden Abend saßen sie bei mir herum und wollten irgendwelche Aussagen erpressen, und ich mußte unterschreiben, daß ich nichts sage über das, was gesprochen wurde. Dann hieß es eines Sonntags: Morgen früh mußt du zur Staatssicherheit nach Greifswald kommen zum Verhör. Das war am 27. September.

Ich fuhr hin in das Dienstgebäude, in das ich bestellt war. Der Kollege von der Stasi, der mich hinbefohlen hatte, war gar nicht da. Das kam mir schon komisch vor. Ich sprach dann mit einem Posten: Wie sieht es aus? Weswegen bin ich hier? Mh, wir wissen von nichts, warten Sie ein bißchen.

Ich habe gewartet. Nach einer Weile kam einer: Sie sind hier nicht richtig, Sie müssen sich da und da melden.

Und er schickt mich direkt zur Haftanstalt. Das geht so die Straße hoch. Ich bleib' stehn, guck mir die hohe Mauer an, eine Tür mit so 'nem kleinen Guckloch und denke: Sollst du da rein, oder sollst du nicht rein?

Ich klingle; ich denke: Was wollen sie, ich hab' doch nichts verbrochen.

Der Posten macht auf, schließt gleich zu hinter mir. Das alles kam mir merkwürdig vor. Ich habe geguckt, wie hoch die Mauern sind. Dann sag' ich: Ich bin hierher bestellt vom Staatssicherheitsdienst, von dem und dem Kollegen zu einem Verhör.

Der glotzt mich groß an von oben bis unten, als wenn er sagen wollte: Das stimmt doch im Leben nicht, dich werden wir wohl hierbehalten müssen. Und so war es nämlich auch. Er verlangte meinen Personalausweis, und ich sagte: Den habe ich nicht bei mir. Ich hatte ihn wirklich nicht, ich hatte ihn vergessen, und das war mein großes Glück.

Ja, antwortete er, dann kann ich Sie nicht hierbehalten.

Er schließt auf, läßt mich wieder raus und sagt: Jetzt ist Zeit! Ich dachte, nun aber weg. Bin zu einem Bekannten gegangen und habe ihn gebeten, mit meinem Motorrad nach Hause zu fahren und meiner Mutter Bescheid zu sagen und meinen Personalausweis zu holen. Ich habe mich selbst nicht mehr nach Hause getraut. Ich dachte: Sie werden dich da fassen. Der Bekannte brachte mir meinen Personalausweis, und ich habe solange in seiner Wohnung warten können; das war sehr anständig von ihm.

Ich bin dann losgefahren mit meinem Motorrad und habe es in Gransee stehenlassen und bin weiter mit dem Zug. Ich kam glatt durch. Am 28. September habe ich mich in Berlin-Marienfelde im Notaufnahmelager gemeldet. Ich war noch nicht drei Tage da, da bekam ich von meiner Mutter Nachricht, sie hätten zu Hause die Bude gestürmt von allen Seiten, Staatssicherheit und Polizei, ich sollte mit aller Gewalt zurück, oder meine Mutter müßte gleich mit den Kindern aus der Wohnung raus, und die Kinder kämen in staatliche Erziehungsheime. Die Staatssicherheit hat meiner Mutter zugesetzt, sie sollte mir ein Telegramm schicken, daß ich ohne Bedenken zurückkommen könnte.

Ich sitz' also nun in Marienfelde mit diesem Telegramm. Was soll ich bloß machen? Ich zermarter mir den Kopf. Die Kinder in staatliche Erziehungsheime – da bekäme sie kein Mensch wieder heraus. Ich habe mir gesagt: Du mußt zurück, es ist alles egal, wie es auch kommt, du mußt zurück, und wenn sie dich einsperren, was soll sonst aus den Kindern werden?

Ich war in Marienfelde schon alle Stellen durch, ich hatte meinen Abflugschein in der Tasche.

Ich habe im Notaufnahmelager niemand etwas gesagt, hab' nur meinen Personalausweis verlangt und bin zurückgefahren.

Meine Mutter war ganz aufgelöst, als sie mich sah. Sie wußte nicht, was nun mit mir passiert. Denn dieses Telegramm hatte sie ja unter dem Druck der Stasi geschickt. Und ich wußte es auch nicht.

Also war ich wieder da, und als die Leute mich im Dorf am nächsten Morgen sahen – das gab ein Gerede! Ich war ja über Nacht verschwunden. Und da war nur noch ein einziger Mann, ein Brigadier, und der war neu, und alles ging drunter und drüber.

Am Morgen war dann sofort die Stasi da, drei Mann. Ich wurde Stunden und Stunden verhört über Marienfelde.

Bei welchen Befragungsstellen sind Sie gewesen? Was haben die Amerikaner gefragt? Was haben die Franzosen gefragt? Die Engländer? Was haben Sie geantwortet? Hat der Amerikaner Sie zum Spitzel geworben?

Ich sage: Das kommt bei mir gar nicht in Frage.

Aber Sie haben den Amerikanern ihre Fragen beantwortet! Das fällt unter Art. 6 des Strafgesetzes der DDR, Sie wissen, Spionage –. Sie werden sich dafür zu verantworten haben!

Ich sage: Ich mußte überall zu den Stellen hin. Ich bin ja nicht freiwillig zu den Amerikanern – das stand so auf meinem Laufzettel, und ich habe bestimmt keine Geheimnisse ausgeplaudert, was sollte ich denn auch schon wissen? Die sagen: Es bleibt dabei, das alles fällt unter Art. 6 des Strafgesetzbuches!

Dann sind die drei wieder abgefahren, und ich hatte ein paar Stunden Ruhe. Dann kommt jemand vom Gemeindeamt und meldet, es sei eben angerufen worden, und ich sollte mich bereithalten, der Wagen würde gleich kommen und mich abholen zum Landratsamt.

Na, dieses Landratsamt, das kannte ich! Ich hab' mich auf mein Motorrad gesetzt und bin in den Nachbarort gefahren, da war ein guter Freund von mir, der hatte ein Auto. Ich habe ihm reinen Wein eingeschenkt. Ich hab' gesagt: Fritz, wenn du mir nicht hilfst, bin ich ein toter Mann.

Er sah mich an, wurde leichenblaß und sagte: Menschenskind, und wenn sie mich dabei schnappen, sitz' ich wegen Beihilfe zur Republikflucht. Und ich guck' ihn so an, und dann sagt er: Na, is schon gut, mach alles fertig, ich bin um 8 Uhr auf dem Hof, ich fahr ohne Scheinwerfer und paß ein bißchen auf, damit wir kein unnötiges Geräusch machen.

Ich hab' mich auf mein Motorrad gesetzt und bin nach Haus gefahren und hab' zu meiner Mutter gesagt: Pack ein paar Sachen für die Kinder zusammen. Ich selbst hab' keine Ruhe gehabt, ich hab' immer nur gelauscht, ob ein Auto kommt. Und wenn ich ein Geräusch hörte, mein Herz blieb stehen! War das das Auto von der Staatssicherheit, mit dem sie mich holen wollten – oder das Auto für unsere Flucht? Endlich 8 Uhr – ein Wagen fährt mit abgeblendeten Lichtern auf unsern Hof. Es war schon ganz dunkel. Ich geh' an den Wagenschlag und sage: Du bist's, Fritz, Gott sei Dank!

Meine Mutter kam dann schon mit den Kindern, und wir sind ganz leise eingestiegen und sind vom Hof gefahren. Die ganze Zeit hatte ich große Angst: Wenn ein paar Minuten später das Auto von der Staatssicherheit vorfahren würde, und wenn sie entdeckten, daß wir weg waren, dann geben sie doch gleich Alarm. Dann benachrichtigen sie die Bahnstationen und Grenzstationen, und wir kommen nicht mehr durch. Aber auf dem Bahnhof hinter Greifswald – ein kleines Dorf –, da ließen sie uns glatt durch die Sperre, und wir sind in den Personenzug nach Berlin gestiegen.

Mein Freund ist mit dem Auto gleich zurückgefahren, und bis heute haben sie noch nichts gemerkt. Wenn was rauskäme, und er müßte es büßen – ich würde mein Lebtag nicht mehr froh.

Meine Mutter war ganz fertig; sie hatte nicht mehr die Nerven, durch die Kontrollen nach Westberlin zu fahren. Sie sagte: Laß uns doch erst mal zu Erna gehen – das ist meine Schwester, die wohnt in Ostberlin –, da können wir uns erholen, und wenn ich soweit bei Kräften bin, dann fahren wir rüber nach Westberlin. Aber meine Nerven waren auch zu Ende. Ich konnte es keine Stunde länger auf dem Boden der DDR aushalten. Ich habe das meiner Mutter gesagt und habe ihr zugesetzt, und sie hat sich darein ergeben, und früh am Morgen sind wir dann am Bahnhof Friedrichstraße umgestiegen. Wir gehen die Treppe herauf zum Bahnsteig, auf dem der Zug nach Potsdam einläuft, der auf ein paar Westberliner Stationen hält. Oben an der Treppe laufen wir direkt drei Trapos (Transportpolizisten) in die Arme. Sie stehen da in ihren Uniformen und gucken uns und die Kinder und das Gepäck von oben bis unten an. Dann drehen sie sich um und sind den Bahnsteig heraufgegangen. Und wir sind in den Zug gestiegen.

Auf der Museumsinsel

Ich war mitten im Packen, um früh am nächsten Morgen mit dem Interzonenzug zum Kongreß nach Köln zu fahren, als das Telefon klingelte, 10 Uhr abends! Das Telegrafenamt meldete sich und sagte ein Telegramm durch mit dem mysteriösen Inhalt: Halten Sie heute nacht zwischen ½2 und 2 Uhr die Haustür offen. Sie werden Besuch bekommen.

Keine Unterschrift.

Das konnte nur die Staatssicherheit sein! Warum aber? Was war passiert? Sie hatten mir doch den Interzonenpaß bewilligt, nach all den Scherereien, diesem endlosen Hin und Her! Heute morgen hatte ich noch in letzter Stunde die Devisengenehmigung erhalten und in aller Hast vor Bankschluß die 300 Mark Ost gegen 300 Mark West auf der Notenbank gewechselt. Wegen dieser Gelder hatte ich soviel Unannehmlichkeiten gehabt! Mein Vortrag in Köln sollte vom Kongreß in Westgeld honoriert werden, damit hätte ich die Reise finanzieren können. Als das Kultusministerium davon erfuhr, wurde ich hinzitiert. Unerhört, als Kulturträger der DDR Kapitalistengeld annehmen zu wollen!

Also gut, sagte ich, da Ihnen ja soviel am Kulturaustausch Ost-West liegt, können Sie also die Reise finanzieren!

Im Kultusministerium erklärte man sich dazu bereit. Aber nun dieser Anruf? Ich war ganz verwirrt. Ich rief nach meiner Frau, die in der Küche Reiseproviant für mich zurechtmachte. Hast du eine Erklärung für das Telegramm, Ilse? Unsere Haustür nachts offenhalten! Soll das Verhör bedeuten? Verhaftung? Oder einen Auftrag? So was machen sie ja: einem in letzter Minute irgendeinen geheimen politischen Auftrag erteilen, unter Druck!

Oder wollen sie mich plötzlich doch nicht reisen lassen?

Meine Frau war noch beunruhigter als ich. Laß die Haustür geschlossen, sagte sie, keinesfalls öffnen! – Sie zitterte direkt vor Aufregung. – Rein ins Haus kann ja keiner, eine Klingel ist nicht am Tor unten. Aber wenn sie nun morgen früh das Haus umstellt haben? Dich abfangen? Du mußt versuchen, auf jeden Fall zum Ostbahnhof durchzukommen, mußt mit dem Interzonenzug rüber in den Westen, und dann bleib dort, bleib um Gottes willen dort, komm nicht wieder! Ich versuche, mit den Mädchen irgendwie nachzukommen.

Also heute nacht passiert mir nichts, sagte ich, um meine Frau zu beruhigen, vor dem Kongreß nicht, die wollen sich nicht blamieren! Man erwartet mich morgen in Köln zum Vortrag, da darf nicht in der Zeitung stehen: Dr. H. von den Staatlichen Museen Berlin vor seiner Abreise verhaftet! Ich werde das Telegrafenamt anrufen und fragen, wann und wo dieses mysteriöse Telegramm überhaupt aufgegeben worden ist.

Ich rief das Telegrafenamt an. Ich bekam die Auskunft: Es ist in der fraglichen Zeit überhaupt kein Telegramm für einen Dr. H. durchgegeben worden.

Also ein fingierter Anruf! Aber das machte die ganze Angelegenheit nur noch schlimmer.

Ich sagte zu meiner Frau, die sinnlos in der Wohnung umherlief, gar nicht fähig, mir bei den Reisevorbereitungen weiter zu helfen: Nun verlier nicht die Nerven, Ilse! Ich fahre, und ich werde auch wieder zurückkommen! Inzwischen wissen wir, was los ist, Flucht bleibt uns immer noch! Mitnehmen können wir so und so nichts. – Ach Gott, meine Bibliothek! – Aber jetzt wird keine Kurzschlußhandlung begangen, hörst du?

Vom Fenster meiner Wohnung im dritten Stock konnte ich die Straße nicht übersehen. Ich stand in der Nacht von 1 Uhr bis kurz nach 2 Uhr im verdunkelten Zimmer am Fenster. Ich hörte nichts! Ob nun welche kamen und die Haustür verschlossen fanden – ob niemand kam, ich werde es nie erfahren.

Ich dachte, wie ich da so im Dunkeln stand: Vielleicht war dieser Anruf nur ein schlechter Scherz? Aber leider macht die Staatssicherheit auch solche schlechten Scherze! Wenn man meint: Nein, auf so primitive Manier, das kann nicht sein! Ich versichere: Noch viel primitiver! Und noch viel raffinierter, wenn nötig!

Ich reiste am nächsten Morgen, nach schlafloser Nacht, und ließ meine arme Frau in der größten Unruhe zurück. Ich hatte mir ein Taxi bestellt am Abend vorher, das wartete pünktlich unten an der Haustür, ich blickte mich um, die Straße auf und ab, niemand, der nach Staatssicherheit aussah – ein paar Leute, die zur Arbeit eilten, das war alles.

Ich fuhr mit dem Taxi zum Ostbahnhof und bestieg mit meinem Koffer und der Aktentasche den Interzonenzug nach Köln. Der Zug fuhr langsam durch die Westsektoren, und ich erwartete voller Sorge die erste Kontrolle in Drewitz. Die Trapo ging durch den Zug, sie sahen sich meinen Interzonenpaß an und gaben ihn mir mit einem ›danke schön, gute Weiterfahrt!‹ zurück. Auch in Marienborn holten sie mich nicht aus dem Zug. Und dann kam Helmstedt, grünuniformierte Zollbeamte, Westdeutschland!

Am nächsten Vormittag hielt ich meinen Vortrag – gleich als erster Referent – über mein Fachgebiet, antike Münzen aus der Zeit von Augustus bis Septimius Severus.

Wir haben besonders schöne und wertvolle Stücke davon im Münzkabinett der Museumsinsel. Ich sprach in Köln lange mit einem römischen Kollegen, der jedes Stück unserer Sammlung kennt. Ich führte viele interessante Fachgespräche – von meinen Sorgen durfte ich nichts sagen, von meiner inneren Unruhe durfte ich mir nichts anmerken lassen.

Höfliches Lächeln, sachliche Diskussionen mit den Kollegen aus Ost und West! Bitter ist das, wenn man zu den Kollegen aus Ost gerechnet wird, aus Rußland, aus Ungarn, und neben einem steht der Kollege aus Göttingen, mit dem man zusammen studiert hat! Dabei schätze ich manche der russischen Kollegen! Ich war 1958 Mitglied der deutschen Kommission, die die Rückführung unserer Museumsschätze aus der UdSSR übernehmen mußte.

Man hatte für uns vier Deutsche richtige Kojen gebaut, in denen wir mit den Listen saßen so wie in Starenkästen. Die russischen Kollegen brachten uns ein Stück der Kunstschätze nach dem anderen in die Kojen, wir mußten die betreffende Nummer von den Listen abstreichen und am Schluß quittieren, daß die Museumswerte vollständig und heil an uns zurückgegeben worden waren.

Wer aber konnte kontrollieren, ob die Listen vollständig waren? Denn das waren russische Listen! Die deutschen Museumskataloge waren verbrannt oder vernichtet, gedruckte Gesamtkataloge hatte es sowieso nie gegeben – dazu waren einfach zu viele kleine Stücke vorhanden –, nur handschriftliche Inventare! Wer wußte also, ob die russischen Listen den wirklichen Beständen entsprachen?

Unmöglich für jeden von uns, zu erfahren, wo und wie die Sachen über all die Jahre aufbewahrt worden waren! Aber wie russische Soldateska sie damals 1945 in Berlin abtransportiert hatte, das war den älteren deutschen Kollegen unvergeßlich!

Im Souterrain des Kaiser-Friedrich-Museums lag die große Münzsammlung in Schränken aufbewahrt, eine fast vollzählige Sammlung, wie sie nur noch das Britische Museum besitzt. Einzelne Stücke davon wurden in Sonderausstellungen gezeigt. Diese Schränke waren im Krieg in sichere Verliese des Pergamon-Museums transportiert worden.

Russische Soldaten gingen im Mai 45 von Schrank zu Schrank, zogen die flachen Schübe heraus und kehrten mit den Händen die Münzen aus Gold, Silber, Kupfer von den Samtunterlagen einfach in große Säcke, die andere Soldaten aufhielten. Dabei wurden natürlich die Brakteaten verletzt und verbogen, hauchdünne geprägte Blechmünzen aus dem Mittelalter, so kostbar wie zerbrechlich!

Den Wert der hölzernen Model, aus denen die Münzen gegossen wurden, kannten die Russen zum Glück nicht und ließen sie da! Die lagen dann auf dem Fußboden herum, von den Soldaten beiseite geschmissen!

Das waren Model aus der deutschen Renaissance, von Hagenauer und Hans Schwarz hergestellt und heute kostbarer als die Münzen selbst. Unmöglich festzustellen, wieviel Stücke der Münzsammlung fehlten! Von Kollegen des Kupferstichkabinetts weiß ich, daß die Russen zum Beispiel fast sämtliche in Bänden gebundene Kupferstiche zurückbehalten haben, es fehlen allein 40 Bände Piranesis, alle illustrierten Bände aus dem 18. und 19. Jahrhundert.

Als ich nach 3 Monaten aus der UdSSR zurückkam, sagte ich zu meiner Frau: Wenn es hier bei uns noch wird wie in Rußland, gehe ich fort aus der DDR! Diese Nivellierung der Menschen dort, entsetzlich! Selbst die Kollegen an den Museen, die nur mit Kunst zu tun haben, die alles andere als Kommunisten sind – kluge, reizende Leute meist –, selbst die sind überhaupt nicht fähig, anders als in den festgesteckten Grenzen zu denken. Wenn ich mit ihnen über Korea, über Ungarn diskutierte – oder über künstlerische Probleme –, sie kommen aus den Bahnen ihres geschulten Denkens einfach nicht heraus, begreifen gar nichts von dem, was ich ihnen deutlich machen will.

Dabei sind diese Menschen von einer Bildungsbeflissenheit, wissen auf ihrem Spezialgebiet Bescheid, daß wir nur staunen konnten. An den sowjetischen Museen gibt es für jedes Teil eines Teilgebietes Spezialisten, z. B. für die niederländische Malerei für jedes Jahrhundert einen Fachmann! Der kennt sämtliche Publikationen, die je in der Welt erschienen sind auf seinem Gebiet – aber vom darauffolgenden Jahrhundert hat er nur noch eine blasse Ahnung.

In der DDR erstrebt man für die Museen jetzt dasselbe System, aber es fehlt dafür noch an ausgebildeten Fachkräften. Wo bei uns drei bis vier Professoren, Doktoren, Assistenten tätig sind, stehen in den russischen Museen vierzig! Aber ich habe keine Sorge, daß die Deutschen in Devotion und Perfektion das nicht bald zustande bringen.

Wenn es nicht bei uns an Nachwuchs fehlte, hätten sie uns auf unserer Museumsinsel auch nicht so lange ungeschoren gelassen. Bis zum Jahre 1958 waren wir wirklich eine Insel! Nicht ein einziger von uns in der SED! Und unser Direktor, Geheimrat Justi, persona grata, dessen guten Namen sie brauchten! Solange er lebte, hat man bei uns noch nicht scharf durchgegriffen, das begann erst nach Justis Tod unter seinem Nachfolger, einem schwachen Mann, der keine seiner Zusagen hielt, der den Parteimachenschaften keinen Widerstand entgegensetzte, dem sie das Rückgrat während der dreijährigen Schulung in der UdSSR gebrochen hatten. Ohne Zweifel war er ein guter Fachmann!

Unter Geheimrat Justi waren wir vom Professor bis zur Putzfrau eine gute Gemeinschaft gewesen! Ich war in die BGL gewählt worden und ließ alle Anfragen und Ansinnen der Partei meist im Papierkorb verschwinden.

Jetzt unter dem neuen Direktor durfte es keine wissenschaftlichen Publikationen geben, die nicht rot durchtränkt waren. Die Möglichkeiten, ins westliche Ausland zu Kongressen und Studien zu reisen, wurden begrenzter.

Als ich unter den westlichen Kollegen in Köln saß, sah ich um mich und dachte: Ist es das letzte Mal? Oder – wer weiß – vielleicht beim nächsten Kongreß sitze ich als einer von euch in diesem Kreis?!

Ich dachte unentwegt an Berlin! War die Staatssicherheit inzwischen bei meiner Frau gewesen? Wir hatten ausgemacht, daß sie – wenn irgend etwas passierte – ein fingiertes Telegramm schicken sollte. Es war kein Telegramm gekommen, aber manchmal läßt die Staatssicherheit nicht mehr Zeit für ein Telegramm! Ich dachte auch – in diesem westlichen Klima –: Vielleicht siehst du Gespenster? Das Hirn wird unter der andauernden Massierung ja langsam weich!

Ich fuhr nach Berlin zurück. Ich hatte die vier Tage nichts von meiner Frau gehört. Vom Ostbahnhof rief ich zu Hause an. Alles in Ordnung, sagte meine Frau. Mein Gott, dieses Aufatmen! Aber als ich dann die Wohnungstür hinter mir schloß, erzählte sie: Ich wollte dich nicht erschrecken vorhin am Telefon, aber die anonymen Anrufe sind weitergegangen! Mal am Tag und auch mal nachts. Wenn ich mich meldete, wurde angehängt oder eine Stimme fragte nach dir.

Sie wollten kontrollieren, ob ich zurückkomme, beruhigte ich meine Frau.

Aber in den nächsten Tagen gingen die Anrufe weiter. Eine unbekannte Stimme wollte mich zu einer geheimnisvollen Verabredung bewegen. Ich verlor allmählich die Nerven, und meine Frau bekam schon Weinkrämpfe. Was wollten sie bloß von mir? Ich konnte es mir einfach nicht erklären. Politisch bin ich für sie doch nichts wert!

Ich verlor alle Freude am Leben, ging unter einem Druck umher, der mich nicht mehr atmen ließ. Die Freude an meiner Arbeit hatte ich längst verloren – seit ich als Wissenschaftler nicht mehr frei, ohne politische Konzessionen, schreiben und veröffentlichen konnte –, seit ein Kollege nach dem anderen unsere Museumsinsel verließ! Wir wurden weniger und weniger während der letzten zwei Jahre, immer wieder ging einer weg von uns in den Westen.

Unsere Museumsinsel war keine Insel mehr, war nun auch überschwemmt vom roten Meer –

Da bin auch ich weggegangen.

Unsere drei Söhne

Pfarrer: Treibt den Hund aus dem Dorf, riefen der Bürgermeister und die Funktionäre hinter mir her, als ich mich in der ersten Zeit nach Kriegsende auf der Straße zeigte. An der Akazie seines Pfarrhofes sollte man ihn aufhängen! – Dabei war ich ja seit dem Jahr 37 der Pfarrer dieser Gemeinde, vier Dörfer mitten im Herzen Thüringens, 3000 Seelen.

Pfarrfrau: Bei Hagel und Schnee ist mein Mann mit dem Rad über Land gefahren zu den Kranken und Sterbenden, hat seine Gesundheit ruiniert –

Pfarrer: Nein, Mutti, damals hat mir das noch nichts ausgemacht. Ich bin ein Bauernsohn, kräftig; da, man muß bloß meine Hände ansehen. Ich wär' gern Landwirt geworden, hatte nur Volksschulausbildung und habe später mein Abitur gemacht, um Naturwissenschaften zu studieren. Aber Mutter wollte gern, daß ich Pastor würde. Sie stammt aus einer mecklenburgischen Pastorenfamilie, und mein Vater war ein redlicher frommer Mann, vom Schlag, der heute ausgestorben ist. Ich habe dann Latein, Griechisch und Hebräisch gelernt und Theologie studiert. Als ich meine erste Pfarrstelle antrat vor 23 Jahren auf dem Dorf, das ich nun vor wenigen Tagen verlassen habe, als ich auf dem großen schönen Pfarrhof Einzug hielt, da brachte ich gleich meine Frau mit, eine Bauerntochter von einem Hof, auf dem neun Kinder waren.

Den Krieg habe ich als Soldat an allen Fronten mitgekämpft. Der Herr hat mich beschützt, ich kehrte gesund heim auf unser Dorf und sah zum ersten Mal meine beiden Söhne, Zwillinge. Ich habe sie dann auf die Namen Joseph und Caspar getauft.

Pfarrfrau: Wir haben vier Kinder, Bettina und Christoph wurden nach dem Krieg geboren. Wir haben so viel Kummer um unserer Kinder willen gehabt. Sie sind der Grund zu unserem Entschluß gewesen, die Heimat zu verlassen und in den Westen zu gehen.

Pfarrer: Nicht die Kinder allein, Mutti, es war auch wegen meiner Haltung bei der Frage von Konfirmation und Jugendweihe. Aber wir müssen erzählen, wie unser ganzes Leben aussah, damit man begreift. Erzähl erst einmal du, hast selber genug erfahren als Vorsitzende des Roten Kreuzes und als Katechetin.

Pfarrfrau: Ja, in unserem Ort war die Frau des Schulrektors die Vorsitzende des Roten Kreuzes gewesen. Aber eine schwere SEDistin, die gar nicht in den Rahmen hereinpaßte. Denn in den ersten Jahren nach dem Zusammenbruch war das Rote Kreuz in der Ostzone noch keine politische Einrichtung, so wie heute. Da waren noch Leute drin, die mit Politik nichts zu tun haben wollten, also die Intelligenz, die sich gern irgendwie nützlich machte. Die Frau des Rektors wurde bei Unterschlagungen ertappt, hatte für über 200 Mark Beitragsmarken nicht abgeführt, da war sie nicht mehr tragbar, und ich wurde gebeten, den Vorsitz zu übernehmen. Ich habe ja gesagt, weil keiner sonst für diesen Posten da war und ich gern tätig bin. Wie kommt denn das, die Pastorin ist doch gar nicht organisiert, kritisierte die Partei. Aber einer soll gesagt haben: Wenn sie das kann, soll sie es ruhig erst mal machen. Ich hab' mich dann nur hingesetzt und Ordnung hereingebracht, Karteien eingerichtet – vorher waren gar keine Karteikarten geführt –: alles ein einziges Durcheinander. Die Frauen in den Dörfern waren hocherfreut, daß nun Ordnung hereinkam und sie einen unpolitischen Zusammenhalt hatten. Wir haben Theateraufführungen eingeübt, den »Eingebildeten Kranken« von Molière mit der Rot-Weiß-Gruppe; die Aufführung war eine Pracht! Und die Frauen fühlten sich betreut – weil keine Schwester in unserem Dorf war –: Ach, das ist ja gut, sagten sie, daß wir endlich jemanden haben für Erste Hilfe. Ich habe Spritzen gemacht und alles, was nötig war. Ich habe kein Staatsexamen, aber die klinische Prüfung.

Das lief denen in der Partei nun alles viel zu schön, und darum haben sie vom Rat des Kreises ein Schreiben an die Bezirksstelle des Roten Kreuzes geschickt, sie sollten mal ihre Ortsgruppen überprüfen, und wie es käme, daß die Pfarrfrau Vorsitzende wäre. Der Bürgermeister bekam vom Rat des Kreises Vorwürfe, daß die Pfarrfrau in seinem Hause aus und ein ginge. Ich ging aus und ein, weil ich verpflichtet war, jede Versammlung des Roten Kreuzes dem Bürgermeister zu melden. Von allen Seiten ging es plötzlich gegen mich los. Da habe ich gesagt: Also danke schön! Nachdem ich euch alles in Ordnung gebracht habe! Und alles ehrenamtlich, nicht mal die Telefonkosten sind mir bezahlt worden! Ich habe die Arbeit gern gemacht, habe gern die Unkosten getragen – aber nun ist Schluß! Sie sollen mir bloß nicht mehr von Koexistenz und so was reden.

Pfarrer: Wer zum Pfarrhaus gehört oder mit ihm in Verbindung steht, wer gar mit dem Pfarrer verwandt ist, kommt nicht im Beruf voran. Da war die Schwester eines meiner Gemeindemitglieder, der Pfarrer wird. Sie wollte in einer Klinik als Krankenpflegerin anfangen. Nach drei Tagen wurde sie entlassen: Sie sei nicht geeignet! Da hatten sie das erfahren mit dem Bruder. Überall herrscht Mangel an Arbeitskräften, aber sie lehnen ein Menschenkind ab, weil es Schwester eines zukünftigen Pfarrers ist. Das Mädchen wurde sogar gefragt: Was, gibt es denn so was überhaupt noch, daß einer Pfarrer wird?

An der Theologischen Fakultät in Leipzig unter Fuchs – wir sagen, das ist Moskaus Professor, der Fuchs ist der Vater von diesem Atomspion –, da herrscht ja eine sogenannte fortschrittliche Linie, da bilden sie die »Friedenspfarrer« aus. Das ist natürlich nur ein geringer Prozentsatz unter den Theologen, aber mit denen kann dann die Regierung Ulbrichts ihre politische Propaganda machen. Ich frage mich, was sind das für Theologen, die mit dem Kommunismus sympathisieren! Wie können die das mit ihrem christlichen

Gewissen vereinbaren? Oder haben sie gar kein Gewissen? Tun sie es einfach deshalb, um ihren Beruf nicht zu verlieren, oder sagen sie sich: Wir müssen für die Kirche retten, was zu retten ist! Versuchen wir es nach der Methode der orthodoxen Kirche in der UdSSR! Dort wird die Kirche vom Staat geduldet, weil sie kuscht.

Die Friedenspfarrer machen ihre Friedenstiraden: Das Wort »mir« bedeutet im Russischen zugleich »Frieden« und »Welt«. Nun legen die Pfarrer »mir« als Frieden aus, und die Bolschewisten legen »mir« als Welt aus. Schon haben sie sich im selben Wort gefunden, und jeder denkt sich bei dem gleichen Wort etwas anderes. Wenn es nur das gleiche Wort ist, das sie für Propaganda benutzen können, dann ist alles in schönster Ordnung. Diese Friedenspfarrer sagen sich, wir wahren unseren christlichen Glauben und geben ihn unsern Kindern weiter, aus dem Politischen halten wir uns raus. Mögen die Politiker ihren Kram auf sozialistische Weise machen, uns geht das nichts an. Wir sind die Kirche, die sind der Staat. Viele der fortschrittlichen Pastoren sind den Weg über die Bekennende Kirche und die Sozialdemokratie nicht zum Kommunismus – aber durch den Zusammenschluß von SPD und KPD in die Sozialistische Einheitspartei gekommen. Sie reden sich nun ein – oder glauben sie es tatsächlich? –, daß es zwischen Kommunismus und Christentum eine Übereinstimmung gäbe, nicht in den Methoden, wohl aber in den Zielen.

Aber ich sage: Das ist eine falsche Auffassung! Der Marxist ist ein Atheist und muß darum die Lehre der christlichen Kirche, die Lehre vom lebendigen Gott verdammen ...

Und was geschieht bei diesem Zwiespalt im Herzen unserer Kinder? Die Lehre des Marxismus zerstört durch das Gift des Atheismus das empfindlichste Organ im Menschen, das Gewissen. Schon im Kindergarten fängt es an, schlimmer wird es dann in der Schule. Bewußt zerstört der

Marxismus das Gemüt, so daß die Kinder nur noch Intelligenzbestien werden.

Pfarrfrau: Das ist der biblische Kindermord auf seelische Weise. Ich habe als Katechetin Christenlehre gegeben und wahrhaft Erschütterndes erlebt. 1953 fing ich mit meinem Unterricht an, da gab es noch viele Kinder, die den Namen Jesu kannten. Im letzten Jahr waren es vielleicht von dreißig Kindern in der Klasse noch zwei! Dabei waren diese dreißig Kinder doch solche, die von ihren Eltern zur Christenlehre geschickt wurden. Es kam aber auch vor, daß Kinder von sich aus an meinem Unterricht teilnahmen, obwohl die Eltern es ihnen verboten hatten. Ich hatte da ein achtjähriges Mädchen, ein liebes blondes Ding, die durfte nicht zur Christenlehre gehen, sie kam aber heimlich und hat zu Hause nichts davon erzählt. Die Kinder sind eben ausgehungert nach allem, was das Gemüt betrifft, nach Wundern und Märchen. Die Mütter fehlen ihnen. Die Mütter gehen auf Arbeit, die Omas kommen in Altersheime oder arbeiten ebenfalls. Und wo eine Oma zu Hause Kinder betreut, steht ihr nicht mehr der Sinn danach, den Enkeln biblische Geschichten zu erzählen, bei all der Abrackerei, nicht wahr?

Ich habe festgestellt, daß die Kinder aus bewußt atheistischen Elternhäusern oft aufnahmefähiger waren als die aus den sogenannten christlichen Häusern, wenn es sich um die kleinen handelte, die noch rein gefühlsmäßig reagierten. Und die Kinder aus christlichen Elternhäusern sind genauso unwissend wie die aus atheistischen. Die Eltern kümmern sich heutzutage nur noch um das äußere Wohl ihrer Kinder, um die körperliche Gesundheit, für ihr seelisches Wohl tun sie nichts. Aber sie verwöhnen die Gören oft allzusehr – nie wurden Kinder bisher so verwöhnt –, Süßigkeiten, Kleidung, Spielzeug, was die Eltern nur zu kaufen kriegen, bekommen die Kinder. Die Erziehung des inneren Menschen aber, die überlassen die Eltern der

Schule, und wenn sie wünschen, daß noch christlich erzogen werden soll, dann überlassen sie das uns Katecheten.

Was habe ich für Mühe gehabt, vor allem mit den Buben: Die wollen einfach nicht mehr lernen, die Hände zu falten. Pressen die Fäuste und weigern sich, beim Gebet ihre Hände zu falten. Was saß bloß in diesen kleinen Köpfen an verkehrten Vorstellungen fest. Einmal zu Weihnachten – wir hatten unsere hübsche Krippe in der Kirche aufgebaut unterm Altar, und die Kinder durften sie nach der Christenlehre anschaun –, da packt so ein Sechsjähriger plötzlich einen der Heiligen Drei Könige am Kopf, schüttelt ihn und schreit: Dieser Ausbeuter! Dieser Ausbeuter! – Ja, ist das nicht schrecklich? Solche Geschichten könnte ich viele erzählen. Zum Beispiel lernte ich mit den Kleinsten, den Sechsjährigen, das Gebet: Ich bin klein, mein Herz mach rein, soll niemand drin wohnen als Jesus allein. Die Kinder plapperten es nach, und ich frage: Wer von euch hat schon mal was vom Herrn Jesus gehört?

Kein Kind meldete sich. Nun kenne ich das, diese Dorfkinder sind schwer zum Reden zu bringen. Ich fragte also nachdrücklich weiter. Endlich meldete sich ein kleines Mädchen, das gerade vom Besuch seiner Großeltern aus Westdeutschland zurückgekommen war, und was antwortete sie mir auf die Frage nach dem Herrn Jesus –: Den gibt's im Westen!

Dann lehrte ich meine Kinder das Lied: Ein' feste Burg ist unser Gott. – Diesmal waren es die Neunjährigen. Wer ist denn der alt'-böse Feind? fragte ich. Wie aus der Pistole geschossen die Antwort: Adenauer!

Ich sagte: Aber Kinder, nun paßt mal schön auf und denkt ein bißchen nach. Dr. Adenauer kann doch gar nicht der altböse Feind sein, denn Dr. Adenauer lebte zu Luthers Zeit noch gar nicht.

Kam als neue Antwort: Der Engländer!

Darauf rief ein Junge triumphierend: Aber der macht doch nur, was der Ami sagt!

Ich erklärte den Kindern, daß Luther weder Adenauer noch den Engländer, noch den Amerikaner gemeint haben könnte. Wer ist also der Bösewicht, fragte ich wieder, den wir gern aus der Welt haben möchten? Und darauf kam die endgültige Antwort: Der Lehrer!

Solche Antworten wundern niemand, der weiß, was die Lehrer in den ländlichen Zentralschulen mit den Kindern exerzieren.

Unsere Tochter Bettina hatte mal vergessen, ihr Kreuzlein, was sie nur sonntags trug, abzunehmen, und hatte es auch Montag in der Schule um. Der Lehrer sah es, sagte vorerst nichts, wurde aber puterrot. Die Kinder merkten seinen Ärger. Am nächsten Tag trugen acht von ihnen ein Kreuzchen, darunter ein Junge! Jetzt sagte der Lehrer: Kinder, macht es mir doch nicht so schwer,ich muß euch zur Jugendweihe überzeugen, sonst verliere ich mein Amt. Ich bin 58 Jahre alt und werde erst in zwei Jahren pensioniert. – Vor solch einem Lehrer sollen die Kinder Achtung haben?

Einmal kam unsere Bettina nach Hause und erzählte empört, ein anderer Lehrer hätte verkündet, im Himmel gibt es keinen lieben Gott, dafür gibt es jetzt den russischen Sputnik! Bettina meldete sich und verteidigte die Existenz Gottes. Da erwiderte der Lehrer höhnisch: Na, Bettina, jetzt kann man ja schon hoch hinauffliegen in den Himmel, wer also hat den lieben Gott gesehen? Was hat er für eine Fratze? – Fratze! ein solches Wort für das Antlitz Gottes!

Die Lehrer predigen den Kindern den Glauben an den Fortschritt, und nur an den Fortschritt, und allmählich glauben die Kinder daran.

Pfarrer: Was für Schwierigkeiten hatte ich mit meinen Konfirmanden, wenn sie mit solchen Antworten aus der Schule bei mir im Konfirmandenunterricht auftraten. Und dabei mußte ich mich noch vorsehen, denn sogar unter den Jungens waren welche, die nur darauf warteten, daß sie mich mit meiner Entgegnung reinlegen konnten.

Aber die ernsthaften unter ihnen standen vor unlösbaren Konflikten. Ein vierzehnjähriger Konfirmand meiner Gemeinde beging Selbstmord – das war vergangene Ostern –, er fand sich zwischen den Anschauungen von Schule, Elternhaus und Konfirmandenunterricht nicht mehr zurecht. Ein begabter, empfindsamer Junge! Ich fühlte mich an seinem Tode mitverantwortlich und schuldig.

Schlimm wurde es, als das vor sechs Jahren mit der Jugendweihe losging. Schon vorher hatte ich Schwierigkeiten im Unterricht, aber als Ulbricht seine Sonneberg-Rede 1957 gehalten hatte, verschärfte sich alles noch. Und die Eltern wurden immer deprimierter. Sie sagten sich, wir können an der Sache mit der Jugendweihe nichts ändern, und die weiche Haltung der Thüringer Kirche zu dieser Frage hat zu dieser Einstellung der Eltern beigetragen. In Thüringen ist es nicht so, daß ein Jahr zwischen Jugendweihe und Konfirmation liegen muß. Da findet die Konfirmation manchmal vierzehn Tage nach der Jugendweihe statt. Man wird als Pfarrer überhaupt nicht mehr gefragt. Ich habe mich exponiert; ich habe meine alte Linie durchgehalten: entweder Jugendweihe oder Konfirmation – triff deine Entscheidung!

Es gibt im Leben des Menschen Situationen, in denen Gott ihn auf die Probe stellt, auch schon in der Jugend. Wer nicht mit mir ist, der ist wider mich, sagt der Herr. Ich habe mich geweigert, die Kinder, die zur Jugendweihe gingen, sofort hinterher zu konfirmieren; aber die Kirchenleitung hatte anders entschieden, danach hätte ich es tun müssen.

Einmal wollten drei Mädchen bei mir konfirmiert werden, wollten aber auch zur Jugendweihe gehen. Ich hatte es erfahren und sie gestellt. Ich tat damit etwas, was ich eigentlich nicht tun durfte. Ich fragte jede einzelne von ihnen: Ich frage dich auf Ehre und Gewissen, gehst du zur Jugendweihe? Nein, nein, nein! Und sie sind doch zur Jugendweihe gegangen! Und ich habe sie nicht eingesegnet! Bevor ich diese Fragen an die Mädchen stellte, hatte mich der Kreissekretär schon einmal wegen eines ähnlichen Falles vorgehabt. Trotzdem habe ich es wieder getan, weil ich nicht verantworten kann, daß Kinder zu einer inneren Lüge gebracht werden. Dann müssen sie eben auf die Konfirmation verzichten. Vielleicht gehen sie später in sich und erkennen den rechten Weg, grade weil man es ihnen nicht leichtgemacht hat.

Der Staat erzieht seine Untertanen zu Lügnern undDoppelzünglern und arbeitet mit Erpressung. Einmal wurde ein kindergelähmtes kleines Mädchen zur Jugendweihe gradezu gezwungen, indem man seinen Eltern sagte: Ihr könnt die kostspieligen Kuren, die das Kind braucht, nicht bezahlen, nicht die Krücken, alles bezahlt der Staat für euer Kind, alles verdankt ihr dem Staat, also erweist euch dankbar und schickt euer Kind zur Jugendweihe. In diesem Falle wäre ich wegen einer Verweigerung der Konfirmation in Konflikte mit meinem Gewissen gekommen, aber die Eltern wollten dieses Kind aus Angst überhaupt nicht konfirmieren lassen.

Die Jugendweihen werden als pseudosakraler Kultakt inszeniert. Man gibt sich große Mühe um eine würdevolle Gestaltung der Feier. Sie beginnt mit einem Trompetensignal, anschließend Orchestermusik, Ouvertüre nach Arbeiterkampflieder-Motiven, dann Rezitation eines Gedichtes wie:

»Das Jahr 2000, es ist euer Jahr« –

dann Festansprache und Gelöbnis. Die Mädchen und Jungen sollen gradezu in einen Rauschzustand gebracht werden. Während sie das Gelöbnis sprechen, setzt schon die Egmont-Ouvertüre von Beethoven ein, Urkunden und Geschenkbücher werden bei den Klängen von FDJ-Liedern verteilt.

Wie die Kinder vor der Einsegnung den Konfirmandenunterricht besuchen müssen, so verlangt man von den sogenannten »Weihlingen«, daß sie vor der Jugendweihe an den »Jugendstunden« teilnehmen. – Die Werktätigen bezahlen durch freiwillige Sonderschichten die Feiern und Kaffeekränzchen nach der Weihe. In den HO-Gaststätten geht's dann hoch her. Und gleich daran anschließend sollte ich diese Jungen und Mädchen konfirmieren? Nein!

Von der Landessynode wurde mir der Vorwurf gemacht, es läge an mir, daß ich solche Schwierigkeiten mit der Partei hätte. Warum konfirmieren Sie die Kinder nach der Jugendweihe nicht? Ich fühlte mich von der Kirchenleitung im Stich gelassen. Ich stand bereits auf der Schwarzen Liste der Partei, war gefährdet; sollte ich denn ganz allein, sozusagen als Freischärler, weiterkämpfen für das, was ich nur vor Gott verantworten konnte?

Beim Staatssicherheitsdienst lag eine Anzeige gegen mich vor, ich sollte gegen die Planwirtschaft gepredigt haben. Bei diesem Vorwurf war besonders erschwerend, daß ich Dorfgemeinden hatte. Im Gottesdienst sitzen immer welche, die aufpassen, wer zum Gottesdienst geht, und die notieren, was der Pastor von der Kanzel predigt.

Aber auch im Konfirmandenunterricht mußte ich vorsichtig sein. Wenn ein Junge zum Beispiel behauptete: Unser Lehrer hat aber gesagt, Luther ist ein Verräter und Kapitalist, weil er gegen Thomas Münzer war – ja, da müssen Sie sich eine richtige Antwort überlegen. Ich hatte manchmal Rowdies unter den Konfirmanden, mit denen war einfach nichts anzufangen. Eines Tages wurde es mir zu bunt: Raus mit euch, in diesem Zustand kann ich euch nicht brauchen! Was war nur in die gefahren? Nichts zu machen mit der Bande! Abends erfuhr ich von einer Mutter, die Kinder mußten für eine Schulprüfung ein Gedicht von Heine lernen: Fluch dem Götzen, zu dem wir gebetet in den Hungersnöten – so etwa heißt das. Das hatten die Kinder mit Pathos vortragen müssen. In der nächsten Konfirmandenstunde habe ich ihnen dann aus einem Büchlein, das merkwürdigerweise unter Lizenz in der DDR erschienen war, ein Wort Heines vorgelesen. Kurz vor seinem Tode bekennt Heine: Heute sehe ich ein, daß meine Anschauungen unrecht waren. Heute ist für mich das große Buch der Menschheit die Bibel.

Da hört, sagte ich zu den Kindern, *das* ist euer Heine. Hört nicht auf die Versuchungen des Satans! Der Teufel geht umher wie ein brüllender Löwe und suchet welche, die er verschlingen kann. Hütet euch vor ihm!

Nach dieser Unterrichtsstunde bin ich vom Staatssicherheitsdienst verhört worden.

Aber bei den Kindern sind meine Reden auf fruchtbaren Boden gefallen. Nach der Konfirmation haben sie mir sogar ein Buch geschenkt, das war noch nie vorgekommen. Ja, um die Kinder meiner Gemeinde habe ich mir Mühe und Gewissenskonflikte gemacht – was aber wurde unterdessen mit meinen eigenen Kindern?

Pfarrfrau: Der Jüngste, Elfjährige, unser Christoph, hatte in der Schule am ärgsten zu leiden. Für eine Mutter mit anzusehen, wie das Kind gequält wird, unerträglich ist das! Ich ging mit Christoph zum Arzt, weil er nicht mehr aß, weil er so merkwürdige krampfähnliche Zustände bekam. Der Arzt gab mir Medizinen für das Kind mit, aber den Grund der Krankheit konnte er nicht beseitigen. Grund der Krankheit waren die täglichen Erniedrigungen und Quälereien, denen der Junge als Sohn des Pastors ausgesetzt war. Beim Fahnenappell – jeden Morgen wurde auf dem Schulhof die Fahne gehißt und ein patriotisches Lied dazu gesungen – mußte Christoph beiseite treten, durfte nicht mit den anderen in der Reihe stehen, wurde ausgeschlossen aus der Gemeinschaft, und das ging so weiter, den ganzen Vormittag. Als wir hier im Lager ankamen, bekam Christoph wieder seine Krämpfe. Ich bin mit ihm zur Ärztin gelaufen, und sie hat gesagt: Der Junge ist nervlich überlastet, wenn er jetzt in Ruhe kommt, wird sich das alles geben.

Aber mit unserem Caspar ist uns noch viel Schrecklicheres geschehen –

(Sie beginnt zu weinen.)

Pfarrer: Der Junge ist uns auf dem Weg zum Bahnhof weggelaufen! Auf dem Weg habe ich ihm gesagt: Das ist unsere letzte Fahrt in der DDR, so Gott will, wir fahren nach Westberlin und kommen nicht zurück. Und da hat der Caspar gesagt, aber das sieht er nicht ein, er fühlt sich wohl in diesem Staat, er will bleiben.

Mutti, ich sprech' ja auch nicht weiter darüber, hör auf zu weinen, du wirst deinen Jungen schon einmal wiederbekommen! Er ist nicht schlecht. Ich weiß nicht, was in ihn gefahren ist, seit er von zu Hause fort im Lehrlingsheim in Jena war. Wenn er über Sonnabend/Sonntag nach Haus ins Pfarrhaus kam, hatte er plötzlich die neuen Ideen im Kopf, war voller Widerspruch gegen mich und verteidigte die Lehren des Marxismus. Er war ein intelligenter Junge, aber voller Unruhe und sehr beeinflußbar. Was hatten sie ihm da bloß in Jena bei den politischen Schulungskursen vorerzählt!

Am Tag unserer Flucht holte ich Caspar vom Lehrlingsheim ab. Wir wollten in Jena den Zug nach Berlin nehmen. Meine Frau wartete mit Bettina und Christoph auf dem Bahnhof. Auf dem Weg vom Lehrlingsheim zum Bahnhof habe ich mit dem Jungen gesprochen. Und der Junge wurde totenblaß und sagte, er will nicht mit in den Westen! – und ist zurückgelaufen. Bis in meine Todesstunde werde ich das Klappern seiner Schuhe auf dem Straßenpflaster hören. Ich rief noch: Caspar, Caspar, komm zurück! Es hatte keinen Sinn. Einen Siebzehnjährigen können Sie nicht mehr mit Gewalt zwingen, auch wenn Sie der Vater sind.

Ich kam auf dem Bahnhof an, allein! Schrecklich, der Mutter zu sagen, was passiert war! Sie wollte es einfach nicht glauben. Stand da mit den beiden anderen Kindern und konnte sich nun nicht entschließen weiterzufahren.

Pfarrfrau: Ich stand da, mein Herz zerrissen, mitten durch! Der eine Zwilling sollte also hier bleiben, zurückbleiben, und der andere Zwilling, mein Joseph, war doch schon im Westen. Zu dem wollte ich doch hin! Das war es doch, was mich ein Jahr lang gequält hatte, daß der Junge da allein im Westen war ohne einen Rückhalt, ohne seine Eltern. Und nun passierte das mit dem anderen Zwilling, dem Caspar. Jetzt würde *er* ohne Rückhalt und Eltern zurückbleiben im anderen Teil Deutschlands.

Pfarrer: Ich ergriff meine Frau am Arm und ging durch die Sperre mit ihr und den beiden anderen Kindern, und als wir im Zug saßen, haben wir vor Erregung und Kummer wegen unserer Kinder alle Angst vor den Kontrollen vergessen. Und wir hatten ja auch an unseren Sohn Joseph zu denken. Mit Joseph war das so gekommen: Er wollte so gern Landwirtschaft studieren und hätte dazu auf die Oberschule gehen müssen, aber als Sohn eines Pfarrers wurde er von der Oberschule zurückgewiesen mit der Motivierung, er könne auch ohne Abitur seinen Wert als Landwirt in der DDR beweisen.

Ich ging damals aufs Landratsamt zur Berufsberatung: Was soll denn nun aus meinem Jungen werden, fragte ich den Beamten.

Ja, Landmaschinenschlosser, Elektriker, Mechaniker, das sind alles Berufe, die schon überfüllt sind. Der Schwerpunkt liegt beim Bergbau und bei den Treckerfahrern. Da brauchen wir noch Leute.

Ich möchte meinen Sohn aber nicht ins Bergwerk schicken und auch nicht auf einen Trecker, sagte ich. Ich möchte für ihn eine ordentliche landwirtschaftliche Lehre!

Dafür haben wir genügend Arbeiterkinder, wurde mir zur Antwort.

Dann werde ich meinen Sohn zu mir nehmen, sagte ich nach kurzer Überlegung, ich habe eine große Bienenzucht, da kann er bei mir lernen.

Sagte der Beamte: Das geht nicht, dabei besteht Gefahr kapitalistischer Ausbeutung.

Na hören Sie, rief ich, Ausbeutung? Beim eigenen Vater?

Aber gewiß, sagte der Beamte.

Dann werde ich meinen Sohn zu einem Privatunternehmer in unserem Dorf geben, der bildet den Jungen gerne aus, er kennt ihn, er weiß, was für einen ordentlichen Jungen er da bekommt.

Das geht auch nicht, erwiderte der Beamte immer in demselben sturen Ton. Ein Privatunternehmer ist nicht geeignet, Ihren Sohn im sozialistischen Sinn zu erziehen.

Ich habe meinen Sohn im christlichen Sinn erzogen, sagte ich. Und mein Sohn wird selbst entscheiden, ob er in christlichem oder sozialistischem Sinn leben will.

Ich kann mit Ihnen doch nie übereinkommen, sagte darauf der Beamte. Ich bin aus der Kirche ausgetreten.

Nach diesem Gespräch habe ich den Entschluß gefaßt, unseren ältesten Sohn nach Westdeutschland auf ein landwirtschaftliches Institut zu geben. Die Ausbildung dort kostet mich nichts. Aber Mutter und ich sind nun seit einem Jahr von ihm getrennt.

Und immer diese Heimlichkeiten und Ängste mit den Briefen und Paketen. Wir konnten dem Jungen doch kein offenes Wort schreiben, alles verklausuliert. Wie man sich vorkam, wie ein Verbrecher! Und der Junge litt an Heimweh, an Sehnsucht, das spürten wir aus seinen Zeilen deutlich. Ich ging schließlich zur Polizei und versuchte, einen Interzonenpaß zu bekommen. Natürlich abgelehnt!

Zu dem Beamten, der mir den Interzonenpaß mit der Ausrede verweigerte: Im Adenauer-Staat haben Sie als überzeugter DDR-Bewohner doch nichts verloren, sagte ich: Mit Deutschland – sehen Sie – ist das so wie bei einem Ameisenhaufen: Sie können einen Ameisenhaufen auch nicht durchteilen, dann laufen die armen Tiere rüber und nüber und versuchen verzweifelt, ihre Brut in Sicherheit zu bringen. Sie handeln nicht nach ihrem Verstand, sondern nach ihrem Instinkt.

Ich habe mein Gewissen erforscht und mich abgemüht, den rechten Weg zu gehen. Habe mich gefragt: Wer steht mir näher, meine eigenen Kinder oder meine Gemeinde? Muß ich mein Amt über das Wohlergehen meiner Kinder stellen? Was verlangt Gott von mir? Will er, daß ich meine Kinder opfere wie Abraham Isaak opfern sollte? Dann habe ich die Probe nicht bestanden. Ein katholischer Geistlicher hat es leichter als ein protestantischer, er kennt solche Konflikte nicht, denn er hat keine Familie. Unsere evangelische Kirche verpflichtet uns, in unserem Amt zu bleiben auf jeden Fall, was auch geschieht! Ich konnte es nicht mehr; ich bin gegangen. Nun habe ich ein Disziplinarverfahren von meiner Kirche zu gewärtigen und werde wohl nie mehr eine Kanzel betreten dürfen – vielleicht kann ich noch als Religionslehrer tätig sein.

Ich bin heute 54 Jahre alt; ich bin ein gebrochener Mann. Vor zehn Jahren war ich stark und gesund, die letzten Jahre haben mich kaputtgemacht. Mein Herz will nicht mehr, und in den letzten Wochen, als alles zur Entscheidung drängte, war mein ganzer Organismus durcheinander. Ich hatte immerfort Durchfall – nicht wahr, Mutti? –, zwölfmal am Tag mußte ich manchmal laufen. Ich war völlig geschwächt davon.

Am härtesten ist mir der Abschied von meiner Kirche geworden. Für 34000 Mark habe ich sie wieder herrichten dürfen. Das Geld hatten wir in der Gemeinde aufgebracht, und die Kirche gab auch einen großen Teil dazu und einen kleinen Teil der Staat, weil es eine gotische Kirche ist, die unter Denkmalschutz steht. Sie hat noch den schönen alten Giebel und Spitzbogenfenster und ist von einem alten Friedhof umgeben. Ich hatte ja immer gedacht, daß auch ich auf diesem Friedhof einmal ausruhen dürfte.

Im Jugendwerkhof

Wie meine Mutter heißt, weiß ich nicht. Mein Vater sagt's mir doch nicht. Aber ich werde meine Mutter schon finden. Sie soll in Krefeld wohnen, oder wie das heißt. Sie soll da 'n andern Mann geheiratet haben. Weiß nicht, wie alt mein Vater ist; ich bin 18. Die Leute denken immer, ich bin 16.

Heimatvertrieben sind wir. Wie das heißt, wo wir herkommen, weiß ich nicht, irgendwo bei Ortelsburg in Ostpreußen. Mein Vater war da Bauer. Er hat eine Siedlerstelle bekommen in Brandenburg, 9 ha und 2 Kühe. Eine Kuh hat er noch zugekauft. Er hatte von der Bauernbank Kredit für die Anschaffung von Vieh. 100 Mark mußte er abzahlen im Jahr an den Staat für die Siedlung.

Aber mein Vater und die andern Siedler sind dann in die LPG rein. Die wurde da gegründet und hieß »Rotes Banner«. Mein Vater war der Schweinemeister.

Gewohnt haben wir im Schloß. Den Grafen hatten die Russen umgebracht. 11 Familien wohnten im Schloß. Wir hatten Stube und Kammer, dafür mußten wir 41,70 zahlen fürs Vierteljahr.

Wie meine Mutter weg ist, hat eine Frau aus dem Haus für meinen Vater und mich gekocht. Die hat auch auf mich aufgepaßt, weil ich klein war. Mein Vater hat die nicht geheiratet, die war verheiratet. Er hat eine andere geheiratet, eine Witwe mit zwei Kindern. Ich konnte mich mit der nicht vertragen. Alles hat sie ja ihrem Sohn gegeben! Wir hatten nicht mal Butter aufs Brot, nur Margarine. Aber nicht mal Margarine gab die mir, Marmelade war gut genug für mich. Die Tochter von der Frau, meine Schwester, die ist vielleicht so alt wie ich. Die soll bei ihrem Freund wohnen in der Stadt, der ist 19. Der Bruder ist auch weg von zu Hause. Er ist geschieden, er ist 20. Was der jetzt macht, weiß ich nicht.

Als ich weggelaufen bin von zu Haus, da war ich 14. In

Perleberg haben sie mich geschnappt und wieder zurückgebracht, und ich hab' zu meinem Vater gesagt: Bei der Frau bleib' ich nicht! Die meckert nur immer rum mit mir. Ich lauf' doch wieder weg.

Mein Vater wußte nun nicht, was er mit mir machen sollte, und da hat er mich in Fürsorge gegeben, Jugendwerkhof heißt das bei uns. Schön war das da nicht, aber mir hat es nichts ausgemacht. Bloß das Arbeiten, immer nur arbeiten, arbeiten.

Ich war in der Landwirtschaft, dann gab's da Gärtnerei, Tischlerei, Betonwerk, Schmiedewerkstätten, so was alles konnte man da lernen. Wenn man gern was anderes gelernt hätte, das gab's nicht. Für die Jüngeren war Schule. Es gibt im Jugendwerkhof nur Volksschulausbildung, danach Lehre.

Lernen konnte man da allerhand! Zum Beispiel, wie man Schrankschlösser knackt: irgend'n Schlüssel rein, ein nasses Handtuch zusammendrehen, durch den Schlüssel ziehen, einmal ordentlich nach unten rucken, auf ist das Schloß!

Dann haben wir Mädchen geknackt! Der Jugendwerkhof für Mädchen lag im selben Gebäude, aber durch Mauern von uns abgetrennt. Einmal die Woche kamen wir mit den Mädchen zusammen, da war nachmittags Tanz.

Bei uns waren auch die Luden von Ostberlin. Das waren manchmal Kerle! Wenn die sich so rumlümmelten am Eßtisch und der Wärter kam vorbei, zog sie an den Haaren hoch – geradesitzen! –, da hatte der Wärter gleich eine weg. Die Luden, die schlugen gleich zu, und dann wurden sie von zwei Mann mit vorgehaltener Knarre abgeführt in den Knast.

Einer war da, der hatte seine Tante genietet! Wir wußten das, weil mal welche im Büro eingebrochen sind, wo die Akten liegen, die hatten sie durchgeschnüffelt; daher wußten wir das. Wenn der 18 ist, kommt er vors Gericht wegen Mord, der seine Tante genietet hat.

300 Jungen waren wir im Jugendwerkhof. Das war einer der strengsten in der DDR. Wir schliefen zu 80 Mann in Schlafsälen und immer drei Wärter mit drin. Wenn man nachts mal austreten mußte, der Wärter immer mit, immer sechs Schritte hinter einem her, bum, bum, bum – gewartet, bis man fertig war, wieder zurück, bum, bum, bum – allein biste nie.

Sechs Uhr früh: Wecken; 10 Minuten Frühsport, eine Viertelstunde Frühstück – zwei Scheiben Brot mit Marmelade, manchmal 'n bißchen Margarine zwischen und 'n Topf Kaffee –; halb acht fängt die Arbeit an in der Tischlerei, in der Landwirtschaft, wo man eben ist. 12 Uhr Mittagessen: Wirsingkohl, Wirsingkohl, Wirsingkohl – sonntags wurde man mal wirklich satt. Dann wieder arbeiten bis halb fünf. Dann Freizeit bis sieben Uhr, dazwischen gab's Abendbrot.

Und jeden Abend 'ne Verpflichtung.

Montag: Aufklärungsarbeit vom FDJ-Studienjahr.

Dienstag: Brigadeabend, den leitet der Brigadeerzieher und der Arbeitserzieher, und da wird dann jeder einzelne unter die Lupe genommen. Da wird festgestellt, was er falsch gemacht hat, und es heißt: Vortreten, Selbstkritik üben, abtreten! Mittwoch: Abend für die Hobbies. Fanfarenzug – Volkstanz – Laienspiele. Donnerstag: Besprechung aktueller Probleme, also was so in der Zeitung steht. In den letzten Wochen hörten wir nichts anderes als immer nur: der Mord an Otto Krahmer in Hannover!

Freitag: GST, da waren Übungen angesetzt mit Kleinkaliberwaffen.

Sonnabend: Fernsehen und einmal im Monat Kino. (Das war unser schönster Abend!)

Sonntagvormittag: Stubendurchgang, da wurden unsere Schränke und Sachen kontrolliert; Brigadeschau. Am Nachmittag Tanzvergnügen mit den Mädchen vom Jugendwerkhof. Damit war die Woche rum, und Montag fing der Dreh wieder von vorne an. Und immer unter der Fuchtel von Erziehern. Da waren frühere SS-Offiziere darunter, welche jetzt als »Erzieher des Volkes« ausgezeichnet wurden.

Nächste Station nach Jugendwerkhof ist VEB-Knast.

Aus dem Bau kamen wir überhaupt nicht heraus. Nur zweimal im Jahr gab's vierzehn Tage Urlaub, da konnte man zu seiner Verwandtschaft reisen, wenn man welche hatte. Da fuhr ich zu meinem Vater. Die Frau war inzwischen weg. Die wohnte in der Stadt. Sie hatte sich scheiden lassen.

Als ich 18 war, konnte ich aus dem Jugendwerkhof raus und kam wieder nach Hause zu meinem Vater. Wir wohnten jetzt allein und arbeiteten alle beide auf der LPG. Das Essen bekamen wir auch von der LPG, und unsere Wäsche haben sie uns da auch gewaschen. Und aufgeräumt – och, das hat bei uns mal mein Vater und mal ich, meistens gar keiner!

Gearbeitet hab' ich auf dem Feld, aber das war schlechtes Arbeiten. Der Boden ganz verkrautet! Ich hatte gar keine Lust, wollte lieber in die Stadt. Verdient habe ich 100 Mark im Monat. Mein Vater verdient 185 Mark. Die Stiefel hier hab' ich mir gekauft, 93 Mark! Das war aber auch das einzige. Von 100 Mark bleibt nichts übrig, und mein Vater konnte auch nichts sparen. Sonnabends ging er immer ins Wirtshaus, die haben da mächtig getrunken, und da gab's Keilereien. Mein Vater immer Schnaps und Bier! Soll er doch, ist mir doch egal!

Ich stand nicht gut mit meinem Vater; er hat mich geschlagen. Dann ist mal ein Verwandter von uns auf Besuch gekommen aus Westdeutschland, das war ein Bruder von meinem Vater, glaub' ich. Der hat so erzählt, wie es drüben ist, und da wollte ich eben rüber. Die Schuhe, die der hatte, und 'ne Lederjacke und so gute Hosen! Ich hab' meinen Vater immer gefragt nach der Adresse. Die Adresse gibt er mir nicht, hat er gesagt. Im Schwarzwald soll der Verwandte wohnen. Da möcht' ich jetzt gern hin. Aber es hat keinen Zweck, daß ich meinem Vater schreibe um die Adresse, er gibt sie mir nicht. Ich hab' schon immer zu ihm gesagt: Gib mir doch die Adresse von den Leuten.

Nein, du bekommst keine Adresse –.

Von meiner Mutter gibt er mir die Adresse ja auch nicht. Hat nur rumgetobt, ich laß mich lieber totschlagen, aber die Adressen kriegst du nicht. Wenn du abhauen willst, zeig' ich dich bei der Staatssicherheit an!

Auf sozialistische Art leben

Man ist da immer mehr reingerutscht. 1950, als ich anfing als Betriebsassistent im Braunkohlenbetrieb, sah die Sache noch harmlos aus. Nach einem Jahr wurde ich als Betriebsingenieur eingesetzt, hatte 150 Mann unter mir und war mit Begeisterung bei meiner Arbeit. Dann fing das 1958 mit den sozialistischen Brigaden an. Und jetzt hatten sie mich zum Betriebsleiter gemacht, damit war ich Wirtschaftsfunktionär und gezwungen zur politischen Aktivität.

Produktionsbesprechungen, Beratungen mit der BGL, das alles war das geringste Problem meines neuen Postens. Aber ich war nicht nur wirtschaftlich, ich war auch politisch verantwortlich für die sozialistischen Brigaden, die Kampfgruppe des Betriebs, die Schwerpunktarbeit.

Da ist einmal die ökonomische Perspektivplanung bis 65, die sozialistische Reproduktion des Betriebs durch Automation, Mechanisierung und Rationalisierung, die volkstümliche Parole dafür lautet: schneller, besser und billiger produzieren.

Das zweite ist der ideologische Schwerpunkt, d. h. Stärkung der bestehenden gesellschaftlichen Ordnung. Die Hauptpunkte: Stärkung der SED und ihrer gesellschaftlichen Organisationen, Stärkung der militärischen Kraft, Stärkung unseres Staates zur Verteidigung der Heimat. Ein wichtiger Schwerpunkt der Perspektivplanung ist die Werbung für NVA und VP. Stationierte NVA-Einheiten schließen Patenschaftsverträge mit VEB-Kombinaten ab, um in ständiger Verbindung für den Nachschub an Wehrwilligen zu sein.

Unser Betrieb hatte auch so einen Patenschaftsvertrag, und unsere Lehrlinge wurden unentwegt zur Kaderabteilung vorgeladen, da standen dann die Werber bereit: der BPO-Sekretär (BPO = Betriebsparteiorganisation), der FDJ-Sekretär, der Kaderleiter und einige Offiziere unseres »Paten«, der NVA. Kein Wunder, wenn die Jungens einem solchen Aufgebot nicht standhielten in der Diskussion! Erst wenn sie für die NVA unterschrieben hatten, ließ man sie in Ruhe.

Ich war in die SED eingetreten, als ich Betriebsingenieur im Werk wurde. Das war mehr oder weniger Bedingung. Meine Frau und ich sind noch kirchlich getraut worden. Das ist »kaderpolitisch nicht tragbar«, genausowenig wie westliche Kriegsgefangenschaft oder Verwandtschaft im Westen.

Ich wurde als Betriebsingenieur vor die Aufgabe gestellt, aus meinen 150 Mann sozialistische Brigaden zu bilden. Bisher gab es nur die Arbeitsbrigaden, die untereinander im Wettbewerb standen. Seit 1958 sind die sozialistischen Brigaden in der Produktion eingeführt worden, um den perfekten sozialistischen Menschen zu erziehen, um damit zugleich die gesamte Familie zur sozialistischen Familie umzuformen.

Das Ganze wird so aufgezogen: Die Funktionäre der SED, des FDGB und die Betriebsleitung arbeiten zusammen und suchen sich SED-Angehörige aus, sogenannte »starke Genossen«, die den Stamm der Brigade bilden. Ihnen werden die »zu erziehenden Genossen« anvertraut. Man lädt die Werksangehörigen mit ihren Familienmitgliedern ein – der Arbeiter bringt seine Frau mit, die Arbeiterin ihren Mann –, und dann wird ihnen die Verpflichtung zur Bildung der sozialistischen Brigaden aufoktroyiert.

In einer Feierstunde im Werk haben wir den Brigadevertrag festgelegt und gleich unterzeichnet, danach mußten wir uns verpflichten, drei Forderungen zu erfüllen:

1. Auf sozialistische Art zu arbeiten
2. auf sozialistische Art zu lernen
3. auf sozialistische Art zu leben.

Auf sozialistische Art leben heißt:

I. In kultureller Hinsicht.

Ich verpflichte mich:

a. Mit meiner Brigade die fortschrittlichen Filme zu besuchen, meinen Ehepartner mitzubringen und im Anschluß an den Film die Auswertung vorzunehmen.

b. Jeden Monat einmal ins Theater zu gehen (wieder wie oben!).

c. Im Haus der DSF (Deutsch-Sowjetische Freundschaft) Vorträge über die Sowjetunion und den Sozialismus zu besuchen; Vorschläge unterbreitet die Parteileitung.

d. Zum gemeinsamen Besuch des Naturkundemuseums. Thema: »Die Entstehung der Erde«, »Stammt der Mensch vom Affen ab?«

e. Keinen Alkohol zu trinken.

II. Für die Familie.

Ich verpflichte mich:

a. Bei Verehelichung die sozialistische Eheschließung im Betrieb vorzunehmen.

b. Meine Kinder auf sozialistische Art zu erziehen, sie der Pionierorganisation einzureihen und bei Schulentlassungen an der sozialistischen Jugendweihe teilnehmen zu lassen.

c. Meinen Kindern die sozialistische Namensgebung zukommen zu lassen.

d. Meine Ehefrau von der Notwendigkeit der Mitarbeit in der sozialistischen Produktion zu überzeugen.

III. Organisationstätigkeit.

Ich verpflichte mich:

a. Durch Besuch der Parteischulung und der Gewerkschaftsbildungsabende Kenntnisse über die Lehren des Marxismus und Leninismus zu erwerben und sie den Kollegen weiterzuvermitteln.

b. Eine Funktion in der Partei und der Gewerkschaft auszuüben.

c. In der Hausgemeinschaft Ausspracheabende zu organisieren und über die Diskussionen Bericht zu erstatten.

IV. Tätigkeit in der Brigade.

Ich verpflichte mich:

a. Durch offene Kritik die Fehler und Schwächen eines anderen Brigademitglieds aufzuzeigen und es zu sozialistischem Denken und Handeln zu erziehen. Eine gegenseitige Kontrolle und dazu alle zwei Wochen eine Auswertung im Kollektiv vorzunehmen.

b. Meinen Kollegen stets als sozialistischer Mensch mit sozialistischem Bewußtsein Vorbild zu sein und offen für den Sieg des Sozialismus zu kämpfen.

Wenn in einer gemeinsamen Veranstaltung die Diskussion über »sozialistisches Leben« auf die schiefe Bahn geriet – und das geschah alle Nase lang, denn wer kann das alles wirklich durchführen, was verlangt wird, noch dazu mit seiner gesamten Familie –, dann wurde vom Diskussionsleiter der Schwerpunkt von »sozialistisch leben« auf »sozialistisch arbeiten« gelegt, und da kann keiner Ausflüchte finden.

Zum sozialistischen Arbeiten gehören auch die Aufbaustunden. Bei uns im Werk haben wir im letzten Sommer im sozialistischen Aufbau eine Kegelbahn gebaut, alles mit freiwilligen Aufbaustunden. Dazwischen mußten wir noch in der Ernte einspringen, bei Wassereinbrüchen, ich war keinen Sonntag mehr zu Hause. Für diese Aufbaustunden gab es dann die Aufbaunadeln, in Bronze, Silber und Gold, je nach Leistung.

Einige Leute aus unserem Werk hatten in diesem Jahr schon 300 bis 400 freiwillige Aufbaustunden geleistet. Wenn das wirklich freiwillig und aus Idealismus geschähe! Aber das ist die Verlogenheit des Regimes: Alles geschieht unter Zwang, und man braucht dazu auf den Plakaten das strahlende Lachen des Werktätigen. Wenn wir in den Brigaden nicht dauernd antrieben, passierte nichts. Und der Antreiber mußte ich sein! Das machte mich krank! Und zu Hause klagte die Frau: Von dir seh' ich überhaupt nichts mehr – und im Betrieb blieb die Arbeit auch oft genug liegen wegen dieser andauernden gesellschaftlichen Tätigkeiten.

Meine Frau weigerte sich einfach, an den gemeinsamen

Theaterbesuchen teilzunehmen. – Laßt mich in Ruhe, sagte sie, mit euern fortschrittlichen Filmen, ich möchte einen richtigen Liebesfilm sehen, um das graue Leben mal für eine Stunde zu vergessen. – Ich versuchte, ihr klarzumachen, daß sie meiner Stellung schadete, aber sie war nicht dazu zu bringen. Unsere Ehe litt darunter. Nicht daß ich anders dachte als meine Frau, mir selbst hingen diese ganzen organisierten Vergnügungen zum Halse heraus, aber was sollte ich denn machen?

Dann war da die Kampfgruppe des Werkes! Ich hatte als Parteigenosse dabeizusein, aber es konnten sich auch Parteilose dazu melden. Diese Kampfgruppen waren nach dem 17. Juni gegründet worden, um ein Werk im Notfall vor westlicher Aggression schützen zu können. Das Ganze ist nichts anderes als eine getarnte militärische Ausbildung. Jeden Monat einmal Übungen, meist an den Sonnabenden, mit Karabinern und anderen Handwaffen, und dann die großen Übungen einmal im Jahre, so wie die Herbstmanöver beim Militär.

Früher konnte man sich da immer mal drücken, aber seit der Vereidigung ist jede Anweisung ein Befehl.

Als Betriebsleiter gab es für mich überhaupt kein privates Leben mehr. Von meiner Familie will ich schon gar nicht mehr sprechen, mit der lag doch alles schon schief in den letzten Jahren, aber auch mit meiner Arbeit! Ich mußte nur zusehen, wie ich alles am Laufen hielt und nicht selbst dabei unter die Mühlräder geriet. Meine Nerven wurden immer schlechter. Meine Frau sagte: Du ißt nicht mehr, du schläfst nicht mehr, du wirst immer dünner, wie siehst du überhaupt aus!

Mit unserem Parteisekretär hatte ich auch andauernd Ärger, der gab in seinen Informationsberichten an die Partei ungünstige Nachrichten über das Betriebsklima weiter, die ich auch nicht entkräften konnte, weil sie stimmten. Ich hatte keinen Einfluß auf den Parteisekretär, er ist direkt durch die

SED-Kreisleitung ernannt worden, der er die Informationen zuzuleiten hat. Die Vertrauensleute in den Parteiuntergruppen des Werkes unterrichten ihn über die Stimmung im Betrieb, und diese Stimmung war nicht gerade rosig. Wenn mal eine freie Abstimmung käme, die würden umfallen vor dem Resultat!

Ich wurde für das Arbeitsklima im Werk verantwortlich gemacht, und das war schlecht, denn es gab zwischen den älteren und jüngeren Angehörigen der Intelligenz Differenzen. Die Partei selbst hatte viel schuld daran. Die trieb bewußt einen Keil zwischen die Älteren und die Jungen, um sie gegenseitig zum Wettstreit anzustacheln und noch mehr und immer noch mehr aus ihnen herauszuholen. Zum Beispiel stellte die Brigade junger Ingenieure ein bestimmtes Leistungsprogramm auf unter der Parole: Zum 5. Parteitag der SED machen wir eine neue Maschinenkonstruktion. – Die älteren Ingenieure sagen darauf: Wir dürfen uns von den Jungen nicht überholen lassen, wir schlagen deshalb das und das vor. Ein ununterbrochener Wettkampf, der die Menschen überfordert.

Es kommt auch aus anderen Gründen zu Reibereien zwischen der alten und der jungen Intelligenz. Die Alten bekommen Vergünstigungen, in ihren Clubs geht es fein zu, da schenken befrackte Kellner Sekt aus. Und die junge Intelligenz hat betont proletarische Sitten. Wenn ich zu Verhandlungen nach Berlin ins Wirtschaftsministerium mußte – unsere Essen im Hotel Newa mit Kaviar entsprachen wirklich nicht dem, was man uns in den parteipolitischen Schulungen über das sozialistische Leben gelehrt hatte.

Ich konnte nicht mehr!

Meine Frau klagte und redete schon lange, daß wir Schluß machen und in den Westen gehen sollten, aber ich konnte mich nicht von meinem Betrieb trennen, zehn Jahre war ich nun dort. Die Arbeiter sagten zu mir: Solange Sie hier Chef sind, kann man doch wenigstens mal ein menschliches Wort reden. Aber was hilft menschlich reden, wenn man nicht menschlich handeln kann? Ich sollte funktionieren, weiter nichts, perfekt funktionieren. Aber ich funktionierte schlecht. Die geheimen Berichte des Parteiinformators brachten mir eine Vorladung zur Parteileitung nach der anderen ein.

Eines Tages bin ich aus dem Werk nach Hause gegangen und habe zu meiner Frau gesagt: Ich bin fertig! Ich kann nicht mehr! Du hast recht gehabt – jetzt müssen wir nur noch zusehen, wie wir hier heil herauskommen.

Weihnachtsabend 1955

Weihnachtsabend 1955 klingelte es an der Haustür. Ich war grade beim Schmücken des Weihnachtsbaumes für die Kinder, und meine Frau öffnete. Sie ist eine zarte, zierliche Frau, die keine Aufregungen verträgt, und ich hörte vom Flur her ihre angstvolle Stimme und andere unangenehme Stimmen, und da kamen sie schon herein, drei Mann von der Staatssicherheit, standen mit Mänteln und Hüten in unserem Weihnachtszimmer und sagten zu mir: Kommen Sie mit, nur eine kurze Vernehmung! – und von der kurzen Vernehmung kam ich dann 21 Monate später zurück.

Erstes Verhör in der Heiligen Nacht! Der Kriminalbeamte begann mit den Worten: Es ist mein Ehrgeiz, Sie restlos fertigzumachen.

Zur gleichen Stunde wird in den Kirchen die Weihnachtsgeschichte verlesen, wartet zu Hause die Familie unterm Weihnachtsbaum, und da sagt ein blutjunger, gemütloser Mensch im Gefängnis der Staatssicherheit zu einem anderen Menschen: Es ist mein Ehrgeiz, Sie fertigzumachen.

Ich erwiderte nur: Ich war der Meinung, man sucht hier die Wahrheit. Wenn Sie mich fertigmachen wollen, so ist das eine merkwürdige Auffassung von Recht und Gerichtsbarkeit.

Nach dieser Auffassung von Recht und Gerichtsbarkeit wurde ich dann nach 4 Monaten Einzelhaft zu drei Jahren Zuchthaus verurteilt. Und wieder 17 Monate später erschienen in der Strafanstalt zwei Herren von der Partei und ließen mich vorführen. Sie waren die Höflichkeit selbst. Sie entschuldigten sich mit vielen schönen Worten: der Staatsanwalt hätte Mist gebaut, ein Fehlurteil, ich wäre frei!

Ja, ich wäre frei, ich dürfte nach Hause gehen. Zu ihrem größten Bedauern könnten sie mir die 21 Monate, die ich gesessen hätte, nicht zurückgeben. Aber ich könnte morgen in meinem alten Betrieb wieder zu günstigen Bedingungen mit der Arbeit anfangen. Versuchen Sie alles zu vergessen, sagten die Parteiherren. Vier Monate Einzelhaft, 17 Monate Zuchthaus sollte ich also einfach vergessen.

Vier Monate Einzelhaft: jede Nacht raus zu Verhören – ich werde Sie restlos fertigmachen! –, und gegen Morgen schlägt die Zellentür wieder hinter dir zu, und du bist allein mit dir und deinem Herrgott bis zur nächsten Nacht, zum nächsten Verhör. Ich habe versucht, die Bewährungsprobe durchzuhalten mit all meiner Kraft. Ich habe meine Schritte gezählt und mir selbst mit den Zahlen die schwierigsten Rechenaufgaben gestellt. Ich habe Freiübungen gemacht, und ich habe gebetet. Ich bin auf dem steinernen Zellenboden niedergekniet und habe gebetet.

Ich bin Katholik. Ich stamme aus einer gläubigen katholischen Familie. Mein Bruder ist Geistlicher. Meine Tochter und mein Sohn gehörten zum Dogmatischen Kreis. Das alles konnte in einer Stadt wie Dresden natürlich nicht geheim bleiben. Meine Kinder sind zur Firmung gegangen und nicht zur Jugendweihe. Sie haben darum auch die Zulassung zur Oberschule nicht bekommen, obwohl meine Tochter die Ausbildung in der Grundschule mit der besten Note abschloß, mit einer besonderen Belobigung des Oberbürgermeisters, und obwohl in meinen Anstellungsvertrag ein Paragraph eingebaut ist, worin es heißt: Die gewünschte Ausbildung Ihrer Kinder wird garantiert.

Wir alle standen auf der schwarzen Liste, die ganze Familie. Ich war Mitglied der CDU, und seit 1953 bedrängten sie mich mit dem Eintritt in die SED. Schon aus religiöser Überzeugung konnte ich dieser Partei niemals beitreten. Die Kaderabteilung des VEB-Werkes verlangte, daß ich mich als verantwortlicher Ingenieur nicht nur fachlich, sondern auch politisch betätigen müsse und mich in öffentlichen Diskussionen zum Arbeiter- und Bauernstaat bekenne. Ich weigerte mich.

Den Grund zu meiner Verhaftung hatten sie dann mit einem privaten Auftrag, den ich für einen VEB übernommen hatte und aus dem sie mir den Strick drehen konnten.

Ich bin 1937 als Ingenieur aus dem allgemeinen Maschinenbau zur Energie übergewechselt. Ich hatte die Projektierung des gesamten Energiesektors für die Provinz Sachsen. Ich war bei dem VEB angestellt, aber ich konnte außerdem noch privat arbeiten.

Im Werk hatten wir in unserer Abteilung zu wenig Leute und konnten die Termine nicht einhalten. Von der Einhaltung dieser Termine aber hing wieder ein anderer VEB ab. Der Leiter dieses VEB trat nun an mich mit der Bitte heran, ob ich nicht privat mit einem Kollektiv diese Arbeit übernehmen könnte. Ich habe den Auftrag ohne Zögern übernommen. Die Arbeit, die gemacht werden sollte, hätte beim VEB 26000 Mark gekostet. Ich kann privat ja nicht nach dem Tarif der VEB abrechnen. Ich habe meine Arbeit rein nach Stundenaufwand berechnet. Danach wäre brutto eine Summe von 9000 Mark herausgekommen, netto waren es vielleicht 7000, und mein Anteil davon betrug 3000 Mark.

Als diese Arbeit schon ordentlich abgeschlossen war, ging es mit einemmal von meinem VEB gegen mich los. Eines Tages ruft mich unser Werksleiter in sein Büro, und da steht der Parteisekretär mit einem ganz unheilvollen Gesicht, und beide überschütten mich mit Vorwürfen, daß ich durch diese private Arbeit den VEB um seinen Gewinn gebracht hätte. Untreue gegenüber dem Werk warfen sie mir vor und was weiß ich noch alles.

Tags drauf flüsterte ein Kollege, der in der SED war, mir auf dem Fabrikhof eine Warnung zu. Der Parteisekretär hätte eine Geheimsitzung einberufen, und es würde mehr als nur ein Verfahren gegen mich losgehen. Ich konnte das alles nicht ernst nehmen, weil ich mir keiner strafbaren Handlung bewußt war. Ich sagte zu Hause nur zu meiner Frau: Hör mal zu, es kann passieren, daß man mich zu einer

Vernehmung holt, aber dann brauchst du dir keine Sorgen zu machen, mein Fall liegt restlos klar.

Am Heiligabend holten sie mich dann zu der Vernehmung – und nach 21 Monaten kam ich aus dem Zuchthaus nach Hause zurück.

Als ich plötzlich wieder in unserem Flur stand – ich hatte den Hausschlüssel in der Tasche, schloß die Wohnungstür auf und stand so im dunklen Flur –, da kommt mein Junge auf das Geräusch hin aus dem Wohnzimmer; ich sagte: Erschrick nicht, Jürgen, ich bin's. Aber der Junge fing an zu zittern an allen Gliedern, konnte nicht sprechen, hatte einen Schock, von dem er sich wochenlang nicht erholte. Er war 16 damals, lang aufgeschossen und dünn.

Als ich meinen Jungen so sah, wagte ich nicht mehr, laut nach meiner Frau zu rufen. Ich hatte ja selbst mit mir zu tun, daß ich Haltung bewahrte. Ich sagte: Geh du mal, Jürgen, und sag's der Mutti, daß ich wieder da bin.

Meine Frau hat sich in ihrer Freude furchtbar erschrocken. Ihre Nerven waren von den zwei Jahren kaputt. Die Kinder haben die ganze Last des gemeinsamen Lebens auf sich genommen, während der Zeit, die ich im Zuchthaus saß, haben die Mutter seelisch gestützt, haben den Haushalt geführt und versucht, das Geld für die Familie zu verdienen. Der Junge ging aus der Lehre ab und arbeitete im Straßenbau, keine Arbeit für einen 15jährigen, schwere Arbeit. Und die Tochter verdiente in einer chemischen Fabrik als Arbeiterin. Sie hätte so gern Pharmazie studiert, aber dieser Traum war nun ausgeträumt.

Da war ich also wieder zu Hause und durfte mir als Belohnung für meine zu Unrecht verbüßten Zuchthausjahre die 3000 Mark abholen, die ich noch von dem Privatauftrag des VEB zu bekommen hatte. Das war alles. Eine Haftentschädigung gab es nicht. Im übrigen sollte ich ja das Zuchthaus vergessen!

Ich sollte den Mann vergessen, der mit mir in der Zelle

lag, die Tage zwischen meiner Verurteilung und dem Abtransport ins Zuchthaus – diesen alten Mann, der steif dastand, als ich zu ihm in die Zelle geschoben wurde. Die Tür ging hinter mir zu, da stand er immer noch so, ein ganz alter Mann. Ich sagte guten Tag und meinen Namen. Er sagte nichts, kein Wort. Ich sprach ihn an: Sie brauchen keine Angst zu haben, ich bin auch Gefangener. Er sagt immer noch nichts. Und plötzlich heult er los, schrie: Ich halt' es nicht mehr aus, ich werde noch verrückt. 10 Monate, 10 Monate lassen sie mich hier allein drinsitzen. Der Mann war 50 Jahre alt, ich hatte ihn für 70 gehalten. Er war ehemaliger Hauptwachtmeister aus dem Haftkrankenhaus, der für einen politischen Gefangenen Briefe an dessen Frau rausgeschmuggelt hatte aus Mitleid. Dabei haben sie ihn erwischt.

Als ich nach zwei Tagen wieder aus der Zelle rauskam zum Abtransport, flehte er die Wärter an, die mich abführten, flehte: Laßt mich nicht wieder allein in diesen vier Wänden, das ist unmenschlich.

Und ich sollte die Kameraden im Zuchthaus vergessen! Mein Gott! Eine lange Zeit lag ich mit einem Zeugen Jehovas zusammen. Der war ein Tischler von Beruf, hatte fünf Kinder zu Hause und war nach Artikel 6 verurteilt worden. Das ist der Paragraph gegen Boykotthetze, Kriegshetze und Spionage. Eine solche Anklage gegen einen solchen kleinen, sanften Mann! Der reine Märtyrer. Und wie haben sie ihn im Zuchthaus bearbeitet. Immer wieder wurde er vor irgendwelche Beamten zitiert und sollte seinem Glauben abschwören. Immer blieb er standhaft. Sie waren gegen seine Sanftmut machtlos. Und manche Mithäftlinge haben sich schadlos an ihm gehalten, besonders ehemalige Polizeioffiziere, die im Zuchthaus ihre guten Posten hatten, während dieser zarte Mann schwer im Steinbruch arbeiten mußte. Der normale Arbeiter im Steinbruch muß am Tage sechs Kipploren laden. Wir Häftlinge, wir mußten 12 bis 14 laden. Wehe, wer das nicht schaffte. Abends beim Appell: Strafgefangener sowieso, warum haben Sie das und das heute nicht geschafft?

Ich selbst bin ja kräftig, aber dieser Zeuge Jehovas, schmal wie mein Sohn und sollte nun Steinquader wuchten! Die Finger waren ihm so geschwollen, daß er sie morgens, wenn wir aufstanden, nicht bewegen konnte. Wenn wir abends aus dem Steinbruch zurückmarschierten, flüsterte er mir manchmal zu: Ich kann mich nicht mehr rühren, aber morgen früh wird's schon wieder gehn. Und in der Nacht hörte ich ihn seine Gebete murmeln.

Ich habe ihn sehr bewundert. Die Gefangenen, die einen Glauben haben, eine Religion, eine Idee, die halten eine Haftzeit leichter durch.

Der Zeuge Jehovas wurde einen Monat später als ich entlassen und hat mich dann zu Hause besucht. In unserem Wohnzimmer saß er nicht anders im Sessel als auf der Pritsche in der Zuchthauszelle. Ihm konnte nichts etwas anhaben. Ganz ruhig saß er da und erzählte, und ich sagte: Hältst du's denn hier noch aus, willst du nicht lieber rüber in den Westen?

Da sagte er: Ich bleibe, wo ich von Gott hingestellt worden bin. Das ist Gottes Gebot. Ich werde den Brüdern und Schwestern wie früher unsere Schriften in die Häuser bringen und ihnen von Gott erzählen, so lange, bis ich wieder verhaftet werde.

Er ist dann in seinen Heimatort zurückgefahren, und ich habe nichts mehr von ihm gehört.

Ich habe meine alte Arbeit in dem VEB nicht wiederaufgenommen, sondern bin übergewechselt in einen anderen Betrieb. Aber in den Westen zu gehen kam auch mir nicht in den Sinn. Was soll aus diesem Stück Deutschland werden, wenn alle die fortgehen, die noch ein religiöses oder ein politisches Bewußtsein haben, das dem Kommunismus inneren Widerstand leistet?

Aber jetzt, drei Jahre später, mußte ich doch den Weg in den Westen gehen, sonst wäre ich wieder hinter Zuchthausmauern gewandert. Diesmal gab es dafür einen anderen Grund. Da hatten sie in Thüringen einen Privatunternehmer mit seinem ganzen Mitarbeiterstab verhaftet. Der Rechtsanwalt dieses Unternehmers trat nun eines schönen Tages mit der Bitte um ein technisches Gutachten für seinen Mandanten an mich heran. Er sagte, daß schon zwei Gutachten existierten, die der Staatsanwalt angefordert hätte, aber er zweifle diese Gutachten an. Sein Mandant säße seit Monaten in Untersuchungshaft, und ein sachliches Gutachten könnte ihn vielleicht vor der Verurteilung retten.

Dies war aber nun eine reine Tiefbauangelegenheit, und da ich selbst Maschinenbauer bin, wollte ich noch einen Kollegen vom Tiefbau zuziehen, schon um dem Gutachten vor Gericht mehr Gewicht zu verleihen. Dieser Tiefbauingenieur gehörte der SED an und hatte darum schwere Bedenken, ein Gutachten für einen Privatunternehmer zu machen. Ich zog den technischen Leiter unseres Betriebes zu Rate. Er sagte: Um Gottes willen, da lassen Sie die Finger weg, so was ist heißes Eisen.

Ich sagte: In eine solche Situation wie dieser Privatunternehmer können Sie oder ich auch kommen. Man muß diesem Mann helfen, der in Gefahr ist, seine Freiheit und sein ganzes Vermögen zu verlieren. Wenn er etwas verbrochen hat, dann wird's sich zeigen, und dann muß er büßen. Aber wenn er nichts verbrochen hat, muß man ihm helfen.

Da sagte der Werksleiter: Ich will das alles gar nicht gehört haben, ich will nichts damit zu tun haben; machen Sie, was Sie wollen.

Auf dieses Gespräch hin bekam der Kollege vom Tiefbau noch mehr Angst und hat mir den Auftrag zurückgegeben. Daraufhin habe ich einem anderen Kollegen, der in keiner Partei war, den Auftrag erteilt. Wir haben zusammen das Gutachten ausgearbeitet.

Einige Wochen später fand der Prozeß statt. Gutachten stand gegen Gutachten. Die Gutachten der Staatsanwaltschaft sahen ganz anders aus als unseres. Daraufhin entschied das Gericht, die vier Gutachter sollen sich zusammensetzen, um ein einheitliches Gutachten auszuarbeiten.

Wir setzen uns also zusammen, die beiden Gutachter der Staatsanwaltschaft auf der einen Seite und ich und mein Kollege vom Tiefbau auf der anderen Seite. Ich weigerte mich, die Tatsachen so umzufrisieren, wie die Gutachter der Staatsanwaltschaft es von mir forderten, und so kam kein gemeinsames Gutachten zustande.

Zwei Tage darauf kam ein Kollege zu mir in die Wohnung – wir saßen grade beim Abendbrot – und sagte: Ich möchte dich mal sprechen. Ich hatte sofort ein unheimliches Gefühl. Meine Frau und die Kinder räumten das Geschirr in die Küche, und der Kollege sagte dann zu mir: Einen schönen Gruß vom Kollegen H. – dem Tiefbauingenieur –, und gestern abend wäre die Staatssicherheit bei ihm gewesen und hätte ihn drei Stunden lang schwer in die Zange genommen, natürlich wegen des Gutachtens. Er hätte sich selbst vorläufig nur retten können, indem er alles auf mich schob. Ich hätte den Auftrag erteilt; ich allein wäre verantwortlich. Eine Stunde, nachdem sie weg waren, riefen sie wieder an und ließen sich erneut alles noch einmal telefonisch bestätigen.

Und mir ließ der Kollege H. nun bestellen, ich solle darauf gefaßt sein, daß mich die Staatssicherheit zum Verhör abholen würde, vielleicht noch heute nacht.

Als der Mann gegangen war, stand ich lange am Fenster. Ich dachte, vielleicht kommt der Wagen der Staatssicherheit jeden Augenblick, dann bin ich der Entscheidung enthoben – denn ich wußte, jetzt mußte ich mich entscheiden!

Und dann ging ich in die Küche und sagte meiner Frau und meinen Kindern, daß ich fliehen müßte, daß mir nichts anderes übrigbliebe, wenn ich nicht wieder für Jahre unschuldig ins Zuchthaus gehen wollte.

Erinnert euch, sagte ich, wie es ist, sie fahren vor, klingeln, treten ein, sagen: Kommen Sie mit, nur eine kurze Vernehmung – und kein Mensch weiß, ob man von dieser kurzen Vernehmung jemals wieder zurückkommen wird.

Weil ich das Kind nicht überfahren wollte

Den Betrieb meines Vaters werde ich ja nun nicht mehr erben, denn der ist vor einem halben Jahr PGH geworden. Ich war Klempnerlehrling bei meinem Vater, aber in die PGH wollte ich nicht mit rein und bin dann in eine Fabrik gegangen.

Am liebsten wär' ich ja Sportler geworden, Eishockey ist mein Hobby – wie man so sagt –, aber mein Vater wollte, daß ich dasselbe Handwerk lernte wie er, damit ich mal den Betrieb übernehmen könnte. Damit war ja nun nichts mehr. Mein Vater hat sich viel zuviel Gedanken darum gemacht, er wurde richtig komisch. Aber man muß das ja verstehen; er hatte den Betrieb aufgebaut, eine große Werkstatt, zuletzt waren es 23 Gehilfen – und jetzt PGH!

Es war nicht mehr schön bei uns zu Hause. Ich wäre am liebsten weggegangen, aber meine Mutter tat mir ja leid. Früher hatte es nie Streit bei uns gegeben.

Vater sagte: Daß du mir nicht für die NVA unterschreibst!

Ich arbeitete in einem VEB als Klempnerlehrling. Da kamen vor Ostern die Offiziere der NVA, um zu werben. Wir sollten eine Verpflichtung für den Herbst unterschreiben. Die Offiziere gingen im Betrieb rum, sprachen uns an: Also hör zu, Jugendfreund, wir brauchen Nachwuchs, komm zu uns.

Keiner von uns Lehrlingen wollte! Da haben sie von der Partei aus die Stasi eingesetzt. Drei Herren: Wir wollen ein politisches Kurzgespräch mit euch führen, Jugendfreunde! Das politische Kurzgespräch dauerte eine Woche, dann hatten sie uns weich. Erst waren sie höflich gewesen, dann wurden sie sehr unangenehm. Wer nicht in der NVA dienen will, ist ein Feind des Friedens, ein geheimer Söldling Adenauers!

Wir haben alle unterschrieben, ich auch. Ich bin dann nach der Schicht nach Hause gefahren mit meinem Motorrad. Meine Mutter war im Garten bei den Frühbeeten. Ich ging zu ihr und sagte: Mutter, hör zu, ich hab' heute für die NVA unterschreiben müssen, hab' müssen! Aber in die NVA kriegen die mich nicht! Ich hau' ab.

Mutter fing an zu weinen. Als mein Vater von der PGH kam am Abend, sagte ich ihm dasselbe. Du willst ja auch nicht, daß ich in die NVA eintrete, sagte ich. Mein Vater hat erst gar nichts geantwortet, lief in der Wohnung rum, und dann sprach er mit mir. Meinen Betrieb kann ich meinem einzigen Sohn doch nicht mehr vererben, und hier wird das Leben immer schrecklicher, geh, Junge, du bist jetzt 18, du mußt dich selber durchbringen, es ist dein Leben.

Dann hat er mir noch in der Nacht geholfen, das Motorrad fertigzumachen für die Fahrt.

Meine Mutter hat mich früh um fünf geweckt und Kaffee gekocht, dann bin ich losgefahren Richtung Berlin. Unterwegs habe ich mir überlegt: Von der Zone in den Ostsektor reinzukommen ist kein Kunststück, da werden Fahrzeugpapiere kontrolliert, mehr nicht. Ich hatte mich schon erkundigt. Aber wie komme ich vom Ostsektor in den Westsektor rüber mit meinem Motorrad – denn das Motorrad wollte ich unbedingt mitnehmen!

Wenn ich mit 80 km Tempo bei der Kontrollstelle einfach durchbrauste –? Ich mußte mir nur einen Grenzübergang suchen, der nicht so stark mit VP besetzt war, also keinen der Hauptkontrollpunkte. Ich bin dann die Sektorengrenze vom Norden bis zum Süden abgefahren, quer durch ganz Berlin, bis ich einen Durchgang fand, wo ich's riskieren konnte.

Ich brause also in scharfem Tempo auf den Kontrollpunkt zu – der VP wartete schon, sah mich kommen – brause vorbei an dem Schild: 10 km! – also ich drauf zu – und wär' durchgekommen, wenn nicht in diesem Moment ein Kind über den Weg gelaufen wär'!

Ich stoppte ab, ich wollte das Kind doch nicht überfahren – und da hatten sie mich!

Die VP nahm mir meinen Ausweis ab und brachte mich in eine Baracke, und dort wurde ich verhört. Ich sagte, ich hab' eine Freundin in Westberlin, die wollt' ich nur mal besuchen. Das haben sie mir natürlich nicht geglaubt. Sie sind ja unheimlich scharf auf junge Leute, weil so viel türmen, die für die NVA unterschrieben haben. Die VP behielt meinen Ausweis ein und gab mir so einen Ersatzausweis, der hatte nur einen Tag Gültigkeit. Ich sollte sofort zurückfahren und mich innerhalb der nächsten 24 Stunden mit dem Ausweis auf unserer Polizei melden.

Und da hätten sie mich rangekriegt! Denn da wußten sie ja von meiner Verpflichtung zur NVA und hätten mich eingelocht als Deserteur.

Also denk' ich, du versuchst es noch mal, irgendwo mußt du doch durchkommen nach Westberlin! Aber man kann sich gar nicht vorstellen, wie so 'ne große Stadt dicht abgeriegelt ist. Ich bin rumgeirrt die Sektorengrenze lang und hab' dann am Stadtrand übernachtet hinter einem Haus. Es war kalt, und ich fror sehr, hab' mir eine Halsentzündung geholt. Und Hunger hatte ich! Aber ich wagte nicht, in eine Gaststätte zu gehen. Dann habe ich mich noch einen Tag und eine Nacht rumgedrückt – mein Ersatzausweis war verfallen, zurück konnte ich jetzt überhaupt nicht mehr.

Am Abend des zweiten Tages habe ich mir Bretter gesucht und mir so eine Art Floß zusammengebaut, in der Nacht wollte ich damit durch den Teltowkanal schwimmen. Ich wollte doch so gern mein Motorrad mitnehmen, aber wie ich das auf die Bretter schob, gingen die unter. Da hab' ich das Motorrad am Ufer liegen lassen und hab' nur meine Kleider auf das Floß gelegt und hab' es vor mir hergeschoben, wie ich durch den Kanal geschwommen bin. Kalt war das Wasser! Meine Halsschmerzen waren schon sehr schlimm.

Am westlichen Ufer bin ich dann hochgeklettert und auf einer Straße langgegangen, bis ich zu einer Kaserne kam. Vor der stand ein Amerikaner in Uniform, den hab' ich angesprochen, und als er mich endlich verstanden hatte, ging er in das Wachtlokal rein und hat telefoniert. Ein Funkwagen von der Westberliner Polizei kam sofort angebraust und hat mich aufs Revier gebracht. Da konnte ich mich aufwärmen, und am Morgen fuhr mich das Polizeiauto nach Marienfelde ins Lager.

Sein letztes Pferd

Mit zwei Pferden aus unserer Zucht waren Vater und Mutter von Ostpreußen bis in die Mark Brandenburg getreckt, und da fand ich sie, als ich aus russischer Kriegsgefangenschaft kam, durch einen Zufall wieder.

Ich blieb und half ihnen, denn wir bekamen eine Siedlung, 7 ha aus der Bodenreform und eine Kuh und eine Färse. Hundert Mark jährlich bezahlten wir dem Staat dafür. Ein Truppenübungsplatz mit großen Gebäuden war ganz in der Nähe gesprengt worden, da lagen Ziegelsteine herum, soviel man brauchen konnte. Schön mit der Hand jeden einzelnen Ziegelstein abgeputzt, und 48 stand das Haus. Solange wohnten wir im Dorf in Untermiete in Stube und Kammer, da saß im Winter 45/46 immer noch ein Iwan mit am Ofen, so ein Intelligenz-Iwan. Wie wir erzählten von unserer Freude über das bißchen Eigentum, was wir nun besaßen – hatten doch den großen Hof in Ostpreußen verloren –, lachte der Iwan uns aus. Sagte so ganz munter, als wäre nichts dabei: Da, da, wie in Rußland, erst Bauer kleine Siedlung, dann Kolchos, dann Staatsgut. Geht wie in Rußland! – Wir haben ihm nicht geglaubt und haben mit der Arbeit angefangen, schwere Arbeit für die alten Leute. Wir durften nur noch ein Pferd behalten, das andere mußten wir weggeben, zwei Pferde trägt die Siedlung nicht. Ich hätte ja gern auch eine Siedlung genommen, nur um das andere Pferd behalten zu können. Mein Vater war tagelang schwermütig um das Pferd. Das liegt bei uns im Blut, wir sind alle Pferdenarren.

Ich ging also mit unserem letzten Pferd aufs Feld arbeiten. Die Äcker sahen ja bös' aus, voller Quecken und Disteln, dabei guter Boden. Ich hab' ihn in vier Jahren wieder hochgebracht. Wir konnten unser Soll schaffen.

Im letzten Sommer kriegt mich unser Bürgermeister ran,

wie ich mal auf dem Gemeindeamt war: Also wie ist es, Paul, willst du dich nicht am sozialistischen Fortschritt beteiligen?

Ich sage: Ich mach' meine Arbeit, das ist mein Sozialismus. (Ich wußte schon, worauf das Gerede raussollte, auf LPG natürlich!) – Ich sage: Was habt ihr mir vorzuwerfen? Habe ich mein Soll, meine Verpflichtungen nicht erfüllt?

Ja, sagt er, aber warum bist du nicht organisiert? Unsere Staatsorgane sind schließlich dazu da, daß sie beachtet werden!

Ich beachte sie doch, sagte ich, mache meine Arbeit anständig, mache den Ackerboden wieder wertvoll, ist das kein Dienst an unserem Staat? So habe ich dem Bürgermeister Kartusch gegeben und bin nach Hause gegangen und hatte Ruhe.

Am 13. Februar frühmorgens wurden sieben Bauern aufs Gemeindeamt bestellt, vier Altbauern und drei Neusiedler. Jeder hat doch in seinem Wald mal 'nen Stamm mehr geschlagen ohne Genehmigung.

Wir kommen nun rein in die Stube, einer nach dem anderen, sagen: Guten Morgen! Sonst kein Wort. Sitzt da am Tisch der Bürgermeister, der LPG-Vorsitzende und lauter Fremde, Stücker vier oder fünf, Funktionäre –

Setzen Sie sich!

Wir gucken uns um, an der Wand lang steht 'ne Reihe Stühle, und auf den Sitzen ist mit weißer Farbe aufgemalt einmal »Krieg« und einmal »Frieden«, immer abwechselnd.

Setzen Sie sich!

Uns kam das komisch vor, wir setzten uns, jeder suchte sich 'nen Stuhl mit »Frieden« aus. Da stand einer der Funktionäre auf, einer mit vielen Abzeichen am Aufschlag, so ein dickes Kartoffelgesicht, und sagt ganz freundlich: Damit haben Sie gewählt, Sie haben gegen Adenauer und den Krieg, für den Frieden und den Sozialismus gewählt. Also, jetzt unterschreiben Sie Ihre Beitrittserklärung für die Landwirtschaftliche Produktionsgenossenschaft! Gleich gingen ein paar von den Bauern hoch, ich auch. So war das nicht gemeint! Als dumm lassen wir uns von euch noch lange nicht verkaufen!

Wollen Sie warten, bis der Kriegstreiber Adenauer kommt und uns die Knochen zerschlägt? entgegnete der Funktionär. Ihr könnt euch frei entscheiden, so – oder so! – und damit hob er einen Aktendeckel vom Tisch hoch, und drunter sahen wir eine Acht liegen. Wenn ihr nicht begreifen wollt, dann kommen wir euch anders. Ich fordere Sie hiermit auf, Ihre Personalausweise abzugeben, so lange, bis wir festgestellt haben, was bei jedem einzelnen mit den unerlaubten Holzschlägen los ist.

Wir standen hilflos herum in der Stube, die einen niedergeschlagen, die anderen aufgebracht. Manche sagten: Wenn es so ist, müssen wir unterschreiben. Mein Nachbar, ein Altbauer, rief: Wo bleibt da die Freiwilligkeit?

Der bekam seine Antwort: Die Freiwilligkeit ist auf Grund der Entwicklung zur Notwendigkeit geworden!

Aber warum macht man nicht einfach ein Gesetz? Warum dieser Zwang mit Freiwilligkeit?

Sagt der Funktionär ganz höhnisch: Das haben wir nicht nötig! Bei uns herrscht auch keine gesetzliche Wehrpflicht, und – sehen Sie – die Kasernen sind voll mit Soldaten!

Das Ende war, wir haben alle unterschrieben. Ein alter Bauer ist umgefallen und hat sich den Kopf zerschlagen. Sie erzählten tags darauf, ein Schlaganfall! Wir sind nach Hause gegangen, jeder für sich, und als ich zu unserem Hoftor komme, seh' ich meinen Vater grade mit dem Melkeimer zum Stall gehen. Ich habe mich nicht getraut, ihm was zu sagen, bin zu meiner Mutter in die Küche. Hab' mich erst mal hingesetzt, habe auch nichts gesagt, aber Mutter wußte schon. Vorwürfe hat sie mir nicht gemacht, hat nur immer vor sich hin gemurmelt.

Schließlich ging ich doch raus in den Stall. Ich sagte es meinem Vater. – Mußte unterschreiben für die LPG! Mußte!

– Da ließ der Vater den Eimer fallen, packte mich, schüttelte mich so – er ist ein alter Mann, aber groß und stark wie ich – und schrie: Junge, das hast du nicht getan, Junge, nein, das hast du nicht getan. – Dann preßte er sich gegen die Stallwand und weinte.

Als er von seinem Hof in Ostpreußen runtermußte, im Januar 45, war er einundsechzig. Jetzt ist er sechsundsiebzig.

Er konnte in der LPG nicht mehr mitarbeiten, Mutter auch nicht. Ich bin allein arbeiten gegangen für 7 Mark Arbeitseinheiten täglich, davon gingen dann noch 9 % für Sozialversicherung ab. Knapp über hundert Mark blieben im Monat für uns drei. Ich bemühte mich um eine andere Arbeit, bei der ich mehr verdient hätte, aber wurde überall abgewiesen: Aus der Landwirtschaft dürfen keine Arbeitskräfte woanders eingestellt werden.

Am schlimmsten aber wurde es mit dem Vieh. Von unseren drei Kühen holten sie uns zwei vom Hof. Sie waren 2000 Mark wert, der Taxwert war 800. Nach der Taxierung hatte der LPG-Vorsitzende gesagt: Die Kühe werden dir bezahlt, sobald die Kredite vom Staat eingehn. Als er die Kühe nun abholen ließ, fragte ich: Wann bekomme ich mein Geld?

Ja, in fünf Jahren wird es bezahlt sein, antwortete der Vorsitzende ganz stur. Ich sage: Machst du hier mit mir schlechte Witze? Nein, sagte der Agronom, der daneben stand – der war schon seit fünf Jahren in der LPG –, der Staat macht die Witze mit uns. Ich warte auch schon fünf Jahre auf mein Geld.

Du, paß auf deine Worte auf, sagte der Vorsitzende.

Nun stand nur noch unsere eine individuelle Kuh im Stall und das Pferd. Mein Vater versorgte die beiden und unsere paar Schweine. Dann ging das Unglück an mit dem Pferd!

Wir hatten mit dem Pferd noch unsere Felder bewirtschaftet, es war achtzehn Jahre alt, stark und tüchtig. Eben ein guter, kräftiger Ostpreuße. Die LPG übernahm keine älteren Pferde. Sie übernahm ja auch keine älteren Maschinen, auch neue nicht, sie konnte Maschinen dieser Größe nicht gebrauchen, der Bauer durfte sie auf den Schrotthaufen werfen.

Was sollten wir nun mit dem Pferd machen? Wir hatten es aus der Heimat mitgebracht, es hatte uns gedient, sollte es dafür jetzt in unserem Stall verhungern müssen? Wir hatten kein Futter für das Pferd, keine Zuteilung gab es, nichts. Mein Vater ging bei den Bauern herum und bettelte. Kannst du mir nicht ein bißchen Hafer geben? Aber die anderen Bauern waren ja jetzt auch nicht besser dran, hatten auch nichts Eigenes mehr.

Sie gaben ihre Pferde ins Schlachthaus. Von oben her hieß es: Weg mit den unnützen Fressern! In der ganzen Gegend wurde Pferdefleisch verkauft, und die Leute haben es gegessen.

Meine Mutter sagte: Das mit dem Pferd wird Vater noch zugrunde richten. Wenn er auch alles ausgehalten hat, aber das jetzt, mit seinem letzten Pferd –

Ich merkte, Vater fürchtete sich, noch in den Stall zu gehen. Wenn ein hungerndes Tier einen ansieht! Da kann man verzweifeln!

Vater wurde elend und mager, genauso wie das Pferd.

Ich erkundigte mich überall im Dorf: Könnt ihr das Pferd nicht brauchen? So ein gutes Pferd? Niemand wollte es noch haben. Dann blieb uns kein Ausweg mehr. Am Morgen früh um sieben, als es zum Schlachthof abgeholt wurde, stand meine Mutter hinterm Fenster und weinte. Ich konnte auch nicht ansehn, wie sie's vom Hof runterführten, bin gleich zur Arbeit aufs Feld. Wie ich abends um sechs nach Hause kam – Vater ist nicht da, sagt die Mutter in Angst, seit dem Morgen habe ich ihn nicht mehr gesehen.

Wir haben ihn dann gesucht und fanden ihn im Stall erhängt.

Von diesem Tag an hielten wir es nicht mehr aus, das ganze Dorf und das ganze Leben hielten wir nicht mehr aus.

Wir müssen weg, sagte ich zu meiner Mutter. Ja, aber wie? Und wohin?

Seit der Aktion mit der LPG wollten viele Bauern weg, darum wurde VP (Volkspolizei) um den Ort mit aufgepflanzten Seitengewehren postiert an den Ein- und Ausfahrtstraßen. Sieh mal, lauter Lichter auf der Chaussee dort drüben, sagte meine Mutter abends, immer Lichter hin und her. Wir kommen nicht raus aus dem Dorf.

Aber wir haben es gewagt, früh um vier Uhr, mit Rädern, sind losgefahren und immer gefahren und gefahren, immer in Richtung auf Berlin.

Erst meine Löwen, dann mein Kino

Ick bin auf'm Schlachtviehhof groß geworden – Papa war Direktor beim Zentralviehhof von Groß-Berlin –, also mit Tieren hatte ich Umgang von klein auf. Wie ich dann später gearbeitet hab' mit meinen Löwen und Braunbären als Dompteurin, und bin herumgezogen mit denen durch ganz Deutschland, also nach Berlin hab' ick mich immer zurückgesehnt. Berlin ist meine Heimat. Ick bin aufgewachsen in Friedrichshain, 'ne schöne Wohnung hatten wir da direkt am Zentralviehhof, also der ist ein Gebiet mit all den Hallen und Ställen so groß bald wie Spandau, da war früher auch der Viehmarkt und Grüne Woche – früher! Jetzt steht da die Stalinallee, also die Stalinallee ist ja direkt aus dem Zentralviehhof erbaut worden. Der stand nach dem Krieg noch wie 'ne Eins. Die Schlacht um Berlin, die hat der Schlachtviehhof überlebt, aber die neue Ära nicht. Die neuen Herren haben unser Schloß im Lustgarten abjerissen, und wo sie mit den Steinen und Trägern abgeblieben sind, das weiß ich nich. Aber ich weiß, wo sie mit den Steinen und Eisenträgern und den großen T-Trägern vom Zentralviehhof abgeblieben sind; die wurden alle in der Stalinallee eingebaut.

Und alles mit Hilfe von »freiwilliger« Aufbauarbeit! Also die haben vielleicht freiwillig aufjebaut, die Schlächter vom Zentralviehhof! Die mußten im »Ehrendienst« aufbauen! So 'n Schlächter hat sich immer mal 'n Stück Fleisch mit nach Hause jenommen, da konnten sie ihn für verdonnern und ließen sie ihn eben Aufbaustunden machen. Das waren alles riesengroße, starke Kerle, die Schlächter vom Zentralviehhof, die konnten was schaffen. Das war ein Ausgleich für die Kleenen, die Schüler! Die mußten klassenweise antreten nach Schulschluß und Steine kloppen und stapeln, und als Belohnung gab's nischt wie 'ne Aufbaunadel. Ein ordentlicher Happen Fleisch wär' gescheiter gewesen.

Und KZ-Kolonnen haben an der Stalinallee auch mitjebaut. Ick hab' das alles beobachten können, ick kenn' doch jedes Loch da inne Jejend, hab' doch meine Kindheit da verbracht!

Also wie ick nun bin zu meinem Beruf als Dompteurin gekommen, det war so: Ick hat 'ne Freundin, deren Vater hat 'nen Zirkus, das war der Vater August. Da hab' ick gesteckt von morgens früh bis zur letzten Vorstellung und hab' mit 'n Stall saubergekehrt und war einfach nicht wieder rauszubringen da, und so wurd' ick Dompteurin. Mein Papa wollte das ja ums Verrecken nicht, wenn's nach dem gegangen wär', hät' ick im Büro hinter 'ner Schreibmaschine jesessen – det is 'n anständiger Beruf für 'n Mädchen, sagt er. Vielleicht hat er recht gehabt, denk' ick jetzt manchmal. So 'n schweres Leben hätt' ick dann jedenfalls nich jehabt – na, is ja nu ooch ejal!

Also ick hab' richtig Lehre durchgemacht, fängt an mit Stallputzen. Nach zwei Wochen durft' ich schon mal in 'nen Käfig rein zum Löwen. Die Tiere müssen sich erst an den Geruch gewöhnen, der Geruch, das ist die Hauptsache. Wenn das Tier sich nich an den speziellen Geruch des Menschen gewöhnt, der mit ihm arbeiten tut, also denn is aus, denn geht's eben nich. Am besten arbeitet es sich mit Löwen. Panther sind überhaupt nicht zu zähmen, Kragenbären auch nicht, wenn die auftreten, also Sie werden nich erleben, daß ein Dompteur mit denen Kunststücke vormacht, die schwarzen Panther sitzen nur so als Staffage mit rum im Käfig, die sind zu gefährlich, auch Bären sind gefährlich, furchtbar wild! Ich hatte mal eine Braunbärengruppe, also die fallen Sie unversehens an, und mit ihren Krallen reißen sie Ihnen glatt die Sehnen und Eingeweide raus. Von Löwen und Tigern hat man nur Fleisch- und Bißwunden.

Ich bin oft bei Proben angefallen worden, und auch mal beim Auftritt wär von 'nem Tiger mein Bein gleich abgewesen, Sache von 'ner Sekunde noch, is da der Artist von der

Luftnummer direkt dazwischenjesprungen, also mit 'nem Seil runter von oben. Das war Mut! Denn wenn ein Fremder in den Käfig kommt, den die Tiere nicht kennen, und es nicht gleich gelingt, die Tiere abzulenken, der wird sofort zerfleischt! Einmal hat ein Löwe meinen Kollegen erwischt, also da war alles eins! Die Dompteure enden fast alle durch Tod in der Manege.

Die Nummern mit den Löwen und Braunbären waren mein Eigentum. Das is vielleicht ein Risiko! Wenn so 'n Tier Ihnen nu eingeht, mit dem Sie zwei, drei Jahre gearbeitet haben, bis Sie können auftreten mit ihm! Einen Bären haben sie mir mal umjebracht, haben ihm was mit 'ner Spirale drin zum Fressen gegeben, drei Tage, denn war er tot! Und gerad so 'n besonders schönes Tier! Ich habe mir dann noch 'ne Hundenummer zujekauft und bin nich nur in Zirkussen aufgetreten, sondern auch im Wintergarten und in der Scala. Im Wintergarten is mir mal 'n Ding passiert: Also da war 'ne Chinesennummer dran, da waren die Tiere ganz verrückt von, die können Chinesen nich riechen. Japaner ooch nich. Die Tiere gingen mir bald durch, und alles doch im Wintergarten, wo ohne Gitter gearbeitet wird. Die Tiere sind zwar angepflockt mit langen Ketten, aber trotzdem!

Das Publikum tobte, die dachten, das muß so sein, wie die Tiere sich gebärdeten wie verrückt, und ich immer dazwischen mit der Peitsche und krieg' die kaum hin. Mir ist der Schweiß nur so runterjekleckert, Riesenapplaus! Der Direktor macht sich bald ins Hemde, so schön war's. Ick sage: Herr Direktor, det war nich im Programm. Nehmen Sie morgen bloß die Chinesen weg und legen Sie se hinter mir, ick garantier' sonst für nischt.

Dasselbe Theater, wenn vorher 'ne Taubennummer läuft. Der Geruch von Tauben wirkt auf Raubtiere wie Chinesengeruch, die Viecher können den nich vertragen, die spielen dann meschugge, und bei den großen Biestern kann das ins Auge gehn. Sie müssen bedenken: Wenn die Raubtiere auftreten, sind sie hungrig, sie werden immer erst hinterher gefüttert.

In der Scala sind mir alle meine Löwen dann bei einem Bombenangriff umgekommen. Ich hab' dann nur noch mit Braunbären gearbeitet bis ins Jahr 1949, dann mußte ich aufhören, ich war zu oft verletzt worden – ich konnte nich mehr –, da müßten Sie sich bloß mal meinen Körper ankukken.

Als Schausteller hatte ich ja ein ambulantes Gewerbe und konnte also jeden anderen Beruf ergreifen und wechselte über zu Kino. Ich habe erst an fremden Kinos gearbeitet in Ostberlin und hab' mir dann mit meine Mutti zusammen ein eigenes Kino gekauft für 15000 Mark. – Das heißt: 15000 offiziell und 500 in die Tasche des bisherigen Besitzers. Ich habe das Kino ganz neu herrichten lassen, Wände und Decke mit Igelit bespannt, abwechselnd grüne und gelbe Bahnen, aber von Igelit da will ick nischt mehr wissen. Wenn es heiß wurde, so bei der letzten Vorstellung, also das Igelit krumpelte sich wie Wurstpelle! Jetzt kiek dir dieses Dreckszeug bloß mal an! sagte ich zu meiner Kassiererin.

Die anderen Privatkinos sind ja alle so runterjekommen. Wer hat schon Geld übrig für Schönheitsreparaturen. Ich sagte nachher immer: Nu' nehmt schon die privaten Kinos, darauf läuft's ja doch raus, und gebt uns 400 bis 500 Mark im Monat, dann sind wir endlich den ganzen Brassel und die Sorgen los! Die privaten Kinobesitzer sind ja alle an den Staat verschuldet, das heißt an den »Progress« sind sie verschuldet, das ist die staatliche Monopol-Filmgesellschaft, was im Westen die großen Verleihfirmen sind. Von da bekommen wir unsere Filmkopien zugeteilt. Der »Progress« ist seit 3½ Jahren VEB und ist der einzige Filmverleih – wie jesagt, alle Kinobesitzer sind an den verschuldet.

Bis vor einem Jahr konnten wir uns noch so halten, kamen gerade zurecht mit Einnahmen und Ausgaben. Aber dann konnten die Leute aus Ostberlin plötzlich in Westberlin ins

Kino gehn für 1 zu 1 in Ost, bei den Filmen mit Prädikat wertvoll, und von da ab war für uns Sense mit unseren ewigen Defa-Filmen und Sowjetfilmen. Davon haben bei uns doch die Leute die Nase voll. Seit Chruschtschows vorigem Besuch in Berlin gibt es erst wieder ein paar Westfilme für uns, ein Jahr lang davon keinen einzigen.

Wir haben drei Sorten von Filmen:

die A-Filme, das sind die Schwerpunktfilme, das heißt die politischen, meist sowjetische,

dann die B-Filme, das sind die billigen, leichten Filme, die aber nicht sehr kassenkräftig sind, meist Defa-Filme.

Und dann die C-Filme, das sind die, die in Westdeutschland angekauft werden, und die sind natürlich immer ausverkauft.

Es ist nu so: Eine Woche lang im Monat muß ein A-Film gespielt werden, also ein Schwerpunktfilm. Weil in die nu aber die Leute nicht 'reinzubringen sind, setzt man die Schwerpunktfilme für die Zahltage an. An Zahltagen geht Vati mit Mutti bestimmt in 'nen Film, was sollen sie sonst auch machen, vielleicht noch in 'ne Gastwirtschaft, nun jut!

14 Tage spielte man leichte Filme, also B-Filme, und weil die C-Filme, die westlichen, unweigerlich voll werden, setzt man die auf die schlechten Zahltage an, so um den 10. rum, da müssen Steuern gezahlt werden, und dann auf Monatsende. Mit C-Filmen kann einem nischt passieren, auch an schlechten Zahltagen nicht, die sind immer besucht.

Aber in die Schwerpunktfilme gehen die Leute einfach nicht. Ick habe zu den Funktionären gesagt: Also für die Schwerpunktfilme, da kann ich euch Freikarten schenken noch und noch, da habt ihr an den Tagen plötzlich immer zu tun!

Einmal im Monat telefonierte die Unterdisponentin an und berief die privaten Filmtheaterbesitzer des Bezirks Friedrichshain zu sich: Kommen Sie dann und dann zur

Terminbestätigung. Dann wurde über die jeweilige Disposition der Filme beraten, welche Filme kommen dann und dann in die und die Theater.

Ich hatte immer großen Ärger wegen des Kinos gleich nebenan um die Ecke. Also der Besitzer hat immer die Filme vorspielen können, eh ich sie bekam. Da zog eine Aufführung doch nicht mehr, wenn die Leute aus der Gegend die Filme immer schon bei dem 14 Tage vorher gesehn hatten. Ich habe mich im Kulturamt beschwert. Der zuständige Abteilungsleiter des Rates vom Stadtbezirk Friedrichshain hatte 'ne Ausrede drauf, und warum? Der Kerl soff mit dem Besitzer von det Kino, die waren gut Freund, weil der Besitzer den immer einlud, der wußte warum! Ick war 'ne Frau, ick kann die Kerle doch nicht einladen zu 'ner Sauferei, also war ick immer die Dumme.

Oft stand ich vor meinem Kino, eh die Vorstellungen anfingen, und kuck die Straße ruff und runter – ja will heute keen Aas kommen? –, hab' die Leute, die vorübergingen, richtig rinjelockt. Die erste Vorstellung mußte ich oft ausfallen lassen, weil nur zwei, drei Mann im Vorführraum saßen. Von 10 Personen ab muß ja gespielt werden, aber was mich das dann kostet! Täglich drei Vorstellungen und sonnabends noch die Spätvorstellung, aber sogar die letzte, die dritte Vorstellung ist manchmal ausgefallen. Nur wenn westdeutsche Filme laufen, ist das Kino knüllevoll. Die Vorstellung, das muß ich nun mal vorrechnen – die kostet mich erstens den Vorführer, der bekommt 7, 50 pro Vorführung. Dann die Projektionskohle, also die Plus- und Minuskohle ist das, die in den Maschinen brennt und sich verbraucht für 2,50 die Vorstellung. Dann noch die anderen Unkosten! Und dann sitzen nur ein paar Schüler oder Rentner zum halben Preis drin, und trotzdem muß die Vorstellung laufen. Das machte einen janz rapplig!

Wenn eine Eintrittskarte 1,05 kostet, sind die 5 Pfennig für Kulturabgaben. Da soll ick dann sagen: Kiek mal, Mutterchen, für die 5 Pfennig, da baut dir der Staat dann 'nen feinen Platz mit 'nem feinen Denkmal druff und ooch das feine Kino, wa?

Aber die schönen Kinos waren nur die staatlichen, wir privaten bekamen von der Kulturabgabe keene Jroschen ab. Ich habe mal zu der Frau Stadträtin in der Kulturabteilung jesacht: Also Sie sollen uns betreuen, Frau Stadträtin, hab' ick jesacht, dann könnten Sie uns doch für unsere Kinos ooch was abjeben. Eenen Pfennig können Sie uns doch von den fünfen zukommen lassen, wenn wir auch man bloß privat sind, aber wir sind doch schließlich ooch Kulturstätten. Da hat sie mich ausjelacht!

Also von einer Eintrittskarte zu 1,05 geht ab: 5 Pfennig Kulturabgabe, 50 Pfennig an den »Progress« als Filmmiete. 35 % Steuer, davon sind 25 % Kinosteuer. 15 % der Einnahme bleibt für mich übrig. Und von diesen 15 % muß ich noch bezahlen: 3 % Umsatzsteuer, Miete, Löhne, Gehälter, Heizung, Elektrizität! Das stell sich mal einer vor! 350 Mark monatlich zahlte ich für Gewerberaummiete. Der Vorführer bekam 99,96 Mark netto, das waren 124 Mark brutto die Woche. Die Kassiererin wöchentlich 60 Mark brutto, die Platzanweiserin 45.

Ick frage, wo blieb was für mich? Also reiner Beschiß, so ein Dasein! Wenn ich Glück hatte, konnte ich mir am Wochenende mal 50 Emm aus der Kasse nehmen. Was koof ick mir dafür!? 'n Strick zum Uffhängen, wa? Die letzten zwei Jahre hab' ick das Geld an »Progress« einfach nich mehr zahlen können, aber sonst hab' ick keene Schulden jemacht, bei niemanden. Wir waren immer ehrlich.

Zweimal im Jahr ist technische Überprüfung, die hatte bisher immer 35 Mark gekostet. Da kommen so ein paar Mann hoch und kontrollieren, ob Entlüftung, Notausgänge, all so was in Ordnung ist; dies Jahr soll das plötzlich 150 Mark kosten. Also wat soll ick sagen, die wollen uns doch mit so wat direkt kaputtmachen, die wissen doch jenau, daß wir soviel Geld nich uffbringen können. Die kennen doch unsere Abrechnungen.

Mir hing alles mit dem Kino schon zum Halse raus. Einfach zuviel Ärger! Janze Horden Jugendlicher rin, demolieren einem die Sessel, dann ick die Polizei antelefoniert, und die gleich mit 'nem Funkwagen anjebraust und die Bengels uffjeladen, die kriegten dann dabei ooch mal Keile. Manchmal rief mich das Polizeirevier an: Also wir stehen in Alarmbereitschaft! Das war immer, wenn sie Radau befürchteten bei einem Film, das war dann schon von anderen Vorführungen angesagt, wo Klamauk jewesen war. Bei dem Film »Unternehmen Teutonenschwert« und »Reportage 5« randalierten die Jugendlichen in Kinos in der Innenstadt.

Es hieß dann natürlich: Jugend aus Westberlin!

Die Jugend will eben nicht so Kriegshetzfilme mehr sehen!

Dann die Aufregungen bei Schwerpunktfilmen mit der Staatssicherheit. Wenn Schwerpunktfilme laufen, ist das Kino oft mit Spitzeln besetzt, die horchen, was die Leute reden. Bei dem Schwerpunktfilm »Das Lied der Matrosen« kam die Schwarze Limousine vorjebraust mit vier Mann hoch von der Staatssicherheit. Lassen Sie sich nicht stören! sagten die. Wir besichtigen nur mal Ihr Kino – und stolzierten alle vier an mir vorbei ins Dunkel des Vorführraums.

Ich stand da wie verdonnert. Der Abschnittsbevollmächtigte, also das ist unser Reviervorsteher in Uniform, der hatte am Eingang meines Kinos gerade politisches Propagandamaterial verteilt, der kuckte janz doof aus der Wäsche.

Die Stasi saß also drinnen im Dunkeln und horchte, und dann haben sie vier Personen abgeführt. Kamen mit denen raus, die mußten mit ins Auto steigen, das fuhr gleich zweimal hintereinander. Also mir war kotzübel. Wat die Leute nu jeredet hatten, det weeß ick nich.

Der letzte von der Stasi ging allein hinterher und sagt zu mir: Solange »Das Lied der Matrosen« läuft, werden wir zu jeder Aufführung kommen, reservieren Sie uns immer vier Plätze.

Ick sage: Warum soll ick denn Plätze reservieren, sach ick, wo Sie doch immer nur so können langliegen auf die Plätze, wenn Schwerpunktfilme laufen! Also mir war schließlich schon alles wurscht!

Ich hatte einfach keene Lust mehr!

Kam dazu, ich war der Vertrauensmann für die Privattheater von Friedrichshain. Außerdem ehrenamtlich tätig im Filmaktiv. Dieses Filmaktiv bestand aus etwa 30 Leuten, die sollten kommen und sich die Filme ansehn vorher, ob sie kassenkräftig wären oder nicht. Von den 30 Leuten kamen aber immer höchstens 20, und ich bin zuletzt auch nicht mehr hingegangen. Da schickte ich nun einmal meinen Vorführer zum »Progress«, um meine mir zugeteilten Filmkopien abzuholen, und er kommt zurück und sagt: Ich habe die Filme nicht bekommen, die haben Ihnen die Lizenz gesperrt.

Ick nischt wie hin zum »Progress«. Also wie kommen Sie dazu, stell' ich die zur Rede. Ja, wenden Sie sich an die Frau Stadträtin für Kultur! Die wird Ihnen da schon wat erzählen!

Ick hin! Die Frau Stadträtin säuselte: Liebe Kollegin, es tut mir leid, aber Sie sind kulturpolitisch nicht mehr tragbar!

Sie könn' so 'ne Dinger nich abschießen! sach ick. Wat soll denn det heißen: Ick und kulturpolitisch nich tragbar?

Ja, ich wär' seit Monaten nicht mehr bei den Vorführungen des Filmaktivs erschienen!

Also ich war sprachlos! Das konnte nicht der wahre Grund sein. Ick erst mal nach Hause und nachjedacht und nachjejrübelt. Kam am nächsten Tag ein Schreiben mit der Post, drüber stand: Großberlin. Dann die Zeile drunter: Rat des Bezirks Friedrichshain, Abteilung Kultur. Und dann mit Schreibmaschine geschrieben: ein Salm, drei Zeilen lang, daß mir die Lizenz nach § 9 entzogen wäre, § 9 heißt: kulturpolitisch nicht tragbar. – Darunter: Für Einheit und Frieden. Aus, Punkt, Stempel, Unterschrift! Jetzt ging das Gerenne los. Erst mal zur Industrie- und Handelskammer. Ich holte mir von da 'nen Rechtsanwalt, irgendwoher mußte ich doch Hilfe bekommen, und bin nu mit dem vor dem Rat des Kreises erschienen. Da saßen uns zwei Herren gegenüber, janz scharfe! Also die Jesichter konnte ick schon nich ausstehn! Die kuckten in meine Akten, und dann ging's los, Punkt für Punkt: Ich hätte gegen den Staatsapparat gearbeitet. Ich weeß nich, was die sich bei mir darunter vorstellten! Wirklich nich! – Im Filmaktiv hätte ick immer nur für mein eigenes Geschäft gearbeitet – also da frag' ick: Wer tut das nich! Ich hätte als Vertrauensmann immer so politische Bemerkungen gemacht, die bewiesen, daß ich weltanschaulich nich richtig ausjerichtet wäre.

Und dann zogen sie einen Brief raus, der war an den Rat des Stadtbezirks Friedrichshain, Abt. Kultur, gerichtet und unterschrieben von dem Volksvertreter des Bezirks und vom Oberbevollmächtigten der Polizei. Und dieses Schreiben war eine Beschwerde von Leuten aus meinem Stadtteil, also was meine Stammkunden waren, und die beschwerten sich, daß die Filme bei mir immer so spät kamen, aus diesem Grunde könnten sie über die Filme in ihren Arbeitsgruppen nicht diskutieren! Den Brief hatte ich entworfen zusammen mit einer Bürgerin namens Mann, die so was sehr gut verstand, aber unterschrieben hatten ihn die beiden, der Volksvertreter und der von der Polizei. Ich sagte: Die haben doch unterschrieben, fragen Sie doch die!

Ja, das haben wir bereits getan, wurde mir geantwortet, die Unterschriften gelten nicht, denn die beiden Genossen haben den Inhalt nicht genau gewußt, das haben sie uns bestätigt, und das Schreiben stammt von niemand anders als von Ihnen!

Und dann zogen sie ein zweites Schreiben hervor, da hatte ich tatsächlich mit unterschrieben, aber andere Kollegen auch, und das war an den Rat des Kreises, Abteilung Kultur, gerichtet und lautete:

Die Kollegen Filmbesitzer bitten, die Filmspielplandisposition wieder den Filmtheaterbesitzern zu überlassen, damit die Filme wieder mehr besucht werden, denn in den letzten acht Monaten wäre ein Besucherrückgang von 33 % zu verzeichnen.

Man warf mir vor, ich wäre der Initiator dieses Schreibens, hätte es aufgesetzt, die Unterschriften gesammelt, es abgeschickt. Na und? fragte ick. Der Rechtsanwalt der Industrie- und Handelskammer, der neben mir saß, stieß mich an und flüsterte mir zu, ich solle bloß den Mund halten, sonst ginge das schief, ich solle mit ihm nach Hause gehn und da schriftlich zu den Anklagepunkten Stellung nehmen.

Jetzt wußte ich genau: Also die wollen dich fertigmachen! Seit einiger Zeit gingen bei mir auch immer mal so Leute mit Aktentaschen durch den Flur an meinem Büro vorbei auf die Toilette, und da habe ich dann hinterher Packen von Westzeitschriften gefunden, die habe ich sofort beseitigt! So kriegten die mich nich!

Ich habe dann mit dem Herrn von der Industrie- und Handelskammer, das war ein rührender Mensch, bis nachts um 2 das Schreiben aufgesetzt, in dem ich mich verteidigte und zu allen Anklagepunkten Stellung nahm, und habe das am nächsten Morgen an den Rat des Kreises geschickt.

Zum Donnerstag wurde ich hinbestellt, allein! Also das sah aus wie eine Gerichtsverhandlung, da saßen jetzt drei mehr, also fünf im ganzen. Ich mußte auf so einem Anklagestuhl Platz nehmen mitten im Zimmer, und der Sprecher der Runde sagte zu mir: Also wir haben entschieden, Ihr Betrieb kommt unter Treuhänderschaft, und Sie werden eine Schulung mitmachen von unserer Partei aus – ich selbst war ja in keiner Partei, in nischt! –, und in drei Monaten, wenn Sie umgeschult sind und sich bewährt haben, dann können Sie Ihren Betrieb wieder übernehmen.

Also sonst nischt? dachte ick. Also ick war fertig! Ick dachte, bloß raus, hier redste dir noch um Kopp und Kragen.

Bin nach Hause gefahren mit der Straßenbahn, meine Mappe mit den Unterlagen unterm Arm, steige aus und lauf' unsere Straße hoch, und da steht ein schwarzer BMW vor unserer Haustür, meine Mutti war allein oben in der Wohnung. Wenn die oben waren, dann ließen die ja meine Mutti nicht runter, mich zu warnen, ick sollte ihnen oben in die Falle jehn. Nee!

Ick hab' mich umjedreht und wieder rin in die nächste Straßenbahn und mit der bis zum Alex und da in die S-Bahn und so, wie ich war, rüber nach Westberlin. Ja, und da bin ick nu!

Ein Glück, daß ich die Mappe hab'! Da kann ich beweisen, daß alles stimmt, was ich hier erzähl'!

Wegjehn aus Berlin tu ick nich. Berlin is meine Heimat. Mit einem Kino fang' ick nich mehr an. Ich würde ja gern 'nen Kiosk aufmachen in Westberlin mit Eis oder Würstchen. Vielleicht gibt mir die Stadt dafür ein Darlehn.

Zu Besuch bei der Mutter

Ich hatte meinen Mann wirklich gern, und der hatte mich auch gern, aber wenn beide arbeiten müssen, Mann und Frau, und sich überhaupt nicht mehr zu Gesicht bekommen, wenn sie sich nur noch auf der Treppe guten Tag sagen, dann muß die Ehe ja schiefgehen. Mein Mann war noch dazu in der SED, und wenn ich dann abends von der Arbeit nach Hause kam, dann war der schon wieder weg zu Schulungen und Versammlungen. Ich hab' in Leuna als Dreher gearbeitet und mein Mann war Angestellter im Büro. In der Mittagspause in der Werkskantine haben wir uns manchmal gesprochen. Schön ist so 'ne Ehe nicht.

Um Politik hab' ich mich nicht viel gekümmert, ich hab' das geglaubt, was sie uns von Westdeutschland erzählt haben, daß die uns mit Blitzkrieg überfallen wollen. Ich hab' damals nicht viel über so was nachgedacht, hab' meine Arbeit gemacht, bin nach Haus gegangen, und dann war die Wohnung leer. Da habe ich mich allein schlafen gelegt und wieder morgens um 5 Uhr raus. Mein Mann ist irgendwann in der Nacht von der Parteiversammlung nach Haus gekommen, der konnte später aufstehen als ich, im Büro fangen sie später an.

Dann eines Morgens rumorte es so im Betrieb; keiner wußte, was los war. Plötzlich legten die Kollegen die Werkzeuge hin und riefen uns zu: Macht Schluß, kommt mit! Einer rief es dem anderen zu. Wir fingen an loszugehen. Viele wußten gar nicht, warum und wohin, ich auch nicht. Welche liefen rum und suchten den Werkmeister, das war ein Parteischinder, aber der hatte sich verkrochen. Der war plötzlich genausowenig zu finden wie der Betriebsleiter und wie der Direktor.

Da marschierten wir los, 1500 Arbeiter von Leuna und 1800 von Buna marschierten auf Halle zu. Das sind nur ein paar Kilometer. Man bekam so ein ganz merkwürdiges Gefühl in der Brust, es waren auch plötzlich Transparente da, darauf stand: Freiheit für Deutschland, das hat einen alles wie ein Rausch gepackt.

Als wir durch die Straßen von Halle kamen, trafen wir auf andere Kolonnen, die hatten sich Funktionäre geschnappt und zusammengeschlagen. Wir sind zum Gefängnis marschiert. Die Tore haben wir mit Brechstangen aufgebrochen und drinnen die Schlüssel gesucht und herumprobiert, daß wir die Zellen aufkriegten, wo die Politischen drin waren. Die kamen mit uns runter auf die Straße. Wir haben uns die Jakken ausgezogen und sie ihnen zugeworfen, daß sie was über ihre Sträflingskleidung ziehen konnten. Die Leute waren wie toll. Das Gefühl von Freiheit machte uns alle wie betrunken.

Ein paar Stunden später waren die russischen Panzer da. Zuerst haben uns die Soldaten noch zugelacht und zugewinkt, aber dann wurde es Ernst, dann wurden wir mit Maschinenpistolen im Rücken in die Fabrik zurückgetrieben. Das war am Abend des 17. Juni.

Und dann gingen die Verhaftungen los. Mein Mann war auch in einer anderen Kolonne marschiert. Der hatte im Büro aus seinem Fenster geguckt, und da riefen sie ihm zu: Komm runter, komm, mach Schluß, wir werden frei! Da ist er mitmarschiert. Zuerst zögerte er noch. Man wußte ja nicht, was wird da draus, was denkt der andere. Aber es lag was in der Luft, das spürten alle.

Im Werk durften wir von nun ab während der Arbeitszeit die Arbeitsräume nicht verlassen, durften nicht zu dritt zusammenstehen und miteinander sprechen, das war verboten. Und dann wurde ich von einer Kollegin gewarnt: Du bist gesehen worden, wie du das Gefängnis mitgestürmt hast; die wollen dich verhaften.

Da sind mein Mann und ich noch in der Nacht geflohen in großer Angst. Wir kamen durch nach Westberlin, und von da wurden wir gleich abgeflogen nach Hamburg.

In Hamburg haben wir beide Arbeit gefunden. Mich hat das ja sehr gekränkt, daß ich in keiner Fabrik als Dreher angenommen wurde. In Westdeutschland finden sie, daß das kein Beruf für Frauen ist. Aber ich habe meine Arbeit in Leuna als Dreher immer gut gemacht. In Hamburg mußte ich nun als Hilfsarbeiterin gehen, als Facharbeiterin hätte ich mehr verdient. Mein Mann kam in einem Büro unter. Wir hatten uns so eine hübsche Wohnung in Fuhlsbüttel eingerichtet, 2 ½ Zimmer. Und dann kam auch unsere Kleine, die Gisela, zur Welt. Sie ist jetzt drei Jahre.

Wir hatten es so schön. Und dann haben wir die große Dummheit gemacht und sind letzten Sommer in die Ostzone gefahren. Meine Mutter hat immerzu geschrieben, sie ist krank, sie will mich noch mal sehen und sie will ihr Enkelkind sehen, ich soll kommen, ich soll kommen. Angst brauchte ich nicht zu haben, für alle vom 17. Juni wäre Amnestie.

Sie hat mir von der Polizei in Halle die Aufenthaltserlaubnis geschickt für die ganze Familie, und dann haben wir unseren Urlaub genommen und uns in Hamburg in den Zug gesetzt und sind nach Halle gefahren.

Als wir die Grenzkontrollen hinter uns hatten und nach sechs Jahren wieder in der DDR waren, als der Zug so fuhr, also da mußte ich plötzlich auf die Toilette gehen und mich übergeben. Ich wußte gar nicht, was mit mir los war. Plötzlich war alles wieder da; in Hamburg hatte man das total vergessen.

Wir wohnten mit der Kleinen in Halle bei meiner Mutter, und nach zwei Tagen gingen mein Mann und ich zur Polizei, weil wir uns da melden mußten. Auf der Polizei nahmen sie uns unsere westdeutschen Ausweise ab. Der Polizeibeamte sagte, wir hätten die DDR illegal verlassen, und jetzt müßten wir hierbleiben, wir dürften nicht mehr nach Westdeutschland zurückfahren. Wir sollten uns eine Arbeit suchen, eine Wohnung bekämen wir, und wenn wir uns bewährten, würde man uns nach einem halben Jahr Personalausweise für die DDR ausstellen.

Wir waren wie vor den Kopf geschlagen. Es war furchtbar. Aber was sollten wir machen. Wir mußten uns Arbeit suchen und bekamen tatsächlich auch eine Wohnung. Schlecht genug war sie ja, aber mir war das alles gleichgültig. Ich dachte bloß, wie kommen wir hier je wieder weg.

Mein Mann ging als Kellner in der HO und ich wieder in die Fabrik. Als nach einem halben Jahr meinem Mann sein Personalausweis ausgehändigt wurde, ist er sofort damit nach Westberlin gefahren. Er kam auch durch, aber ich saß ja nun da. Mir hatte man den Personalausweis auch gegeben, aber die Kleine wurde krank, und ich konnte nicht mit weg. Die Kriminalpolizei kam zu mir in die Wohnung und verhörte mich, wo mein Mann ist, und ob ich von seiner Republikflucht was gewußt habe. Ich sagte: Nein, nichts hab' ich gewußt, ich bin auch sehr enttäuscht von meinem Mann. Da haben sie mir gesagt: Sie müssen sich von ihm scheiden lassen. Na gut, sagte ich, das werd' ich mir überlegen. Ich wollte ja bloß Zeit gewinnen, damit sie nicht mißtrauisch werden und mir meinen Personalausweis wieder wegnehmen, denn sonst ist man ja in der DDR gefangen.

Als die Kleine wieder gesund war, habe ich zu meiner Mutter gesagt: Also Mutti, ich versuch's jetzt. Ich versuch' mit der Kleinen durchzukommen, und wenn sie mich schnappen, dann soll's eben so sein. Aber hier halte ich's nicht aus. Mit Heinz in Hamburg lebe ich gut, du weißt ja, früher haben wir uns nicht so vertragen, aber das war nur wegen der Politik und dem Leben hier. In Hamburg, da streiten wir nie mehr so. Da haben wir's schön zusammen.

Meine Mutter hat auch nur gewünscht, daß ich durchkomm' mit der Kleinen in den Westen zu meinem Mann. Sie wußte, daß wir uns nun wohl nie wiedersehen, aber es hilft ja alles nichts.

Durchgekommen bin ich nach Berlin. Die Kleine hat die

ganze Zeit im Zug geschlafen, sogar bei den Kontrollen; so ein Kind hat's noch gut. Von Westberlin wurde ich gleich nach Hamburg weitergeflogen, mein Mann hat uns am Flugplatz in Fuhlsbüttel abgeholt. Unsere Wohnung ist nicht weit von da.

Der Chef hatte meinem Mann die Stellung offengehalten, und dabei waren wir beinahe ein Dreivierteljahr weggewesen. Er gibt meinem Mann sogar jetzt mehr Gehalt; da brauche ich nicht mehr mitzuarbeiten, da kann ich zu Hause bleiben bei unserer Kleinen.

Nichts Besonderes mit uns

Ja, Schwerin, dies schöne Städtchen. So wohl hatte man sich früher darin gefühlt, richtig geborgen. Jetzt wollten die Schwerin zu einer sozialistischen Stadt ausrufen, sämtliches Privateigentum sollte erlöschen. Solches Gerücht und Gerede geht wie eine Ansteckung um und macht die Menschen krank.

In einer Stadt wie Schwerin lebt man dicht aufeinander, kann sich da nicht einfach abschließen. Es war nichts Besonderes mit uns. Wir wohnten in meinem Elternhaus, nahe am Marktplatz. Das Haus war mein Eigentum, und unten hatte ich mir den Laden eingerichtet, schön ausgebaut mit zwei großen Schaufenstern rechts und links von der Ladentür. Ich verkaufte Farben und Lacke. Ich war einer der letzten Einzelhändler für Farben und Lacke. Jahrelang habe ich Tag und Nacht nur gearbeitet. Meine Frau und ich sind in kein Kino gegangen, was sollte das auch, immer nur sowjetische Filme, politische Filme, Propagandafilme, nein danke! Und auch in keines der Restaurants brachte mich noch ein Mensch hinein. Wie gern hatte man früher in Uhles Weinstuben abends mal ein Glas mit Bekannten getrunken. Jetzt sitzen da die Funktionäre herum und verderben einem die Stimmung.

Wir waren nur noch unter uns zusammengekommen, der Schlachter, der Bäcker und wir, hatten so ein Kränzchen und trafen uns mal bei dem einen, mal bei dem anderen. Die Frauen hatten schönen Kuchen gebacken, Streuselkuchen oder Königskuchen. Da saßen wir beisammen und sahen unser Hamburger Fernsehprogramm, das war unsere Unterhaltung. Wir privaten Geschäftsleute hielten fest zusammen, aber wir waren in unserer Straße nur noch drei. Vor einem halben Jahr ging auch der Bäcker weg und den Monat drauf der Schlachter, und meine Frau und ich blieben allein zurück. Der Bäcker und der Schlachter hatten die ganzen

Jahre gedacht, sie könnten sich halten, bis es mal anders wird bei uns. Aber das gibt's ja nicht mehr; die Hoffnung ist aus. Die Mühlsteine drehen und drehen sich und zerrupfen alle.

In unserem Stadtteil sind nur noch zwei private Geschäfte, ganz kleine Gemüsehändler, die für eine Umwandlung in Konsum nicht lohnen. Wenn diese Händler mal ein bißchen Kohlrabi zugeteilt kriegen, der beim Konsum übrig ist, der schon ein paar Tage liegt, gelb und welk, dürfen sie dankbar sein. Diese alten Leute läßt man einfach absterben. Ihre Söhne gehen in die HO oder zur NVA, die wollen doch nicht mehr ein so armseliges und aussichtsloses Geschäft übernehmen. Die alten Leute schinden sich noch ein Weilchen ab, und dann ist Schluß.

Aber die großen Geschäfte, die gut in Ordnung sind, so wie meins, da geht der Staat jetzt systematisch ran, um sie einzukassieren. Ich hatte sechs Jahre auf einen Wartburg gespart – mit einem uralten Lieferwagen holte ich all die Jahre die Waren ran –, und der Wartburg stand nun neu und schön in meiner Garage. Ich hatte eine Riesenfreude an ihm. Sonntags fuhren wir jetzt mal so ein bißchen in die Gegend mit den beiden Kleinen, am Seeufer lang. Wunderschön ist die Umgebung unserer Stadt. An dem See hing mein Herz von Kindheit an. Und meine Frau kam auch endlich mal ein bißchen raus aus der Wohnung. Seit unsere Freunde weg waren, der Bäcker und der Schlachter mit ihren Familien, fühlte sie sich einsamer von Tag zu Tag. Sie saß mit der Kleinen auf dem Schoß immer am Fenster und schaute und schaute auf die Straße, aber von da kam ja auch kein Trost. Immer dieselben Gesichter, unfroh, verbiestert, meine Frau wurde richtig schwermütig. Sonntags gingen wir in die Kirche, das war das einzige Mal in der Woche, daß meine Frau unter Menschen saß. Aber das waren meist auch nur alte Leute. Jetzt in der letzten Zeit gingen auch jüngere zum Gottesdienst; die Kirchen füllen sich wieder, weil die Bedrükkung wächst. Wo findet der Mensch denn noch Trost? Und die Kirche lassen sie zur Zeit grade in Ruhe, weil sie jetzt andere politische Probleme haben, wenn die gelöst sind, kommt die Kirche wieder dran. So macht man's doch: zehn Schritte vor, zweie zurück, um abzulenken auf was anderes, um eine Panik zu verhindern. Die Leute sollen denken, nun ist es mit der Gefahr vorüber, da geht's plötzlich wieder los.

Man sagt ja, es kommt bald zum Platzen; der Gegendruck wird immer stärker. Aber wenn es zum Platzen kommt, ist es das Ende, Mord und Totschlag! Die Arbeiter und die Handwerker werden aufstehen, die Jungen, die Alten sind schon müde, sagen, ist nichts mehr zu ändern. Aber die Jüngeren schlagen los!

Die Bonzen mit 1500 Mark monatlich sind natürlich für das Regime. Wenn irgendwo was schiefgeht, die SED darf's ja nie gewesen sein. Die ist unfehlbar. Wird ein Sündenbock gesucht, wird ein Schauprozeß gemacht für die Bevölkerung – als wenn die noch was glaubte! Der Sündenbock läuft oft zwei Jahre später schon wieder als Bonze rum.

Ja, wie ist's nun mir passiert, auch das war nichts Besonderes mit uns. Eines schönen Vormittags kam ein Mann in meinen Laden – ich bin immer allein, ohne Gehilfen –, kam also herein, der Mann, holte eine Liste aus seiner Aktentasche und legte sie mir hin.

Was soll das? fragte ich.

Das ist eine Adresse an die Genfer Konferenz, sagte der, eine Liste mit Unterschriften, unterschreiben Sie – hier!

Ich sagte: Ist das mit der Unterschrift freiwillig oder nicht?

Es ist freiwillig, aber Sie müssen unterschreiben.

Ich sagte: Wenn es freiwillig ist, unterschreibe ich aber nicht. Für so was gebe ich meine Unterschrift nicht, danke schön!

Ich war äußerlich ganz ruhig, aber innerlich bringt mich so was zum Kochen. Ich dachte, der Kerl sieht so dumm aus – hatte so 'ne runde Schirmmütze auf, so ein rundes rosa Gesicht –, ich dachte, der kann mir gar nichts. Er ging auch, ohne etwas zu sagen, wieder aus dem Laden raus, steckte seine Liste in die Tasche und verschwand. Dann hat er aber gemeldet, daß ich meine Unterschrift verweigert habe, und dann gingen die Schikanen gegen mich los. Drei Leute vom Finanzamt wurden mir auf den Hals geschickt, sie prüften die Bücher von links nach rechts und von rechts nach links und stellten fest, daß zwei Rechnungen an die DHZ (Deutsche Handelszentrale) nicht bezahlt waren.

Ich kann doch keine Rechnungen bezahlen, erklärte ich ihnen, die mir die DHZ noch gar nicht geschickt hat. Sie schickt mir da nur eine Abschrift von einer Rechnung, ohne den Lieferschein mitzuschicken, den ich unterschrieben haben soll. Ich kann doch nicht ohne weiteres Geld bezahlen, muß doch erst nachprüfen, ob die Lieferung an mein Geschäft auch erfolgt ist. Das habe ich immer so gehalten, plötzlich soll mir daraus ein Strick gedreht werden. Ich sagte: Meine Herren, vom Finanzamt war jedes Jahr Prüfung, es war immer alles bei mir in Ordnung. Ich habe sogar im Jahr 58 noch für 4300 Mark mehr an die Steuer abgeführt, als ich abführen sollte.

Die gingen weg, und ich hatte so ein unruhiges Gefühl: Die wollen dich jetzt abhalftern.

Was mach' ich nun bloß! Wenn die einen fertigmachen wollen, na, aus der Zange kommt ein armes Menschenkind nicht mehr heraus, das weiß ich. Also mußte ich weggehen!

Aber ich hatte einfach keine Entschlußkraft. Dann kam der 10. Jahrestag der DDR heran, der 7. Oktober 1959, alle Schaufenster sollten zu diesem Tag geschmückt sein. Die Funktionäre gingen rum und guckten sich von der Straße aus die Geschäfte an, ob auch Zierpflanzen aufgebaut waren, so goldene Lorbeerkränze aus Pappe mit einer 10 drin – die konnte man sich besorgen. Ich habe nichts besorgt, habe einfach nichts getan; ich mochte nicht mehr, konnte nicht mehr. Mir war alles ja so egal. Ich war mit den Nerven fertig. Komme ich noch weg? Komme ich nicht mehr weg?

Bei jedem Geräusch nachts, wenn ein Auto draußen hielt, aufgeschreckt. Meine Frau aus dem Bett, hinter der Gardine geguckt, Angst, immer diese Angst – es war furchtbar.

Eines Tages sagte meine Frau: Da steht seit gestern ein Mann draußen vor unserm Haus herum, guckt so komisch zu unsern Fenstern. Ich paßte von da ab auf und sah den Mann auch. Ein fremdes Gesicht, eins, was man nicht wiedererkennt. Der Kerl stand da, ging wieder weg, kam zurück, guckte, ging zur Einfahrt, guckte da, wollte sicher wissen, ob unser Wartburg noch da ist, ob wir was reinpacken. Das konnte nur ein Spitzel sein, der hatte aufzupassen, ob wir abhauen wollten.

Wir hielten dieses Leben nicht mehr aus. Wir ließen im Haus alles stehen und liegen, wie es stand, ließen den Wartburg in der Garage. Wir wagten nicht, Koffer aus dem Haus zu tragen.

Am Morgen, als wir dann mit den Kindern zum Bahnhof gingen, meine Frau hatte nur eine Wachstuchtasche und ich hatte meine Aktentasche, also da stand am Bahnhof in Schwerin an diesem Morgen grade ein Aufgebot von VP. Ich dachte, nun ist deine Stunde gekommen. Meine Frau hatte die Kleine auf dem Arm, und ich ging mit dem Jungen. Sogar am Fahrkartenschalter, als ich die Fahrkarten lösen wollte, hatten sich zwei VP aufgestellt und guckten zu, wie ich das Geld zahlte. Hätten sie gefragt – Wir fahren zu einem Geburtstag nach Ludwigslust, hätte ich geantwortet –, aber sie fragten nicht.

Im Zug nach Berlin dreimal Kontrolle, und immer die Angst, kommst du durch, kommst du durch – und du denkst, wieviel sind hier mit dir im Zug, die genau die gleiche Angst haben.

Das konspirative Zimmer

Vater war Polizist und im Krieg bei der SS. Er wurde zum Krüppel geschossen, ein Bein amputiert bis oben hin, das andere um 18 cm verkürzt mit einem steifen Knie. Vater ist heute 18 cm kleiner als früher. Obwohl ihm der Arzt Haftunfähigkeit bescheinigte, wurde er 1945 wegen der SS zu sechs Jahren Zuchthaus verurteilt. Fünf Mann holten ihn ab, Russen und Deutsche in Uniform, und keiner von ihnen wollte Vater tragen, er mußte sich auf den Händen kriechend vorwärts bewegen.

Als er nach fast sechs Jahren aus dem Zuchthaus zurückkam, haben Mutter und ich ihn gepflegt. Er war so dünn und leicht geworden, daß Mutter ihn sogar auf die Toilette tragen konnte. Nachher bekam er Prothesen und konnte sich allein mit Krücken vorwärts bewegen. Er arbeitete dann als Buchhalter auf einem Schlachthof. Mutter und ich haben uns und meine beiden kleinen Brüder mit Schneidern durchgebracht. Ich hätte ja gern studiert, aber ich mußte mitverdienen. Und studieren darf nur, wer von einem Betrieb zur Arbeiter- und Bauernfakultät delegiert wird. Dafür hätte ich als Tochter eines SS-Mannes auch einen Fragebogen ausfüllen müssen, daß ich mich von meinem Vater lossage und ihn verurteile. Welches Kind tut so etwas?

Ich wollte wenigstens gern meine Meisterprüfung in Berlin als Schneiderin machen, aber ich bekam keinen Zuzug nach Ostberlin. Ich habe also schwarz bei einer Tante dort gewohnt und fuhr täglich nach Westberlin herüber, um in der Konfektion zu arbeiten. Ich lebte in einer einzigen Angst, daß das herauskäme. Aber als Tochter eines SS-Mannes bekam ich einfach keine Lehrstelle im Osten, keiner wollte mich nehmen.

Nun hatte ich einen Bekannten, einen Herrn aus meiner Heimat, der sich sehr an mich angeschlossen hatte. Ich mochte ihn ganz gern, er aber wollte mich heiraten. Er war ein Genosse und glaubte an das, was sie ihm Schönes in der Partei erzählten. Seit er nun in unserer Familie verkehrte, fing er an, manches mit anderen Augen zu sehen. Herr L. war ein sehr weicher Mensch. Er hat an der Schulter meiner Mutter einmal geweint und gesagt, sie wäre seine Mutter, und nirgends hätte er sich so zu Hause gefühlt wie bei uns.

Als ich nun in Berlin war, kam Herr L. manchmal über Sonnabend/Sonntag herübergefahren, und wir gingen zusammen in Westberlin ins Kino oder machten einen Bummel über den Kurfürstendamm. Das hat ihn aufgeklärt. Und als er wieder einmal von so einer Wochenendreise in unsere Kleinstadt zurückkam, wurde er vom Parteibüro vorgeladen. Man warf ihm vor, er wäre ein schlechter Genosse, und er wurde aufgefordert, seine Bekanntschaft mit mir abzubrechen. Fahrten nach Westberlin wurden ihm verboten. Man drohte ihm mit einem Parteiverfahren.

Er hat in großer Erregung geantwortet: Wenn ihr ein Parteiverfahren aus diesem Grund gegen mich einleitet, dann ist es bei mir aus, ganz aus, dann könnt ihr mich gleich abschreiben.

Das war so unvorsichtig von ihm, aber er hielt den ganzen Parteibetrieb einfach nicht mehr aus und wollte weg, wollte in den Westen und gleich so weit wie irgend möglich.

Nun hatte Herr L. einen Onkel in Afrika, in Luanda, Angola, dem schrieb er, und ich gab die Briefe in Westberlin auf. Ich habe die ganze Korrespondenz über eine Westberliner Deckadresse organisiert.

Eines Tages war es soweit: Herr L. erschien in Ostberlin mit zwei Koffern, wir fuhren gleich zusammen weiter zum Bahnhof Friedrichstraße. Das Geld, das er bei sich hatte, gab er mir, 2300 Mark, die schob ich unter meine Spitzenbluse in meinen Büstenhalter. Es war ein glühend heißer Tag im August, ich hatte keinen Mantel, keine Jacke an, nur die Spitzenbluse und einen weiten grünen Rock. Wir gingen die

Treppe zum Bahnsteig hinauf und stiegen in den Zug nach dem Westen. Ich hatte vorher zu Herrn L. gesagt: Bitte, sprich nicht! (Herr L. spricht nämlich sehr sächsisch.)

Wir saßen nebeneinander und warteten, daß der Zug abfuhr, und da – die Leute waren aus- und eingestiegen, der Zug ruckte schon an –, da kamen drei Herren in Zivil direkt auf uns zu, wiesen sich mit ihren Marken aus und sagten: Kriminalpolizei! Kommen Sie mit! Das konnte kein Zufall sein, sie hatten uns bestimmt die ganze Zeit beobachtet und wollten uns auf frischer Tat überführen. Ich hatte das Geld in meiner Bluse; ich hätte es gern weggeworfen, aber einer der Beamten ging hinter mir. Die Polizei führte uns in den Keller und nahm uns die Ausweise ab. Herr L. und ich saßen uns noch ein paar Minuten gegenüber, ohne miteinander sprechen zu dürfen. Herr L. tippte immer nur so mit dem Absatz auf den Boden und wagte nicht, mich anzublicken. Dann wurden wir getrennt, er wurde abgeführt.

Ich tat vor der Polizei ganz lustig. Ich dachte, damit könnte ich etwas retten. Meine Kätzchen haben noch nichts zu fressen bekommen, sagte ich, und es ist schon zwei Uhr.

Sie werden noch viel mehr Zeit haben müssen, sagte der Polizist. Vor einer alten dicken Frau in grüner Zolluniform mußte ich mich entkleiden. Zuerst zog ich meine Schuhe aus und hielt sie ihr hin. Ich mußte die Füße heben, ich schwitzte und zitterte: Wenn sie bloß das Geld nicht findet! Ich hoffte, daß sie sagen würde, es ist gut, aber nichts. Sie hat auch nichts gefragt. Als sie verlangte, ich solle die Bluse ausziehen, habe ich ihr das Geld gegeben.

Sie nahm das Geld, ohne ein Wort zu sagen, und ging damit hinaus. Kurz danach kamen zwei Kriminalbeamte zu mir. Na, Sie haben aber einen goldenen Busen, sagte der eine. Sie setzten sich mir gegenüber und machten ein Kreuzverhör ohne Notizen. Ich fragte: Und was passiert nun?

Das wissen wir nicht, wir haben unsere Pflicht getan. Sie werden den Organen der Staatssicherheit übergeben.

Da saß ich nun Stunden und Stunden nur in der dünnen Bluse, und es war kalt im Keller. Ich bat um eine Decke oder eine Jacke, ich habe nichts bekommen. Draußen im Freien schien glühend die Sonne, aber in dem Steingewölbe war es kalt. Nur eine Bank im Raum, sonst nichts. In der Tür stand ein Polizist, um mich zu bewachen, und draußen auf dem Gang gingen ständig Polizisten vorbei. Ich mußte niederschreiben, daß ich soundsoviel Geld bei mir hatte, welches ich in den Westen rüberbringen und am Lehrter Stadtbahnhof dem Herrn L. übergeben wollte. Ich hatte nicht verraten, daß es gar nicht mein Geld war; Herr L. hat das selbst ausgesagt. Am Abend kam ein Kriminalbeamter und sagte: Wir fahren jetzt weg, weit weg von Berlin. Können Sie sich nicht denken, wohin? Nein, wohin? frage ich.

Das Geld ist im Bezirk Karl-Marx-Stadt abgehoben worden, und dort befassen sich jetzt die staatlichen Organe damit.

Und wann komme ich wieder nach Berlin zurück?

Das kann Jahre dauern, sagte der Beamte, ohne dabei das Gesicht zu verziehen, und dann: Wir machen Sie darauf aufmerksam, wir fahren in einem PKW, ein Fluchtversuch hätte nur Nachteile für Sie.

Dann bin ich eingestiegen, die Türklinke war innen abgeschraubt, außerdem drei Polizisten zu meiner Bewachung, einer saß vorn neben dem Chauffeur, zwei hinten neben mir. Dieser Aufwand!

In Karl-Marx-Stadt wurde ich einem andern Beamten übergeben, die Handtasche wurde mir abgenommen, der Inhalt aufgeschrieben, und dann ging es gleich zum Verhör.

Ein großer Raum, ich durfte mich hinten in einer Ecke auf einen Stuhl setzen, der Beamte saß weit von mir entfernt hinter dem Schreibtisch. Er war jung, hatte gute Manieren. Er fragte zunächst höflich nach meinen Personalien und meinem Lebenslauf – schließlich dann nach den unmöglichsten Sachen. Er hat mich die ganze erste Nacht hindurch bearbeitet. Verdächtig war schon allein, daß ich zwei Jahre ohne regulären Zuzug in Berlin wohnte. Ich sollte zugeben, daß ich mit westlichen Spionagezentren Verbindung gehabt und für sie gearbeitet hätte. Der Beamte schaute immer auf die Uhr, um sechs Uhr früh war sein Dienst zu Ende, und er wollte bis dahin mit mir fertig sein. Er sagte: Ich kann Ihnen helfen, ich will Ihnen auch helfen, aber Sie müssen die Wahrheit sagen. Wir wissen viel von Ihnen, wir kennen Sie schon lange.

Das kann ja nicht sein, erwiderte ich, vielleicht ist es eine Verwechslung, so sagen Sie mir doch, was ich getan haben soll.

Sie sind gar nicht so dumm, Sie wollen wissen, was wir wissen, und darauf wollen Sie antworten.

Der Beamte lief während des Verhörs im Zimmer auf und ab, sah aus dem Fenster, kam dann wieder auf mich zu und sah mich scharf an. Mir war das peinlich, er war ja immerhin ein junger Mann.

Warum können Sie mir nicht in die Augen sehen? fragte er.

Weil Sie ein Mann sind.

Sie sind gar nicht schlecht, grinste der, und Sie sind hübsch.

Das ging die ganze Nacht und den ganzen Sonnabend durch. Ich habe nicht geschlafen, ich wurde immer verhört. Zwischendurch wurde ich mal für eine halbe Stunde hinausgeführt. Dann drückte der Beamte auf einen Knopf, und es kam so ein komischer Mensch, der aussah wie einer von der Kampfgruppe. Der brachte mich in einen kleinen Raum und setzte sich neben mich. Nach einer halben Stunde ging er weg, und es kam ein anderer. Selbst auf die Toilette durfte ich nicht allein gehen. Der Polizist ging mit hinein und sagte: Die Tür müssen Sie offenlassen und spülen dürfen Sie nicht. Einen Kamm bekam ich auch nicht. Mit dem Gefühl, nicht mehr sauber und gepflegt zu sein, wird man als Frau doch von Unsicherheit befallen. Das ist ja das Gemeine, sie nehmen einem bewußt die innere Sicherheit.

Keinen Augenblick konnte ich mich hinlegen. Beim Verhör habe ich dauernd auf dem Stuhl hin- und hergewackelt vor Müdigkeit und bin schließlich aufgestanden.

Was wollen Sie denn? hat mich der Beamte gefragt.

Ich sagte: Ich kann nicht mehr sitzen.

Na, dann bleiben Sie ein bißchen stehen, sagte er und fuhr fort: Sie können mir doch nicht einreden, daß das für Sie kein Begriff ist: »Untersuchungsausschuß freiheitlicher Juristen«, »Spionageorganisation Gehlen«.

Ich sagte: Es ist mir schon ein Begriff, vom Rundfunk und aus der Zeitung. Aber ich würde so was nicht für den Osten tun und nicht für den Westen. Denn von einem Verräter frißt kein Hund einen Bissen, das ist meine Meinung.

Dann erschien ein ekelhaft aussehender Beamter, ganz bleich, nur ein paar Haare auf dem Kopf. Er guckte in meine Akte, lachte höhnisch und sagte: Meinen Sie, wir glauben Ihnen das? Herr L. hat das und das ausgesagt.

Ich sagte: Dann lassen Sie Herrn L. das in meiner Gegenwart wiederholen, so glaube ich Ihnen nicht. Sie glauben mir nicht, und ich glaube Ihnen nicht.

Herr L. wurde gebracht. Stimmt es, fragte ihn der Beamte, daß Fräulein S. Sie dazu überredet hat auszuwandern?

Herr L. gab keine Antwort.

Stimmt es, daß Fräulein S. Sie überredet hat, aus dem Osten wegzugehen? schrie der Beamte ihn an.

Wie Herr L. aussah! Völlig verändert. Das Gesicht wie zerstört. Das Hemd offen, der Bart inzwischen gewachsen, und Tränen liefen ihm übers Gesicht. Ich nehme an, sie hatten mit Licht auf ihn eingewirkt, daß er tatsächlich so ausgesagt und zu Protokoll gegeben hatte, ich wäre die Anstifterin des ganzen Afrikaplanes gewesen.

Aber Herr L., sagte ich und ging ein paar Schritte auf ihn zu, warum hast du nicht gesagt, wie es wirklich ist? Es ist doch so gewesen – ich wollte es ihm suggerieren, damit er sich helfen konnte, damit er wenigstens aus dem Politischen rauskam –, es ist doch so gewesen: Du hast mich sehr gerne, und ich will dich nicht. Du bist zu meinen Eltern gegangen, weil es die einzigen Bekannten waren, die sich um dich kümmerten. Du hast keine Eltern, nur den Onkel in Afrika, also wolltest du deshalb weg, um jemand zu haben, zu dem du gehörst.

Man hat mich ein Weilchen so sprechen lassen, und dann unterbrach der ältere Beamte höhnisch: Also nach Afrika, was wollten Sie da in Afrika, Herr L.?

Herr L. sagte ganz leise: Ich wollte damit nur eine Bildungslücke schließen, ich wollte durch den Umgang . . ., ich wollte ein neues Leben beginnen.

Da lachte der Beamte: Bei den Negern wollten Sie Ihre Bildungslücke schließen?

Dann wurde Herr L. abgeführt, und es ging weiter mit meinem Verhör.

In der zweiten Nacht von Sonntag zu Montag bin ich aus der Rolle gefallen, ich habe hinten in der Ecke gesessen, habe mich am Stuhl so angehalten und habe geschrien: Und wenn Sie mich hier erwürgen, ich kann nicht zugeben, daß ich mit Spionagezentralen etwas zu tun habe. Sie haben mich schon soweit, wenn ich eine Ahnung hätte, was ich Ihnen erzählen könnte, würde ich erzählen, nur um Ruhe zu haben. Der Beamte sagte immer: Ob Sie verurteilt werden oder nicht, das liegt an Ihnen selbst. Wir wollen keinen Menschen wegen einer Missetat verurteilen, sondern wir wollen jedem Menschen helfen. Sagen Sie endlich die Wahrheit!

Aber was dichtete er mir alles an: Ich sollte Photoapparate nach Westberlin verschoben haben. Dann sollte ich angeben, welche Verbindungen ich zur Fremdenlegion hätte. Dann sagte man mir Namen auf den Kopf zu, die mir völlig unbekannt waren. Dann fragte man: Wieviel gehörte Ihnen von den 2300 Mark?

Ich sagte: Kein Pfennig.

Der Beamte lachte ungläubig: Na, Sie sind doch auch kein Engel, das soll ich glauben, daß Sie das umsonst gemacht haben? Wovon leben Sie? Ja, wenn das noch Liebe gewesen wäre ... Sie haben mit Herrn L. geschlafen.

Ich sage: Aber nein, ich habe einen Bräutigam in Westberlin. Da lachte er so gemein: Deshalb können Sie doch mit andern schlafen, oder etwa nicht? Sie haben das doch öfter gemacht. Wenn Sie das eine nicht gemacht haben, mit Männern geschlafen für die westliche Spionage, dann haben Sie eben geschoben, dann haben Sie auf dieser Grundlage gelebt.

Meine Freunde sollte ich nennen. Ich bin drei Jahre mit einem Herrn von der DDR-Marine gegangen, der ist zwar kein Kommunist, ist auch kein Genosse, aber ich habe ihn angegeben, weil ich weiß, der wird bestimmt nichts Schlechtes über mich sagen, und als Kapitänleutnant steht der im Osten positiv da. Auch eine ganz kurze Bekanntschaft mit einem Herrn von der Lufthansa im Osten habe ich angegeben. Nun wollte der Beamte wissen: Was haben Sie mit den Herren gemacht? Haben Sie sie mit zu sich auf Ihr Zimmer genommen oder sind Sie mit zu denen gegangen? Was haben Sie mit ihnen gemacht, wenn Sie in Ihrem Zimmer waren? Seine Fragen berührten die persönlichsten, die intimsten Dinge. Ob ich mich vor ihnen ausgezogen hätte, ob und wie oft ich mit ihnen geschlafen hätte. Ich wußte nicht, wie ich antworten sollte, es war so beschämend. Ich habe gestottert und habe schließlich gefragt: Sind Sie überhaupt berechtigt zu solchen Fragen?

Aber natürlich, sagt er, ich muß doch wissen, mit wem Sie Umgang gepflegt haben und wer diese Männer sind und wie sie sich dabei verhalten, damit ich mir ein Bild machen kann.

Ich sagte: Dann fragen Sie die Leute selbst, mir glauben Sie ja doch nicht.

Das tun wir sowieso; während Sie hier sind, werden in

Berlin Erkundigungen über Sie eingeholt. Unsere Maschinerie arbeitet schnell und sicher.

So ging es bis Montagmorgen gegen 7 oder 8 Uhr. Dann wurde ich in einen andern Raum geführt, ein langer schmaler Raum, auf der einen Seite in jeder Ecke oben ein Vorsprung aus Milchglas, darunter jeweils eine Tür. Ich dachte, das sind bestimmt Apparaturen, um einen Menschen mit Licht mürbe zu machen. Ich saß auf meinem Stuhl, die Arme auf der Stuhllehne, den Kopf daraufgelegt, und mußte plötzlich weinen. Zu meiner Bewachung saß diesmal ein alter Mann neben mir, auch in dieser scheußlichen Kampfgruppen-Uniform. Der sah mich mitleidig und väterlich an. Ich war am Ende. Nun hatte ich schon zwei Nächte nicht geschlafen, nicht gegessen, nichts getrunken. Man hatte mir zwar hin und wieder etwas angeboten, aber ich hatte abgelehnt. Diesmal kam der Beamte, der mich verhört hatte, selbst, um mich abzuholen. Er sah, daß ich geweint hatte. Sie weinen? Warum weinen Sie denn? Machen Sie uns nicht böse, weinen Sie nicht. Er brachte mich in ein anderes Zimmer mit Couch und Sesseln und sagte: Hier müssen Sie etwa eine Stunde warten, können sich etwas hinlegen, und raten Sie mal, wohin wir dann fahren. Nach Berlin! Ich bin in einer Stunde wieder hier, und dann fahren wir nach Berlin.

Und wo geht es dann hin? fragte ich.

Nun, nach Hause.

Ich konnte es kaum glauben. Nach Hause? Und was wird mit Herrn L.?

Der muß hierbleiben. Er hat gegen das Gesetz verstoßen und wird sich dafür verantworten müssen.

Als wir im PKW nach Berlin zurückfuhren, sagte der Beamte: In Berlin übergebe ich Sie meinem Kollegen, und mit dem besprechen Sie alles weitere. Sie werden sich da in Zukunft häufiger mit ihm treffen, aber das ist gar nicht schlimm. Da ahnte ich schon, worauf die Sache hinaus sollte.

Der Beamte war sehr freundlich und zeigte sich als vollendeter Kavalier. Unterwegs an der Autobahn wurde eingekehrt, und der Beamte bot mir Kaffee und Torte an. Ich wollte nichts annehmen, aber dann – ich hatte ja schließlich seit zwei Tagen nichts gegessen. Mit Musik im Auto fuhren wir nach Berlin zurück.

Langsam fuhr unser Wagen die Stalinallee herunter. Da parkte am Straßenrand ein anderer PKW, dem aus unserm Wagen ein Zeichen gemacht wurde. Darauf fuhr dieser PKW voran und wir hinterher. Ein paar Straßen weiter hielten wir vor einem Polizeirevier. Der Beamte, der mich gebracht hatte, stieg aus und ging mit zwei Herren aus dem anderen Wagen ins Haus. Ich mußte im Auto warten. Nach einer halben Stunde holte man mich und brachte mich in ein Zimmer zu zwei Herren vom Staatssicherheitsdienst Berlin. Der eine davon war Herr K., mit dem ich mich später dann getroffen habe. Ich mußte noch einmal kurz erzählen, welche Verfehlungen ich mir hatte zuschulden kommen lassen. Die Herren vom Stasi sagten: Weil Sie zu Ihrer Sache stehen, weil Sie einsehen, daß das, was Sie getan haben, verkehrt war, geben wir Ihnen die Chance zu beweisen, daß Sie eine aufrichtige Bürgerin der DDR werden wollen. Wir wollen Ihnen dabei helfen, auf den rechten Weg zu kommen. In Berlin ist es für ein Mädchen nicht leicht, die Verlockungen sind groß.

Man fragte mich, warum ich so schlecht aussähe, ob ich krank sei und zur Kur möchte. Ob ich in finanzieller Not wäre, ich könnte Vertrauen zu ihnen haben und könnte alles ruhig sagen. Mein einziger Gedanke war, wenn du hier raus bist, fährst du gleich rüber in den Westen. Dann sagte der Beamte vom Staatssicherheitsdienst: Hier ist Papier, schreiben Sie. Es ist nur eine Formalität. Schreiben Sie Ihre Personalien, dann Ihre Vergehen: Beihilfe zur Republikflucht, Devisenvergehen; dann: Ich will beweisen, daß ich eine aufrichtige Bürgerin der DDR werden will, indem ich mich in Zukunft des öfteren mit Herrn K., Angehöriger des SSD, nach Vereinbarung treffen will. Ich verpflichte mich, mit keinem Menschen über Gesehenes oder Gehörtes zu sprechen. Dann eine eidesstattliche Versicherung und meinen Namen. Das wurde mir diktiert. Außerdem sollte ich zu Hause einen Lebenslauf schreiben mit genauen Angaben sämtlicher Arbeitsstellen und zum nächsten Treffen mit Herrn K. mitbringen.

Endlich konnte ich nach Hause gehen. Der Beamte, der mich in Karl-Marx-Stadt verhört und nach Berlin begleitet hatte, verabschiedete sich, indem er meine Hand ganz fest drückte und sagte: Wenn Sie mich enttäuschen, dann sollen Sie uns kennenlernen, und wehe denen, die nach Ihnen kommen.

Das Auto brachte mich noch bis an die Ecke von unserer Straße, und als ich nach Hause in mein Zimmer kam, fand ich meine Katzen noch am Leben. In meiner Tür steckte ein Telegramm von meinem Bräutigam. Er hatte den ganzen Sonntag vergeblich auf mich gewartet. Er hatte die Nacht von Sonntag zu Montag auf der Straße vor meiner Haustür gestanden und mein Fenster beobachtet. Ich hatte ihm andeutungsweise erzählt, daß Herr L. kommen wollte, aber mein Bräutigam ist sehr eifersüchtig und mochte nichts davon hören.

Als ich noch nicht eine Stunde zu Hause war, klingelte es an der Haustür, und mein Bräutigam stand da, bleich wie ein Geist. Aber er hat sich dann allmählich beruhigt, als er mich sah, und ich hab' ihm alles erzählt. Ich sagte: Weißt du, während ich die Verpflichtung zum Spitzel unterschrieb, dachte ich, nur weg hier. Ich unterschreibe und fahre dann sofort hinüber nach Westberlin. Aber schon als ich auf der Straße war, wußte ich, daß ich das nicht tun durfte. Ich gefährdete damit Vater und Mutter zu Hause. Und was würde mit Herrn L., wenn sie ihm den Prozeß machen, und ich bin davongelaufen? Ich muß noch eine Zeitlang hier im Osten aushalten.

Mein Bräutigam gab mir recht.

Zwei Tage danach habe ich mich zum ersten Male mit Herrn K. vom Staatssicherheitsdienst getroffen. Herr K. ist gebürtiger Sachse, ein äußerlich unauffälliger Mensch, und verfügt nicht grade über geistige Gaben. In allem, was die Partei betrifft, war er freilich beschlagen. Er war einfach zu dumm, um unangenehm zu sein.

Ich hatte mir im August eine Tätigkeit als Verkäuferin in einem Konsum gesucht, damit ich eine Arbeit nachweisen konnte. Von dieser Arbeitsstelle holte mich Herr K. mit seinem Dienstwagen ab und fragte mich, wie es mir ginge. Von einem Auftrag kein Wort, auch bei unserm zweiten Zusammentreffen nicht. Wir machten nur in seinem Dienstwagen eine kleine Spazierfahrt. Beim dritten Mal fuhr er mich in eine Wohnung in Pankow, aber nicht in seine. Die Staatssicherheit hat überall in Berlin solche Wohnungen, sie heißen konspirative Wohnungen. Dorthin bestellt die Staatssicherheit ihre Agenten, oder sie hat Zimmer in bestimmten Wohnungen, alles schön bürgerlich getarnt. Ich fuhr also nun nach Pankow, um Herrn K. in dem konspirativen Zimmer zu treffen. Jede Woche einmal bin ich direkt da hingefahren. Die Tür hatte er schon geöffnet, wenn ich kam. Wenn sie nicht offen wäre, sollte ich dreimal kurz läuten. Ich wurde immer nur in dieses eine Zimmer geführt, ein schön eingerichtetes Wohnzimmer; niemals habe ich irgendeinen anderen Menschen in dieser Wohnung gesehen.

Dann bekam ich Aufträge. Der erste Auftrag war, ich sollte eine Bekannte, die nach Westberlin geflohen war, zurückholen in den Osten. Wie, wurde mir noch nicht gesagt, da ich erst erkunden sollte, ob sie noch in Berlin wäre. Ich wußte aber, sie war noch in Berlin, in Steglitz, bei ihrer Schwägerin. Ich bin mit Zittern und Zagen nach Steglitz gefahren und habe zu der Bekannten gesagt: Schicken Sie über Ihre Schwester in Köln einen Brief nach Ostberlin, damit die glauben, Sie sind in Köln – aber nun die Angst, daß die Stasi erfährt, die Frau ist doch noch in Westberlin.

Meine zweite Aufgabe war, ich sollte meinen Bräutigam nach seiner politischen Einstellung befragen und versuchen, ein Treffen zwischen ihm und Leuten vom SSD zu organisieren.

Meinen Bräutigam hatte ich während der Vernehmungen in Karl-Marx-Stadt nur flüchtig erwähnt. Auf die Frage, ob ich ihn heiraten wollte, habe ich bewußt nein gesagt. Beim nächsten Treffen sagte mir der Herr K.: Sie sind nicht aufrichtig, wir haben Sie beobachten lassen am vergangenen Wochenende, weil Sie sich nie äußerten, was Sie so am Wochenende tun. Schließlich müssen wir wissen, mit wem Sie zusammen sind. Sie waren mit Ihrem Bräutigam in der Staatsoper Unter den Linden. Hinterher waren Sie mit ihm tanzen, und dann ist er mit auf Ihr Zimmer gekommen. Es ist also eine ernstere Bekanntschaft.

Ich wurde böse. Schließlich ist es mein Bräutigam, sagte ich, und wenn Sie mich so beobachten lassen, das ist ja gräßlich. Herr K. wußte den Namen und die Adresse meines Bräutigams in Westberlin und daß er bei Siemens eine Stellung hatte, die ihm Einsicht in viele Pläne gab. Herr K. sagte: Wir wollen uns Zugang zur Intelligenz in Westberlin verschaffen, um Pläne, vor allem Kriegspläne, die gegen die DDR gerichtet sind, im Keim ersticken zu können. Ich habe mich mit meinem Bräutigam beraten, und er meinte: Wenn es gar nicht zu vermeiden ist, gut, ich bin ja gewarnt, dann treffe ich mich mal mit den Herren; damit gewinnst du Zeit.

Zu diesem Treffen kam es aber nicht mehr.

Dann erhielt ich den Auftrag, in Westberlin ein bestimmtes Restaurant zu besuchen, den Namen des Besitzers festzustellen und die Leute, die darin verkehrten. Mir wurde das allmählich alles sehr unheimlich, und ich habe mir ein Herz gefaßt: Ich bin in Westberlin zur Polizei gegangen. Ich habe ihnen von diesem Auftrag erzählt, und die Polizeibeamten haben die Abteilung I angerufen. Von dort wurde ich abgeholt. Die Beamten der Abteilung I waren erst sehr mißtrauisch gegen mich, dann haben sie mir gesagt: Das ist nur ein Testauftrag, das Lokal ist denen im Osten besser bekannt, als Sie jemals auskundschaften können. Gehen Sie zu dem Lokal, der Name des Besitzers steht nämlich über der Tür, den können Sie ruhig nennen.

Herr K. hatte mir gesagt: Wir wissen bestimmte Lokale in Westberlin, in denen sich Westberliner Spione treffen und ihre Unterredungen haben, und dieses Lokal ist eins davon. Ich bin dann mit meinem Bräutigam hingegangen. Beim nächsten Treffen sagte ich zu Herrn K.: Das können Sie nicht von mir verlangen, daß ich in so eine Kneipe gehe.

Sie haben doch Ihren Verlobten, den können Sie ja mitnehmen. Mein Verlobter geht nicht in solche Lokale, sagte ich, für wen halten Sie ihn?

Außerdem hatte ich den Auftrag, bestimmte Lokale in Ostberlin aufzusuchen, die Herr K. mir nannte, und dort Ausländer oder Staatenlose kennenzulernen, deren Namen in Erfahrung zu bringen und dem SSD mitzuteilen.

Ich fragte: Was wollen Sie denn mit denen? Ich habe mich absichtlich manchmal sehr dumm gestellt.

Herr K. sagte: Na, sehen Sie mal, diese Leute haben meist wenig Geld, die können sich doch Geld verdienen. Wir haben mit Tausenden Kontakt in der DDR, in Ostberlin, in Westberlin und in Westdeutschland. Unser Ziel ist es, Leute von uns in die höchsten Stellen im Westen hineinzubekommen. Jeder, der mit uns arbeitet, versucht, immer weiter da hineinzurutschen. Solche Leute sind uns Tausende wert.

Ich habe wiederholt nach Herrn L. gefragt, ob er schon verurteilt ist und wieviel er bekommen hätte. Ich mache mir solche Vorwürfe, sagte ich, eigentlich bin ich schuld an allem; ohne mich wäre er sicherlich gar nicht rübergegangen.

Herr K. sagte ganz böse: Hören Sie endlich damit auf, Sie

sind nicht schuld, merken Sie sich das. Wenn Herr L. in Ihrer Lage wäre, der würde überhaupt nicht von Ihnen sprechen. Er versprach mir aber, sich gelegentlich nach ihm zu erkundigen.

Sehen Sie mal, sagte ich zu ihm, meine Eltern werden von dem Prozeß erfahren, und ich muß doch auch als Zeugin hin. Wie wollen Sie das überhaupt deichseln, daß ich nicht verurteilt werde?

Machen Sie sich keine Sorgen, sagte er. Wir sind das höchste Organ der DDR, das Gericht ist uns untergeordnet, und wie wir entscheiden, so geschieht es. Sie werden gar nicht zum Prozeß geladen werden.

Ich habe die Schweigeverpflichtung unterschrieben. Aber was soll ich meinen Eltern, was soll ich den Leuten sagen, denen es aufgefallen ist, daß ich einige Tage verschwunden war?

Sie haben eben auf der Straße einen Autounfall gehabt oder einen Herzanfall, Sie können sich eins von beiden aussuchen. Man hat Sie ins Krankenhaus, in die Charité gebracht, und dann erklärte mir Herr K. genau, wie groß dieses Krankenhaus ist, wo es liegt, wie die Ärzte heißen, damit ich bei Fragen nicht in Verlegenheit käme.

Drei Wochen später sagte Herr K.: Sie sehen, wir haben Wort gehalten, der Prozeß gegen Herrn L. hat stattgefunden, und Sie sind nicht als Zeugin geladen worden.

Mein Gott, wieviel hat er bekommen?

Drei Jahre, sagte Herr K.

Während dieser schrecklichen Zeit habe ich nach Hause nur ganz harmlose Karten geschrieben, auch meine Eltern schickten mir nur solche Karten, daß mein Bruder Herbert versetzt wäre und daß Vater eine neue Prothese brauchte und daß es nun Herbst würde. Aber ich wußte genau, daß sie sich um mich Gedanken machten.

Und eines Tages standen sie vor meiner Tür, alle, die ganze Familie. Mutter hatte ihren Wintermantel an und einen Koffer in der Hand. Vater auf seinen Krücken und meine beiden Brüder, einer mit unserer Katze im Körbchen.

Als ich sie vor meiner Tür stehen sah, bekam ich einen furchtbaren Schreck. Ich heulte los, ich konnte mit Heulen überhaupt nicht mehr aufhören. Ich war mit den Nerven fertig. Mutter beruhigte mich. Sie ist eine energische Frau und nahm nun alles in die Hand. Wir haben uns zu fünf Personen in dem kleinen Zimmer für die Nacht eingerichtet. Vater haben wir gleich auf mein Bett gelegt. Er hatte Schmerzen. Durch die Schweißausbrüche von der Angst und der Anstrengung haben die Prothesen gescheuert.

Die Jungens sind auf ihren Stühlen vor Müdigkeit eingeschlafen. Aber Mutter, Vater und ich konnten nicht schlafen. Wir haben über alles gesprochen, die halbe Nacht.

In der kleinen Stadt war es natürlich bald ein offenes Geheimnis, daß Herr L. auf seiner Flucht nicht durchgekommen war und daß ich da irgendwie mit drin hing. Die Nachbarn tuschelten. Und eines Tages kam dann zu den Eltern die Kriminalpolizei und verhörte sie wegen Herrn L. und meinetwegen.

Die Eltern fühlten sich schon die ganze Zeit nicht mehr sicher. Aber erst nach dem Besuch der Kriminalpolizei faßten sie den Entschluß, in den Westen zu gehen. Mutter brachte die ganze Familie nach Berlin. Da waren sie also alle in meinem kleinen Zimmer. Und was sollte jetzt geschehen?

Erst mal schlafen wir, sagte Mutter und breitete ein paar Decken auf dem Fußboden aus. Es wurde schon wieder hell draußen, und wir versuchten, uns noch ein wenig auszuruhn. Um sieben Uhr früh habe ich für uns alle einen starken Kaffee gebrüht, und dann nahmen wir unser bißchen Gepäck und Vater seine Krücken und fuhren mit der S-Bahn nach Westberlin ins Notaufnahmelager.

Und ich hörte die Stimme Jehovas

Jesajas 6, Vers 8 steht: Und ich hörte die Stimme des HERRN, der sprach: Wen soll ich senden? Wer will unser Bote sein? Ich aber sprach: Hier bin ich, sende mich!

Da war ich 25 Jahre alt, da hörte ich die Stimme des HERRN, da wurde ich Zeuge Jehovas.

Ich bin katholisch aufgewachsen, habe meinen Glauben immer sehr ernst genommen. Da besuchten mich einmal Zeugen Jehovas und sprachen mit mir. Ich begann die Bibel zu lesen und mußte feststellen, daß die Glaubenslehre der Katholiken und auch der Protestanten mit der Bibel überhaupt nicht übereinstimmt. Schon mit der Kindtaufe fängt es an. Christus selbst wurde von Johannes dem Täufer untergetaucht, und das geht auch bei unserer Taufe vor sich, nach biblischem Grundsatz. Rückwärts werde ich untergetaucht, das heißt, ich begrabe meinen eigenen Willen und bin gewillt, das Evangelium zu verkünden, so wie es uns die Schrift vorschreibt.

Als ich zu den Zeugen Jehovas übertrat, hatte ich mit meiner Verwandtschaft viel Ärger. Mein Vater war Schweißer von Beruf, und ich habe auch Schweißer gelernt. Mein Vater war sehr böse, aber ich habe mich nicht beirren lassen. Ich erhielt von einem reifen Prediger jede Woche biblischen Unterricht, der dauerte 11 Monate. Ich wurde ermutigt und lernte, die Gedanken in eigenen Worten wiederzugeben und anderen von dem Gelernten zu erzählen. Dann durfte ich an den wöchentlichen Gruppenstudien teilnehmen, die in der Nachbarschaft stattfanden, und durfte die Zusammenkünfte im Königreichsaal besuchen. Jede Versammlung steht unter der Leitung eines reifen christlichen Dieners und seiner sechs Gehilfen. Unsere Versammlungen wurden stark besucht und die von der SED nicht, das hat diese sehr geärgert.

Im August 1950 wurden die Zeugen Jehovas vom Staat

verboten. Bis dahin hatten in den öffentlichen Versammlungen immer schon Spitzel von der SED gesessen und zugehört und aufgepaßt, was gesprochen und gepredigt wurde. Das Bibelstudium soll jeder selbst betreiben, aber in den Versammlungen muß der Versammlungsdiener die Bibel auslegen und die biblischen Handbücher und auf verschiedene Weise den Christen schulen, damit er Reife erlangt bezüglich der Lehre und des Lebenswandels. So wie Christus auf dem Wege nach Emmaus den Jüngern die Schriften erklären mußte. Deshalb mußte auch der Evangelist Philippus dem Äthiopier, der zu Jerusalem angebetet hatte und sich auf der Heimreise befand, die Prophezeiung Jesajas erklären.

Aber die SEDisten im Saal haben vieles auf sich bezogen und sich angegriffen gefühlt. Wir reden die Wahrheit und nehmen kein Blatt vor den Mund. Die Bewegung der Zeugen fordert, daß jedermann furchtlos und stetig Zeugnis von seinem Glauben ablege.

Wie handelt dagegen ein Katholik? Er meint, in unserer Gesellschaft gehört es nicht mehr zum guten Ton, es ist nicht höflich, den anderen deutlich wissen zu lassen, welchem Glauben man angehört. Zeugnis ablegen gilt als naiv oder als fanatisch.

Was sind das nun für christliche Soldaten? Wie handeln die, wenn ihnen unter einem totalen Regime Verfolgung droht? Kein Wunder, wenn solche Menschen das gottlose kommunistische Regime noch unterstützen, auch wenn ihre Kirche darunter leidet. Aus der Zeit, als ich selber noch katholisch war, weiß ich, wie die Herren Pfarrer sich verschiedentlich für den Staat eingesetzt haben, früher für den Nazistaat, und jetzt versuchen sie, auch mit dem heutigen System zu buhlen, um ein leichteres Leben zu haben. Und die Menschen sagen: Da seht die Kirche, sie verbündet sich ja selbst mit dem System des Teufels!

Christus sagt in Johannes 15: Haben sie mich verfolgt, so

werden sie auch euch verfolgen, denn der Knecht ist nicht größer als der HERR. –

Nach dem Verbot der Zeugen Jehovas wurden wir verfolgt, konnten unsere Versammlungen nur noch im geheimen abhalten, aber die Zahl der Königreichverkünder wuchs und wuchs, in den kommunistischen Ländern sind es heute mehr als 120000.

Ich war 1952 mit zwei anderen Zeugen zu einer großen Versammlung, die der *Watch Tower* veranstaltete, nach Westberlin gefahren, und bei der Rückkehr, im Zug nach Pasewalk hoch, wurden wir verhaftet. Wir hatten Literatur bei uns – die religiösen Zeitschriften *Erwachet* und *Der Wachturm,* der Jehovas Königreich verkündet –, die haben sie bei der Zugkontrolle gefunden. Der eine Zeuge hat bei der Verhaftung ein bißchen gegengeredet, der hat 12 Jahre bekommen. Der andere Zeuge bekam 10 Jahre Zuchthaus, und ich auch!

Die Vernehmungen während der Untersuchungshaft waren meist nachts, um die Leute im halb wachenden, halb schlafenden Zustand zu haben, wenn sie noch ganz durcheinander sind. Ich lag mit 7 Mann in einer Zelle. Wenn wir uns um 8 Uhr zur Ruhe gelegt hatten, dann kamen sie um 11, es ging der Schlüssel, der Name wurde gerufen. Ziehen Sie sich an, beeilen Sie sich! Dann wurde man ins Vernehmungszimmer geführt, da hatte die Stenotypistin manchmal mehr zu sagen als der Vernehmer, je nachdem, wie die beiden harmonierten.

Sie gehörten zu einer amerikanischen Agenten-Organisation – fing es an.

Ich sagte: Die Nazis haben behauptet, wir sind Kommunisten. Sie behaupten, wir sind amerikanische Agenten und Saboteure, weil unser Bibelhaus in Brooklyn liegt. Unser Oberhaupt ist der Bruder Noa, der hat seinen Sitz in Amerika, in Brooklyn. Aber ich bin kein Agent, ich bin ein Zeuge Jehovas!

Eben darum, sagten sie, die Zeugen Jehovas erhalten ihre Weisungen aus Amerika, sie sind alle Agenten! Wer ist noch auf der Versammlung in Westberlin gewesen? Nennen Sie die Namen – wir wissen sie auch so, aber wir wollen Ihre Loyalität erproben!

Ob Sie die Namen kennen oder nicht, sagte ich, von mir erfahren Sie keinen Namen! Meinen Sie, ich wäre ein Verräter wie Judas?

Sie sind also noch immer Zeuge Jehovas? fragte der Vernehmer.

Selbstverständlich!

Mann, Sie können doch nicht mit dem Kopf durch die Wand, Sie müssen doch einsehen, daß wir jetzt die Macht haben!

Als ich wieder in meiner Zelle war, betete ich und hielt mir vor Augen, was von mir als echter Zeuge Jehovas verlangt wird: Du hältst dich strikt an die Bibel, du lebst deiner Überzeugung gemäß, ohne aus ihr ein Hehl zu machen, du stehst vor einem Gericht, dem Gericht Gottes. Je nachdem, was du tust und wie du dich verhältst, fällt das Urteil aus. Die Verantwortung für dieses Urteil liegt weder bei einer Geheimpolizei noch bei vom Volke gewählten Richtern. Jehova, der Schöpfer, der höchste Herr des Universums, ist der Richter!

Ich wurde wieder und wieder nachts vorgeführt und vernommen. Einmal fing die Stenotypistin an: Sehen Sie, wenn Sie einsichtig und klug sind, so könnten Sie hier auf Grund Ihrer Arbeit – wenn Sie für uns arbeiten würden – ein gutes Gehalt bekommen, hätten für Ihre Familie zu leben, um die Sie sich jetzt Sorgen machen müssen. Ihre Strafe wird dann nicht so hoch bemessen, wahrscheinlich würden Sie sogar sofort entlassen.

Damit meinte sie, ich sollte Spitzeldienste leisten.

Der Vernehmer fragte mich: Sie wohnen doch in der Nähe der Kaserne der KVP, fahren jeden Morgen mit Ihrem

Fahrrad an dem Gelände entlang, wenn Sie zu Ihrer Arbeitsstelle fahren, nicht wahr?

Ich antwortete: Ich verstehe Sie nicht, natürlich führt mein täglicher Weg zur Fabrik da lang.

Ja, sehen Sie, sagte der Vernehmer, und da sollen wir Ihnen glauben, daß Sie nichts darüber an den amerikanischen Nachrichtendienst berichtet haben? Über die Truppeneinheiten zum Beispiel?

Ich sagte: Ich habe nie etwas berichtet, ich bin neutral.

Erzählen Sie uns keine Märchen, es kommt doch raus!

Ich gab keine Antwort mehr, habe nur noch spöttisch gelächelt. Das brachte die beiden hoch. Die Sekretärin fuhr mich an: Wir werden Ihnen den Hals umdrehen, wenn Sie uns zum besten haben wollen!

Sie haben vier Kinder, fuhr der Vernehmer fort und sah in die Akten. Was soll aus denen werden? Wie wollen Sie Ihre Kinder erziehen?

Darauf sagte ich: In der Zucht und in der Mahnung des HERRN. Ich will sie zu gottesfürchtigen Kindern erziehen.

Das genügt, schrie der Vernehmer, raus!

Neun- oder zehnmal bin ich so vernommen worden.

Dann wurde ich zu 10 Jahren Zuchthaus verurteilt.

Die Anklageschrift haben sie uns morgens gegeben, und als wir vom Termin zurückkamen, stand schon der Kommissar vor der Tür, hat uns die Anklageschrift abgenommen.

Dann kam ich ins Zuchthaus Bützow. Und dann ins Zuchthaus Berlin-Rummelsburg. Die schlimmste Zeit war aber das halbe Jahr Untersuchungshaft bei der Stasi. Wir waren ganz abgeschlossen. Kamen nicht ein einziges Mal an die frische Luft. Eine Zelle mit 7 Mann und ein kleines Fenster. Wie wir aussahen! Kalkweiß, wie Kellergewächse! Verpflegung gab's morgens zwei dünne Schnitten mit Marmelade und einen Topf Kaffee. Mittags ¼ Liter dünne Wassersuppe, abends wieder zwei Schnitten. Wir hatten furchtbaren Hunger! Dann haben die uns einen Spitzel in die Zelle geschickt, einen ehemaligen VP-Angehörigen, der sollte sich bewähren.

Als ich ins Zuchthaus Bützow kam, waren da alles Zellen zu drei Mann und wir drin mit 8 Mann. Von 1952 bis 55 waren furchtbare Zustände. Wir lagen am Fußboden auf Pritschen, einer neben den anderen gepreßt. Der Notdurftkübel stand in der Ecke. Der letzte, der da lag – wenn jemand nachts austreten mußte –, da platschte dem das bald ins Gesicht. Ich habe dann in der Schneiderei gearbeitet. Eine halbe Stunde am Tag kamen wir jetzt an die frische Luft. In Bützow war die Verpflegung auch etwas besser als bei der Stasi. Einmal gab's Sauerkraut mit Wasser, dann wieder Mohrrüben mit Wasser. Und dann die Mecklenburger Ananas, Wrukken! Das gab's dreimal doppelt in der Woche, und sonntags ein paar trockene Kartoffeln und einen kleinen Klops, so Kugeln aus Fleisch und Brot. Aber immer noch haben wir schrecklich gehungert. Seit der Zeit habe ich häufig Herzbeschwerden.

In den ersten Monaten haben sie uns Zeugen Jehovas alle auseinandergerissen, aber dann erkannten sie, daß das keinen Sinn hatte. Wir haben manche in den anderen Zellen bekehrt, und da haben sie uns Zeugen alle wieder zusammengesteckt. So konnten wir unsere biblischen Betrachtungen gemeinsam abhalten. Das wußten sie sowieso im Zuchthaus, daß wir das machten. Es war immer wie ein Wunder, daß wir Bibeln hatten. Die haben uns die Zuchthausbeamten abgenommen und eingeschlossen, aber immer wieder waren welche da. Das geschah so: Einer von uns hat mal saubergemacht im Kommandoleiterzimmer, und da war der Schrank nicht abgeschlossen, und er hat die Bibeln da drin liegen sehen und uns wiedergebracht. Eine Weile haben wir auch auf illegale Weise in Paketen unsere Literatur geschickt bekommen. Wenn die Beamten was davon gefunden haben, wurden wir 21 Tage in den lichtlosen Keller gesperrt. Aber kein einziger Zeuge ist in der Haftzeit von seinem Glauben abgesprungen. Im Gegenteil, durch die Haft sind Schwache erst stark geworden. Auch zu Spitzeldiensten hat sich nie ein Zeuge Jehovas pressen lassen. Sie waren machtlos gegen uns, und das war ihre Wut.

Immer wieder haben sie uns in der Haftzeit gefragt, ob wir weiter an unserem Glauben festhalten wollen. Und dann haben wir »ja« gesagt, und dann haben sie geflucht und uns aus dem Zimmer geworfen. Viele Zeugen saßen im Zuchthaus Bützow. Sie können in der Zone ja nicht alle Zeugen verhaften, sie haben in jeder Versammlung, die sie entdecken konnten, den Versammlungsleiter verhaftet. Oder die Zeugen, die weiter von Haus zu Haus gegangen sind und die Leute aufsuchten, um mit ihnen über Gott zu sprechen – auch das ist verboten. Im Matthäus-Evangelium steht: Christus ist von Haus zu Haus gegangen, um die Menschen zu bekehren, und auf Marktplätze und in den Tempel ist er gegangen. Und die Pharisäer und Schriftgelehrten verwarfen seine Rede. Die Apostel gingen dann wie Christus von Haus zu Haus und von Ort zu Ort und haben die Leute bekehrt. Ich habe oft erlebt, daß Leute unsere Schriften genommen haben, gelesen und haben sich bekehrt, haben gesagt: Ja, dies ist der rechte Glaube! Und haben sich taufen lassen.

In der Schrift steht: In gelegener und ungelegener Zeit sollst du predigen. Und gerade im Zuchthaus haben wir das geübt. Die Menschen sind dort durch die Haft seelisch zerrüttet und besonders aufgeschlossen für Gottes Wort. Draußen im Leben kommt man an die Herzen dieser Menschen gar nicht heran, aber im Zuchthaus beginnt das Grübeln: Gibt es einen Gott oder gibt es keinen Gott? Und wenn es Gott gibt, warum läßt er dies zu, daß mir so geschehen ist? Und dann erklären wir ihm, was Gott mit ihm vorhat, daß er ihm solche Prüfungen schickt.

Da war einmal ein junger Volkspolizist. Der hatte von uns gehört und hat sich in unsere Zelle verlegen lassen und hat uns gefragt und gefragt. Man spürte richtig, wie es in ihm arbeitete, und er wollte gerne Zeuge werden, sagte er – aber ich weiß nicht, was dann aus ihm wurde, sie haben ihn verlegt in einen anderen Block. Ein anderer Junge saß wegen Buntmetalldiebstahl, der ist in der Haft auch mit Zeugen Jehovas zusammengekommen und hat gesagt: Sowie ich herauskomme, lasse ich mich taufen! Und als er rauskam, hat er sich wahrhaftig taufen lassen und ist dann in Ostberlin von Haus zu Haus gegangen und hat den Leuten von Gott gesprochen. Und ist in das Haus eines Mannes gekommen, der hat ihn in die Wohnstube reingeholt und hat sich mit ihm ein Weilchen unterhalten, und dann hat er die Polizei angerufen und hat gesagt: Ich habe einen von diesen Zeugen Jehovas in der Wohnung, holt ihn ab!

Der Mann war ein SED-Funktionär.

Als ich nach Berlin ins Zuchthaus Rummelsburg verlegt wurde, traf ich den Jungen wieder, da hat er dann als Zeuge Jehovas gesessen. Aber für einen Zeugen ist die Haftzeit leichter zu ertragen als für andere Strafgefangene, denn wir halten uns ja immer Christi Leidensweg vor Augen, dann den Leidensweg der Apostel. Paulus war ja zuerst ein Gegner der Christen, war Saulus von Tarsus, der hat auch viel Haft durchmachen müssen, und auch die anderen Apostel. Johannes zum Beispiel wurde enthauptet, weil das Böse auf dieser Welt vorherrschend ist.

Ich wurde nach 7½ Jahren Zuchthaus entlassen, sogenannte Strafaussetzung mit dreijähriger Bewährungsfrist. Als der Beamte mich entließ, hat er mich gefragt: Na, sind Sie immer noch Zeuge Jehovas? Da habe ich gesagt: Ja, das bin ich immer noch.

Na, ist ja auch egal. Aber sind Sie noch immer feindlich gegen die DDR eingestellt?

Darauf habe ich gesagt: Ich hatte überhaupt keine Einstellung gegen die DDR. Ich werde erst mal froh sein, wenn ich hier heraus bin, werde versuchen, Arbeit zu bekommen, damit ich meine Familie ernähren kann. Mit der Politik befassen wir uns grundsätzlich nicht.

Ich kam dann heim und versuchte, meine alte Stelle wieder zu bekommen als Schweißer, aber das war unmöglich, fast 8 Jahre waren vergangen. Da habe ich im Betrieb die Diesel-Ameise gefahren, das ist so ein Dieselfahrzeug mit Fußsteuerung, das habe ich gefahren. Die fanden für die Diesel-Ameise keinen anderen, und so bekam ich sie eben.

Ich verdiente knapp 600 Mark, davon dann noch die Abzüge. Meine Frau hatte Schulden machen müssen, die mußten wir abzahlen. Wie sollte meine arme Frau auch die Jahre durchkommen mit den vier Kindern? 111 Mark Unterstützung für die Kinder bekam sie vom Staat! Und dann hat sie für die Nachbarn gestrickt, und so haben sie sich durchgebracht. Alle Vierteljahr durfte meine Frau mich im Zuchthaus besuchen, aber niemals konnten wir dabei allein sprechen, sieben Jahre lang.

Meine Frau war früher evangelisch. Sie war evangelisch geblieben während unserer Ehe. Und als ich aus der Haft zurückkam, hat sie mir gesagt, daß sie auch zum Glauben der Zeugen Jehovas übergetreten ist. Sie hat, während ich für meinen Glauben im Zuchthaus saß, die Bibel zur Hand genommen. Sie suchte einen Sinn in allem und suchte Trost. Dann erkannte sie das Heil und ist übergetreten und hat dann an den Versammlungen teilgenommen, die illegal weitergingen.

So hatte also das Leben in der Freiheit mit seinen Schwierigkeiten wieder für mich begonnen. Die Funktionäre im Werk kamen zu mir, ich sollte in den FDGB eintreten. Dauernd haben sie mich belästigt. Ich stand unter Kontrolle, wie jeder, der aus der Haft kommt! Viele merken es bloß nicht.

Dann kamen die Funktionäre und drängten, ich muß zur Wahl gehen! Ich sagte: Ich gehe nicht zur Wahl. Die Gründe möchte ich nicht näher erläutern, das hängt mit meinem Glauben zusammen. Ich bin Zeuge Jehovas! – Wir Zeugen

Jehovas gehen grundsätzlich nicht zur Wahl, genauso, wie wir keinen Wehrdienst leisten. Ich sagte: Ich kann das nicht unterstützen, was Menschen in den Regierungsstellen machen und wie sie sich benehmen, dafür kann ich nicht gutstehen, und auf Grund dessen gehe ich nicht zur Wahl!

Von dem Tage an haben sie zugesehen, wie sie mich einfingen. Ich hatte meine Besuche in den Häusern wiederaufgenommen so wie früher. Da hat mich eine Witwe verpfiffen, sie war eine Zugereiste, ich kannte sie vorher nicht; in so einer mittleren Stadt kennt man doch ein bißchen die Leute. Sie unterhielt sich sonntags morgens unter der Haustür mit mir und heuchelte Interesse und bat mich, einen Abend wiederzukommen, Dienstagabend. Aber an dem Dienstagabend konnte ich nicht hingehen, weil vom Werk aus eine Kulturbundversammlung einberufen war. Und meine Frau machte sich auf und wollte statt meiner mit der Frau reden, macht sich aber an der Tür noch nicht bekannt, wer sie wäre, steht grad erst im Flur, und da sieht sie durch den Spalt in der Stube zwei Männer sitzen. Staatssicherheitsdienst!

Meine Frau lief davon, unter einem Vorwand, lief nach Hause, und als ich von der Versammlung zurückkam, hatte sie schon was zusammengepackt, und wir sind in derselben Nacht noch weg mit den Kindern. Ich konnte doch nicht noch einmal für Jahre ins Zuchthaus gehen – was sollte aus den Kindern werden?

Staatlicher Kunsthandel Stalinallee

Brennend gern wäre ich Maler geworden. Aber ich hatte in die väterliche Firma einzutreten! Ich bin keiner, der mit dem Kopf durch die Wand rennt, wie sollte ich mich also gegen einen solchen Familienbeschluß auflehnen?

Mit meinem Foxel und zwei Koffern voll kunstgeschichtlicher Bücher zog ich nach München zur Witwe Käppel in Schwabing. Auf der Universität war ich für Volkswirtschaft eingeschrieben, aber die meiste Zeit saß ich in Vorlesungen über Kunstgeschichte oder stöberte in Antiquitätenläden oder kleinen Galerien herum.

Meine gute Mama hatte mir 30 Mark für einen neuen Pullover geschickt, ich blieb lieber in meinem alten blauen Sweater und kaufte mir für die 30 Mark eine Lithographie von Carl Hofer. Die wurde der Grundstock meiner Sammlung. Unvorstellbar, was zu dieser Zeit noch für ein Studentenportemonnaie erschwinglich war: Graphiken von Klee, Kokoschka, Dix, den Brücke-Künstlern!

Die Witwe Käppel stand staunend in der Tür und schüttelte ihren runden Kopf: Jo mei, was Sie da alles an die Wänd' baumeln, und dafür nix in die Speiskammer! – Für die Witwe Käppel war ich ein Spinner.

Ich stöberte im alten München herum und entdeckte ein paar Künstler abseits vom Kunstbetrieb, die es verdient hätten, daß die Kunstexperten sich für sie interessierten. Das blieb meine Freude: seltene Blüten außerhalb der öffentlichen Gartenanlagen zu finden.

Inzwischen hatte Hitler im Haus der Deutschen Kunst uns gezeigt, wohin der Weg gehen sollte – meiner ging erst mal nach Weimar zurück. Ich verfrachtete mich mit dem Foxel, den Koffern und Mappen ins Eisenbahncoupé, mein Staatsexamen in der Tasche.

Zu Haus trat ich in das väterliche Unternehmen ein;

meine Brüder kannten mein »Hobby« und sahen deshalb meinen kaufmännischen Bemühungen etwas skeptisch zu, fanden aber nichts auszusetzen.

Ich versuchte, mir – außerhalb der täglichen Büroarbeit – meine eigene Welt weiter zu erhalten, suchte Kontakt mit den Leuten vom Museum, vom Kunstverein und gründete sogar ein graphisches Kabinett in unserer kleinen Stadt. Jeden Herbst machte ich eine Studienreise: nach Frankreich, Spanien, Italien, dann nach Griechenland und hinüber nach Afrika – Marokko, Libyen!

Manche dieser Länder habe ich auf Hitlers Kosten wieder besucht, im Krieg. Soldat sein war für mich eine Qual; nie habe ich diesem Männerhandwerk etwas abgewinnen können. In der Uniformtasche trug ich ein kleines Skizzenbuch bei mir, ich zeichnete ab und zu, das brauchte ich für mein inneres Gleichgewicht.

Der Amerikaner nahm mich in Afrika gefangen, dann wanderte ich heimwärts nach Thüringen in unsere kleine Stadt, um den Russen zu erleben. Ich sah mir das mit einem gewissen Interesse an. Wenn es irgend geht, halte ich mich in Distanz zu dem, was um mich herum passiert. Als erstes passierte die Enteignung der väterlichen Firma, sie wurde volkseigener Betrieb.

Für mich war das eine seltsame Art von Befreiung, ich konnte mich endlich ganz meinem »Hobby«, wie die Familie es nannte, zuwenden. Ich gründete einen Graphikverlag.

Im Jahre 1946 war das aber in der russischen Zone nicht so einfach. Ich mußte beim Gewerbeaufsichtsamt eine Gewerbebescheinigung erwirken, um mit Graphik handeln zu dürfen. Dann mußte die Landesstelle für Buch- und Bibliothekswesen in Jena bei der SMA (Sowjetische Militäradministration) eine Lizenz für den Verlag beantragen und durchsetzen.

Als das alles geschafft war, fuhr ich mit allen möglichen Beförderungsmitteln nach Ost- und Westberlin, holte mir bei Malern wie Carl Hofer und Max Pechstein graphische

Blätter, reiste nach Weimar zu Herbig und Schäfer-Ast, schrieb an Dix und Heckel nach Westdeutschland; bekannte und unbekannte Künstler überließen mir ihre Lithos, Radierungen und Holzschnitte zur Reproduktion in meinem Verlag. Ich verkaufte die signierten und unsignierten Blätter überall hin, nach Ost- und Westdeutschland, Ost- und Westberlin. Die Handdrucke und die Handabzüge ließ ich in den Werkstätten der Kunstschulen von Berlin, Weimar und Leipzig machen.

In der SMA saß Major Blechmann, der sowjetische Kulturoffizier, ein Jude. Jedes Blatt mußte ihm vor dem Neudruck oder einer Neuauflage vorgelegt werden. Major Blechmann setzte den Kneifer auf und betrachtete mit seinen klugen Augen skeptisch die Bilder, die ich aus meiner Mappe holte. »Wo sozialistische Arbeitsthemen?« fragte er mit seiner scharfen hellen Stimme. »Keine Arbeiterthemen, kein Aufbau! Plocho, schlecht!«

»Herr Major«, sagte ich, »diese Bilder dienen dem Aufbau indirekt, der Werktätige wird beim Anblick der schönen Landschaften, der Themen ›Mutter und Kind‹ erfreut und gestärkt!«

Bei solchen Antworten verlor Major Blechmanns Blick zwar nicht seine Skepsis, aber ich bekam die meisten meiner Graphiken durch.

Ich fühlte mich zufrieden und glücklich in dieser Zeit, bis die Währungsreform meine neugeschaffene Existenz einfach umschmiß. ich verlor dreiviertel meiner Kundschaft, die in Westdeutschland und Westberlin! Und ich bekam von dort auch keine Graphiken mehr zum Drucken.

Es half nichts, ich mußte meinen Verlag und mich an den Thüringer Volksverlag VEB (Volkseigener Betrieb) verkaufen. Mein Verlag durfte sogar noch ein Weilchen meinen Namen führen, das hieß dann so: Graphikverlag Dr. H. M. im Thüringer Volksverlag, und ich nannte mich Abteilungsleiter.

Die Sachwerte, die ich einbrachte, wurden mir bezahlt, für den ideellen Wert, den goodwill, wurde mit mir eine Summe von 10000 Mark vereinbart. Dieses Geld sollte mir nach und nach aus den jährlichen Gewinnen zurückgezahlt werden, so stand es im Vertrag. Der SED-Buchhalter aber sorgte dafür, daß keine Gewinne gemacht wurden, und dann tauchte die berühmte Steuerprüfungskommission auf. Ich sollte Vermögenssteuernachzahlungen aufbringen für diese 10000 Mark, die ich nie bekommen hatte.

Es blieb mir nichts übrig, als offiziell auf die 10000 Mark zu verzichten – denn das Geld für die Steuer hatte ich nicht.

Nun war es soweit, daß man auch meinen Namen aus dem Verlagsnamen verschwinden lassen konnte. Begründung: Es sei peinlich, sie bekämen andauernd Anfragen: Was für ein Widerstandskämpfer ist denn Dr. H. M. gewesen? Ist er hingerichtet worden? – denn die Leute wären gewohnt, daß Schulen, Plätze, Betriebe nach verdienten Helden und Märtyrern des Sozialismus benannt würden.

Ich blieb aber im Thüringer Volksverlag und tat weiter meine Arbeit. Ich mußte die Künstler im Lande auffordern, nach Photographien Porträts von hohen Herren der Regierung herzustellen, aber auch von »fortschrittlichen Künstlern« wie Heinrich und Thomas Mann.

Unter dem Titel »Politische Köpfe« wurde das dann bei uns gedruckt und verlegt. Von Lenin über Stalin zu Pieck und Ulbricht, die ganze Reihe herunter. Die Künstler wurden gut bezahlt für ihre Arbeit, so ein Litho kostete im Laden zehn Mark, davon bekam der Künstler drei. Ministerien, Theater, Schulen, Betriebe, Kulturstätten, alle mußten ja diese Lithos kaufen.

Außer dieser Porträtreihe gab es die Aufgabestellung »Aufbaumotive«: Der Künstler sollte solche Themen gestalten, die für das sozialistische Leben und die sozialistische Zukunft entscheidend sind. Die offizielle Parole heißt: Die Kunst soll den Werktätigen Kraft und Zuversicht vermitteln, ihr Bewußtsein verändern, ihre Begeisterung erwecken, ihr Wissen bereichern, sie zu größeren Leistungen, zum progressiven Handeln anspornen und sie moralisch stärken.

Maler haben wahre Propheten zu sein, Erzieher, Weltverbesserer, alles in einer Person! Das Malen selbst scheint Nebensache.

Die Künstler werden von den Kunstkritikern und Kulturfunktionären gelobt oder gerügt wie Schulkinder, werden mit Strenge aufgefordert, sich zu bessern – oder sie verlieren alle Chancen, jemals einen Auftrag zu bekommen.

1945 war der Kulturbund gegründet worden, um, wie es im Programm hieß, den Künstlern bei der Überwindung der Rückständigkeit zu helfen. Ich war Mitglied des Kulturbundes geworden – ich mußte mich ja gesellschaftlich betätigen und tat es in diesem Kreis anfangs sogar mit allerlei Hoffnungen. Meine graphische Sammlung stellte ich einmal in den Räumen aus. Die abstrakten Bilder hatte ich weggelassen, das Extremste, was ich zu zeigen wagte, waren die Expressionisten. Da kam bereits die Rüge vom Kulturreferenten der SED: Über die Abteilung der sogenannten Expressionisten solle man ein Plakat hängen: Kunst, wie wir sie nicht wollen!

Ich mußte die Expressionisten abhängen. Dabei waren die Leute nur so hineingeströmt in die Ausstellung, um endlich mal wieder echte Kunst zu sehen!

Aber Künstler der Zone, die für die Außenwelt den gewünschten sozialistischen Realismus herstellen, arbeiten heimlich in ihren Ateliers »formalistisch«. Ich kenne viele von ihnen, bin mit manchen befreundet: Die Herren SED-Kulturkritiker würden staunen, was ihre vom Staat subventionierten Künstler im geheimen an »thematisch untragbaren Motiven« und in »formalistischer Malweise« produzieren. Grotewohl hat in einer Rede in Dresden einmal vor der »Katakombenkunst« gewarnt, die da im verborgenen entstünde.

Der Realismus hat sich jetzt nicht mehr so zu gebärden wie einst in den Werken der Kollwitz oder George Grosz' oder Zilles; das war der sogenannte kritische Realismus, war Anklage gegen die damals bestehende Gesellschaftsordnung.

Der neue, der sozialistische Realismus hat die bestehende, mit Hilfe der Sowjets errungene Gesellschaftsordnung zu verherrlichen, darf nicht mehr negativ, muß jetzt positiv sein!

Der Staat erteilt den Künstlern Aufträge über eine Auftragskommission. Aus Millionen von 5-Pfennigstücken, die in Theatern, Kinos und sonstigen Vergnügungsstätten mit dem Eintrittsgeld zusammen erhoben werden, hat der Staat für seine Aufträge einen Kulturfonds zur Verfügung. Die alten Künstler bekommen, ohne Ansehen der Parteizugehörigkeit, eine monatliche Rente von 300 Mark. Wilhelm Pieck ist ihr Schirmherr.

Ich konnte die Situation der Künstler in der DDR übersehen, da ich seit 1953 beim Verlag der Kunst in Dresden war. Der Graphikverlag war ein Fremdkörper im Thüringer Volksverlag und wurde 1953 in den »Verlag der Kunst« VEB in Dresden eingegliedert. Ich war jetzt Lektor für Graphik am Verlag für Kunst.

Wir gaben schöne Graphiken des 15. bis 20. Jahrhunderts heraus und dann natürlich sowjetische Graphik – als Vorbild für uns! Realismus bis zur Verödung, unerträgliches Pathos – aber alles gekonnt!

Dann bekamen wir den Parteiauftrag, Lichtdrucke von sowjetischen und deutschen Regierungshäuptern herzustellen. So ein Lichtdruck kostete zwischen 1,70 und 5 Mark. Es wurde ein großes Pleitegeschäft. Auf 18000 Köpfen Otto Nuschkes zum Beispiel blieben wir sitzen. Nuschke war unverkäuflich! Dann blieben wir auf Pieck und Grotewohl sitzen, weil Ulbricht sich angeblich geweigert haben soll, seinen Kopf für diese Serie abkonterfeien zu lassen: Er lehne

Personenkult ab! Also kam die Reproduktion des Dreigestirns Pieck, Grotewohl, Ulbricht nicht zustande, und Pieck und Grotewohl allein blieben uns liegen.

Die SED hielt Diskussionen ab, warum der »neue Kurs«, die »perspektiv geplante« Kunstproduktion beim Publikum nicht gefragt wurde, warum immer weiter Landschaften, Blumenstilleben und die ewigen Schwäne und Elfenreigen gewünscht wurden, warum die parteieigenen Volksbuchhandlungen, die HO- (Geschäfte der Handelsorganisation) und Konsum-Objekte, die auch Bilder führen, auf ihren Kollektionen mit »politischer Thematik« sitzenblieben.

Ich versuchte im Verlag für Kunst immer mal ein Blatt aus dem Expressionismus mit hineinzumogeln, der in Künstlerkreisen der Zone die »nationale Form des deutschen Realismus Anfang des 20. Jahrhunderts« genannt wird. Die Menschen waren glücklich, wenn sie in einer Buchhandlung so ein Blatt entdeckten, und kauften es sofort.

Ich hielt im Kulturbund in Dresden einmal einen Lichtbildervortrag mit dem Thema: »Graphik als Waffe im Kampf um den Fortschritt«. Der Saal war fast leer. Drei Wochen später wiederholte ich denselben Vortrag, nur hatte ich ihn unter dem Thema »Meisterwerke der Graphik« ausgeschrieben. Da strömten die Leute in den Saal, und einige kamen nach dem Vortrag auf mich zu, um mir zu danken.

Im Staatsverlag mußte ich immer mehr Konzessionen am Geschmack und meiner künstlerischen Überzeugung machen. Darum nahm ich im Herbst 1955 ein Angebot an, in Berlin einen staatlichen Kunsthandel mit zu begründen.

Der Plan für den staatlichen Kunsthandel bestand schon jahrelang, 1955 wurde er verwirklicht. Wir mieteten ein großes Geschäft mit vielen Hinterräumen und Lagerkellern in der Stalinallee 366 und kauften und verkauften dort – auf Staatskosten und für Staatsgewinn – Gemälde, Plastiken und Graphik, antike Möbel und Teppiche, Porzellane, altes Kunsthandwerk, Münzen.

Die Gewinnspanne lag oft sehr hoch; da wollte einer die Republik verlassen, der versuchte in Hast und Eile die Sachen auch unter Wert loszuwerden; oder wir bekamen Antiquitäten aus dem beschlagnahmten Gut von Republikflüchtigen. Wer flieht, dessen Habe wird sofort vom Staat verkauft, und der Erlös kommt auf ein Sperrkonto. Zwei Jahre bleibt das Geld dort liegen; ist der Republikflüchtling nicht innerhalb dieser Zeit in die DDR zurückgekehrt, fällt das Geld an den Staat.

Wir hatten mit der Zeit Mühe, noch wertvolle Gegenstände in der Zone aufzutreiben. 1945, nach der Bodenreform, waren die schönsten Möbel und Kunstwerke aus Schlössern und Gutshäusern von den Landgemeinden einfach verschleudert worden, private Kunsthändler reisten damals in der Zone herum und machten reiche Beute. Die verkauften sie dann nach dem Westen, zum Teil bis nach USA.

Wir vom staatlichen Kunsthandel waren auf die privaten Kunsthändler als Zubringer angewiesen, die immer noch Möglichkeiten fanden, umherzureisen und zu stöbern. Wir Angestellten des staatlichen Kunsthandels hatten nicht mal einen Wagen für solche notwendigen Touren zur Verfügung, weil wir als HO dem Ministerium für Handel und Versorgung unterstanden, und für die HO gab es eben keine Autos, das war nicht im Plan für Staatsläden vorgesehen.

Ich ging aufs Ministerium und sagte: Hören Sie, das widerspricht dem Prinzip, daß wir als staatlicher Kunsthandel von privaten Kunsthändlern kaufen! Es bleibt uns aber nichts weiter übrig, wir sind darauf angewiesen, weil wir ohne Auto keine Möglichkeit haben, Sachen aufzufinden und ranzukriegen, wie stellen Sie sich das also weiter vor?

Nichts stellten die sich weiter vor, als daß sie mir untersagten, solche kapitalistischen Wege über den privaten Kunsthändler weiter zu beschreiten!

Als der staatliche Kunsthandel gegründet wurde, konnte man sich lange Zeit nicht entscheiden: Wem sollte dies neugeborene Kunstgeschäft nun unterstehen? Das Ministerium für Kultur erklärte sich für nicht zuständig. So wurde der staatliche Kunsthandel dem Ministerium für Handel und Versorgung zugeteilt, genau wie die HO, ja: er wurde damit HO! Das bedeutet, daß der jährliche Gewinn von vielen hunderttausend Mark an den HO-Kreisbetrieb fällt, und wenn andere HO-Läden Verluste haben – so werden die Löcher mit diesem Geld gestopft. Wem von uns machte es da noch Freude, sich mit geschickten Einkäufen und Verkäufen Mühe zu geben?

Vergnügen machte es mir nur, die Leute zu beraten, die in unser Geschäft kamen und mit Kunstverständnis kauften. Da kam Helene Weigel, die Witwe Bert Brechts, die verstand was! Sie brachte die Schauspieler ihres Berliner Ensembles zu uns. Es kaufte die gutverdienende Intelligenz, Ärzte, Wissenschaftler – und dann Gastspielkünstler aus dem Westen! Die konnten ihre riesigen Gagen in Ostgeld in Ostberlin gar nicht ausgeben, und ihre Garderobe kauften die auch nicht in der Stalinallee ein! Die kamen mit ihrer vollen Brieftasche in den staatlichen Kunsthandel, wiesen eine Einkaufsbescheinigung vor, suchten sich eine Rokokokommode aus, antikes Silber, altes Meissner Porzellan, und mit einer Ausfuhrgenehmigung brachten sie es auch aus Ostberlin heraus. Natürlich waren das keine Museumsstücke.

Die Kunstwerte bei uns wurden immer weniger. Nichts aus dem Westen kam zu uns herüber, keine Publikationen über künstlerische Auseinandersetzungen und Entwicklungen, keine Kunstzeitschriften, nichts! Ich hatte das Gefühl, ich würde langsam ausgehungert. Immer öfter fuhr ich nach Westberlin hinüber, um die modernen Kunstausstellungen anzusehen und in den Buchhandlungen sehnsüchtig die Neuerscheinungen durchzublättern. (Meine Anträge auf Reisen nach Westdeutschland waren seit Jahren abgelehnt worden.)

Natürlich erfuhr man, daß ich westliche Bindungen hatte,

wie das heißt. Ich wurde von unserem Leiter aufgefordert, als staatlicher Angestellter diese Fahrten nach Westberlin zu unterlassen. Das war ein Befehl! Ich fiel in eine tiefe Depression. Ich konnte ohne die Verbindung mit dem Westen, mit westlicher Kultur nicht leben. So bin ich eines Tages in die Untergrundbahn Stalinallee eingestiegen mit einer Mappe unter dem Arm – einem kleinen Teil meiner Graphiksammlung –, bin auf dem U-Bahnhof Wittenbergplatz in Westberlin ausgestiegen und bin nicht mehr zurückgefahren.

Da hat meine Frau mich bei der Stasi verpfiffen

Wenn ich in meine Kammer wollte, dann mußte ich durch die Stube, wo meine Frau mit ihrem Verlobten schlief. Unsere Kinder schliefen im Flur und eins bei meiner Frau drin. Dem Verlobten von ihr war das ja auch nicht recht, aber was wollten wir machen, es war kein Platz.

Als meine Frau mich bei der Stasi verpfiffen hat, da wollt' ich ja nicht mehr in die Wohnung zurück. Aber es gibt keine Wohnungen bei uns, und da bin ich eben wieder zu ihr gezogen, als sie mich an der Grenze geschnappt und zurückgeschickt hatten, und hab' dann auf der Couch in der Küche geschlafen. Unsere Scheidung lief schon. Dann hat meine Frau gesagt: In der Küche, das geht nicht, da muß ich morgens mit dem Erwin frühstücken – Erwin, das ist ihr Verlobter –, und da zieh du man lieber in die Kammer hinter der Stube.

Ich bin ungelernter Arbeiter und hab' in einem VEB-Werk Röhren gestempelt. Ich bin nicht gesund, ich hab' schon als Kind Asthma gehabt. Meine Frau hab' ich in der Fabrik kennengelernt, die war 'ne große SEDistin. Ihr Vater war auch Funktionär. Die Schwiegereltern, also die haben ihre Tochter ja immer gegen mich aufgehetzt, dabei konnten sie doch ganz froh sein, daß sie geheiratet hat, zwei Kinder hatte sie schon. Dann bekamen wir noch vier Kinder zusammen, also sechs im ganzen. Zwei davon haben die Schwiegereltern genommen, und vier blieben uns. Morgens, wenn wir zur Arbeit gingen, hat mal meine Frau und mal ich sie in der Krippe abgegeben. Meine Frau und ich hatten immer verschiedene Schichten, also ein Zusammenleben war das überhaupt nicht. Ich war nicht gesund, ich hätt' gern 'ne gute Ehe gehabt. Aber mit meiner Frau und bei den Verhältnissen!

Ich komm' nach Haus, kein Essen da, nichts. Ich muß die Kinder holen, muß Essen kochen, die Kinder ins Bett bringen, und dann hab' ich meine Frau gesucht. Wenn die nicht in der Fabrik war, dann saß sie in 'ner Gastwirtschaft. Da habe ich mir das auch angewöhnt. Ist doch ein Scheißleben, was hat man sonst schon für Freuden.

Aber meine Frau hat mir das zum Vorwurf gemacht. Hat mich aus der Gastwirtschaft rausgeholt und hat rumgeschrien und rumgemacht: Du Lump, bist wieder besoffen, ich werd' mich von dir scheiden lassen.

Dabei hat meine Frau selber getrunken.

Da bin ich dann abgehauen in den Westen. Ich hab' gedacht, da wird das Leben leichter sein. Bei uns gibt's doch nichts, keine Butter, keine Bananen für die Kinder, keine Apfelsinen. Ich hab' ja dann auch Arbeit in Westdeutschland gefunden. Aber das war doch nicht so, wie ich das gedacht hatte. Ich bin dann zurück in die DDR.

Wie ich zu Hause ankomm', hat meine Frau 'n andern. Ich hab' in der Küche geschlafen, wir hatten getrennte Haushaltungen. In der Ecke vom Küchenschrank hat mir meine Frau was eingeräumt für meine Lebensmittel. Die Kinder haben zu mir gesagt: Papa, du kriegst nichts zu essen bei uns.

Da wollte ich wieder rüber in den Westen, aber meine Frau hat das verpfiffen bei der Staatssicherheit. Die haben mich an der Grenze aus dem Zug geholt. Haben mich zurücktransportiert, und ich mußte wieder in die Wohnung ziehen. Jetzt schlief ich ja in der Kammer, da hat meine Frau immer kontrollieren können, wann ich heimkomm' und wann ich weggeh'. Mich hat das ja sehr geärgert.

Ich hab' zu meiner Frau gesagt: Warum hast du das gemacht? Warum hast du mich verpfiffen? Du kannst doch froh sein, wenn du mich los bist.

Und soll ich die Kinder allein durchbringen? hat sie gesagt. Du denkst, wenn du erst im Westen bist, kannst du dich vor dem Zahlen drücken, du Lump!

Ich hab' gesagt: Für meine Kinder, da sorg' ich schon, da

kannst du dich drauf verlassen. Wenn ich im Westen bin, dann kann ich ihnen doch immer schöne Pakete schicken.

Aber ich weiß genau, meine Frau hat das gemacht mit der Stasi, weil sie Angst hatte, daß man sie rankriegt wegen Beihilfe zur Republikflucht. Da hätte sie's mit ihrer Partei zu tun gekriegt, und vielleicht hat auch ihr Verlobter dahintergesteckt, der wollte nicht sechs Kinder allein auf dem Hals haben. Ich denk' ja überhaupt, daß der sie gar nicht heiraten tut, das bildet die sich nur ein.

Ich hab' ja nun nichts anderes gedacht, als wie ich da wieder weg komm, rüber in den Westen. Ich hab' jetzt zuletzt als Hilfsarbeiter bei der Bahn gearbeitet, hatte andere Schichten als meine Frau und ihr Verlobter, der ist Schweißer bei einem VEB. Diesmal hab' ich besser aufgepaßt, hab' es schlauer angestellt als das vorige Mal. Ich mußte bloß zusehen, daß die Kinder das nicht merken – und eines Mittags bin ich weg. Nur 'ne Mütze auf, kein' Koffer, nichts, als wenn ich zur Arbeit geh'. Hab' mich in 'n Zug gesetzt und bin losgefahren und durchgekommen.

Das passiert mir nicht noch mal, daß ich zurück in den Osten geh'. Hier im Lager treff' ich welche, die sind immer wieder hin und her gegangen. Mit einem lieg' ich auf der Stube, der hat schon den fünften Durchgang, das macht dem gar nichts.

Saatgutzucht nach Plan

Ich stamme aus dem Teil von Pommern, der jetzt von den Polen besetzt ist. Ich hatte dort einen großen Bauernhof und habe ausgehalten, bis der Russe kam. Die Russen haben die Fremdarbeiter ausgefragt, wie wir sie behandelt haben, und weil wir sie immer gut behandelt haben, so haben die Russen uns nichts getan. Wir konnten auf unserm Hof bleiben. Aber wir hatten nichts mehr, kein Vieh, keine Maschinen. Das hatte der Russe alles weggenommen.

Eines Tages erschien ein ganzer russischer Stab auf meinem Hof. Ich kam nach Hause, meine Frau stand auf der Treppe und weinte. Die Offiziere standen herum. Da kam ich denn, die Mütze in der Hand – man war ja schon so demütig –, und ein deutschsprechender Offizier sagte zu mir: Sind Sie der Bauer hier?

Ich sage: Jawohl, Herr Major!

Sie müssen das Haus räumen.

Herr Major, sage ich, wo sollen wir denn hin, um Gottes willen?

Sie haben doch kein Vieh mehr, was wollen Sie denn noch hier? Haben Sie gar keine Angst gehabt?

Ich sage: Nein, Herr Major, wir hatten keine Angst, wir hatten neun russische Arbeiter hier, und die haben gesagt, Chef, bleiben, russische Kameraden auch gut.

Es gefiel dem Offizier offensichtlich, daß wir keine Angst hatten. Er blickte sich auf dem Hof um und sagte: Es muß geerntet werden, haben Sie keine Leute mehr hier?

Nichts ist gemäht, der Roggen steht auf dem Halm, in drei Wochen ist Roggenernte. 300 Morgen Wiese steht auf dem Halm. Das muß geschafft werden. Ich brauche mindestens 15 Pferde und Maschinen.

Ja, sagt er, die müssen wir uns hier aus der Gegend besorgen. Und wie viele Tiere können Sie hier durchfüttern?

100 Stück Rindvieh könnten wir hier durchbringen.

Es ist gut, sagt er, es ist ein Transport unterwegs: 60 Milchkühe, 2 Bullen und 40 Stück Jungvieh.

Das hatten sie natürlich irgendwo gestohlen. Und ich bekam es zusammen mit zehn russischen Mädels, Ukrainerinnen, und mit zehn leichtverletzten Russen, die mit den Pferden arbeiteten. Ich mußte das Ganze dirigieren und bekam einen Dolmetscher, einen Sergeanten. Mein Betrieb ernährte das ganze Bataillon. Das klappte alles wunderbar bis September 1946.

Da sagte Herr Major eines Tages: Wir gehen jetzt weg von hier.

Herr Major, und was soll aus uns werden? habe ich gejammert.

Da sagte er: Sie kommen mit nach Rußland, Sie sind ein guter Agronom. Sie werden da Ihr gutes Geld verdienen.

Es war ihm ernst damit. Aber ich habe gesagt: Herr Major, ich möchte nicht. Der Major war wirklich ein feiner Mensch, ein feiner Herr. Aber er konnte uns nun auch nicht mehr helfen. Die Arbeiter mußten die Möbel verpacken, Stühle, Schränke, Betten, alles fein säuberlich. Klavier, Gewehrschrank und Gewehre hatte ich schon gleich abgeben müssen. Aus der ganzen Gegend wurde alles zusammengefahren und verladen. Wo es geblieben ist, das weiß keiner. Und ich mußte die Heumieten und Strohmieten – es war im September kurz nach der Ernte, und alles lag gepreßt in den Mieten –, alles mußte ich anstecken lassen, damit der Pole es nicht bekam. Die guten Wagen kamen alle weg. Auf dem Hof lag noch einer, an dem war ein Hinterrad kaputt, sonst war er in Ordnung. Der Major hat dafür gesorgt, daß die Deichsel abgesägt wurde, damit der Pole den auch nicht bekam. Der Pole, das sei ein schlechter Mensch, sagte er.

Und dann sind wir weg, jeder mit einem Koffer, meine Frau und ich. Der Major hat uns bis zur Grenze gebracht mit seinem Wagen. Dann sind wir über die Grenze gegangen, und dann begann unser Ostzonen-Dasein. Ich kam zur deutschen Saatguthandelszentrale. In K. wurde 1947 eine neue Saatgutzentrale gegründet, da war ich derjenige, der das aufbauen sollte, natürlich unter dem Russen. Ich war der Sachverständige und gleichzeitig der Probenehmer in dem Betrieb, und ein junges Mädel mußte die schriftlichen Arbeiten machen. Ich hatte die Wirtschaften zu überprüfen und fuhr im Auto der Russen herum und mußte mir das Saatgut ansehen. Wir bekamen dann auch eine Wohnung mit Leihmöbeln. Nach und nach haben wir uns wieder eigene Möbel angeschafft und haben die Leihmöbel zurückgegeben.

Diese Saatgutzentrale ist eine staatliche Stelle. Dort wurden die Vermehrungsverträge abgeschlossen. Sie bestand früher schon, aber da war es ganz etwas anderes, reell ging es da zu. Die DSG, die Deutsche Saatzuchtgesellschaft, versorgt die Bäuerliche Handelsgenossenschaft, die BHG, mit Saatgut, und von dort bezieht es dann der Verbraucher, also die LPG und der freie Bauer. Aber dem freien Bauern sind jetzt die Saatgutzuteilungen gekürzt worden. Dabei haben die Altbauern, die was verstanden, noch gute Rohware abgeliefert. Rohware heißt, so wie das Feld sie liefert. Aber seitdem die Altbauern immer weniger werden und die LPGs da sind, wird nur noch Mist geliefert. Kein Mensch hat doch wirklich mehr Interesse. Wir bekamen Rohware rein, die war derart versaut, eine reine Kultur hatten wir gar nicht mehr. Der Klee, die Gräser, alles vermischt mit fremden Kulturen, und es wird ja immer schlechter, weil immer schlechteres Saatgut ausgegeben wird. Die Rohware kam aus allen Ecken des Kreises bei uns zusammen und wurde aufbereitet, d. h. gereinigt. Dafür gibt es Maschinen. Das geht aber nun in einem solchen Tempo – nun, die Leute wollen was verdienen, und das geht nun immer mit Gewalt durch. Ich habe oft gesagt: Herrschaften, diesen Mist wollen wir ausgeben?

Ja, wir müssen was schaffen, wir müssen was schaffen.

Ich sage: Nun gut, ich ziehe die Probe genau so, wie sie

herauskommt aus der Maschine. Ich mußte nämlich Proben nehmen und nach Rostock schicken in das Institut für landwirtschaftliches Versuchs- und Untersuchungswesen, und die Proben sind dann zurückgekommen mit dem Vermerk: aberkannt. Der Leiter vom Institut schrieb: Nach 21 Tagen haben nur 72% gekeimt wegen der Beimischung fremder Kulturen, Nichtkeimfähigkeit und Auswuchs.

Und das war eine Partie von 50 Zentnern. Weil das nun teuer war, hieß es: Nehmen Sie ein neues Muster, frisieren Sie die paar Gramm, schicken Sie's ein, damit es anerkannt wird, dann können wir die Masse, so wie sie ist, ausgeben. Diesen Auftrag bekam ich vom Direktor. Der war kein Mitglied der SED, er war nur Anwärter der Bauernpartei.

Ich habe gesagt: So was mach' ich nicht. Als Sachverständiger habe ich einen Eid geleistet, daß ich meine Arbeit gewissenhaft mache, nicht wahr? Und dann soll ich so etwas tun?

Richtig feierlich wurde der Eid damals geleistet, bei Gott, dem Allmächtigen, und so –. Das gab es noch, das ist ja nun auch schon ein paar Jahre her. Ich habe also nie gemacht, was die so von mir verlangten. Wenn der Direktor sagte: Wir brauchen die Saaten, und Sie schicken die Probe so weg . . .

Ich habe gesagt: Dann macht das doch richtig sauber. Ich sollte den Dreck aus den Proben herausnehmen, damit es in Rostock anerkannt wurde und dann als Saatgut ausgegeben werden konnte. Und die armen Bauern, was sollten die mit einem solchen Saatgut anfangen? Die Felder wurden ihnen versaut, und die Leute haben es doch schon schwer genug.

Da war ein altes Ehepaar mit einer Wirtschaft mit sehr leichtem Boden. Die sagten zu mir: Was sollen wir machen, mit dem Saatgut haben wir so schlechte Ernten, daß wir unser Soll nicht erfüllen können, und nun nehmen sie uns die Wirtschaft weg, und wir müssen als LPG-Arbeiter gehen. Da müssen wir alleine 3 km hinlaufen.

Alte Leute . . .

Wenn ich mir dies schlechte Saatgut ansah: Davon mußte der Bauer nun sein Soll erfüllen und wieder neue Saat abliefern. Da braucht es einen nicht zu wundern, wenn es mit der Landwirtschaft bergab geht. Die LPGs haben ja auch ihr Soll, aber wenn sie's nicht erfüllen, dann schadet es nichts. Das sind sowieso Zuschußbetriebe. Wer noch immer gut abgeliefert hat, Kartoffeln und auch Grob- und Feinsämereien, das war der Altbauer. Der Altbauer, der an seiner Scholle klebt und sich halten will. Und der kriegt keine Vermehrungen mehr, nicht an Getreide und nicht an Kartoffeln. Selbst Schafschwingel kriegt er nicht mehr, das ist ein ganz minderwertiges Gras, nur Schafe ernähren sich davon. Das wird viel mit England gehandelt und nach Australien verladen.

Die Felder sind derart versaut durch die MTS, durch die unsachgemäße Behandlung. Die MTS stellt ja nicht nur die Maschinen, sondern auch die Traktoristen, und da geht dann alles auf Leistung, immer auf Leistung. Ich als Landwirt, wenn ich über diese Felder ging – aber man darf ja nichts sagen, sonst passiert einem was.

Ich bin auf einem volkseigenen Gut zur Kontrolle gewesen; da war ein älterer Herr, ein landwirtschaftlicher Beamter, der seine Sache sehr gut verstand. Er war Anfang der siebzig, aber noch sehr rüstig. Ich mußte über Nacht bleiben, ich wurde nicht fertig und sagte: Wissen Sie, ich komme morgens, wenn's klingelt, wenn die Leute alle zusammenkommen, ich will mir das mal ansehen.

Na, wir guckten uns das an. Also, die kamen gemütlich angetrottelt, einer aus der Ecke, einer aus der Ecke. Früher, in Friedenszeiten, wie kamen sie da flott rangetrabt. Jetzt schlenderten die Knechte aus dem Pferdestall heran, die Landarbeiter und früheren kleinen Bauern, so dreißig, vierzig Leute, standen um den alten Herrn herum, den Betriebsleiter. Und dann ging's los.

Der Betriebsleiter sagte: Der Roggen ist soweit, wir müssen ihn runterholen.

Da antwortet schon einer: Der ist noch nicht trocken. Die redeten alle mit, jeder wollte es besser wissen, jeder wollte was anderes. Der Roggen wurde schließlich nicht eingefahren, obgleich der Betriebsleiter gesagt hatte, er ist trocken. Und wenn der das sagt, dann war er auch trocken. Aber da redete ja jeder mit, ob er nun Ahnung hatte oder nicht.

Als ich das nächste Jahr auf das volkseigene Gut kam, da war der alte Herr eingesperrt, und es regierte ein junger Betriebsleiter von 23 Jahren. Der alte Herr war ein tüchtiger Mann gewesen, aber er konnte sich eben nicht durchsetzen. Der neue Betriebsleiter verstand überhaupt nichts von Landwirtschaft, aber der setzte sich durch. Da wagte keiner mehr gegen anzumucken.

Zu dem Gut gehörte auch eine große Jagd. Und ich wäre ja nun brennend gern mal wieder auf Jagd gegangen. Aber ich durfte kein Jagdgewehr mehr anfassen. Jagdscheine bekamen nur der Landrat und die Funktionäre. Und die haben keine Ahnung, die schießen sich gegenseitig in die Hosen beim Kesseltreiben. Die wissen gar nicht, worauf es bei einer Treibjagd ankommt. Die Leute von den LPGs werden als Treiber abgestellt, und dann wird getrieben. Wo das Wild, das sie geschossen haben, bleibt, das weiß ich nicht. Wir haben noch nie einen Hasen zu sehen gekriegt. Aber der Rotwildbestand hat sich trotz allem sehr gebessert. Na, und die Wildschweine, das ist ja nun auch nicht einfach. Mit ihren Schrotflinten, 'ne Kugelbüchse haben sie nicht. Einen Drilling oder 'ne Bockbüchse, die kriegt vielleicht der Landrat, aber nicht der gewöhnliche Jagdberechtigte. Die haben nur ihre Schrotflinten und dann die Brennige, das ist so eine Eisenkugel, die haben sie wohl auch, und damit kriegen sie auf dreißig Schritt vielleicht einen Überläufer tot, einen alten Keiler oder eine alte Bache.

Ich hab' mich in der Gegend dort sehr wohl gefühlt. Es hat mich so an die Heimat erinnert, und wir hatten uns so hübsch wieder eingerichtet in der kleinen Wohnung. Auch meine Frau war ganz zufrieden. Aber dann mußten wir auch die neue Heimat wieder verlassen, und das kam so:

Ein Bauer in unserer Gegend, der hatte eine Wirtschaft von 300 Morgen, ein äußerst tüchtiger Landwirt. Er hatte einen Viehbestand, wunderbar; aber er kriegte keine Zuteilungen mehr, keine Vermehrungen, also kein Saatgut heißt das.

Eines Tages kamen auf unsere Handelszentrale ein paar Herren aus Berlin. Es hieß, wir sollten mal richtig sprechen, wie uns der Schnabel gewachsen ist und wie wir als Landwirte dächten. Ich hab' dann auch kein Blatt vor 'n Mund genommen und habe gesagt, die und die Menge hat ein volkseigenes Gut geliefert, und hier, da sehen Sie mal – und ich habe ihnen die Probe gezeigt –, so sieht die Saat aus: Mist!

Und dies hier, das hat der Bauer X geliefert, eine feine saubere Saat, und zwar von 10 Morgen 75 Pfund. Und was für ein Unterschied in der Qualität! Und das volkseigene Gut hat von 200 Morgen 1½ Zentner Saatklee geliefert.

Ich habe gesagt: Meine Herren, ich hoffe, daß mir nichts passiert, aber die MTS trägt die Schuld daran. Auf jeder LPG müßte einer sitzen, der seine Sache versteht, und der müßte sagen können: Alles hört auf mein Kommando, und nichts anderes. Und dann habe ich ihnen die Mißstände auf den LPGs dargelegt.

Am nächsten Morgen sagten die Arbeiter zu mir: Sie sind noch da? Die hatten alles mit angehört, denn es war ja eine Betriebsversammlung. Sie sind noch da? Mensch, was haben Sie bloß gesagt!

Ein paar Tage später kommt ein Kollege, mit dem ich immer gut zusammengearbeitet habe, zu mir. Wir saßen gerade im Wohnzimmer, meine Frau und ich, und hörten Radio. Der Kollege kommt rein und sagt ganz aufgeregt: Wir haben heut' eine Sitzung gehabt, und Sie müssen weg. Ich sage Ihnen, machen Sie so schnell wie möglich, heut' noch, wenn es geht, heut' noch. Er war in der SED und der sogenannte betriebspolitische Leiter, ein Arbeiter. Er hat an allen Geheimbesprechungen teilgenommen. Aber er war ein anständiger Mensch, und ich habe ihm häufig Zigarren gegeben, denn er war ein starker Raucher, und ich mach' mir nichts aus Rauchen.

Ich sagte: Menschenskind, warum denn? Reden Sie!

Wir haben immer gut zusammengearbeitet, und ich sag' Ihnen, Sie müssen weg. Fragen Sie mich nicht weiter, aber Sie müssen sofort weg.

Meine Frau konnte es gar nicht fassen. Sie hat geweint. Sie wollte sich nicht schon wieder von allem trennen, von der netten kleinen Wohnung und von der ganzen Gegend, die uns so an unsere Heimat erinnerte. Aber was half es.

Doktor der Psychologie

Als junger Fliegerleutnant dünkte ich mich großartiger als das Bodenpersonal der übrigen Menschheit. Als ich nach dreimonatiger amerikanischer Kriegsgefangenschaft in einem von Sowjets besetzten Dorf landete, in einer alten Uniformhose und schäbiger Ziviljacke, war das erst mal bitter.

Nur wenn man sich in die Landwirtschaft entlassen ließ, kam man vorzeitig aus dem Gefangenenlager heraus, also gab ich als Beruf an: Landarbeiter. Und das wurde ich dann auch, Landarbeiter auf einem thüringischen Bauernhof, von dem die Russen den Bauern verschleppt hatten. Nur Frau und Tochter waren zurückgeblieben.

Ich war zwanzig Jahre alt, gesund und stark, ich sagte mir: Du stammst aus einer Familie, die vom Lande kommt, wenn auch seit Generationen die zweiten und dritten Söhne wie mein Vater Offiziere waren. Nun zeig, was in dir steckt! Verweichlicht und degeneriert bist du schließlich nicht!

Ich habe also hart gearbeitet auf dem Feld, im Stall – immer in der alten Uniformhose und Soldatenstiefeln –, habe Dächer repariert, Bäume geschlagen – und zu essen gab's auf einem Bauernhof immer noch genug, trotz der Russen.

Ein halbes Jahr später kam der Bauer auf seinen Hof zurück und übernahm wieder die Wirtschaft, die die Bäuerin, die Tochter und ich solange allein gemacht hatten. Ein schöner großer alter Hof war das, Familienbesitz seit Generationen, 62 ha Land und 20 ha Wald, ich fühlte mich wie zu Hause.

Kurz vor Ostern sagte ich dann eines Abends zu dem Bauern: Ich bin nun schon ein Dreivierteljahr auf dem Hof. Aber nun, seit Sie zurückgekommen sind, bin ich hier eigentlich überflüssig. – Daß seine Tochter und ich uns liebten, wußte er schon. – Helga und ich möchten gern bald heiraten, sagte ich, aber Helga will auf dem Hof bleiben, und ich möchte mit einem Studium beginnen.

Der Bauer hätte mich am liebsten auf dem Hof behalten, er freute sich, daß er einen Schwiegersohn bekam, der überall zupackte, aber nur Bauer zu sein war doch nicht mein Lebensziel. Ich dachte, vielleicht gründest du eine neue Generation von Landedelleuten mit so einem kleinen Gütchen und so einer prächtigen Frau – mir steckte das im Blut, ich wollte auf dem Land zu Hause sein –, aber ich wollte mich bilden, wollte studieren, wollte weiterkommen. Ich war 21 Jahre alt und voller Idealismus.

Ich bewarb mich in Leipzig um eine Zulassung zum Lehrerstudium. Als Abiturient der Hitlerzeit wurde ich aber abgelehnt. Ein kommunistischer Funktionär half mir weiter, obwohl ich Offizierssohn und selbst Offizier gewesen war und einen Typ repräsentierte, den er seiner Parteidoktrin nach verdammen mußte.

Ich war 1946 der Sozialdemokratischen Partei beigetreten.

Mit Unterstützung dieses Funktionärs durfte ich die Lehrerausbildung machen. Sie dauerte neun Monate. Ich hauste ziemlich kläglich in einer Bodenkammer in Leipzig, aber das machte mir nichts aus, Sonnabend-Sonntag fuhr ich nach Hause auf den Hof zu meiner Frau.

Die Ausbilder an den pädagogischen Fachschulen waren damals aus den alten gehobenen Kreisen, andere hatte der Staat noch nicht zur Verfügung, besonders die slavistischen Lehrstühle waren fast ausschließlich von baltischen Emigranten besetzt, und daß die keine Kommunisten waren, versteht sich von selbst. Unter den Lehreraspiranten traf ich viele gute und lautere Menschen, meist aus dem Mittelstand, aus Handwerkerkreisen.

Ich gab als Lehrerkandidat in den unteren Klassen Unterricht, als ich eines schönen Tages und aus heiterem Himmel verhaftet wurde. »Wegen pro-amerikanischer Umtriebe«, hieß es. Das Ganze war eine reine Unterstellung, ich hatte weder mit der Politik noch mit den Amerikanern was zu tun. Ich habe mich um meine Ausbildung und um meine Kinder in der Klasse gekümmert, nichts sonst. Aber zehn Wochen behielten sie mich in Haft, meine Frau wußte nicht, wo ich geblieben war, der sowjetische wie der deutsche Staatssicherheitsdienst bestritten zu wissen, wo ich wäre, für die Familie war ich wie vom Erdboden verschluckt.

Und meine Frau sollte in dieser Zeit das Kind bekommen, es wurde geboren, drei Wochen, eh sie mich wieder freiließen. Als ich eines Abends bei uns auf dem Hof auftauchte, wußte ich noch nicht, daß ich eine kleine Tochter hatte.

Außerdem hatte ich während meiner Haftzeit meine Lehrerprüfung mit gut bestanden. In Abwesenheit! Gegen meine Leistungen konnten sie beim besten oder sagen wir lieber beim schlechtesten Willen nichts einwenden. Aber eine Anstellung bekam ich nicht, weil ich verhaftet gewesen war. Ich ging also ein zweites Mal zu meinem Gönner, dem kommunistischen Funktionär, und wieder half er mir. Ich wurde Lehramtsbewerber an derselben Schule, die ich als Junge besucht hatte. Als ich das Spind im Lehrerzimmer aufschloß, das mir zugewiesen wurde, entdeckte ich innen an der Schranktür eine Visitenkarte mit dem Namen eines alten Klassenlehrers, den ich sehr verehrt hatte. Das hat mich tief berührt. Ich stand davor und dachte: Ich möchte meine Aufgabe als Lehrer so erfüllen, wie dieser alte Mann es getan hatte.

Ich unterrichtete Kinder im zweiten Schuljahr. Was für ausgeprägte Persönlichkeiten diese Kleinen schon waren! Wir verstanden uns ausgezeichnet. Mit der Politik machten wir es so: Ich diktierte den Kindern ab und zu ein paar Sätze in ihre Hefte mit irgendwelchen Parteiparolen und sagte zu ihnen: Das müßt ihr auswendig lernen. Wenn der Schulrat oder einer von der Partei oder vom Rat des Kreises kam, um zu kontrollieren, waren die Kinder schlau genug, um mitzuspielen und ihren Lehrer nicht reinzulegen; wie am Schnürchen rasselten sie die Sätze herunter. Selbst die Kleinen hatten's schon begriffen.

Auf unseren Wanderungen sagten sie dann ganz stolz zu mir mit schlauen Mienen: Wir wissen, wer nach der roten Fahne geht, die und die Lehrerin, wir passen schon auf, wenn der Herr Schulrat kommt und prüft.

Ich wollte mein Leben aber nicht als Lehrer beschließen, ich hatte mich schon seit einem Jahr zum Studium der Erziehungswissenschaften beworben mit dem Hauptfach Psychologie und wurde 1948 endlich an der Universität in Leipzig zugelassen. Neun Semester habe ich studiert, außerdem weiter an der Schule Unterricht gegeben, und Sonnabend/Sonntag bin ich nach Hause gefahren und habe mich auf dem Hof körperlich ausgearbeitet. Meine Frau blieb mit unserer Kleinen bei den Eltern wohnen, man konnte doch ein Kind in diesen Jahren in der Stadt nicht ordentlich ernähren, und Wohnungen gab's auch nicht. Die Zeit des jahrelangen Getrenntseins mußten wir eben überstehen.

1953 machte ich mein Staatsexamen und in den Jahren 1952 bis 1955 meine Dissertationsarbeit, eine psychologische Untersuchung. Ich wurde Assistent am psychologischen Institut der Universität. Keiner meiner Kollegen dort war in der SED. Die alten Professoren läßt man mit der Politik mehr oder weniger in Ruhe, sie sterben ja doch bald weg, ist die Devise, und bis dahin bedient man sich ihrer noch. Aber diese Alten finden sich in der neuen Ära gar nicht mehr zurecht. Mit manchen von ihnen ist es eine richtige Tragödie.

Vom Staatssekretariat für Hochschulwesen wurde 1957 eine sozialistische Umgestaltung der Universitäten verlangt. Bei der theologischen Fakultät war man erst noch zurückhaltend, denn sie hat eine alte Tradition, sie ist die älteste Fakultät überhaupt, und die SED wagte diesen Urbestand aller Universitäten noch nicht anzutasten. Die theologischen Fakultäten leben von Staatsgeldern, und ein gut Teil der Theologieprofessoren versucht darum mit dem Staat auszukommen, von den Friedenspfarrern zu schweigen.

Ich wurde nebenamtlich Dozent für Psychologie und Erziehungswesen an der theologischen Fakultät. Manche Theologiestudenten hatten ursprünglich ein anderes Studium beginnen wollen, wurden wegen ihrer kirchlichen Einstellung aber nicht zugelassen und studieren nun aus Protest und innerer Überzeugung Theologie, obwohl sie materiell sehr viel schlechter gestellt sind als die anderen; ein wahres Hungerdasein führen sie.

Mit unserer eigenen Wissenschaft haben wir es schwer unter dem Marxismus. Im Westen kann die Psychologie differierende Anschauungen entwickeln, im Osten ist das anders. Solange sich die Psychologie in Bereichen naturwissenschaftlichen Faktenmaterials bewegt, kann das Regime ihr nichts anhaben. Sobald sie aber in philosophische Bereiche aufsteigen will, stößt sie an das vorgeformte Lehrgebäude des Marxismus und wird vom eisigen marxistischen Wind weggeweht.

Wir versuchten, den Menschen, die zu uns ins Institut kamen, als »Seelenärzte« zu helfen. Jeder, der sensibel ist, leidet durch die politische Drucksituation. Bei psychischen Schäden liegt natürlich ein Ursachengeflecht vor, in dem aber immer eine politische Komponente enthalten ist. Es gibt: den Antikommunisten, der unter der Situation leidet und in die innere Emigration geht, der versucht, seinen Haß gegen das Regime zu verdrängen. Die Komplexe werden in seinem Innern ausgekämpft und führen oft zu seelischen und körperlichen Störungen. Auf der anderen Seite steht der Funktionär, der in ständiger Angst vor »oben« lebt, in Angst »schief zu liegen«, abgeschossen zu werden.

Aber auch ein Mensch, der in den Westen flieht, kann noch Schaden nehmen, wenn er sich dort in der neuen Umwelt deklassiert fühlt. Fast alle Flüchtlinge leiden in der ersten Zeit unter Minderwertigkeitsgefühlen.

Bei den echten Geisteskranken, den Schizophrenen und Manisch-Depressiven, wird durch die Situation in der Zone natürlich keine Verschlechterung herbeigeführt, bei labilen Menschen aber ist die Ursache psychogener Schäden wie Magengeschwüre, Ekzeme, alle Arten von Hautausschlägen etc. durch die politische Drucksituation deutlich erkennbar. Immer wieder habe ich versucht, Angstneurosen zu heilen, aber ich konnte ja die Ursache der Angst nicht beseitigen. Dann neigen die Menschen in solchen Zwangssituationen natürlich zur Trunksucht.

Ich hatte mal einen Melker unter meinen Patienten, einen kontaktschwachen Menschen, der im Umgang mit Tieren eine Erleichterung fand. Im Krieg verlor er den rechten Fuß, konnte seinen Beruf als Melker nicht mehr ausüben und kam ins Räderwerk des Parteiapparates, wurde hinaufgedreht und mußte umherreisen und politische Vorträge halten. Das konnte der Mann gar nicht. Er fürchtete sich einfach vor den Leuten, zu denen er reden sollte. Er bekam eine so schwere Ekzemerkrankung, daß er mehrfach ins Krankenhaus mußte. Ich hatte den Mann zu behandeln, er sagte verzweifelt zu mir: Herr Doktor, ich kann nicht mehr, die Disziplinarverfahren bei den »moralischen Verfehlungen« der Genossen nehmen mich zu sehr mit, kaum geht so was los, schwellen meine Glieder wieder an und sind voll Ausschlag.

Dann kamen Mütter zu mir mit ihren Kindern, die in der Schule von andern Kindern gequält und gehänselt wurden, weil sie christlich erzogen worden waren, und auf diese Quälereien mit Sprechangst und Bettnässen reagierten.

Es gab in den Ehen Schwierigkeiten. Oft waren nach Kriegsende Ehen zwischen Männern aus proletarischem Milieu und Frauen des Mittelstandes geschlossen worden. Das rächte sich. Besonders schwierig wird es aber erst, wenn solche Ehepaare zusammen in den Westen fliehen, dort kann eine solche Ehe dann zerbrechen, in der Zone ist der soziale Unterschied noch nicht so deutlich geworden.

Aber ich habe immer wieder erlebt, daß Familien in der Zone unter dem Druck fester zusammenhalten als Familien im Westen. Die Familie bildet den einzigen Schutzwall gegen die feindliche Umwelt. Große Opfer werden von Eltern und auch von den Kindern gebracht, um sich nicht trennen zu müssen. Wegen ihrer Kinder halten viele Eltern noch in der Zone aus, die sonst längst in den Westen gegangen wären. Wie oft hat mir ein Vater oder eine Mutter in der Sprechstunde gesagt: Herr Doktor, ich möchte ja weg, aber mein Sohn muß doch seine Lehre erst fertigmachen – oder die Tochter das Abitur.

Andere Eltern wieder verlassen um ihrer Kinder willen ihre Heimat und fliehen in den Westen, um ihre Kinder den schädlichen politischen Einflüssen zu entziehen. Sie wollen den Sohn oder die Tochter vor den Verpflichtungen zur Jugendweihe, zur FDJ, zur NVA, vor den unzähligen politischen Organisationen retten.

Ich selbst wäre niemals in den Westen geflohen, wenn mir nicht Verhaftung gedroht hätte. Wir können doch nicht alle fortgehen. Grade die Besten sollten bleiben, solange sie nur können.

Die bedrängende Situation fing für uns an den Universitäten 1957 an. Da wurden wir neu ausgerichtet, den Professoren und Dozenten wurden Themen mit politischem Inhalt zugewiesen. Wir hatten unseren Unterricht »politisch auszubauen«. Ich habe gesagt: Ich bin Wissenschaftler, ich bin kein Politiker. Auf diesen Ausspruch hin wurde ich dreimal zum Staatssekretariat für Hochschulwesen bestellt. Ich sagte einfach immer ab. Dann wurde mir schriftlich mitgeteilt, man könnte gegen mich das Strafergänzungsgesetz heranziehen, in dem es heißt: Bestrafung wegen Sabotage am Aufbau des Sozialismus.

Meine Sekretärin im Institut gab mir dann vorsichtig zu verstehen, daß ich mich in den nächsten Tagen auch wegen Äußerungen zu verantworten hätte, die ich bei Vorlesungen an der theologischen Fakultät getan hätte. Eine Welle von Haussuchungen war bei den Theologen und in ihrer Fakultät angelaufen. Dabei hatte die Staatssicherheit Manuskripte meiner Vorlesung gefunden und festgestellt, daß sie alles andere als im Sinne des Marxismus waren.

Die Vorlesungen in der theologischen Fakultät wurden mir daraufhin verboten. Wir haben uns aber weiter getroffen, meine Studenten und ich, und ich habe weiter meine Vorlesungen gehalten, heimlich, im Gemeindesaal der Kirche oder in der Sakristei. Diese geheimen Vorlesungen waren immer überfüllt. Es war eine starke Gemeinschaft unter uns, man konnte sich vorstellen, wie die ersten Christen sich in den Katakomben Roms trafen.

Eines Tages war es soweit – die Autos der Staatssicherheit fuhren plötzlich vor den Toren der Kirche vor. Ich konnte grade noch aus einem Nebenausgang der Sakristei entkommen. Ich bin, so wie ich war, zum Bahnhof gerannt, in den nächsten Zug gesprungen. Stunden später war ich in Westberlin.

Meiner Frau ist das Aufgeben der Heimat, des elterlichen Hofes, so schwer geworden, daß sie Wochen brauchte, bis sie sich dazu entschloß. Ich habe in Berlin auf sie gewartet und gewartet, dann ist sie mit unserer kleinen Tochter doch eines Tages zu mir gekommen.

Der Kampfauftrag

Die Mutter war natürlich nicht entzückt, daß die Tochter zugleich mit ihr ein Kind bekommen würde, und alles in derselben Wohnung, aber was sollten Ursel und ich machen, heiraten konnten wir noch nicht, wir waren beide erst sechzehn. Ich hätte so gern geheiratet, verdiente fast 500 Mark im Monat und mußte immer noch im Heim wohnen. Als das Kind geboren war, hab' ich mir ein möbliertes Zimmer gesucht, damit Ursel mit unserer Tochter wenigstens zu mir kommen konnte. Das Kind von meinen Schwiegereltern wurde zwei Monate später als unseres geboren, die beiden wuchsen eben zusammen auf. Mein Schwiegervater war Angestellter bei der Wismut AG (Uranbergbau), dem paßte das nicht mit uns, auch nicht meine politische Begeisterung!

Mit 14 Jahren war ich aus Westdeutschland in die DDR gekommen, um dort meine berufliche und politische Ausbildung zu bekommen. Mein Vater war bis zur Auflösung der KP in Westdeutschland kommunistischer Funktionär in Duisburg, und die Familie sah nicht mal sonntags was von ihm, immer war er für die Partei unterwegs im Ruhrgebiet, sein Aufgabenbereich war die »gesamtdeutsche Arbeit«, im Programm der nationalen Wiedervereinigung.

Mein Vater ist im Auftrag der KP mit Delegationen und auch allein in die DDR gefahren, manchmal hat er mich mitgenommen. Auf einer dieser Reisen – ich war 14 Jahre alt – rieten ihm Freunde in Leipzig, mich dortzulassen zur Lehrlingsausbildung. Mein Vater war einverstanden, und mir war's auch recht, meine Mutter wurde nicht viel gefragt. Ich war für das System hell begeistert und hatte Vorteile und Möglichkeiten für meine Ausbildung als Techniker, die es in der Bundesrepublik für mich nicht gab. Meinen Vater kostete ich keinen Pfennig, weder einen westdeutschen noch einen ostdeutschen, alles bezahlte der Staat, die DDR!

Ich wurde von den Parteifreunden meines Vaters in einem Leipziger Lehrlingsheim untergebracht, mein Zuhause fand ich im Haus der Jugend und wurde Führer in der FDJ. Es war großartig: Wir trieben Sport, machten Ausflüge, bastelten und wurden natürlich politisch ausgerichtet. Da ich nicht dumm war, wurde ich sehr gefördert.

In der FDJ lernte ich Ursel kennen. Sie war sehr hübsch, ganz blond und so alt wie ich, fünfzehn! Wir waren immer zusammen; dann sagte sie mir im Herbst, daß sie solche Angst hätte, sie bekäme ein Kind. Wir wußten uns nicht zu helfen, und sie hat es ihrer Mutter gesagt. Das war um die Zeit, als die Mutter auch gerade entdeckt hatte, daß sie wieder ein Kind bekam. Ursel war die Älteste zu Haus, nach ihr kamen noch fünf.

Ängstlich war ich eigentlich nicht, als Ursel mir das sagte mit dem Kind. Ich mußte nur fleißig sein, mich weiterbilden, dann konnte ich mit 18 Jahren Ursel heiraten und meine Familie ernähren.

Die Eltern waren in der Zeit nicht nett mit Ursel, die Mutter gab ihr von der Babywäsche ab, aber der Vater war unfreundlich zu ihr, murrte und schimpfte. Ich durfte auch nicht ins Haus kommen. Wir sind mit unserem Kind im Kinderwagen immer weit rausgefahren mit der Straßenbahn in die Vorstadt von Leipzig und dort spazierengegangen. Wir warteten so sehr, daß wir endlich älter würden und ein eigenes Heim gründen konnten. Wir verstanden uns weiter gut und litten darunter, getrennt zu sein. Ich wollte doch meine Frau und mein Zuhause haben!

Mit 16 Jahren war ich mit meiner Ausbildung als Techniker fertig und wurde für 400 Mark im Monat als Planungstechniker im VEB-Werk angestellt. Ich wurde zweiter FDJ-Sekretär im Werk, ich war immer noch heilig überzeugt vom Kommunismus. Einmal im Jahr reiste ich nach Duisburg und besuchte meine Eltern. Was ich in Westdeutschland sah, konnte mir nicht imponieren. Die lebten alle noch mit den Idealen der Vergangenheit, und wie man sah, lebten sie nicht schlecht – aber die Zukunft gehörte uns!

Endlich, im Juli 1958, war ich 18, und im September hatte Ursel ihren 18. Geburtstag, und wir konnten heiraten. Ursel sollte wieder ein Kind bekommen. Unsere Tochter war eineinhalb Jahre, als wir heirateten, und Ursel wieder im dritten Monat. Aber sie hat es mir erst nach unserer Hochzeit gesagt, weil sie fürchtete, daß ich darüber nicht froh wäre.

Zu der Hochzeit kam mein Vater aus Westdeutschland angereist. Er lernte meine Schwiegereltern kennen, aber sie wagten mit ihm nicht über Politik zu reden, weil er sie nach einer Bemerkung meines Schwiegervaters gleich zurechtgewiesen hatte.

Wir haben also das Thema Politik vermieden, sonst verstand sich mein Vater mit meinen Schwiegereltern nicht schlecht. Mein Vater war am Abend vor unserer Hochzeit angekommen, ich hatte ihn mit meinen Schwiegereltern bekannt gemacht, und er hatte sich seine Enkeltochter angesehen. Er streckte den Finger aus, und sie faßte sich dran fest, und so gingen sie in der Stube auf und ab. Ursel sagte: Dein Vater hat in Wirklichkeit gar nicht so ein hartes Gesicht wie auf der Fotografie, und jung sieht der noch aus! – Mein Vater war 39.

Am Morgen unserer Hochzeit machte Ursel mit der Schwiegermutter und einer Tante die Wohnung zurecht und das Essen und machte sich schön: ein neues hellblaues Kleid hatten wir in der HO zusammen ausgesucht für 380 Mark. Und Schuhe mit spitzen Absätzen, die waren Ursels Traum. 118 Mark!

Mein Schwiegervater sah sich die Wirtschaft an und sagte: Also kommt bloß raus hier, wir stehen den Frauensleuten nur im Weg, wir setzen uns drüben ins Gasthaus und kloppen Skat, bis es soweit ist zum Standesamt. Und dann zogen wir drei los, mein Vater, mein Schwiegervater und ich, und droschen Skat und tranken dazu immer ein Bier und einen Klaren; so sahen wir nicht mehr klar, als es Zeit zur Trauung war! Aber die Hochzeit wurde großartig, bis in die Nacht haben wir gefeiert.

Mein Vater fuhr dann wieder nach Duisburg zurück, Ursel und ich brachten ihn an den Zug. Ich hatte eine schöne Zweizimmerwohnung gemietet, in der hatte mein Vater die Nacht auch geschlafen, wir waren sehr stolz, daß wir ihn in einer eigenen Wohnung beherbergen konnten. Ich hatte gut verdient und gespart, wir konnten uns schon allerhand anschaffen. Schlafzimmermöbel aus Birke und eine Küche. Das Wohnzimmer kam später dran.

Die Kleine ließen wir erst mal bei der Schwiegermutter, wo sie mit deren Tochter aufwuchs, und Ursel ging in eine Textilfabrik, um noch zu verdienen. Daß wieder ein Kind kam, paßte mir natürlich gar nicht, aber was sollte man machen! Ursel war zuversichtlich und verlor nicht den Mut, und so durfte ich es auch nicht. Ich habe hart gearbeitet, bis in die Nächte. Um ½7 morgens fing ich an im Betrieb, und um 15 Uhr 15 war Feierabend – aber dann ging die Anstrengung erst los! Ich saß zu Hause und las und büffelte. Ich hatte nur den Mittelschulabschluß und war vom Betrieb zum Fernstudium delegiert worden – Elektromaschinenbau. Abends saß ich noch in der Leipziger Universität und hörte Philosophie und Politökonomie, das ist bei jedem Fachstudium obligatorisch.

Als ich 18 Jahre wurde, hatte ich meine Aufnahme in die SED beantragt und war Parteimitglied geworden, blieb aber in der FDJ – da kann man bleiben bis zu 25. Ich hatte als zweiter Sekretär mit dem Organisieren viel Arbeit. Dann war ich in der GST (Gesellschaft für Sport und Technik), in der DSF. Im Frühjahr 59 gab es dauernd Ärger wegen der Freizeit. Mir wurde das auch bald zuviel, was die in der Partei von uns verlangten! Ich fing überhaupt an, mir kritische Gedanken über vieles zu machen, weil ich begonnen hatte zu lesen.

Ich wollte alles lernen, alles wissen; das Leben macht Spaß, gerade weil man sich anstrengen muß!

Ich hatte also begonnen zu lesen, denn im Betrieb war kampagnemäßig eine Werbeaktion angelaufen: »Mehr lesen«! Wir holten uns aus der Werksbibliothek Brecht, Bredel, die Seghers und diskutierten dann darüber in unserer Betriebsgruppe der FDJ.

Wir hatten außer dem Gruppensekretär noch einen Literaturobmann in der Leitung, der Bücher und Broschüren verkaufte und verteilte und an den literarischen Abenden die Diskussion leitete. Er ist so geschult, daß er auf alle Fragen die passende Antwort geben kann. Die »lesenden Arbeiter« wurden aufgefordert, sich zu Bücherzirkeln zusammenzuschließen.

Ich war auch in der ZBGL (Zentrale Betriebsgewerkschaftsleitung) der FDJ und gab eine Betriebszeitung heraus. Die Artikel dafür schrieb ich selbst, und so kam ich ans Schreiben. Ich bekam den Parteiauftrag, für die Kreiszeitung über eine SED-Versammlung zu berichten. Der Redakteur hatte einen Artikel von mir gelesen und wünschte mehr so bombenfeste Sachen. Ich wurde Volkskorrespondent – und ich wurde das, was man »schreibender Arbeiter« nennt.

Auf der Bitterfelder Konferenz der Kulturfunktionäre im April 59 hatte Ulbricht die gesamte Arbeiterschaft aufgefordert, »nach Feierabend zur Feder zu greifen«.

Die Gescheiten in der Partei sagten sich nämlich: Wenn wir immer nur die hauptamtlichen Funktionäre über die Errungenschaften des Sozialismus schreiben lassen, nützt der Eindruck auf die Leser sich ab. Wir müssen psychologisch vorgehen! Wenn der Arbeiter einen Artikel von einem Kollegen liest, sagt er sich: Der Mann steht neben mir an der Maschine, der muß wissen, wie es ist. Und im Betrieb spricht's sich rum wie ein Lauffeuer: Hast du schon gelesen, was der Kollege geschrieben hat? Sie sind stolz aufeinander! Jeder kann gehört werden, werden sie sagen, jeder kann sich verständlich machen, wir sind nicht mehr auf die vorgekaute Meinung der Intellektuellen angewiesen!

In der Sowjetunion hatte man mit der Bewegung »Vom lesenden zum schreibenden Arbeiter« gute Erfahrungen gemacht. Geplant wurde in zwei Hauptrichtungen: die eine galt der älteren Generation, den Intelligenzlern und Lehrern, denen servierte man antinazistische Literatur. Die andere Richtung zielte auf die Jüngeren, denen wurde das Loblied des Sozialismus gesungen, der sozialen Errungenschaften, der sozialistischen Brigaden.

Viele schreibende Arbeiter sind gar keine Arbeiter, sondern stammen aus dem Lehrerstand. Aber veröffentlicht wird alles unter der Überschrift: »schreibender Arbeiter«.

Wer von den »schreibenden Arbeitern«, die wirklich Arbeiter sind, gute Erfolge aufzuweisen hat, kann vom Betrieb sogar auf das Literaturinstitut der Karl-Marx-Universität in Leipzig delegiert werden. Der Betrieb zahlt ihm den Lohn weiter. Für positive fachliche Leistungen in der Literatur gibt es Prämien in Form von Bücherbeihilfen, Reisebeihilfen für Studienzwecke, da ist man großzügig. Auch ich bekam solche Prämien. Ich schrieb sogar ein kleines Theaterstück, für das ich einen Preis erhielt.

Meine Frau und ich mußten hart arbeiten, gewiß, aber wir konnten was anschaffen dafür, und wir fühlten uns wohl. Wir verstanden uns gut, und der Kleine war nun geboren. Ich hatte mich nicht auf ihn gefreut, aber jetzt war er mir besonders ans Herz gewachsen. Ich habe ihn am Sonntag immer gebadet, und die ersten Schritte habe ich ihm beigebracht. Er ist nun schon 1½ Jahre und unsere Tochter fast vier, und wenn ich auch erst 20 bin, ich fühlte die Verantwortung für unsere Familie.

Nach der Geburt unseres Jungen war der Parteisekretär in unserer Wohnung erschienen, hatte gratuliert und mich gefragt, wie ich zur sozialistischen Namensgebung stünde, und wir haben darüber diskutiert. Er sagte: Unser Betrieb wird dir eine schöne sozialistische Namensgebungsfeier ausrichten im Kulturraum des Werkes, mit musikalischer Untermalung, Kaffeetafel und Geschenk.

Meine Frau und ich sind also an einem Sonntagnachmittag mit dem Jungen zur sozialistischen Namensgebung ins Werk gegangen. Die Kollegen und Kolleginnen hatten den Kulturraum hübsch gerichtet mit Blumen, ein Quartett der Werkskapelle spielte ernste Musikstücke, der Beauftragte für Personenstandswesen hielt eine kurze Ansprache, und wir nahmen die Glückwünsche der Parteileitung entgegen.

Nachdem Ursel den Kleinen nach Hause gebracht hatte, kam sie wieder zurück in den Kulturraum, und wir hatten mit den Kollegen und Kolleginnen eine große Kaffeetafel, ihr machte es Spaß. Ich hatte keine rechte Freude mehr an all so was. Seit einiger Zeit wurde mir immer zweifelhafter, was mit uns gemacht, was uns vorerzählt und von uns verlangt wurde. Und dann gingen mir mit einem Schlag die Augen auf:

Im Januar wurde eine Versammlung der APO (Abteilungsparteiorganisation) einberufen und über die Notwendigkeit der Sozialisierung der Landwirtschaft diskutiert. Wir Genossen sollten verpflichtet werden, persönliche Patenschaften über Einzelbauern zu übernehmen, die noch im einen oder anderen Dorf vorhanden waren. An Beispielen wurde uns erklärt, wie die Überzeugungsarbeit zu leisten sei. Üble Methoden wurden uns zugemutet: schnüffeln, erpressen – ich war empört. Ich stand in der Versammlung auf und sagte: Ich lehne den Parteiauftrag für meine Person ab!

Am nächsten Tag wurde ich bereits vor die APO geladen, sie warfen mir mangelndes Bewußtsein vor und drohten, ein Parteiverfahren der Grundeinheit gegen mich zu eröffnen. Daß ein aktiver Genosse ausbrechen wollte aus der Parteidisziplin, das durfte nicht sein!

Und eine Woche später passierte der nächste Schlag:

Der Kommandeur hatte eine Übung der Kampfgruppe des Werkes angesetzt. Wir waren bei der Arbeit, da wurde plötzlich Alarm gegeben.

Wir liefen zur Kleiderkammer, dort muß jeder seine Nummer rufen und bekommt vom Innendienst seine feldmarschmäßige Ausrüstung: Watteunterkleidung, eine Uniform ähnlich wie die der NVA, Mütze, Stiefel, Koppel, Feldspaten, Patronentasche, Zeltplane, Feldflasche, Brotbeutel mit der eisernen Ration.

Dann Befehl: Antreten zum Waffen- und Munitionsempfang.

Waffenappell!

Dann saßen wir auf unseren Fahrzeugen, und raus ging es aus der Stadt zu einem großen Übungsgelände im Wald. Dort, am sogenannten Einsatzort, bekamen wir unseren Kampfauftrag. Für unseren Zug wurde folgender Kampfauftrag verlesen:

> Auf Planquadrat X ist eine westdeutsche Diversantengruppe eingebrochen, Saboteure, Schädlinge, die von Westdeutschland abgesetzt wurden. Sie sind bewaffnet mit leichten Maschinengewehren, Handfeuerwaffen und Handgranaten und sind mit Funkgeräten ausgerüstet. Sie haben Sprengstoffe bei sich, und jeder trägt falsche Papiere in der Tasche. Diese westdeutschen Eindringlinge in Zivil müssen angegriffen und unschädlich gemacht werden!

Wir standen am Waldrand und hörten den Kampfauftrag. Es war ein Befehl! Ich trat vor und sagte zum Hundertschaftskommandeur: Ich weigere mich, diesen Kampfauftrag auszuführen. Meine Eltern leben in Westdeutschland, ich bin selbst von da hergekommen. Ich soll hier auf Westdeutsche schießen, wenn es auch nur angenommene Westdeutsche sind – ich tue das nicht!

Es gab einen heftigen Wortwechsel, und ich wurde abkommandiert zum Innendienst.

Am Abend, beim Appell: Alle angetreten, auch ich, mein Name wird aufgerufen. Vortreten!

Der Hundertschaftskommandeur macht aus mir vor versammelter Mannschaft einen Schweinehund und kündigt Weiterleitung des Vorfalls an die Werkleitung an. Die Parteileitung wird sich zusammen mit der Werkleitung mit dem Fall befassen, rief er mit schneidender Stimme.

Zwei Tage später wurde mir ein Schreiben der Werkleitung übergeben. Durch undiszipliniertes und schädliches Verhalten in der Kampftruppe könnte ich nicht mehr als Wirtschaftsfunktionär fungieren. Die Erlaubnis zum Fernstudium wurde mir für mindestens ein Jahr entzogen. Außerdem sei ich ab sofort strafversetzt in eine Kolonne als Hilfsarbeiter.

In der Nacht habe ich nicht geschlafen. All die Jahre, die ich so fest geglaubt hatte, und jetzt diese Enttäuschung! So etwas bereitet sich ja langsam in einem vor, ich hatte schon seit über einem Jahr meine Zweifel, aber dann kommt die Erkenntnis mit einem Stoß. Erst die Sache mit den Bauern, und jetzt dieser Kampfauftrag. Nein! Das machte ich nicht mehr mit!

Ursel fragte in der Nacht immer: Was hast du denn bloß? Ich konnt's ihr nicht sagen, es war alles zu gräßlich für mich.

Am nächsten Morgen wußte ich schon: Vorladung vor den Werkleiter, den Kaderleiter, den Vorsitzenden der BGL (Betriebsgewerkschaftsleitung):

Wirtschaftsfunktionäre müssen in jeder Hinsicht vorbildlich handeln, fing der Werkleiter an. Du bist nach dem Vorfall nicht mehr berechtigt, als FDJ-Sekretär und Parteiagitator die Funktionen weiter auszufüllen. Du wirst ein Jahr als Hilfsarbeiter tätig sein und dich bewähren, bei einwandfreier gesellschaftlicher und fachlicher Führung kannst du wieder Aufstiegsmöglichkeiten bekommen.

Ich ging nach Hause. Ursel fütterte gerade den Kleinen. Unsere Tochter war bei den Schwiegereltern. Wir hatten sie noch immer dort gelassen, für Ursel wurde es sonst zuviel. Der Arzt hatte gesagt, sie wäre nicht in Ordnung, weil sie noch nicht ausgewachsen war, als sie die Kinder bekam. Darum habe ich auch so gearbeitet, damit Ursel nicht mehr mitverdienen mußte.

Als sie den Kleinen zu Bett gebracht hatte, sagte ich: Du, hör mal, mir ist was passiert, ich muß weg in den Westen – und habe ihr alles erzählt. Denn wie sollen wir zu viert von 300 Mark im Monat leben? sagte ich. 300 bekomme ich als Hilfsarbeiter. Ich habe 800 Mark verdient bis heute als Plantechniker und dazu noch die Prämien.

Ursel war verzweifelt. Gehen wir doch zu den Eltern, reden wir mit den Eltern, sagte sie. Wir sind abends also zu ihren Eltern gegangen, obwohl ich mich immer noch schlecht mit ihnen stand. Ursel verschwand in der Küche bei ihrer Mutter, und ich sprach in der Wohnstube mit meinem Schwiegervater. Ich kann von 300 Mark die Familie nicht erhalten, sagte ich, kann die Verantwortung nicht übernehmen. Ich muß rüber nach Westdeutschland, dort werde ich sofort genug verdienen. Kann Ursel solange zu dir kommen mit dem Kleinen, bis ich in Duisburg eine Wohnung habe?

Mein Schwiegervater redete so merkwürdig herum, mir gefiel das gar nicht. Es ist deine Sache, sagte er, wie du mit der Politik fertig wirst. Du hast ja daran geglaubt, an deine Politik! Und jetzt, wo's für dich persönlich schiefgeht, willst du Leine ziehen! Und wir sitzen da mit der ganzen Geschichte!

Und was hat mein Schwiegervater dann getan? Er ist am nächsten Tag – aus Angst um seine eigene Existenz, seine eigene Stellung bei der Wismut AG – zur Polizei gegangen und hat mich angezeigt!

Ich weiß, er konnte mich nie leiden, aber hinzugehen und den Mann seiner Tochter anzuzeigen wegen Vorbereitung zur Republikflucht! Ursel konnte es nicht fassen. Als sie mich zur Polizei bestellten und verhörten, konnte ich noch alles ableugnen, aber danach war ich einfach fertig. Die Enttäuschung mit der ganzen Politik, und nun noch die Enttäuschung mit der Familie. Dazu die Verhöre! Im Betrieb wurde ich auch zur Kaderleitung bestellt, mir wurde mitgeteilt, es liefe ein Ermittlungsverfahren gegen mich wegen Vorbereitung zur Republikflucht.

Die Polizei hatte bereits weitergemeldet.

Ursel hat Tag und Nacht geweint. Sie konnte das nicht begreifen, was ihr Vater getan hatte. Ich habe sie noch beruhigen müssen, habe gesagt: Er hat eben Angst gehabt wegen seiner eigenen Familie!

Und dann gingen die Auseinandersetzungen zwischen Ursel und mir los: Fliehen oder bleiben? Alles hier weiter auf sich nehmen? Oder alles wegschmeißen und im Westen neu anfangen? Aber wie wegkommen? Wir bekamen ja die Kleine nicht mit. Die würden meine Schwiegereltern nicht hergeben, und wir waren seit dem Abend nicht wieder hingegangen, nur meine Schwiegermutter war zu uns gekommen und hatte versucht, Frieden zu machen, aber was nützte das alles noch!

Schließlich haben wir nur den Kleinen genommen und sind mit ihm losgefahren nach Berlin. Unsere Tochter ist dort geblieben bei den Großeltern. Wie wir die wiederbekommen sollen, weiß ich noch nicht. Ich habe geschrieben, sie sollen uns unser Kind schicken, aber ich habe keine Antwort bekommen. Ich werde an das Jugendamt schreiben, aber es wird auch nichts nützen.

Jetzt wohnen wir in Duisburg in der Wohnung meiner Eltern. Sie haben uns aufgenommen. Meine Mutter hütet den Kleinen, und Ursel und ich arbeiten schon wieder. Mein Vater ist nett mit dem Kind, auch mit Ursel.

Wir stellen uns gut mit ihm, aber nur unter einer Bedingung: über Politik darf nicht gesprochen werden. Ich darf ihm nichts von allem erzählen, was ich erlebt habe. Mein Vater ist immer noch überzeugter Kommunist.

Mein Laden auf dem Land

Der stolziert mit seinen Polizeistiefeln in meinen Laden rein, guckt hier 'rum, da 'rum, schnüffelt, sagt: Schön ist das ja nicht, hier bei Ihnen! Ich sage: Nee, schön ist das nicht. Möchte wissen, wo hier auch noch was schön sein soll.

Hat einer schon mal was von Grantke gehört? So heißt er: Grantke. Polizeileutnant, noch nicht dreißig Jahre, wohnte im Haus nebenan, seine Blicke schossen uns direkt in die Fenster. Er war der Schrecken der ganzen Gegend. Nun hatte er ja seine große Zeit, als die Agitation im Dorf losging am 3. März. Man muß sich das mal vorstellen, ein Dorf von fast 2000 Einwohnern, davon noch 23 freie Bauern bis zu diesem Tag. Eine Kirche, eine Mühle, ein Schlachter, zwei Bäcker und drei Lebensmittelhändler, einer davon ich und als einziger noch privat. Da kam der wohl bei mir schnüffeln, nachdem die Werber, die die Bauern fertigmachen sollten für LPG, auch zu mir gekommen waren. Ich hatte die letzten Tage, seit ich weg wollte, unterm Ladentisch billiger verkauft, um noch ein bißchen Geld zu machen – hatte noch für 35 000 Mark Ware liegen –, aber die Leute, nehmen können sie, aber dichthalten können sie nie.

Nach diesen letzten Höllentagen war mir bald alles egal, aber dem Grantke, diesem Polizeifatzken, dem hätte ich in seine rosa Fresse schlagen mögen. Mein schöner Laden, alles hellgrün Schleiflack, das Schaufenster eine einzige große Scheibe, jahrelang hatten wir darauf gespart und uns alles schön eingerichtet, und der stolziert jetzt drin 'rum, als gehörte das schon ihm, und ich weiß, morgen oder übermorgen wird er hier 'rumbefehlen und beschlagnahmen und versiegeln. Das zu wissen, das soll ein Mensch in Ruhe aushalten.

Mit 'nem Behelfsladen in 'ner Stube hatte ich angefangen. Wir mußten alle ganz von unten anfangen in unserem Dorf.

Als ich aus dem Krieg kam: rechts und links der Chaussee lauter zerschossene Höfe, Ruinen, vierzehnmal hatte während der Kämpfe das Dorf den Besitzer gewechselt. Wir liegen an der polnischen Grenze.

Ich stamme auch von einem Bauernhof, aber den bekam mein Bruder, und ich lernte Kaufmann. Ich kam nun bei den neuen Behörden um die Konzession für einen Laden ein. Die Konzession willst du? Dann mußt du in 'ne Partei rein! Also in die SPD. Etwas anderes kam nicht in Frage für mich. Ich mietete mich bei einem Stellmacher ein und heiratete meine Cousine, das war Herbst 45. Ich brauchte eine Frau, und meine Cousine war tüchtig, auch eine Bauerstochter. So klein wie sie ist, so resolut ist sie.

Wir hatten zwei Stuben, und in einer richteten wir den Laden ein. Ein großer Tisch, abends saßen wir dran, ich machte meine Rechnungen, meine Frau nähte und stopfte oder schnitt Bohnen in die Gläser, es ist ja immer zu tun. Tagsüber verkauften wir über dem Tisch, was es auf Aufruf gab, die erste Ausgabe war 40 g Schmierseife, 100 g Marmelade und eine Schachtel Streichhölzer. Wer erinnert sich heute noch an diese Zeit? Im Westen sicher niemand mehr. Im Osten dauerte diese Zeit länger, bis ins Jahr 1954, dann ging's besser, dann gab es bedeutend mehr zu kaufen – man konnte sich nicht immer aussuchen, aber keiner brauchte zu hungern. Seit 1958 stagniert der Lebensstandard und ist heute wieder schlechter als vor einem Jahr. Das Pfund Markenbutter kostet 5 Mark, lose Butter 4,80 Mark. Und jetzt gab's auch auf dem Lande kaum noch Butter zu kaufen, sowjetische Butter wurde ab und an mal geliefert, für HO gepackt, kostet auch 5 Mark, wir bekamen sie lose, die war unappetitlich und unhygienisch, hatte so 'ne komisch gelbe Farbe, wir ekelten uns direkt. Das Einkaufen macht keinen Spaß, so wie im Westen. An Südfrüchte war nicht zu denken. Zu Weihnachten hatten wir mal ein paar Sultaninen, und im Konsum gab es Äpfel zum Fest. Der Konsum wurde natürlich besser beliefert als ich. Bis vor einem halben Jahr hatte der noch dem Cousin von meiner Frau gehört, der war getürmt, und sie hatten einen Konsum draus gemacht. Der dritte Einzelhändler aus unserem Dorf war schon das Jahr vorher getürmt, in seinem Geschäft errichteten sie ein Landwarenhaus, weil es mitten im Dorf lag. Nur ich fehlte ihnen noch zu ihrem Glück!

Dabei hätten wir nur recht und schlecht leben können, wenn wir nicht die kleine Landwirtschaft dazu gekauft hätten. Vom Laden blieben höchstens 200 Mark für uns aus dem Gewinn, davon hätte dann eine ganze Familie leben sollen, Mann, Frau und zwei Kinder. Ich machte 13 000 Mark Umsatz im Jahr mit Nährmitteln, Seifen und Waschpulvern und so kleinem Krams für den Haushalt. 4000 Mark hatte ich an Reingewinn, davon gingen Steuern ab, mir blieben im Monat nicht mehr als 200 Mark. Die Steuern für einen Laden sind höher als die für eine Landwirtschaft. Wir haben also Milch und Fleisch und Eier auf freie Spitzen verkauft, und das brachte ganz schön was ein. Die meisten großen Bauern hatten dicke Konten auf der Bauernbank und auf der Sparkasse, das haben sie jetzt alles für den Staat gespart, denn es ist wohl keinem gelungen, davon was mitzunehmen, wenn er türmen ging. Der Staat hat Geld und Gut der Flüchtenden und das Recht darauf, denn dafür macht er sich ja das Gesetz, wie er's braucht. Aber den Kleinen geht's wie den Großen, das ist die soziale Gerechtigkeit unter Flüchtlingen; denken Sie denn, ich konnte irgendwas mitnehmen? Keinen Koffer und kein Geld. Nur die kleine Katze der Kinder.

Das Geld, das ich täglich im Laden einnahm, die Tageskasse, mußte ich jeden Abend auf die BHG-Bank bringen, die hat eine Zweigstelle in allen größeren Dörfern. Bis 100 Mark Wechselgeld durfte ich nur in der Kasse behalten. Der Einkauf von Waren ging bargeldlos. Alle Vierteljahr kam die Bank kontrollieren, ob die Tageskasse auch immer richtig abgerechnet und abgeliefert war. Da konnten sie nicht mogeln. Aber ich hatte nie ein Defizit. Im Konsum machten sie mächtige Minusbeträge, weil sie keine Fachkräfte hatten. Die Verkaufsleiter flogen nur so, und oft ins Gefängnis. Im Nachbardorf hatten sie in sieben Jahren acht Verkaufsleiter. Die wirtschafteten eben so 'rum, bis es nicht weitergeht, wer ist schon interessiert, wenn's nicht das Eigene ist und so schlecht bezahlt wird.

Meine Frau und ich wechselten uns ab mit dem Laden und der Landwirtschaft. Die Häuslerei hatten wir 48 gekauft von einer Witwe auf Abzahlung, eine Ruine, wir haben sie selbst wieder aufgebaut, Ziegel geputzt, Maurer und Zimmermann mußten wir natürlich nehmen. Zwei Hektar Land gehörten zu der Häuslerei und eine Kuh, zwei Kühe kaufte ich dazu und Ferkel, die wir großzogen. Und 14 Völker Bienen hatte ich, das war mein Hobby. Honig war ein gutes Tauschobjekt. Aber von den eigenen Produkten was im Laden verkaufen, das gab's nicht, war streng verboten. Es ging alles über die DHZ (Deutsche Handels-Zentrale). Die Landwirtschaft war unsere ganze Freude. Jeden Abend nach Ladenschluß noch 'raus aufs Feld mit den Kindern. Und bei Dunkelheit erst zurück. Wenn das so alles selbst geschaffen ist, hängt das Herz dran.

Und dann kam der 3. März. Mit Lastwagen und Lautsprecherwagen tauchten sie auf, ein ganzes Sprengkommando, und wurden auf das Dorf losgelassen. Und unser Nachbar, der Polizeileutnant, Tag und Nacht auf den Beinen, die Bauern 'rangeholt, aus den Betten, von den Feldern, aus den Ställen geholt, meinen Bruder, meinen Schwiegervater – wir schliefen keine Nacht mehr. Und immer die Lautsprecher! Ganz verrückt hat das die Leute gemacht. Das ganze Dorf ein Tollhaus!

Und dann kamen die Werber zu mir. Kamen in den Laden rein und gleich hinten durch in die Stube. Ich sage: Erlauben Sie mal, ich habe Sie nicht eingeladen in meine Wohnstube.

Ja, wir wollen uns mit Ihnen über den Sozialismus unterhalten.

Ich sage: Ich habe jetzt keine Zeit für Unterhaltungen – die Ladenklingel, hören Sie nicht, ich muß in den Laden.

Dann soll Ihre Frau in den Laden gehen.

Ich sage: Ich schick' meine Frau nicht. Da sagen Sie, ich wäre ein Ausbeuter. Da soll ich also meine Frau ausbeuten, denn jemand anderen hab' ich ja nicht dazu. Einen Lehrling bekomme ich nicht mehr, dafür wird ja vom Staat gesorgt, daß kein Junge mehr in eine private Lehre will.

Meine Frau war bei der Unterhaltung dabei. Die gingen einfach nicht weg, saßen in unseren Sesseln und redeten, redeten. Sie sind doch gar kein Landwirt, warfen sie mir vor, warum hängen Sie denn so an den 2 ha Land und den paar Viechern?

Ich sagte: Seit ich die Menschen kennengelernt habe, liebe ich Tiere! Aber die hatten es vor allem auf den Laden abgesehen. In einem sozialistischen Dorf darf doch kein Privathändler mehr sein. Mein Laden sollte Konsum werden, und ich sollte bleiben als Verkaufsleiter. Sie bekommen als Verkaufsleiter 350 Mark netto, wollten die mich überreden, Sie haben keine Sorgen mehr, so wie jetzt, bekommen Umsatzprämien, können besser leben. Was die mir alles versprachen! Meine Frau wurde böse und sagte: Was ist aber nun, wenn uns unsere eigenen Sorgen lieber sind? Das ist doch schließlich unsere Sache, mit unseren Sorgen, nicht wahr? Die Sorgen der Verkaufsleiter im Konsum möchten wir nämlich nicht haben! Also meine Frau war nicht auf den Mund gefallen. Aber der Polizeileutnant, der dabei stand – so am Fenster, damit ihm ja draußen auch nichts entging, denn die Nachbarschaft wußte doch: Jetzt sind sie bei mir. Und wer kommt nun noch in den Laden? Oder guckt durch die Scheibe? Es war doch allen zumute wie 1945, als die MWD in die Häuser ging und niemand wußte, wen verhaften sie jetzt? – Also der Polizeileutnant mengte sich ein und sagte: Wenn Sie nicht wollen – also, wir haben Gründe genug, um Sie zu verhaften! Ich sagte: Dann müssen Sie erst einen Haftbefehl haben, denn ohne einen richtigen Haftbefehl gehe ich nicht mit.

Wir können Sie auch ohne Haftbefehl mitnehmen, sagt der Polizeileutnant – und ist unser Nachbar seit zwei Jahren. Solche Menschen gibt es! Ich zitterte am ganzen Körper. Ich sagte: Versucht's nur!

Ich dachte, und wenn sie dir jetzt was antun, du unterschreibst nicht und du läßt dich nicht abführen. So nicht! Sie sind dann raus – fast zwei Stunden hat das gedauert –, und ich wartete nur auf den Abend, daß es dunkel wurde und ich zu unserem Pastor hinkonnte. Der hatte mich schon konfirmiert, ein alter Mann. In die Kirche bin ich ja nicht viel gegangen, Weihnachten natürlich, aber habe meine Kinder taufen lassen, und man wußte, die Kirche und der Pastor, sie sind eben noch da. Die Kirche ist ja in der letzten Zeit sonntags nicht mehr so leer gewesen, viele sind wieder hingegangen zum Gottesdienst, die nicht mehr aus noch ein wußten.

Der Pastor ging in seinem Amtszimmer immer hin und her, wie ich ihm alles erzählte. Ich sagte: Herr Pastor, sie wollen mir den Laden nehmen und die Landwirtschaft auch. Sie kennen uns doch, wie wir geschuftet haben, alles uns durch Fleiß erworben. Was soll das Leben noch für einen Sinn haben, wenn ich für 350 Mark hinter dem Ladentisch stehen soll, der mir nicht mehr gehört, und den Acker muß ich weggeben an die LPG, und wofür arbeite ich dann noch, wenn meine Kinder nichts davon bekommen sollen?

Der Pastor sagte: Ich werde es der obersten Kirchenbehörde nach Berlin melden, daß man Ihnen mit Verhaftung gedroht hat.

Er hat es nach Berlin gemeldet. Die Kirchenbehörde hat es sofort weitergegeben an irgendeine hohe Regierungsstelle, ich weiß nicht welche, und es dauerte nur Tage, da war schon der Staatssicherheitsdienst beim Pastor. Also wer hat Ihnen das erzählt? Um welche Person handelt es sich?

Der Pastor hat mich nicht preisgegeben. Die Staatssicherheit hat nichts aus ihm herausgebracht, er hat abends im Dunkeln meine Frau zu sich kommen lassen und ihr alles erzählt. Meine Frau sagt, so blaß und erschöpft hat sie unseren Pastor noch nie gesehen, den alten Mann.

Von der Nacht an stand es für meine Frau und mich fest: Wir mußten fort! Aber wir konnten uns ja nicht rühren wegen dem Polizeileutnant neben uns, wagten vor Dunkelheit nicht, die Fensterläden zuzumachen, das wäre aufgefallen. Und der konnte uns ja in die Fenster schauen. Obgleich wir noch ein paar Tage so lebten wie immer, die Tiere versorgten, aufs Feld gingen, im Laden verkauften, roch der was mit seiner Polizeinase. Kam mittags ins Geschäft zum Schnüffeln. Sagt: Schön ist das ja nicht hier bei Ihnen. Und ich sage: Nee, möchte wissen, wo hier noch was schön sein soll! – Abends sind wir dann weg.

Das ist unsere Geschichte.

Postbeamter aus Potsdam

Mann: Im Ersten Weltkrieg wurde ich schon an beiden Füßen verwundet. Von 14 bis 22 war ich Soldat, und dann in diesem Krieg bis 43 bei der Feldpost. Wir saßen im Feldpostamt Wilna und haben Post, die da kam, alle wieder zurückgestempelt. Keine schöne Arbeit für uns nich'. Und denn bin ich im Februar 45 wieder Soldat geworden, in eigene Anzüge. Ich kriegte nur so eine Wattejacke und bin dann nach Haus gefahren und habe meine Stiefel geholt. Ich hatte ja noch von der Feldpost meine Entlassungsstiefel. Ich dachte, wer weiß, was kommt, da haste wenigstens trockene Füße. Und dann haben wir am Oderdamm gelegen, den sollten wir verteidigen, da hat uns der Russe geschnappt und ab nach Sibirien.

Von Sibirien kam ich nach Hause, mit 88 Pfund. 'ne Mütze über und das Haar so lang, und am Treppengeländer habe ich mich hochgezogen. Ich habe meine Frau in unserm Haus gesucht, aber da waren nur Russen drin. Auf dem Treppenabsatz stand ein russischer Oberleutnant und sagte: Hatschaschascha. Ich sagte: Sie müssen deutsch sprechen, ich versteh' nicht. Wo Frau?

Da, sagte er: Frau da, und zeigte so auf die Häuser.

Frau: In einer Stunde mußten wir aus unserer Wohnung, und es hieß, in ein paar Tagen könnten wir wieder rein; und dann hat es zwei Jahre gedauert. Aber ich habe in der Küche vom Offizierskasino gearbeitet, dadurch hatten wir es gut, und mein Mann ist wieder in die Höhe gekommen. Ich lasse mich ja so schnell nicht unterkriegen.

Mann: Wir sind dann von Potsdam nach Werder gezogen. Gleich wie ich aus Sibirien kam, bin ich wieder zur Post gekommen. Ich hatte drei Briefträger unter mir, ich brauchte ja nicht zu arbeiten. Das war sozusagen der Aufbau vom Postamt Werder. Wir mußten später wieder abbauen, weil wir zu weit aufgebaut hatten. Das Telefon mußte ich wieder abbauen. Da war der Major Tito, der sagte: Nur für 200 Einwohner ein Telefonapparat!

Mit Major Tito waren wir ja so Kamerad geworden. Bin ich vom Postamt zu ihm hingefahren, habe mein Rad eingestellt, bin reingegangen. Ist Major Tito da?

Nein, nicht da, warten, sagten die Ordonnanzen.

Da setzte ich mich auf Major Titos Sofa und auch mal hingelegt und geschlafen. Und wenn er kam: Papirossi? Wodka? Und dann die Flasche geholt und einen Humpen eingegossen von 100 g und dann »na sdorowje«.

Also ich bekam alles bei Major Tito, was ich fürs Postamt brauchte. Ein guter Herr. Nachher wurde die Kommandantur aufgehoben, und es fing mit den deutschen Behörden an. Der große neue Aufbau sollte alles mit jungen Kräften sein. Der Chef bei uns im Postamt war 28 Jahre. Ich war nun 35 Jahre lang im Postdienst, und erst hat er mich noch dies und das gefragt, aber dann wollte er den Herren spielen, und ich ließ mir nichts sagen.

Früher waren richtige Vorgesetzte. Wenn unser Chef einen auf dem Korridor traf: Na, Herr G., wie geht's? Haben Sie Sorgen? Wie die Kleine geboren wurde: Kommen Sie mit Ihrem Gehalt aus? Wollen wir mal 'ne kleine Unterstützung beantragen? Und wenn's 30 Mark waren, es war doch 'ne Hilfe. Aber jetzt kann man ja kein menschliches Wort mehr erwarten.

Frau: Ich hab' immer zu meinem Mann gesagt, sei bloß ruhig. Beiß dir lieber auf die Zunge. Aber er war immer gleich hoch. Wenn ich das DDR-Radio andrehte, rief er wütend: Mach aus!

Mann: Den Quatsch kann ich nicht hören.

Frau: Aber wenn ich dableiben will . . .

Mann: Ich war niemals PG bei den Nazis, ich war immer dagegen, in was einzutreten. Aber 45 bin ich dann in die LDPD (Liberal-Demokratische Partei Deutschlands) reingegangen, da konnten sie mir nichts anhaben. Dann kam 49 diese Wahlgeschichte. Ich war im Wahlausschuß und wußte ja, wie's gemacht wird. In einer Versammlung habe ich gesagt, daß diese Wahl ja doch nicht stimmen wird. So vor 12, 13 Leuten sagte ich das und vor dem Kaderleiter. Da ging's dann los, und der Vorsteher wollte noch schlichten, aber der hat von mir die passende Antwort gekriegt, die er brauchte.

Ich mußte wegen der Wahlgeschichte zum Staatsanwalt. Er sagte, wenn ich unterschreiben wollte, daß es mir leid tut, was ich gesagt habe, und daß es nicht stimmt, dann würde er von einer Verurteilung absehen.

Ich war stur und wollte nichts zurücknehmen. Da hieß es: Also dann fliegst du aus deiner Stelle raus.

Ich war ja nun 35 Jahre bei der Post, und darum habe ich unterschrieben. Ich wurde aber zurückversetzt an eine andere Stelle, nicht mehr hinter den Schalter. Sie hatten Angst, daß ich ihnen da das Publikum wild gemacht hätte, nicht nur das Personal. Im Gehalt haben sie mich auch runtergesetzt.

Frau: Ist gut, sagte ich zu meinem Mann, verhungern tun wir deshalb nicht. Mein Mann wollte damals alles stehn- und liegenlassen und abhauen. Bleib doch hier, sagte ich, wir haben 'n Garten. Es kann doch nicht so bleiben, es muß doch mal anders werden. Dann haben wir das Kreuz weiter aufgenommen.

Mann: In Werder hatte ich 340 Mark gehabt, sie haben mich herabgestuft auf 260 Mark im Monat. Ich bin jede dritte Nacht zum Nachtdienst gegangen, außerdem zwei bis drei Sonntagnachmittage Aushilfsdienst und anschließend gleich Nachtdienst. 1,39 Mark bekam ich für die Überstunde.

Aber Sie müssen nun bedenken, bei uns ist es anders wie bei andern Familien. Wenn Vatern nach Hause kam, dann hat er sich nicht aufs Sofa gelegt, Beine hoch, wie andere Beamte. Dann hat sich Vatern die Jacke runter, die alten Hosen an und fix raus in den Garten. Da gab es immer zu tun, zu sprengen, zu hacken. Der Garten war 1000 qm groß, daraus haben wir praktisch gelebt.

Frau: 30 Gläser Eingemachtes hatten wir davon und Futter für die Karnickel, und eigene Kartoffeln haben wir gebuddelt.

Mann: Bis dann der schwarze Tag kam. Ich war jetzt wieder beim Hauptpostamt Potsdam angestellt, und es gab die Rechenschaftslegung für das zweite Quartal 1958. Vorher wurde in der Versammlung ein politisches Referat gehalten. Es sollte nun Diskussion sein, und weil niemand sich zum Wort meldete, fragte der Diskussionsleiter einen alten Kollegen und mich: Was sagt ihr dazu? Ihr habt doch den Ersten und den Zweiten Weltkrieg mitgemacht und habt gesehen, was Krieg ist. Was haltet ihr von der Atombombe?

Der Kollege schwieg, ich schwieg auch. Da fragte mich der Diskussionsleiter direkt: Nun, Kollege G., was haben Sie dazu zu sagen?

Und da bekam er meine Antwort: Es ist mir persönlich egal, durch was wir umkommen; wir können doch daran nichts ändern, wir kleinen Leute. Wer fragt schon nach uns.

So, sagte er, dann sind Sie für die Atombombe, dann sind Sie auch gegen Walter Ulbricht.

Ich erwiderte: Ja, gewählt hab' ich den ja nicht. Der gehört nicht zu meiner Partei, zur LDPD. Wenn der Wahlbetrug durch die Russen nicht befohlen wäre, dann säße Ulbricht nicht am Ruder. Darauf antwortete mir der Strolch: Dafür werden Sie sich verantworten müssen.

Frau: Mein Mann hatte ja kurz zuvor schon eine Dummheit gemacht. Er hat ein Bild von dem Hitler – dem Hindenburg – nein, dem Pieck –

Mann: Den Pieck habe ich von der Wand gerissen, ja. Ich dachte, der Verfluchte, was hat der hier in unserm Postamt zu suchen.

Frau: So 'n Blödsinn!

Mann: Das war kein Blödsinn. Jedenfalls hat's 'ne hübsche

Aufregung gegeben. Zwei Kollegen sind deshalb gegangen. Die hatten sie in Verdacht. Der eine ist nach Hannover, und wo der andere hingekommen ist, weiß ich nicht. Was denken Sie, was das für eine Schande ist, den Pieck oder den Ulbricht da auf Pappe, und denn – rrritsch, von oben bis unten durch und auf den Fußboden.

Sie konnten den Täter nicht finden, denn ich bin ja auch nicht dumm. Hab' mein Taschentuch dazu genommen, Taschentuch in die Tasche, da konnten sie keine Fingerabdrücke finden. Sie haben immer beobachtet und gefragt, mich auch, aber ich wußte ja, wo sie raus wollten, und hab' mich wohl gehütet.

Frau: Den Tag nun, bevor sie meinen Mann verhaftet haben, hatte er dienstfrei. Ein Kollege wollte uns noch anrufen und warnen – wir haben doch von der Post Telefon –, aber wir waren im Garten, und er hat uns nicht erreicht. Es mußte so sein, denn wenn wir wären abends noch getürmt, dann hätte mein Mann sechs Monate mehr bekommen. Die VP am Bahnhof von Potsdam war nämlich schon benachrichtigt, falls wir türmen wollten. Wir wären nicht mehr durchgekommen.

Mann: Ich hatte meinen Dienst all die Tage weitergemacht, und als ich nun am Mittwoch hinkomme, sitzt da schon ein anderer auf meinem Platz. Ich sage: Was soll denn das sein? Und da kommt der Vorsteher und sagt ganz kurz: Du sollst mal nach oben kommen, Kollege.

Wie ich die Treppe hoch geh' und guck' aus dem Fenster, steht da im Hof ein Polizeiauto. Ich bleib' am Fenster so stehen und schnappe nach Luft und wußte schon Bescheid. Da sagt plötzlich der Kaderleiter hinter mir: Na, da will sich wohl jemand das Leben nehmen?

Ich hab' keine Angst, sag' ich. Ich hab' nichts getan, sag' ich, ich hab' nur die Wahrheit gesprochen.

Ist doch zwei Treppen hoch, wenn ich da wär' von oben aufs Pflaster, wo das Polizeiauto steht – da wär' ich ja blöd, wenn ich mir das Leben selbst nehmen täte wegen so 'ner Kleinigkeit, da wart' ich doch lieber ab.

Oben im Saal tagte der Ausschuß von der BGL (Betriebsgewerkschaftsleitung). Als letzter Punkt auf der Tagesordnung stand mein Fall. Ich sollte mich verantworten für meine Äußerung bei der Rechenschaftslegung. Ich rechtfertigte mich. Darauf stimmten die BGL-Mitglieder über mich ab.

Die Abstimmung ergab, daß die BGL-Mitglieder nicht länger mit einem Kollegen im Postamt zusammenarbeiten können, der für die Atombombe ist.

Na ja, dachte ich, als sie mir das mitteilten, is' gut. Hab' kein Wort gesagt. Verurteilt mich! Verurteilt mich! Kurz und bündig! Euch will ich schon die Zähne zeigen.

Frau: Ein Kollege hat mir später erzählt, der Chef hätte dann gesagt: Na, Herr G., verabschieden Sie sich von Ihren Kollegen, und mein Mann stand da, hat nichts gesagt, er hat gezittert, die Backen, das zitterte alles. Er hat ihnen allen leid getan. Er solle seine Entlassung unterschreiben. Und dann hätte er leise gesagt: Nu' bleibt nichts andres übrig, als zu türmen.

Mann: Das ist nicht wahr, das habe ich nicht gesagt. Ich habe nur unterschrieben, und wir gingen die Treppe wieder runter. Der Kaderleiter immer hinter mir her. Ich mußte mit in sein Zimmer hinein, und da stand dann schon der Kripo und sagte: Ich muß Sie verhaften.

So, sag' ich, ist ja nett, sag' ich. Das ist nun schon egal. Gestatten Sie noch, daß ich mir meine Jacke hole und meine Tasche. Der Kripo kam immer mit, immer hinter mir her. Und dann: Steigen Sie in den Wagen ein!

Den hab' ich schon gesehen, den Wagen, sagte ich zu dem Putzmann. Wir sagen in Potsdam immer Putzmann zu Schutzmann. Dann sind wir abgefahren ins Untersuchungsgefängnis.

In der Nacht von 2 bis 4 Uhr haben sie mich verhört. Der

Polizist hat gar nicht viel gefragt. Hat nur von sich aus seinen Salm heruntergeschrieben. Der Kaderleiter war ja im Auto mitgefahren, der war vorher bei dem Polizisten drin und hatte schon alles festgelegt. Die Akten von der Post lagen auf dem Tisch; daraus hat er meinen Lebenslauf abgeschrieben.

Ein Vierteljahr saß ich in Untersuchungshaft, und dann rückte mein Termin heran. Um 11 Uhr begann der Schauprozeß, und um 18 Uhr waren sie damit fertig. Der Schauprozeß sollte ein Abschreck für die andern sein.

Der Staatsanwalt wärmte auch die alte Sache wieder auf mit den Wahlen 49, was ich da gesagt hatte, daß wir keine freien Wahlen haben. Ich sollte dazu Zeugen bringen aus Werder. Ich konnte doch keine lebenden Zeugen bringen, die wären doch in Gefahr gekommen. Darum habe ich dem Gericht nur den Bürgermeister genannt, der verstorben ist, und solche Zeugen, die inzwischen nach dem Westen und Westberlin getürmt waren.

Darauf sagte der Richter diese Worte: Sie sind ja gar nicht so dumm, dem Gericht hier Zeugen anzugeben, die wir alle nicht mehr belangen können.

Nein, Herr Richter, habe ich gesagt, die mich für dumm halten, die gehören ins Irrenhaus. Da hat der Richter einen roten Kopf gekriegt und hat dann mit lauter Stimme gesagt: Die Angehörigen vom Bürgermeister müssen Sie direkt belangen, daß Sie einen Toten noch belästigen.

Der Staatsanwalt zählte in seiner großen Rede noch andere verwerfliche Aussagen auf, die ich gemacht haben sollte. Aus diesen Gründen könnte er mir auch keinen Straferlaß geben, das mindeste wäre ein Jahr.

Das Urteil lautete:

Dem Angeklagten G. wird eine Gefängnisstrafe von einem Jahr auferlegt. Die Untersuchungshaft wird dem Angeklagten angerechnet. In der Urteilsbegründung hieß es: Der Angeklagte wird wegen Staatsverleumdung, staatsgefährlicher Hetze, Verächtlichmachung der Presse – ich hatte mal im Briefträgersaal gesagt: Ihr wollt doch wohl nicht alles glauben, was die uns in der Zeitung servieren – und Verächtlichmachung der russischen Besatzungsmacht nach § 1, Ziff. 1 und 2 des Strafergänzungsgesetzbuches bestraft.

Frau: Da saß mein Mann nun im Gefängnis, und wovon sollte ich leben? Meine Tochter wohnte nicht mehr bei uns. Sie war Schneiderin und hatte einen Freund fünf Jahre lang. Dann kam ein kleines Kindchen. Ja, was blieb mir übrig, ich nahm meine Tochter mit dem Kindchen wieder auf. Ein niedliches Kindchen. Da wollten sie nun heiraten, aber meinem Mann und mir war das nicht lieb. Der Freund von meiner Tochter ist nämlich zufällig ein großer SED-Mann, und das paßt nicht in unsere Familie.

Wie mein Mann im Gefängnis war, kam meine Tochter wieder damit an, daß sie heiraten wollten. Es war mir furchtbar, jetzt, wo mein Mann im Gefängnis sitzt, da sollten wir diesen Mann aufnehmen in unsere Wohnung und in die Familie. Ich hab' meiner Tochter das gesagt, und sie hat sich gefügt und gewartet. Der Vater hat für das Kindchen 75 Mark bezahlt, und meine Tochter verdiente als Schneiderin. Ich machte den Haushalt und das Kindchen, so hatten wir unser Auskommen. Ich konnte sogar noch ein bißchen sparen. Der Freund von meiner Tochter hat aber inzwischen Angst bekommen, meine Tochter zu heiraten, er ist nämlich ins Ministerium nach Berlin gekommen.

Was mein Mann für eine Gesinnung im Gefängnis hatte, habe ich nun nicht gewußt. Darüber durften wir in der Sprechstunde ja nicht reden.

Der Staatsanwalt sagte mir: Also wenn Ihr Mann rauskommt aus der Haft, dann wird er wieder in Arbeit gebracht, es darf ihm keiner was anhaben. Das war die ganze Zeit mein Trost.

Mann: Ja, und jetzt komme ich nach einem Jahr aus dem Gefängnis und hatte auf meinem Entlassungsschein zu stehen, daß ich mich binnen drei Tagen bei der Polizei und bei der Abteilung Arbeit melden muß. Ich komm' da hin, da sitzt eine Dame, die sagt: Na ja, was wollen Sie denn noch arbeiten?

Ich sage: Am liebsten gar nichts, aber ich war 35 Jahre bei der Post und ginge gern wieder zur Post.

Na ja, sagt sie und gibt mir so 'ne Karte. Machen Sie ein Gesuch, daß Sie wieder eingestellt werden möchten.

Ich bin 63 Jahre alt und hatte noch zwei Jahre bis zu meiner Rente. Da haben sie mir dann gesagt, weil ich im Gefängnis gesessen habe, gelten meine 35 Dienstjahre überhaupt nicht mehr. Ich muß neu anfangen. Zwei Jahre lang würde ich ein Gehalt von 192 Mark im Monat bekommen, und wenn ich dann 65 wäre, eine Rente von 132 Mark. Die 30 Mark, die ich pro Monat von der Post zu meiner Rente dazubekommen hätte, die wären gestrichen, weil ich ja das Arbeitsverhältnis unterbrochen habe. Wenn ich nicht ins Gefängnis gekommen wäre, hätte ich fast 200 Mark gehabt. Und 200 Mark braucht man zum Leben für zwei Personen.

Das war eine große Enttäuschung, und dazu kam noch ein Ärger. Entlassene Strafgefangene bekommen von der Sozialfürsorge ein Überbrückungsgeld von 50 Mark. Ich will mir die also holen, und da sagt mir eine Dame da ganz harmlos: Sie scheinen gar nicht zu wissen, daß Ihre Frau unterhaltspflichtig für Sie ist.

Ich sag': So, sag' ich, seit wann besteht denn dieses Gesetz?

Das hat in den Zeitungen gestanden.

Bedaure, da war ich im Gefängnis, sag' ich, da hab' ich nichts gelesen. Behalten Sie Ihre 50 Mark, und danke schön und grüßen Sie den FDGB (Freier Deutscher Gewerkschaftsbund) von mir. Als ich das alles erfahren hatte, stand mein Entschluß fest. Wir mußten hier verschwinden. Hier ließ uns der Staat glatt verhungern. Im Westen würde ich meine Rente erhalten, so wie sie einem Postbeamten zusteht nach

35 Dienstjahren. Und wir hatten uns doch ein sorgenfreies Alter verdient.

Frau: Aber er hat bitt're Tränen geweint, wie er dann von zu Hause weg mußte. Die letzte Woche ist ihm bange geworden. Wie ich einmal aus dem Garten komme mit einer Schüssel Pflaumen, steht mein Mann so in der Stube am Schrank und guckt aus dem Fenster. Da war eine Familie, die mußte in den Westen, weil ihrem Sohn das Studium verboten wurde. Da kamen die von der VP nun vorbei und fuhren die Sachen aus der Wohnung ab. Einer hatte einen Staubsauger unterm Arm, und einer trug ein Bett, und da steht mein Mann so am Schrank und sagt: Ach, guck mal, sagt er, wenn sie erst unsere Sachen hier so rausholen . . .

Pfaffen und ähnliche Leute fehl am Platz

Meine Mutter weiß nichts von meiner Flucht. Das habe ich ihr nicht sagen können und meinem Bruder auch nicht. Der ist von der neuen Zeit bereits infiziert. Er ist achtzehn Jahre alt und in der Schule ein großer Faulpelz. Meiner Mutter macht er Kummer; sie stammt noch aus der alten Zeit, und er spricht diese neue SED-Sprache. Er will nach dem Abitur im elektrotechnischen Kombinat arbeiten. Die technischen Errungenschaften der neuen Zeit beeindrucken ihn unheimlich. Aber innerlich macht er's sich bequem.

Das hätte ich meiner Mutter nicht antun können, daß ich ihr sagte: Du, Mutter, ich geh' in den Westen! Und auch wegen meines Bruders habe ich es nicht gewagt. Das ist eine furchtbare Situation! Ich kann ihr von Westberlin nicht mal schreiben. Die Post wird kontrolliert. Ich könnte es über Bekannte versuchen, aber die gefährde ich dann auch. Meine Mutter wird sich furchtbar um mich ängstigen, aber es nützt ja nun nichts. Und ich denke, wenn ich erst in Köln bin, kann ich ihr auf irgendeinem Weg Nachricht zukommen lassen.

Vor meiner Flucht lag ich vier Monate zu Haus krank; das waren die Nerven. Diese dauernden Gewissenskonflikte! Da war die Religion mein einziger Halt.

Ich stamme aus keiner kirchlichen Familie. Weil mein Vater gestorben war und meine Mutter verdienen mußte, wuchs ich in einer Heimschule auf, in der vor allem OdF (Opfer des Faschismus)-Kinder waren. Wie die sich aufgeführt haben! Überhaupt die Kinder aus den fortschrittlichen Kreisen! Da hat sich unter den Schülern eine Zweiteilung ergeben, und in unserer Klasse – wir waren sechzehn – gingen genau acht Kinder in die Junge Gemeinde und die anderen acht in die FDJ-Gruppe.

Die Junge Gemeinde wurde damals noch nicht von Pfarrern, sondern von Lehrern geleitet, die dann einer nach dem anderen rausgeworfen wurden. In den Schulen konnte sich die Junge Gemeinde nur noch bis 1953/54 halten.

Wir acht sind zusammengeblieben, haben fest zueinander gehalten und gemeinsam unser Studium begonnen. Wir wohnten auch zusammen im Studentenheim und gehörten nun zur Studentengemeinde. Wir fühlten uns geborgen darin. Für unsere Zusammenkünfte hatten wir ein Heim, dort konnte man nicht wohnen, aber es war doch unser gemeinsames Zuhause.

In den Bibelstunden waren wir manchmal 300, in der Zeit der Zwischenprüfungen natürlich weniger. Jede Woche war Bibelstunde, aber nicht alle, die da hingingen, gehörten zur Studentengemeinde.

Außerdem gab es noch die kleinen Kreise. Wenn man wollte, konnte man jeden Tag innerhalb dieser Gemeinschaft unterwegs sein. Das war ein großes Glück für uns. Und diese schönen Freizeiten, die Vorträge! Dazu konnten wir uns Professoren einladen, meist Theologen. Als ich 1954 mit meinem Studium als Lehrerin anfing, wurde die Theologische Fakultät gerade besonders höflich vom Staat behandelt, zweifellos aus propagandistischen Gründen. Kurze Zeit später begannen die Schwierigkeiten und Schikanen, Pastoren und Vikare wanderten ins Gefängnis.

Die christlichen Studentenschaften bilden in der Zone wahrscheinlich das einzige Zentrum, in dem aus christlicher Lebensauffassung heraus dem fortschreitenden Bolschewisierungsprozeß entgegengewirkt wird. Hier finden sich die Widerstandskämpfer zusammen. Sie sind für den Staat schwer faßbar, denn sie sind umsichtig und bedacht, dazu sind die meisten schon von den Elternhäusern erzogen – zur inneren Emigration.

Grade während der Zeit meines Examens begann eine Verfolgungswelle. Die Verhaftungen setzten nach einem Universitätsball ein, das ging institutsweise reihum, jeder rechnete ständig damit, von der Staatssicherheitspolizei geholt zu werden. Wir haben alle Post, alle internen Aufrufe und religiösen Schriften verbrannt. Ein Kommilitone saß acht Monate und ein anderer fünf, aber sie konnten ihnen nichts nachweisen und haben sie wieder entlassen.

Die Funktionäre setzten unseren Studentenpfarrer unter Druck, daß er gegen diese beiden Kommilitonen aussagte. Der Studentenpfarrer wurde dann selbst verhaftet und kam nach einem Jahr als gebrochener Mann aus dem Gefängnis zurück. Er hat dann die Studentengemeinde aufgegeben und ist in den Dienst der kirchlichen Hochschule getreten. Ein Vikar übernahm sein Amt.

Damals ist ja auch ein Leipziger Studentenpfarrer verhaftet worden. Ich habe im Rundfunk seine Aussagen gehört, das war einfach unglaubwürdig! Niemals hätte er unter normalen Umständen diese Aussagen gemacht.

Es wäre für alle leichter, ein Stückchen Persönlichkeit zu retten, wenn nicht immer die Angst vor dem Gefängnis wäre. Ich selbst habe mich in den letzten zwei Jahren im Schuldienst nur dadurch halten können, daß ich in Konferenzen und auch sonst meinen Mund hielt, daß ich still war, wo ich hätte sprechen *müssen*. Da nimmt der Mensch charakterlich Schaden.

Meinen inneren Halt fand ich in der evangelischen Studentengemeinde. Viele, die auch gegen diesen Staat sind, aber keine konfessionelle Bindung haben, die fühlen sich wirklich einsam.

Als ich in den Schuldienst an einer großen dörflichen Zentralschule eingewiesen wurde, ging ich dort gleich zur Gemeinde und habe einen wunderbaren Anschluß gefunden. Es war eine Gemeinde, die einen Fundus hatte, die schon in der Nazizeit verfolgt worden war und von daher gewachsen ist. Prachtvolle Menschen waren darunter, viele ältere, aber auch jüngere.

Von seiten der Schulbehörde wurde mir das natürlich zur Last gelegt. Gleich in den ersten Wochen meiner Lehrtätigkeit mußte ich so eine – ja, wie soll ich das bezeichnen – eine Art Parteigerichtsverhandlung über mich ergehen lassen. Vier Mann von der Partei und der Gewerkschaft wollten mich überzeugen, daß ich aus der Kirche austreten müßte. Wenn ich als Lehrerin die Gottesdienste besuchte, so sei das eine offizielle Sache! Einer sagte: Wir können nicht dulden, daß eine Person, die unsere Jugend erzieht, sonntags in die Kirche läuft. In der neuen sozialistischen Zeit sind die Pfaffen und ähnliche Leute fehl am Platz.

Als ich nach dieser Unterredung aus dem Konferenzzimmer rauskam, zitterten mir die Knie. Es hatte grad zur Pause geläutet, und die Kinder rasten schreiend auf dem Flur an mir vorbei. Mir wurde schwarz vor Augen, ich mußte mich gegen die Wand lehnen, ich war nah an einer Ohnmacht.

Als ich in den Schuldienst eintrat, dachte ich, es wäre noch die gleiche Situation wie zu unserer Zeit. Einmal mit den Eltern: zu meiner Schulzeit konnte sich der Lehrer noch frei und ungestraft über alles mit den Eltern aussprechen; heute kann er sich auf die Eltern nicht mehr verlassen. Dann die Kinder: zu meiner Zeit gab es das nicht, daß ein Lehrer sich bei den Schülern auf »fortschrittliche Art« Achtung verschaffte. Wir verstanden, daß der Lehrer nach außen hin fortschrittlich tun mußte, aber erwarteten, daß er uns gegenüber ehrlich war, innerlich ehrlich; dafür hat der junge Mensch untrügliche Instinkte.

Diese neuen Lieder, die haben wir damals doch einfach nicht gesungen. Heute erwarten die Schüler, daß man mit ihnen diese zackigen Marschlieder singt. Nur so was wollen sie noch – und Jazz! –, dabei sind diese fortschrittlichen Lieder gehaltlos oder geradezu unangenehm – predigen den Haß!

Ein Deutschlehrer bat mich einmal, in der Musikstunde das »Heideröslein« mit den Kindern durchzunehmen. Ich habe es ihnen vorgesungen und vorgespielt. Solange ich es ihnen brachte, waren sie still, als sie selbst es singen sollten, begannen sie zu lachen und zu krakeelen. So ein inniges Lied geht an ihnen vorbei, das trifft sie nicht mehr. Ich habe den Eindruck gewonnen, daß die Kinder von Jahr zu Jahr rüder werden.

Ich war Klassenlehrerin in der 7. Klasse. Das sind die 13jährigen. In meiner Klasse hatte man 90% für die Jugendweihe geworben. Zu Beginn des neuen Schuljahres muß feststehen, wieviel Kinder sich an der Jugendweihe beteiligen. Das war nun eigentlich Sache der Klassenlehrerin, aber mich hat man mit gutem Grund umgangen und ist anders vorgegangen: unsere Schule war eine Zentralschule. Die Schüler aus den umliegenden Orten wurden mit Bussen herangebracht. Nun hat man in den einzelnen Ortschaften die SED-Funktionäre angesprochen, die Gewerkschaften, die Bürgermeister, und die sind zu dritt und zu viert den Eltern auf die Bude gerückt und haben sie bearbeitet. Und wenn sie es bei den Eltern nicht schafften, haben sie es bei den Kindern durchgesetzt. Sie haben ihnen mit Ausbildungsschwierigkeiten gedroht, und auf diese Weise haben sie 90% zur Jugendweihe geworben.

Als ich den Dienst in der Zentralschule antrat, wurde mir ein möbliertes Zimmer in einem Haus zugewiesen, in dem auch ein Volkspolizist wohnte. Ich habe in der ersten Zeit wahnsinnige Angst deshalb gehabt. Ich bin dann zur Gemeinde gegangen und habe gebeten, daß man mir hilft, ein anderes Zimmer zu finden. Ein älteres Fräulein nahm mich auf, sie spielte sonntags in der Kirche die Orgel, weil ein Organist nicht zu bekommen war. Ich habe mich bei ihr sehr wohl gefühlt, ich hatte ein gemütliches Zimmerchen mit einer Couch und einem großen altmodischen Schreibtisch. Ich blieb dort auch wohnen, als ich wegen der konfessionellen Schwierigkeiten an eine andere Schule versetzt wurde, die 8 km entfernt lag. Ich bin dann immer mit dem Rad herübergefahren.

Meine Fächer waren Musik, Zeichnen und Deutsch. Das

Lesebuch für die 6. Klasse war noch verhältnismäßig gut, enthielt Geschichten über Tiere, wie es eben dem Alter einer 6. Klasse entspricht. Aber das neue Lesebuch für die 7. Klasse »Volk und Vaterland«, das handelt zu vier Fünfteln von Stalin, Pieck und Genossen und enthält nur ein Fünftel, dem man einen literarischen und ethischen Gehalt entnehmen kann.

Die Kinder sollen sich nicht mehr an die Zehn Gebote der Bibel halten, sondern an die Zehn Gebote der sozialistischen Moral, die Ulbricht verkündet hat. Was der Lehrer bringt, das schreiben die Kinder mit, prägen sich die Formulierungen ein und geben sie dann wieder wie die Papageien.

Landkinder sind ja besonders stur, denen macht das gar nichts aus. Wir hatten einen Landkreis mit der Industriebevölkerung von Buna und Leuna. Da arbeiteten die Frauen meistens mit, um die Familien zu unterhalten oder um sich eine so schöne Wohnungseinrichtung wie die Nachbarin kaufen zu können. Die Kinder treiben sich nachmittags auf der Straße herum, und damit sie der Mutter nicht die schöne Wohnung schmutzig machen, bekommen sie oft nicht mal einen Hausschlüssel.

Es ist eine Umfrage gemacht worden: In 29 ländlichen Gemeinden mit Industriebevölkerung von Leuna und Buna gibt es von hundert Familien nur zwei, wo die Mutter zu Hause ist. In allen anderen Familien arbeiten beide Elternteile. Wenn die Mutter Landarbeiterin ist, kommt sie wenigstens mittags nach Haus, um den Kindern das Essen zu kochen, aber danach treiben sich die Kinder wieder auf der Straße herum oder verbringen die Zeit in den Pionier- oder FDJ-Heimen. Das ist dann noch das beste.

Die Eltern sind schon soweit, daß sie die Erziehung ihrer Kinder dem Staat überlassen. Sie erteilen keine erzieherischen Strafen mehr, höchstens gibt's mal eine Ohrfeige aus Nervosität. Das Kind darf nicht mehr geschlagen werden. Es steht sozusagen unter Staatsschutz. Die Zukunft unseren

Kindern! Das fassen manche Eltern so auf, daß sie ihre Kinder überhaupt nicht mehr erziehen, sie statt dessen sinnlos verwöhnen, ihnen immerfort neue Sachen kaufen, dies minderwertige Zeug aus der HO, das die Kinder gleich zerreißen. Zum Flicken lohnt es sich sowieso nicht, die Kinder lernen also gar nicht mehr, ihre Sachen zu schonen.

Für mich traten an der neuen Schule nach kurzer Zeit dieselben Schwierigkeiten auf wie an der alten. Eine Kollegin wurde beauftragt, ständig um mich herum zu sein und mich zu bespitzeln. Diese Kollegin war SED-Anwärterin, trug aber das Parteiabzeichen schon am Revers. Wir wußten nicht, daß sie erst Anwärterin war. Der Spitzeldienst sollte höchstwahrscheinlich ihre Prüfung sein. Sie heftete sich buchstäblich an meine Fersen, und erst nach und nach kam ich dahinter, was das zu bedeuten hatte.

Zu ihrem 21. Geburtstag hatte sie sämtliche Parteikollegen eingeladen und ein paar Tage später, zu einer kleinen Nachfeier – wie sie sagte –, zwei andere Kolleginnen, die beide nicht in der Partei waren, und mich. Als Gastgeberin war sie sehr eigenartig, kein bißchen freundlich, es kam kein richtiges Gespräch zustande. Mit einer der beiden anderen Kolleginnen verstand ich mich gut, und wir kamen in eine Diskussion über ästhetische Probleme. Das ist nun eine heikle Frage, denn eine marxistische Ästhetik gibt es eigentlich nicht. Wir kamen dann auf solche Grenzfragen wie Kitsch und abstrakte Kunst. Ich habe offen meine Meinung gesagt, die Kollegin war nicht meiner Ansicht. Sie versuchte, die Sache zu durchdenken, wir wollten in einem echten Gespräch zu einem Ergebnis kommen. Die Gastgeberin saß stumm und lauernd dabei.

Zwei Tage später bekam ich vom Schulleiter den Auftrag, ein Referat über Marxismus und ästhetische Fragen zu halten. Ich wußte sofort, das sollte eine Falle sein!

Ich habe dann vor etwa 30 Personen das Referat gehalten, vor dem gesamten Lehrerkollegium, dem Elternbeirat, einigen Kindergärtnerinnen und noch so ein paar pädagogisch interessierten Leuten des öffentlichen Lebens. Ich habe mich aber gehütet, meine eigene Meinung zu äußern, und versucht, die Sache »objektiv« darzustellen mit Literaturangaben – der sagt so und der so – und habe das gegenübergestellt, so kann man es ja machen.

Während des Referats saß neben mir der Rektor und auf der anderen Seite der Parteileiter, und jemand stenographierte das ganze Referat mit. Als ich geendet hatte, stand der Parteileiter auf und setzte sich neben die Kollegin, die mich bespitzeln sollte, und flüsterte mit ihr. Dann fragte er mich, wer mir bei dem Referat geholfen hätte und wer mir die Literatur dafür zur Verfügung gestellt hätte, denn auf der Geburtstagsfeier hätte ich doch eine ganz andere Meinung geäußert.

Da war mir alles klar! Und im Zuge dieser ganzen Angelegenheit hieß es wieder, ich solle mich von der Kirche lossagen. Der Parteileiter sagte wörtlich: Wir erwarten von Ihnen den Austritt aus der Kirche.

Ich bin dann von diesem unausgesetzten seelischen Druck krank geworden, bekam eine Nervenerkrankung, Schmerzen in allen Gliedern, und lag zu Haus fast vier Monate lang. Während dieses Krankenlagers wurde mir klar, daß ich mit diesem Leben hier Schluß machen müßte. Es blieb mir nur der Ausweg, in den Westen zu gehen.

Jetzt muß ich noch etwas sagen:

Dadurch, daß den Menschen in der Ostzone noch die Möglichkeit gegeben ist, in den Westen zu fliehen, wird die Situation für die Zone erst wirklich tragisch. Ich habe lange mit einem Studentenpfarrer gesprochen, der aus der Tschechoslowakei kam. Dort gibt es keine Möglichkeit für die Menschen wegzugehen, so muß jeder versuchen, wie er am besten mit diesem Leben fertig wird, aber er bleibt dem Land erhalten.

In der Ostzone aber wird durch die dauernde Fluchtbewegung eine gefährliche Auslese getroffen. In den anderen Ostblockländern gibt es wahrscheinlich noch den echten inneren Widerstand, weil die Widerstandskämpfer im Lande geblieben sind. In der Ostzone fehlen schon zuviel gute Kräfte. Ich glaube, dort ist heute kein Widerstand mehr möglich.

Ein Lehnsschulzenhof aus dem Jahr 1700

Bäuerin: Durchs Küchenfenster sah ich, wie sie über unseren Hof kommen, alle sieben, die ganze Stoßbrigade. Der Bezirksstaatsanwalt vorneweg in seinem Ledermantel – die Parteifunktionäre tragen ja meist Lederzeug!

Bauer: Der Staatsanwalt war früher Hilfsarbeiter und ist gleich in die SED gegangen, ein ganz Scharfer. Den hatte die Partei nun auf uns angesetzt, weil die Werbekommission aus unserem Dorf seit Monaten nicht weiterkam; da waren so Leute wie unser Altlehrer drunter, der sich direkt schämte. Nun aber wollte die Partei vorwärtskommen und hatte die Parole ausgegeben: Der ganze Kreis muß bis zum 31. 12. 59 voll kollektiviert sein.

Bäuerin: Als ich die sieben auf unser Haus zukommen sah, wurde mir schlecht. Ich stand in der Küche und dachte, ich muß mich gleich übergeben. Wir waren schon so mit den Nerven herunter. Es war 5 Uhr nachmittags im Oktober. Am Vormittag hatte ich dieselbe Stoßbrigade bei unserem Nachbarn reingehen sehn, dem August Busacker. Ich sagte gleich zu meinem Mann: Du, jetzt nehmen sie den Busacker vor, und nachher kommen wir dran.

Bauer: Den Busacker haben sie in Tagen und Nächten hintereinander fertiggemacht. Sie haben da so ihre Methoden: In Omnibussen, mit Lautsprecherwagen überschwemmen sie unsere Dörfer mit dreißig, vierzig, manchmal mit sechzig Mann. Sie quartieren sich in der Schule und im Gemeindehaus ein und gehen in Gruppen von Hof zu Hof, wo noch Einzelbauern sind. Manche haben den Auftrag, direkt zum Bauern ins Haus zu ziehen. Die Gruppen lösen sich in den Dauerdiskussionen ab. Der Bauer kommt aus der Zange nicht mehr heraus. Das haben die Deutschen von den Russen gelernt: Man muß sein Opfer nur lange genug bearbeiten, man muß sich in der Seelenfolter ablösen und dem Opfer keine Pause gönnen – das sind die klassischen Methoden des russischen Geheimdienstes.

Bäuerin: Der August Busacker hat es einfach nicht mehr ausgehalten. Er war kein gesunder Mensch. Er hatte aus dem Krieg die Malaria mitgebracht und lag alle paar Wochen damit, er war nervös und jähzornig, seine Frau hatte es schwer. Vier Abende hintereinander haben die Werber ihn bearbeitet. Seine Frau war auch schon kaputt mit den Nerven und flehte ihn an: Unterschreib! Bring uns nicht ins Unglück! Unterschreib, damit wir endlich Ruhe haben. – Es gab auch viele Frauen, die haben ihren Männern schwere Vorwürfe gemacht, weil sie unterschrieben. – Am Abend des vierten Tages, als sie den Busacker ununterbrochen mit dem Eintritt in die LPG bedrängt hatten, verlor er die Beherrschung. Wie sie ihm sogar ins Schlafzimmer nachkommen wollten, da dreht er sich plötzlich um, packt den Staatsanwalt im Genick, beutelt ihn und brüllt: »Laßt mich in Frieden, laßt mich endlich in Frieden, Saupack! Raus aus meinem Haus – das ist Hausfriedensbruch, Hausfriedensbruch!« Der Staatsanwalt ist nur so über den Hof geflogen unter seinen Fäusten und Fußtritten, und die anderen hinterher. Und dann hat der August Busacker den Hof abgeriegelt, das Tor, die Haustür und hat Feuer gelegt. Niemand hat ihn mehr gesehen.

Bauer: Das war ein tüchtiger Bauer, der Busacker, hatte eine Musterwirtschaft, 45 ha, 4 Pferde und 17 Stück Rindvieh. Und zündet alles an und verschwindet. Ein so schöner Hof!

Bäuerin: Aber unser Hof war noch schöner, ein Lehnsschulzenhof aus dem Jahr 1700 und seit Generationen in der Familie. Sogar Gerichtsbarkeit war früher auf dem Hof. Oben am Tor ein Wappen mit der Jahreszahl 1743. Ach, was für ein schöner Hof! Es gibt noch ein paar solche in unserer Gegend. Im Viereck gebaut, das Wohnhaus zweistöckig, rechts die Stallungen, links der Altenteil, da wohnten die Schwiegereltern, und daneben ein Arbeiterhaus für unsere

Knechte. Alles aus hellrot gebrannten Ziegeln. Und vor dem Haus zwei große Linden mit Vögeln und Bienen drin im Sommer. Und hinter dem Haus unser Obstgarten, die Pflaumenbäume trugen dieses Jahr so, daß die Erde morgens ganz blau war. Von dem Obstgarten ging ein Törchen hinaus auf unsere Felder, den Weg zum Wald habe ich so geliebt –

Bauer: Durch dieses Türchen bin ich mit dir hinausgegangen an dem Tage, als ich aus amerikanischer Kriegsgefangenschaft heimkam, weißt du noch? Ich kam aus dem Westen über die Elbe und sah das Elend hier, dies tote Dorf, die Russen, wie sie hausten, und ich sagte: Komm, wir erschießen uns!

Bäuerin: Ich sagte: Das dürfen wir nicht tun, Karl, wir haben unsere drei Kinder, und dafür bist du nicht aus dem Krieg zurückgekommen, und ich habe den Hof und die Kinder nicht durchgebracht alle die drei Jahre, daß wir so was tun. Das will Gott nicht!

Bauer: Ja, meine Frau hat mir Mut gegeben. Wir haben also wieder angefangen. Aber die Kommunisten im Dorf sagten: Sechs Jahre bist du Soldat gewesen? Da bist du ja ein Kriegsverbrecher! – Bei uns im Kreis waren viele Kommunisten während des Krieges reklamiert, sie arbeiteten in den Rüstungsbetrieben als Facharbeiter, verstanden ihre Sache, ja! Hatten auch, wie sie jetzt sagen, sabotiert – während wir anständigen Leute an der Front waren. Ich habe mich um das alles nicht gekümmert und meine Wirtschaft langsam wieder aufgebaut. Auf dem Hof war immer eine Pferdezucht und eine Rinderherdbuchzucht gewesen, das war so Tradition. Die Russen hatten unser Vieh abgetrieben, und ich habe über die Grenze weg aus dem Hannoverschen Pferde und Rinder und Schweine zusammengekauft. Die Bauern aus den Nachbarorten, mit denen ich von früher her bekannt bin und die nun westlich der Grenze lagen, die brachten nachts das Vieh auf den Acker rüber, und wir holten es dort weg. Damals ging das noch, da gab es noch kein Sperrgebiet, keinen Streifen Niemandsland, keine Stacheldrahthecken und Wachtürme, nur ein paar russische Posten.

Für eine Kuh habe ich 1600 bis 1800 Reichsmark bezahlt, für ein Pferd 2400 Mark. Wir haben wieder Fohlen ziehen können, und ich begann eine Schweinezucht. Ich habe den Kuhstall modern umgebaut, habe mir das Baumaterial zusammengetauscht – das ist eine ewige Angst, weil Tauschen verboten ist – und habe Melkanlagen eingerichtet, Selbsttränken, Futtervorrichtungen. Bis 52 ging die Wirtschaft gut. Dann hatte ich Unglück in den Ställen durch seuchenhaftes Verkalben, und das ganze Frühjahr 53 Regen, Regen, und wir haben den lehmigen Boden, da kam ich mit meinem Soll in Rückstand. Ich bekam Haftbefehl, drei Monate sollte ich eingesperrt werden. Meine Frau ist hingelaufen zum Staatsanwalt und hat gebarmt und geredet –

Bäuerin: Ich habe zum Staatsanwalt gesagt: Ich kann zu dieser Jahreszeit die große Wirtschaft unmöglich allein schaffen. Sie müssen meinem Mann Strafaufschub geben.

Bauer: Am 11. Juni sollte ich meine Haft antreten, und dann bekam ich Strafaufschub, und dann kam der 17. Juni, und alles wurde erst mal leichter. Die Strafe wurde mir erlassen. Zwei Bauern riskierten es und traten aus der LPG aus. 1952 hatte es doch nach der Rede von Ulbricht auf der II. Parteikonferenz mit den LPGs angefangen. Die zwei Bauern traten aus, einer von ihnen ist heute im Westen, der andere ist starrköpfig geblieben, er ist nicht wieder eingetreten in die LPG, aber er steht bald jede Woche in der Zeitung, weil er sein Soll nicht erfüllt und nach großväterlichen Methoden arbeitet und so weiter. Aber wie kann er sein Soll erfüllen! Als er ausgetreten ist aus der LPG, haben sie ihm nur die Hälfte seines Viehs zurückgegeben und von den 55 Morgen Acker 20 Morgen einbehalten und ihm andere Stücke Acker zugeteilt, als die er eingebracht hatte. Er quält sich durch, Geld hat er nicht, kann also nichts dazukaufen, um sein Soll zu erfüllen, und jetzt wollen sie ihn deshalb vor Gericht stellen. Und mit den großväterlichen Methoden ist es so: Wenn sie landwirtschaftliche Maschinen besitzen und haben eine Reparatur daran, so bekommen sie keine Ersatzteile. Sie müssen zusehen, ob sie von einer Maschine, die irgendwo ausgefallen ist, dieses Teil bekommen, sonst ist nichts zu machen. Ich selbst, ich habe mit meinen Maschinen durchgehalten, aber ich fragte mich immer: Wie lange?

Bäuerin: Das fragten wir uns ja bei allem: Wie lange? Wie lange noch? Immer saßen wir am Radio, von einer Konferenz zur anderen, von Berlin nach Genf nach Paris, haben geglaubt und gehofft. Wir haben RIAS und SFB gehört, immer wurde uns gesagt: Haltet aus! Haltet aus, solange ihr aushalten könnt! – Und das haben wir getan und gehofft. Es konnte doch nicht immer so weitergehn! Es mußte doch mal eine Erleichterung geben. Aber nun gibt es keine Hoffnung mehr für uns.

Bauer: Die wissen gar nicht, was sie da oft anrichten mit ihren Sendungen aus dem Westen bei den Menschen, die in der Zone sitzen und zuhören und warten.

Im Oktober 57 waren die Gemeinde- und Kreistagswahlen, und wir hatten uns im Dorf abgesprochen, daß wir diese Wahl boykottieren wollten. Keiner von uns würde zur Wahl gehen. Ich war der Führer der LDPD des Ortes und hatte ein gewichtiges Wort in der Gemeinde. Bis auf wenige waren die Leute bei uns in Ordnung. Wir sind eine Gegend, wo die brandenburgische Treue zur Tradition und zum Königshaus noch im Blut sitzt. Die Gemeinde- und Kreistagswahlen rückten heran, und da hörten wir im RIAS: Geht alle zur Wahl! Gefährdet euch nicht! Wir wissen auch so, wie die Wahl zu werten ist!

Diese Durchsage brachte uns ganz durcheinander. Was sollten wir tun? Was war richtig? Wir sind zur Wahl gegangen, aber es war falsch! Wir hätten nicht auf den RIAS hören und hätten die Wahl boykottieren sollen. Man muß doch ein aufrechter Mensch bleiben und nicht aus Angst alles tun, was befohlen wird. Wenn ich so die westlichen Sender höre und wie westliche Politiker sich Angst einjagen lassen vom Russen und immer nur nachgeben wollen – was sollen die Menschen in der Zone dann tun, die doch den Russen direkt ausgeliefert sind? Aber die sind innerlich weniger bereit nachzugeben als manche westlichen Deutschen. Nur eine harte Politik nützt. Adenauer macht es richtig, noch viel härter müßte er sein! Da werden im Westen falsche Dinge getan, die ich gar nicht verstehen kann. Zum Beispiel schicken sie über das Interzonenabkommen Vieh in die Zone. Gutes, wunderbares Vieh, das bekommen ausschließlich die Staatsgüter und die großen LPGs. So hilft Westdeutschland direkt dem Ulbricht-Regime.

Bäuerin: Wenn uns unsere Verwandten aus Westdeutschland mal besuchten, dann haben wir uns oft geärgert. Aus jedem zweiten Wort sprach Angst und Sorge, daß sie bei einer Wiedervereinigung von ihrem Reichtum dem armen Bruder im Osten etwas abgeben müßten. Die sind so materiell geworden, das kennt man bei uns gar nicht. Wenn wir mit ihnen in ein HO-Restaurant fuhren mit unserem Wartburg, und mein Mann hat immer die Zeche bezahlt, das war doch selbstverständlich, wir hatten genug Geld dafür, und man will sich doch nicht lumpen lassen. Aber für die aus Westdeutschland spielte es immer so eine Rolle: Zahlst du? Zahlen wir?

Bauer: Man leidet ja schon so an Minderwertigkeitskomplexen, den Westdeutschen gegenüber, das sollten sie uns nicht so fühlen lassen. Wir sind doch schließlich auch Deutsche und tun unsere Pflicht.

Bäuerin: Das Schlimmste bei unserem Leben in der Zone ist aber, wie sie unsere Kinder leiden lassen, nur wegen ihrer Geburt, nur weil sie Kinder von Großbauern sind. Mit der Schule geht es los. Schon die anderen Kinder quälen unsere, laufen hinter ihnen her auf dem Weg zur Schule und schreien: »Kuhbauer! Oller Kuhbauer!« Schließlich bin ich mal zu einem alten Kommunisten aufs Gemeindeamt gegangen und habe gesagt: Hören Sie, das geht aber zu weit, wie unsere Kinder gequält werden. Wir bezahlen unsere Steuern, wir sind anständig, wir lassen jeden Menschen in Ruhe, warum läßt man unsere Kinder nicht in Ruhe? Da gibt er mir zur Antwort: Ja, das macht man mit unsern Kindern in Westdeutschland auch so!

Da war ich bedient! Ich brauch' nirgends mehr hinzugehn, wir bekamen doch kein Recht. Es war furchtbar. Jutta weinte jeden Tag, wenn sie aus der Schule kam. Der Lehrer sagte einfach zu ihr: Ja, ihr habt eben den falschen Vater! Wo gibt es denn das auf der Welt, daß man den Kindern ihren Vater vorwirft. Der Lehrer fragte Heidi: Wieviel Hektar hat dein Vater?

Sechzig Hektar, antwortete sie.

So! Dann hast du in Gegenwartskunde eine drei!

Die Mädchen konnten sich mühen und mühen, es hieß einfach: Ihr sollt nicht vergessen, woher ihr kommt und welcher Konfession ihr angehört!

Unser Sohn ist 40 geboren, der hat noch mit Müh und Not auf die Oberschule dürfen und sein Abitur gemacht. Aber dann hat keine Hochschule ihn angenommen, nicht einmal die Landwirtschaftsschule in Greifswald. Sein Großvater war Bauer, sein Vater ist Bauer, er selbst möchte Bauer werden, aber in einem Arbeiter- und Bauernstaat darf er das nicht – eben weil sein Vater Bauer ist. Das soll ein Mensch begreifen. Wir haben dann an den Präsidenten Wilhelm Pieck geschrieben und gefragt, ob denn kein Platz in der DDR wäre für einen Jungen, der Agronom werden möchte. Sie hätten ihm nicht mal seine Bewerbungen für die Landwirtschaftsschule abgenommen.

Nach Wochen kam vom Sekretariat eine Antwort: Wir brauchen die Hochschulplätze für Arbeiterkinder. Ihr Sohn kann dem Staat auch als Landarbeiter dienen.

Was sollte unser Sohn noch in einem solchen Staat! Er ist

nach Westdeutschland herübergegangen und dort auf einer landwirtschaftlichen Hochschule angenommen worden.

Aber ich bin seit der Zeit nicht mehr froh geworden. Unser Sohn war noch nicht zwanzig, und er hängt so sehr an zu Hause – und nun drüben allein ... Wenn ich die beiden Mädchen nicht noch daheim gehabt hätte, die Zwillinge – aber die hatten ja als Kinder von einem Großbauern auch ihre liebe Not.

Bauer: Zweimal im Jahr bin ich nach Berlin gefahren, um im Westsektor unseren Sohn zu treffen. Und als ich wieder einmal hinreisen wollte, war es durchgemeldet worden zur Grenzstation ...

Bäuerin: Das kam von unserer Bürgermeisterin. Die hatte vom Staatssicherheitsdienst den Auftrag aufzupassen, ob einer von uns nach Berlin führe und unserem Sohn Geld brächte. Das ist eine ganz gemeine Person. Und wie die schon aussieht mit ihrem Ballonkopf! Eine von polnischer Abkunft, und immer schon eine Kommunistische. Elf Jahre war sie Arbeiterin auf unserem Hof gewesen und hatte die Leute im Krieg gegen mich aufgehetzt, als ich allein war. Mit ihrem Bruder, der Kreisgewerkschaftssekretär ist, mit dem steht sie wie Hund und Katze, aber in ihrem Haß auf uns, da waren die beiden sich einig.

Bauer: Die so hochkommen im Dorf jetzt, die treibt Geldgier und Machthunger und Neid auf die, denen es einmal besser als ihnen ging. Die schauen nicht mal nach dem Westen hinüber wie alle andern, die schauen nur bis zum Ende des Dorfes, nichts sonst interessiert sie. Die Menschen im Osten sind nicht schlechter und nicht besser als die im Westen, aber das Regime verdirbt sie. Da werden Menschen böse, die woanders gar nicht böse würden.

Also die Bürgermeisterin hatte mich angezeigt, daß ich nach Berlin fahren wollte, und der Zug, in dem ich saß, wurde plötzlich vor Berlin gestoppt. Er hielt außerhalb des Bahnsteigs der Grenzstation, und Trapo kommt in den Wagen, kontrolliert alle Ausweise, und der Zug fuhr in den Bahnhof ein. Kommen Sie mal mit, sagten sie, und ich mußte aussteigen und zwischen ihnen hergehen den Bahnsteig herunter bis zum Ende, da in eine Bretterbude hinein, Leibesvisitation und Verhör. Woher und wofür haben Sie das viele Geld, das Sie bei sich führen (soviel war es nicht, 1200 Mark). Ich konnte doch nicht sagen, das ist für meinen Sohn. Ich faselte etwas zusammen, man kommt sich ja vor wie ein Verbrecher. Und es hieß: Sie wollten republikflüchtig werden!

Nein, um Gottes willen, sagte ich.

Aber wozu dann das viele Geld?

Ich konnte kaum antworten vor Aufregung; ich habe gesagt: Fragen Sie doch nach, meine Frau und meine Töchter sind ja noch zu Hause, die könnten Sie ja dann erschießen, wenn ich wirklich weggewollt hätte.

Sie nahmen mir den Personalausweis ab und das Geld und schickten mich zurück, und ich mußte mich zu Hause sofort bei der Kriminalpolizei melden. Da gehen die Verhöre dann erst richtig los. Ich habe immer nur beteuert, daß ich nicht fliehen wollte.

Sie behielten meinen Personalausweis ein, und ich hatte mich alle vier Wochen bei der Polizei zu melden, ein halbes Jahr lang. Dann endlich bekam ich meinen Ausweis wieder.

Bäuerin: Du bist ganz elend in der Zeit geworden. Ganz mager und elend wurde mein Mann. Er grämte sich das Herz ab um die Kinder. Die Mädels waren nun 17 Jahre und so fleißig, sie wollten so gern weiter zur Schule gehen. Juttas ganzer Wunsch war, Medizin zu studieren. Aber es hieß: Ihr habt einen Bruder, der ist republikflüchtig; Angehörigen der Familie eines Republikflüchtigen wird vom Staat keine Begünstigung gewährt. Unsere Mädchen durften nicht auf die Oberschule. Mein Mann ist zum Rektor gegangen und hat für die Kinder gebeten. Umsonst! Jutta war ganz verzagt. Wir behielten die Mädchen zu Hause, sie halfen bei uns in der Landwirtschaft, was sollten wir machen? Dauernd bemühten sie sich um eine Lehre oder eine Anstellung. Die erste Frage war immer: Sind Sie organisiert? Nein? Haben Sie Jugendweihe gehabt? Auch nicht? Aha, Sie sind noch konfirmiert – ja dann! Wir geben Ihnen Bescheid. Darauf ist dann nie etwas gekommen. Wenn ein Arbeitgeber jemanden einstellen will, muß er fragen: 1. die Partei, 2. den Bürgermeister, 3. den Rat des Kreises, 4. die LPG-Vorstandsmitglieder, 5. die Gewerkschaft. Wie das Urteil für das Kind eines Großbauern ausfällt, steht von vorneherein fest. Höchstens als Aushilfe wurde eins der Mädchen mal eingestellt, aber sobald eine politische Kraft kam, mußte es wieder gehen. Mein Mann ist herumgegangen: Wie ist es mit einer Lehrstelle für meine Töchter? Könnt ihr sie nicht irgendwie unterbringen? – Nichts!

Die Mädchen und ich, wir haben in dieser Zeit unserem Vater schon zugesetzt: Laß uns weggehen, das hat doch alles keinen Sinn mehr hier. Allein, ohne Eltern, wollten unsere Töchter nicht fort. Wir hängen alle so sehr aneinander, wir wollten uns nicht trennen, lieber bringt einer für den anderen Opfer. Aber was war das noch für ein Leben!

Bauer: Ich konnte mich nicht entschließen zu gehen. Ich konnte einfach nicht. Man kann seine Heimat doch nicht freiwillig verlassen. Und ich darf den anderen im Dorf kein schlechtes Beispiel geben, dachte ich, alle sehen auf mich. Solange ich mich als freier Bauer hielt, hielten sich die anderen auch. Sie haben mir gesagt: Karl, wenn du umfällst, wenn du eintrittst in die LPG, dann ist es auch für uns das Ende. Die Partei drückte zu dieser Zeit, vor einem Jahr, schon mächtig auf uns wegen Eintritt in die LPG.

Bäuerin: Es gab da eine Sorte im Dorf, also richtig Pöbel, die spektakelten hinter uns her, wenn wir draußen auf dem Acker waren: Ha, das wird doch bald alles Volkseigentum! Sogar die Kinder von denen riefen Schimpfworte hinter uns her: »Bauernsau! Ausbeuter!« Es ist ja so in einem Ort, da ist alles untereinander verwandt und verschwägert, da ist der Schwiegersohn bei der Volkspolizei, und der Cousin ist beim Rat des Kreises, und der ist Neulehrer, die Familien sind schon alle durchsetzt und halb und halb an die SED verkauft. Diese Wandlung macht sich überall bemerkbar.

Bauer: Aber wir paar Einzelbauern hielten noch fest zusammen. Wir haben oft beraten, und ich habe schließlich gesagt: Wenn wir uns alle zusammentun, können wir doch eine LPG auf unsere Art machen. Wenn wir auf diese Weise zwei, drei Jahre überdauern, können wir uns vielleicht retten. Es kann doch nicht so weitergehn, es muß doch mal anders werden. Aber die waren mißtrauisch – wie der Bauer eben so ist –, keiner konnte sich entschließen. Hin und her und hin und her haben wir geredet. Einer sagte zu mir: Du hast den größten Hof, Karl, da müßten wir ja noch deinen Acker bearbeiten. Dabei ist ein Bauer, der mit wenig in die LPG geht, noch besser dran als der Großbauer. Der Neusiedler geht durch wirtschaftliche Notlage gezwungen herein. Aber dem Großbauern geht es oft wirtschaftlich gut, er geht nur in die LPG auf politischen Druck. Wenn er auch in der LPG ist, so will er doch seinen Hof nicht verkommen lassen, das liegt im Blut, er steckt sein letztes Geld in die Erhaltung der Gebäude, er hofft doch immer, daß der Hof eines Tages wieder richtig sein Eigentum wird. Aber wenn das Geld verbraucht ist, das er für sein Vieh bekommen hat, dann ist es mit all diesen Bemühungen und Hoffnungen auch zu Ende, dann kann er mit seiner Familie von 120 Mark im Monat hungern. Wenn dann nicht mehrere Familienmitglieder mitarbeiten, kann er sich ausrechnen, wann das Elend da ist.

Bei mir versuchten es die von der Partei zuerst auf die freundliche Tour. Ein paar Funktionäre boten mir an, ich sollte mit meinem großen Betrieb in die LPG eintreten und Produktionsleiter werden. Ich bekäme 1200 bis 1500 Mark im Monat, und sie versprachen, daß die LPG fünf meiner Kühe zu freien Spitzenpreisen abkaufen würde und die übrigen mit 500 bis 750 Mark Prämie. Und ein Auto bekäme ich auch. Ich sollte sogar noch auf die LPG-Hochschule Meissen zu einem Studium delegiert werden, damit wäre ich dann Diplom-Agronom. Und mit einer Reise ans Schwarze Meer wollten sie mich locken. Ich habe immer nein gesagt.

Sie fingen an zu drohen: Dein Gegenreden ist reinste Schädlingstätigkeit! Und faselten mir was vor von: Vorteilen der sozialistischen genossenschaftlichen Produktion, planmäßigem Aufbau des Sozialismus, Umgestaltung des Dorfes auf sozialistischer Grundlage!

Ich ließ mich auf nichts ein. Anfang Dezember erschien bei mir der Zuchtleiter für Schweine aus unserem Kreis. Er setzte sich aufs Sofa und erklärte rundheraus, er sei geschickt, um mich zum Eintritt in die LPG Typ III zu bewegen. Ich sei ein tüchtiger Bauer, geeignet, den Produktionsleiter zu machen und mich als staatlich geprüfter Landwirt zu qualifizieren. Ihr Betrieb ist für die Großraumwirtschaft wie geschaffen, sagte er. Ihre Schweinezucht des veredelten Landschweines muß sofort erweitert werden. Ihr Betrieb ist vom Rat des Kreises bereits eingeplant im Siebenjahresplan als Grundlage für die Rinderherdbuchzucht.

Ich habe ihm geantwortet: Meine gepflegten Rinder in die Offenställe der LPGs? Da gehen sie bald kaputt, das sage ich euch! Gehen Sie ins Nachbardorf, da ist schon so eine Viehhaltung der LPG, gucken Sie sich an, wie die frischgeborenen Kälber da eingehen in Kälte und Zugluft, die Kühe geben nur noch 5-6 Liter am Tage, und vorher bei den Einzelbauern im Stall haben sie 10–12 Liter Milch gegeben. Und erst die Schweinekoben! Das sind ja keine weißen Schweine mehr, das sind grüne Schweine vor lauter Kot und Dreck. Und das soll die Zukunft sein?

Der Mann war anständig, das muß ich sagen. Ich rate Ihnen, geben Sie freiwillig nach, sagte er mir, sonst schießen die noch mit ganz anderen Waffen gegen Sie. Ich habe schon die Weisung bekommen, daß die von Ihnen angemeldeten

Zuchtschweine zwar noch gekört und taxiert werden, aber die Zuchtleiter sind angewiesen, jeden Verkauf zu verhindern.

Als ich das hörte, wußte ich, was die Stunde geschlagen hatte. Da fielen sie nun über mich her aus dem Hinterhalt!

Meine Frau und ich haben in dieser Nacht kein Auge zugetan. Meine Frau schrie immer wieder auf und machte das Licht an und lief in der Schlafstube herum.

Bäuerin: Und eine Woche später kamen sie dann auf unseren Hof, vorneweg der Staatsanwalt, wie ich es schon erzählte. Mir wurde so schlecht, daß ich in der Küche blieb, ich habe mich da auf einen Stuhl gesetzt und gewartet. Und dann kam mein Mann in die Küche herein nach langer Zeit, und er zitterte am ganzen Leib und er sagte zu mir ...

Bauer: Ich sagte zu meiner Frau: Jetzt ist es aus! Jetzt haben sie mich soweit gebracht! Ich habe mich zusammengenommen, ich wollte nichts sagen – aber dann haben sie mich so hochgebracht, da habe ich ihnen gesagt, was ich von ihnen hielte und von dieser ganzen verdammten Kollektivierung. Jetzt haben sie mich! Entweder ich unterschreibe für die LPG, oder sie zeigen mich bei der Staatsanwaltschaft an, sie nehmen mir meinen Personalausweis weg.

Bäuerin: Ich sagte: Dann müssen wir fliehen, Karl!

Bauer: Dann mußten wir fliehen. Ich wollte nicht Knecht auf meinem eigenen Hof werden.

Der Millionär

Nie werde ich meiner Familie im Westen ein solches Leben schaffen können, wie wir es in der Zone hatten. Mein Sohn besaß alles, was so ein Siebzehnjähriger sich nur wünschen kann: ein Motorrad, einen Fernsehapparat, Fotoapparate, ein Segelboot, und meine Frau hatte ihm in unserem Wochenendhaus zwei kleine Zimmer eingerichtet, die waren wie Schiffskajüten gebaut. Rudi ist unser Einziger. Meine Frau hat ihn vielleicht zu sehr verwöhnt, sie ist sieben Jahre älter als ich und hat lange auf ein Kind gewartet. Als Rudi noch klein war, konnte man ihn leicht lenken, aber mit fünfzehn Jahren wurde er schwierig. Der Einfluß der Schule und der Mitschüler war stärker als der Einfluß des Elternhauses. Ich wollte, daß Rudi in die Kirche ging, er wollte in die FDJ. Ich habe ihm das verboten, aber ich habe nachgeben müssen. Seit Rudi in der FDJ war, konnte ich mit dem Jungen nicht mehr sprechen, wie ein Vater mit seinem Sohn spricht, ich hatte direkt Angst, er sagt es seinen Kameraden oder dem FDJ-Führer weiter.

Aber wofür, für wen haben meine Frau und ich gearbeitet all die Jahre, wenn nicht für den Jungen? Ich hätte ihm ein Werk im Wert von mehr als einer Million hinterlassen.

Ich bin Mechaniker, habe 1945 erst mit einem Handwerksbetrieb angefangen. Seit 51 arbeitete ich fast ausschließlich für die Deutsche Reichsbahn, damals hatte ich bereits über 10 Mann eingestellt und war nicht mehr Handwerks-, sondern Industriebetrieb, Maschinenbau.

1952 habe ich schon 48 Leute beschäftigt und hatte Millionenumsätze nur für die Deutsche Reichsbahn. Wir haben Schienenentgratungsmaschinen, Schienenrichtmaschinen, Transportanlagen entwickelt und gebaut. Wir waren mit modernen Maschinen ausgerüstet. Obwohl wir Privatunternehmen waren, galten wir als eine Art Musterbetrieb. Sogar ausländische Delegationen der Ostblockländer wurden bei uns im Betrieb herumgeführt. Das hat meine Leute immer aufgebracht, denn diese Gäste aus der UdSSR können ungeniert den neuesten Stand der technischen Entwicklung bei uns in den Betrieben studieren, die Werke müssen ihre Verfahren preisgeben, während Deutsche in der UdSSR nur das zu sehen bekommen, was schon bekannt ist. Das ist ja geradezu ein Ausverkauf an den Osten, sagten meine Leute. Aber machen können Sie da nichts, müssen noch stolz über solche Besuche sein.

Den Funktionären paßte das gar nicht, sie wurden neidisch auf meine Erfolge. Ich ließ mir von ihnen nichts sagen. Um Politik kümmerte ich mich nicht. Sie sollten mich in Ruhe arbeiten lassen, und das haben sie jahrelang auch getan. Bis es mit der zweiten Million bei mir anfing.

Es ärgerte sie, daß nicht nur meine Fabrik so gut in Stand war, sondern auch unser Grundstück daneben mit Wohnhaus und Garten ein wahres Schmuckstück. Ich hatte den verwahrlosten Besitz 1951 gekauft und das Haus umgebaut, Kletterrosen hoch gerankt – Rosen waren die Spezialität meiner Frau. Und ein Gehege mit Fasanen und eins mit Eichhörnchen stand unter den Bäumen; wirklich ein kleines Paradies.

Sonntags saß ich in meinem Büro und sah die Bücher durch mit meiner Frau zusammen, die nur mit einem Buchhalter den ganzen kaufmännischen Teil erledigte. Unser Betrieb war unsere Welt.

Seit zwei Jahren begann die Staatssicherheit sich für mich zu interessieren. Ich wurde in die graue Villa zwei Straßen von uns entfernt bestellt. Es hieß: Sie sind mehrmals mit Interzonenpaß nach Westdeutschland gereist, wir wissen, Sie haben dort Beziehungen zu westlichen Dienststellen aufgenommen. Wie hoch ist Ihr Westgeldkonto? Wir wissen, Sie haben ein privates Westgeldkonto angelegt. Wir wissen, Sie haben Ihre Patente, Zeichnungen und Unterlagen rübergeschafft. – Kein Wort stimmte, jedenfalls damals noch nicht. Vor zwei Jahren war ich noch fest überzeugt, daß ich bleiben würde, daß man einen tüchtigen Mann mit so sichtbaren Erfolgen nicht einfach abservieren könnte. Mein Gott, was habe ich mir alles vorgemacht!

Nach verschiedenen Besuchen der Staatssicherheit erschienen abwechselnd die Kriminalpolizei, die Baupolizei, die Arbeiterkontrolle. Man würde schon was im Büro oder in unserem Privatleben finden! Aber alles war bei mir tadellos in Ordnung, und ich war meiner Sache immer noch sicher.

Dann griffen sie zu einem Radikalmittel und verhafteten mich. Unter dem blödsinnigsten Vorwand, ich kann ihn gar nicht mehr zusammenbringen. Während ich abgeholt war, wurde unser Haus, alle Büroräume, sogar das Wochenendhaus und die Garage von vier Mann der Staatssicherheit elf Stunden lang durchgekämmt. Meine Frau stand dabei, durfte nicht ans Telefon. Mein Junge war ganz außer sich, beschimpfte den einen Beamten. Als die Männer fort waren, ohne irgend etwas Verdächtiges gefunden zu haben, lief meine Frau zum Telefon und versuchte, den Chef der Deutschen Reichsbahn in Berlin zu erreichen. Es gelang ihr auch. Er telefonierte mit der Staatssicherheit und dem Staatsanwalt unserer Stadt, und die Staatssicherheit rief wieder meine Frau an: Machen Sie sich keine Sorgen um Ihren Mann, um 14 Uhr wird er zu Hause sein.

Ich war tatsächlich um vierzehn Uhr zehn zu Hause, sogar mit dem Wagen der Staatssicherheit fuhr ich vor. Ich verliere meine Ruhe nicht schnell, aber wenn die mit ihren gezielten Fragen loslegen, und man weiß nie, wie's ausgeht, ob man wieder nach Hause kommt – da muß man Nerven haben! Die Konstruktion, die sie aufgebaut hatten, um einen Grund zur Verhaftung zu haben, fiel in sich zusammen wie ein Kartenhaus. Aber dann kam die gefährliche Frage: Warum haben Sie noch keine staatliche Beteiligung aufgenommen? Und der Beamte sagte in einem Atemzug: Ihre Familie ist auch verhaftet.

Da bekam ich Angst. Man kann doch nie wissen! Aus Sorge um meine Familie sagte ich: Wissen Sie, ich bin einer staatlichen Beteiligung nicht abgeneigt!

Ich wurde dann nach Hause zurückgeschickt, aber von dem Augenblick an war es um meinen Frieden geschehen. Von verschiedenen Seiten nahmen sie mich jetzt wegen der staatlichen Beteiligung in die Zange. Einmal der Direktor R. der Gewerbebank, dann Herr S. von der Investbank, die beiden Herren suchten mich immer wieder auf. Die Bildung der halbstaatlichen Betriebe ist freiwillig, beteuerten sie. Aber was ist, wenn Repressalien einsetzen, wenn man als Privatunternehmen keine Lieferverträge mehr bekommt, keine Zuteilung an Materialien?

Es half mir nichts, ich mußte dem Druck nachgeben. Meine Frau ist sehr resolut, sie wollte nicht, daß ich einen Antrag auf staatliche Beteiligung stellte, sie sagte: Dann ist es mit unserer Selbständigkeit vorbei, Hans, dann sind wir nur noch Angestellte der volkseigenen Wirtschaft. Ich versuchte sie zu beschwichtigen und mir selbst Mut zuzureden, sagte: Wenn ich den Antrag stelle, gewinnen wir Zeit, Zeit gewinnen ist alles – das ist doch der große verzweifelte Irrtum aller in der DDR –, denn so ein Antrag läuft monatelang, und in den Monaten kann doch was passieren – nicht wahr?

Der Mensch hört eben nicht auf zu hoffen!

Als ich den Antrag gestellt hatte, erschien ein Herr vom Rat des Kreises und überprüfte meinen Betrieb. In dem Gespräch, das wir anschließend bei einem Kognak in meinem Büro hatten, wußte ich, worauf sie mit mir hinauswollten. Ich sollte mit meinem Betrieb einem VEB angegliedert werden, der als »Patenbetrieb« gelten würde, die Struktur meines Betriebes würde sich damit vollständig verändern, und meine Selbständigkeit wäre dahin. Außerdem sollte ich als

Staatseinlage das Betriebsgrundstück und mein Wohnhaus einbringen.

Diese Vorschläge sind unannehmbar, sagte ich zu dem Herrn. Unter diesen Voraussetzungen brauchen Sie überhaupt nicht wiederzukommen. Ich ging dann hinüber in mein Haus, durch den Rosengarten, ich war furchtbar bedrückt. Aber von jetzt an blieb ich stur. Ich antwortete einfach auf keine Schreiben, keine Anrufe wegen staatlicher Beteiligung mehr, ging gar nicht ans Telefon, mein Buchhalter nahm die Gespräche entgegen.

Dann wurde ich unter einem Vorwand zum Rat des Kreises bestellt. Dort hieß es in höchst unfreundlichem Ton: Wir müssen mit Ihrer Sache endlich weiterkommen, Sie sind der letzte größere Betrieb ohne staatliche Beteiligung hier in der Gegend.

Ich sagte: Ich habe den Betrieb ohne staatliche Beteiligung aufgebaut, ich brauche auch jetzt keine Hilfe, mein Betrieb lief so lange ausgezeichnet, bis Sie ihn durch die andauernden Kontrollen und Maßnahmen störten. Jetzt haben Sie mir eine Kommission für Arbeitsschutzmaßnahmen auf den Hals geschickt, und die hat Änderungen im Betrieb verlangt, weil angeblich die Arbeitsschutzmaßnahmen unzureichend wären. Das ist reine Schikane, aber diese Schikane kostet mich 50 000 Mark.

Nach dieser unangenehmen Unterredung wurde mir vom Rat des Kreises, Abteilung Finanzen, mitgeteilt, daß der Staatssicherheitsdienst und die Kriminalpolizei sämtliche Unterlagen des Betriebes anfordern und mit Experten des Finanzamtes prüfen würden.

Am Abend danach – meine Frau und ich saßen mit Rudi auf der Terrasse bei einer Flasche Wein – läutete das Telefon, Rudi ging ran und kam dunkelrot im Gesicht zurück, sagte: Papa, da hat einer angerufen, der hat dich gemeint, der hat zu mir gesagt: Halten Sie die Ohren steif, es geht los gegen Sie, bald sind Sie reif!

Und zu meinem Buchhalter sagte der Chef der Preisprüfung beim Finanzamt ein paar Tage darauf: Paßt auf, gegen euch ist was im Gange! Und hat aufgehängt.

Nun ist eine der Fallen, mit der sie einen Privatunternehmer kriegen können, der Lohnstopp. Ein Privatunternehmer darf seine Arbeiter nicht über Tarif bezahlen. So bekommt ein qualifizierter Arbeiter nach Tarif 2,55; im VEB zahlen sie ihm aber bis zu 3,50. Spitzenverdiener im VEB können mit Prämien und Überstunden manchmal bis auf 1000 Mark im Monat kommen. Die Leute gehen also in die volkseigenen Werke, und wenn der Privatunternehmer seine Leute halten will, ist er gezwungen, aus seinem Portemonnaie auf den Lohn draufzulegen. Gibt der dem Facharbeiter nun 50 Pf. mehr, gilt das nicht als Betriebsausgabe, sondern dieses Mehr an Lohnzahlungen wird später in der Bilanz dem Gewinn zugeschlagen. Bei einem größeren Betrieb erscheinen dann enorme Gewinne, die progressiv versteuert werden. Wo soll man da das Geld hernehmen, das ja gar nicht mehr da ist, denn höhere Preise darf man auch nicht machen?

Jetzt drohte man mir mit einer »Tiefenprüfung«, als deren Ziel die Zwangsenteignung angekündigt wurde.

Ich habe nächtelang mit meiner Frau beraten. Das Ganze ist nur noch eine Frage der Zeit, sagte ich zu meiner Frau. Ich kann diesen Druck nicht mehr lange aushalten. Aber meine Frau war nicht zu bewegen, unsere harte Arbeit von 15 Jahren aufzugeben. Das Werk, das Haus, den Garten, alles, woran ihr Herz hing, einfach diesen Burschen überlassen?

Ich aber wollte weg. Ich war jetzt »reif«, sie hatten es geschafft, wenn auch für meine Person mit anderem Resultat. Für sie kam es auf dasselbe raus, sie würden meinen Betrieb bekommen, entweder mit mir – oder ohne mich. Ich sagte: ohne mich.

Aber nun der Junge. Mit dem wagte ich davon überhaupt nicht zu sprechen. Wenn meine Frau schon nicht mitgehen wollte in den Westen, weil sie hier noch was zu retten hoffte

– der Junge ginge bestimmt aus Überzeugung nicht mit. Er war von der neuen Zeit schon infiziert. Was sollte ich tun? Allein fortgehn? Unmöglich. Meine Frau hat, so klein sie ist, eine Energie wie ein Mann. Eines Tages entschloß sie sich, doch mit mir fortzugehen, hat die Patentakten – meine sämtlichen Erfindungen – zusammengepackt und ist mit unserem neuen Wagen – ich hatte ihn drei Monate vorher für zweiundzwanzigtausend Mark gekauft – nach Berlin gefahren, hat die Akten im Westen deponiert, 12 Stunden später war sie zurück.

Dann begannen wir zusammenzupacken, so als ob wir eine Reise an die Ostsee machen wollten, nach Heiligendamm. Der Junge stieg ahnungslos ins Auto. Ich ließ den Wagen in Ostberlin am Bahnhof Alexanderplatz stehen und sagte zu Rudi: Wir fahren zum Reichsbahnzentralamt, ich muß ein paar Akten hinbringen, kannst du mich begleiten, Mutti kauft solange in der HO ein.

Dann ist meine Frau getrennt von uns gefahren, und ich nahm den Jungen – ein Riesenbengel ist das, so groß wie ich, 1,86 und stark wie ein Bär –, ich nahm ihn mit mir, ließ ihn meine Aktentasche tragen, und wir setzten uns in die S-Bahn am Alexanderplatz. Er kennt sich nicht in Berlin aus, dachte, wir fahren in die entgegengesetzte Richtung. Als er entdeckte, daß wir plötzlich im Westsektor waren, fing er an, sich schrecklich aufzuregen. Ich hab' noch nichts gesagt, es war alles sehr schwierig für mich, hab' gewartet, bis wir vom Bahnhof runter waren, auf der Straße, und dann zog ich ihn in ein Lokal, so eine Eckkneipe, setzte mich mit ihm hin und habe ganz ruhig gesagt: Rudi, wir fahren nicht mehr nach Hause zurück.

Ich dachte, ich kenn' meinen Jungen, aber ich hatte mich getäuscht, der fing an zu toben, wollte zurück, wollte einfach davonlaufen, nach Hause zurückfahren. Ich habe gesagt: Überleg, Rudi, was du tust, deine Eltern sind fort, das Haus wird schon beschlagnahmt sein, die Firma auch, also wohin willst du? Ich hab' sehr ruhig mit ihm gesprochen. Ich ging dann mit ihm in ein kleines Hotel, wo meine Frau inzwischen eingetroffen war. Wir hatten Angst, daß Rudi in der Nacht wegläuft, er ist geblieben. Aber wir haben ihn heulen hören im Nebenzimmer, die Wände waren so dünn.

Ich hatte selbst mit mir und meiner Bedrückung zu tun, aber um Rudi machte ich mir die größten Sorgen. Er revoltierte, er fand alles scheußlich, was er hier in Westberlin sah, die Kinoplakate, die Zeitungsüberschriften, voller Hohn zeigte er darauf, wenn wir über den Kurfürstendamm bummelten. Er sah alles durch eine rote Brille. Ich beobachtete ihn, von Tag zu Tag beginnen sich seine Vorstellungen langsam zu wandeln, aber heute nacht hat er wieder geheult.

Nur noch mit Hunden

Seit Juni oder Juli 1959 war uns verboten, auf Grenzüberläufer zu schießen. Wir gingen nur noch mit Hunden. Patrouillen immer zu zweit, in fünfhundert Meter Abstand, manchmal auch dichter. Früher mußten wir nach Anruf schießen, da wurden oft welche blutend über die Grenze gezogen, hin oder zurück, je nachdem, ob wir ihn noch kriegten oder die drüben schneller waren. Ist aber auch vorgekommen, daß sich Grenzpolizisten bei uns gegenseitig erschossen haben, nachts, bei schlechter Sicht.

Als ich abhaute, hatt' ich ein Jahr bei der Grenzpolizei abgerissen. Hab' für drei Jahr' unterschrieben, aber hatt' die Schnauze voll. Ich hab' an die schönen Versprechungen geglaubt, als ich die Verpflichtung für drei Jahre zur VP unterschrieb. Die haben uns ein schönes Leben versprochen, und dabei schon die Verpflegung! Morgens Brot mit Marmelade oder Margarine, Butter fast nie. Mittags Fleisch mit Soße und Kartoffeln, abends Brot mit Wurst und Muckefuck. Und Urlaub einmal im Jahr. Aus der Kaserne kam man überhaupt nicht raus, außer zum Dienst. Darum hab' ich nach vier Monaten geheiratet, das hielt man ja nicht aus. Wenn einer aber verheiratet ist, kriegt er zweimal im Monat, manchmal sogar dreimal und viermal Urlaub zu der Ehefrau. Da hab' ich eben eine aus unserem Dorf geheiratet, die wohnte weiter bei ihren Eltern, und ich bin da immer hingefahren. Meine Frau ist sieben Jahr' älter als ich. Ich bin einundzwanzig.

Tanzmusik aus dem Westen durften wir in der Kaserne nicht mal andrehn. Das ist zersetzende Musik des Kapitalismus, sagten unsere Offiziere. Aber alle von unserer Kompanie hörten Westradio wegen der Tanzmusik. Da ist doch wenigstens Rabatz drin. Und alle von der Kompanie hatten die Schnauze voll.

Ich bin an einem Urlaubstag weg, in Uniform, bin mit meiner Frau über die Grenze, wo nur geharkter Streifen war, ich kannte mich ja aus. Andere kommen da nicht durch. Ich wußte, wo kein Stacheldraht ist, es gibt noch ein paar Stellen ohne Stacheldraht.

Erst kommt die Fünf-km-Sperrzone, für die braucht jeder einen extra Ausweis, und wer in der Sperrzone wohnt, kriegt mehr Gehalt, bis 10 Prozent mehr dafür, daß er in der Sperrzone leben muß, wo kein Mensch von außen zu ihm zu Besuch kommen kann. Dann kommt der Fünfhundert-Meter-Streifen und dann der Zehn-Meter-Streifen, der ist umgepflügt und geharkt, dann kommt der Stacheldraht. Und Wachtürme ...

Ich kam durch mit meiner Frau, weil ich wußte, wo die Patrouille geht, weil ich am Tag vorher da selbst Patrouille gegangen bin.

Der Schuldirektor

Ich war bei der Marine und bin im Mai 1945 in Gefangenschaft geraten. Ich war damals knapp 22. Meine Eltern lebten in der Tschechoslowakei, und keinerlei Nachricht von ihnen. Wir wurden entlassen, und alle meine Kameraden wußten wohin, nur ich hing in der Luft. Ich schrieb hin und her, keine Antwort, nichts. Da nahm ich das Angebot eines Soldaten an und bin mit ihm in die russische Zone gegangen. Das hab' ich schon hundertmal bereut! Ich dachte aber damals, wenn meine Eltern aus der Tschechoslowakei ausgewiesen worden sind, sind sie bestimmt in die russische Zone gekommen. Später habe ich sie dann auch wirklich in der Nähe von Görlitz wiedergefunden.

Ich ging also mit dem Soldaten nach Chemnitz. Dort haben mich rührende Leute aufgenommen, haben mir die Kleidung ihres gefallenen Sohnes geschenkt und für die Wäsche gesorgt. Ich hatte bei ihnen wieder so eine Art Zuhause.

Nun war mein ganzes Streben, Lehrer zu werden. Von Jugend auf war das mein Wunsch, und Lehrer wurden damals sehr gesucht. Ich bin zum Schulrat in Chemnitz gegangen, und der sagte zu mir: Ja, wissen Sie, wir brauchen Lehrer, aber Sie kommen aus dem Sudetenland, und da waren ja ziemlich große Heilschreier!

Ich bin alle zwei Wochen zu ihm gelaufen, aber es gab keine Möglichkeit für mich; ich hatte keine Bürgen. In der Zwischenzeit lernte ich eine Familie in der Nachbarschaft kennen. Der Mann hatte sich ebenfalls für einen Neulehrer-Lehrgang beworben und war schon in die SPD eingetragen und kannte den Bezirksvorsitzenden. Wir haben nun gemeinsam überlegt, wie schaffen wir bloß Bürgen für mich heran. Dann hat er mich überredet, in die SPD einzutreten. Mit 22 Jahren ist man ja politisch noch nicht klar, und wir hatten eine einseitige Erziehung genossen, wir hatten noch

Augenklappen vor. Ich habe den Schritt in die SPD nicht bereut, ich wollte mich politisch interessieren und einsetzen. Ich mußte ja nun Geld verdienen, ging zum Arbeitsamt und wurde bei Enttrümmerungsarbeiten eingesetzt. Das war ein komischer Haufen von Leuten, der Jüngste 16, der Älteste 65. Alles Nazis. Darunter auch ein Schuldirektor, mit dem habe ich mich oft unterhalten, und da erfuhr ich, was für ein schwerer Beruf es ist, Lehrer zu sein. Aber es war nun mal so sehr mein Wunsch! Während ich auf dem Bau arbeitete, fand ich keine Möglichkeit, Bürgen zu suchen, und da habe ich – ehrlich gesagt – den Staat hintergangen. Durch einen Zufall hörte ich, daß russische Lehrgänge anfangen und daß man sich dafür eintragen lassen kann. Ich lief also zur Schule hin und sprach mit dem Direktor. Ja, sagte er, der Lehrgang ist nicht voll besetzt, wir können Sie aufnehmen. Auf diese Art bin ich dann in den Lehrberuf hereingekommen.

Da ich Tschechisch konnte, fiel mir das Russischlernen leichter. Ich habe natürlich ochsen müssen, tagsüber die Arbeit auf dem Bau, nachts Russisch bis ein, zwei Uhr. Ich wußte, du mußt es schaffen, sonst bleibst du auf der Straße!

Der Lehrgang dauerte drei Monate, und beim Abschluß bekam ich ein Dokument, daß ich auch fähig sei, Russischunterricht an unseren Schulen zu erteilen. Natürlich haperte es mit der Aussprache. Wir sprachen alle po russkij germanskij. Ich habe dann ein Jahr in zwei Klassen Russisch gegeben, bis ich so eine Stunde nach der anderen abwälzen konnte und den wissenschaftlichen Unterricht bekam. Mein Hauptfach wurde Mathematik. Nach dem Lehrgang war ich sofort als Lehrer eingestellt worden. Ich fing mit einem Gehalt von 202 Mark an. Abends sind wir in die Gaststätte gegangen und haben Rübensuppe gegessen, so 'ne dünne Brühe, ein bißchen grünlich für 80 Pfennige, da aß man dann drei Teller.

Auf meiner ersten Dienststelle habe ich meine Frau kennengelernt. Sie hatte ihre Ausbildung als Neulehrerin nach dem Krieg gemacht; so eine Ausbildung dauerte drei Monate und steht natürlich im Zeichen des Systems. Da wurde jeder durch und durch geimpft, trotzdem war es noch nicht so schlimm wie heute.

46 heirateten wir und haben inzwischen drei Kinder. Nach jedem Kind hat meine Frau mit der Schule ein Jahr Pause gemacht und dann wieder unterrichtet. Die Kinder lieferten wir früh im Kindergarten ab und holten sie uns nachmittags wieder nach Hause. Die elterliche Erziehung ist ja nicht zu ersetzen. Der Staat versteht es, die Kinder schon vom Kindergarten an zu beeinflussen. Ich habe das bei meinen eigenen Kindern mit Erschrecken festgestellt. Wenn Sie die Kinder nicht in Konflikte bringen wollen, sind Sie machtlos. Da sagte unser Jüngster, als meine Frau und ich ein Wort über Stalin fallen ließen: Aber so was dürft ihr ja nicht reden, Vati und Mutti, da werdet ihr eingesperrt! Unser Lehrer hat gesagt, wenn wir so was hör'n zu Hause, müssen wir ihm das sagen. Aber ich sag' nichts!

Mein großer Junge, der ist interessiert und gewandt, als er anfing, sich Geschichten auszudenken und aufzuschreiben, fand er für seine Erzählungen überhaupt keine deutschen Namen mehr. Ich habe zu ihm gesagt: Warum nimmst du denn nur russische Namen, Wanja und Tanja? – Aber Vati, sagt er mir, das ist doch in jeder Geschichte so, in unsern Schulbüchern und in den Lesebüchern. Da sind doch immer schöne russische Namen. – Natürlich reizt das Fremdländische ein Kind!

Wenn ein Lehrer sich auf den Unterricht vorbereitet, ist sein einziger Gedanke, wie findest du etwas Zeitgemäßes, oder wie kannst du einen zeitgemäßen Anhang geben, damit es mit der politischen Gegenwart übereinstimmt. Natürlich kommt es dabei zu Auswüchsen, daß selbst die Kinder über das politische Geschwätz in der Stunde gelacht haben. Die Aufsatzthemen müssen aus dem Erlebnisbereich der Kinder sein: »Geländespiel der Jungen Pioniere«, »1. Mai« oder

»Wanderungen«: nur immer Themen im Sinne der SED-Politik natürlich. Die Kinder werden von jung an geschult, nachzureden und nachzuschreiben, was der Lehrer ihnen vorkaut, und der Lehrer wieder spricht nur so, wie ihm befohlen wird zu sprechen. In der Zone ist man ja kein Lehrer mehr, da ist man eine Aufziehpuppe, die vor die Klasse hingestellt wird.

Und die Kinder werden überfordert! Die Arbeitsgemeinschaften, die Arbeitseinsätze. Von 13 Jahren ab müssen die Schüler an einem Tag der Woche in die Produktion, das heißt in einem volkseigenen Betrieb oder auf einer Kolchose arbeiten, sogar sonntags, das läuft unter dem Namen »polytechnischer Unterricht«.

Die musischen Fächer werden dafür abgebaut, Schüler der 12. Klasse sollen in Zukunft keinen Musik- und Kunsterziehungsunterricht mehr haben, weil er angeblich die Kinder zu sehr belaste.

Die Leistungen sinken, das ganze geistige Niveau sinkt, die Schüler werden nervös und abgespannt. Andererseits darf keiner sitzenbleiben, kommt ein Kind nicht mit, dann ist der Lehrer schuld, nach den Richtlinien des Marxismus gibt es keine Begabungen, jedes gesunde Kind ist bildungsfähig und kann geformt werden. Alle Kinder müssen die achtjährige Einheitsschule durchlaufen mit Russisch als einziger Fremdsprache. In der Oberschule sind dann noch Englisch oder Französisch vorgesehen, allerdings fakultativ. Nach dem 8. Schuljahr geht der größte Teil der Schüler ab. Das Lehrerkollegium muß dazu Stellung nehmen, wer von den Kindern weiter die Oberschule besuchen darf. Die Zensuren sind nicht ausschlaggebend, sondern das Herkommen der Kinder und ihre gesellschaftliche und charakterliche Beurteilung. Wie hat das Kind sich an der außerschulischen Arbeit beteiligt? War es mit Freude dabei oder gezwungenermaßen? Wie hat es sich als Junger Pionier bewährt?

Der Sohn eines Arztes, ein hochbegabter Junge, dessen

Geschwister nach dem Abitur nach Westdeutschland gegangen waren, um dort weiterzustudieren, hatte Antrag gestellt, in die Oberschule aufgenommen zu werden. Der Antrag war von unserer Schule genehmigt worden. Nun gibt es eine Kommission, die endgültig darüber entscheidet, ob die Aufnahme in die Oberschule erteilt wird oder nicht. In der Kommission sitzen der Direktor der Schule, ein Vertreter der Abteilung Volksbildung und Werktätige. Diese Kommission lehnte den Antrag des Schülers ab.

Eine Parteiversammlung wurde einberufen, bei der die Kreisleitung zugegen war, und da wurden wir Lehrer erst mal ausgerichtet. Wir hätten bei diesem Kind sogar »besonders geeignet« in der Beurteilung geschrieben, das zeigte, wie ideologisch unklar die Parteigenossen an dieser Schule wären! Ich war ja auch Parteigenosse, war als Mitglied der SPD automatisch in die SED übernommen worden.

Die Partei verlangte, wir sollten unser Urteil dahingehend revidieren, daß das Kind für die Oberschule nicht geeignet sei. Wir betreiben keine Sippenhaft, sagte ein Genosse der Kreisleitung, aber man soll bedenken, daß die beiden Geschwister des Jungen bereits nach dem Westen gegangen sind, und dieser Junge wird natürlich das gleiche tun, wenn er bei uns das Abitur gemacht hat. Der Kreissekretär sagte dann noch, mit dieser Beurteilung von euch kann der Junge so weit kommen, daß er sogar Minister werden kann.

Wir haben uns zur Wehr gesetzt. Der Parteisekretär der Schule war zugleich der Klassenleiter des Jungen, der ging von seiner Meinung auch nicht ab, daß der Junge auf die Oberschule kommen müßte, und wir haben nach einer Konferenz unser erstes Urteil wiederum bestätigt. Der Antrag ging dann wieder zu der gleichen Kommission und wurde von dieser wiederum abgelehnt. Also blieb das Kind zu Haus.

Dann kam die neue Verordnung, Beschluß des ZK über die Bevorzugung der Ärzte, weil soviel Ärzte die Zone verlassen, und von einem Tag zum andern war das Kind dann an der Oberschule. Nun dachten wir rehabilitiert zu sein, da der Junge ja wieder zur Schule kam, aber im Gegenteil! Vor allem dem Parteisekretär haben sie weiter zugesetzt wegen politischer und ideologischer Unklarheit. Wir waren an der Schule 23 Lehrer, 10 davon in der Partei.

Der Junge hatte aus Angst, nicht an der Oberschule angenommen zu werden, sich noch zwei Tage zuvor zur Jugendweihe gemeldet, damit das nicht der Stein des Anstoßes wäre. Und nun die Vorwürfe, die die Eltern sich machten!

Kurze Zeit nach dieser Geschichte verunglückte der Direktor unserer Schule mit dem Motorrad, und ich wurde zum neuen Direktor ernannt. Ich konnte mich nicht weigern, dieses Amt anzunehmen. Wir haben dich eingestellt, du wirst so lange bleiben, wie wir dich brauchen.

Und dann kamen diese ganzen Anfechtungen und diese falschen Beschuldigungen. Es verging keine Parteiversammlung, ohne daß der Schuldirektor nicht eins aufs Dach bekam. Er war für alles verantwortlich. Wenn sich kein Kollege fand, der die Jugendweihe übernahm, dann war der Direktor schuld. Wenn ein Kollege nicht richtig ausgerichtet war, traf der Vorwurf den Direktor. Generalüberprüfung des ganzen Kollegiums! Und wenn sich kein Lehrer für die Parteiarbeit meldete, mußte ich sie selber machen. Es lag mir nicht, den Kollegen so etwas aufzuzwingen.

Der Kreisschulrat, das war eine Frau, an die Vierzig vielleicht, eine alte Lehrerin, die war meine spezielle Feindin. Wenn man unter hundert eine aussuchen sollte, die die Ungeeignetste ist, nehme man die! Die horchte nur auf die Partei. Während der Parteiversammlungen schielte sie zum 1. Sekretär hin: Lacht er? Ja, er lacht, also nickt sie. Macht er ein böses Gesicht, runzelt er die Stirn, dann schüttelt sie den Kopf. Bei der gab's keine menschlichen Belange, keinen Schutz der Kollegen.

Und bei einigen Kollegen gab es laufend Anfechtungen.

Einer, der war 63, ein Altlehrer, der war auf die gleiche Art wie ich in die SED gekommen, nur war er sehr religiös und gleichzeitig furchtbar eigensinnig, und mit diesem Menschen hatten die von der Partei immerzu was los. Es kam so weit, daß sie täglich in seinen Stunden aus und ein gingen, daß die Schulrätin seinen Unterricht als Provokation bezeichnete, als unpolitisch und unmethodisch, und dabei war der Mann in Wirklichkeit ein ausgezeichneter Lehrer. Der Parteisekretär und ich haben uns vor diesen Lehrer gestellt und lagen damit natürlich wieder schief.

Es war aber ein Kollege unter uns, vor dem hatten alle anderen besonders große Furcht. In seinem Hut hat man mal einen Zettel gefunden: »Dieser Hut gehört dem Schwarzer, seht euch vor, der bringt euch in den Karzer«. Dieser Schwarzer war jung, 26 Jahre alt und wild vor Ehrgeiz. Er wollte Karriere machen in der Partei und im Beruf.

Bei einer Wahl für die Parteileitung war dieser Schwarzer auch mit aufgestellt worden. Er wünschte nichts so sehr, als in die Parteileitung zu kommen, aber er fiel bei der Wahl durch. In Gegenwart des 1. und 3. Kreissekretärs und des Schulrates – die Parteileitung steht ja über der Schulleitung – bekam er von 10 Stimmen nur vier.

Es war eine geheime Wahl. Wir hatten Zettelchen bekommen und mußten mit unserer Handschrift die Namen draufschreiben. Ich werde mich ewig an diesen Augenblick erinnern, als das Ergebnis bekanntgegeben wurde. Eisige Atmosphäre unter den Funktionären!

Der Schwarzer knirschte hörbar mit den Zähnen. Ich dachte, ja, was wird nun? Nehmen sie uns gleich mit? Einer von der Kreisleitung organisierte die Wahlzettel, die laut Statut sofort vernichtet werden müssen, und nahm sie an sich. Der stellte dann nach der Handschrift fest, wer gegen den Kollegen gestimmt hatte. Und daraus hat man den Schluß gezogen, ich hätte das ganze Ding inszeniert. Ich hätte eine parteifeindliche Gruppe gebildet!

Das ist ja interessant, sagte ich, nennt mir doch bitte die Namen, wer zu dieser Gruppe gehören soll.

Ja, das müßte ich selbst wissen. Und wir werden euch sowieso im Auge behalten, wir warnen euch.

Das sagten sie auf der nächsten Parteiversammlung, so einer Parteigerichtsversammlung, und der Parteisekretär, der den Rechenschaftsbericht ausgearbeitet hatte, der versuchte noch, für mich etwas zu retten. Aber da hatten wir einen Vertreter des Kreises, der brachte ein ganzes Knäuel von Anschuldigungen gegen mich vor. Ich wäre überheblich im Sinne der Partei, setzte mich über die Beschlüsse der Partei hinweg. Ich hätte parteischädliche Stimmung in der Bevölkerung geschürt, hätte die Eltern aufgewiegelt – ich hatte immer guten Kontakt mit den Eltern –, ich sollte dieses Stimmungmachen sein lassen, sonst würde ich dahin kommen, wo ich das Schweigen lernen würde.

In dieser ersten Versammlung riskierten es noch einige Genossen, ein Wort für mich einzulegen, aber auf den nächsten Versammlungen haben sie es dann nicht mehr gewagt.

Das Ziel war erst einmal, in der Parteigruppe den Schein der Demokratie zu wahren und Stimmung zu machen. Das ist eine altbewährte Methode, so lange Versammlungen durchzuführen, bis die Leute weich sind.

Es folgten sechs Parteiversammlungen innerhalb von fünf Wochen. Das hing den Kollegen bald zum Hals raus. In der entscheidenden Versammlung fehlten einige, die waren gar nicht mehr gekommen. Es ging um mich, ich stand im Mittelpunkt, ich war der Angeklagte, ich mußte hin, ob ich nun wollte oder nicht.

Zu der letzten Versammlung hatte man von unserer Parteigruppe dann noch einige Genossen delegiert, und es wurde vorgeschlagen, über die Bestrafung für mein parteiwidriges Verhalten abzustimmen. Der Vorschlag stammte von der Frau des zweiten Parteisekretärs, die war auch Lehrerin an der Schule, obwohl sie keine Ausbildung hatte, sie hatte nur mal so einen Kursus mitgemacht, sonst nichts. In der ersten Versammlung wurde ihr Vorschlag von den Genossen noch gar nicht beachtet, aber er wurde von der Parteileitung dann immer wieder aufgegriffen, bis man riskieren konnte, darüber abzustimmen. Einige junge Kollegen hatten Angst, oben anzuecken, und fügten sich dem Druck. Drei haben trotzdem gegen den Antrag gestimmt, also für mich. Das hat man ihnen dann auch angekreidet, kurze Zeit darauf wurden zwei von ihnen abgelöst.

Nach der Abstimmung über meine Bestrafung sagte die Kreisschulrätin: Nun müssen wir es uns überlegen, ob der Kollege als Lehrer überhaupt noch tragbar ist.

Ich wurde fristlos meines Amtes enthoben, obgleich ich viele Jahre an dieser Schule gearbeitet hatte, ich wurde an eine andere Schule versetzt, in einem Dorf, dort sollte ich Vertretungsunterricht geben und mich bewähren.

Gegen meine Frau wollte man auch ein Verfahren einleiten, aber sie hat von sich aus gekündigt, um dem zu entgehen.

Im Trubel des Umzuges nach dem Dorf, in das ich strafversetzt war, sind wir mit unseren Kindern nach Berlin geflohen.

Hier im Lager wachen meine Frau und ich noch jede Nacht von dem allen auf. Vielleicht beruhige ich mich nun bald. Nach diesen Versammlungen – wenn ich dann heimgekommen war – ich saß nur im Stuhl, alles drehte sich um mich.

Meine Frau und ich flüstern auch immer noch miteinander, wir sind es noch nicht gewöhnt, laut zu sprechen. Unser Haus war so ein Neubau, sehr hellhörig. Oben wohnte ein 150prozentiger und nebenan ein stellvertretender Landrat, auf der anderen Seite ein Vorsitzender für Volksbildung und noch ein anderer Mitarbeiter vom Rat des Kreises, ein einfacher Mensch, dafür um so gefährlicher. Und deshalb hatten wir es uns angewöhnt, in unserer Wohnung nur zu flüstern. Wenn jemand kam: das erste, Fenster und Türen zu! Das Radio immer nur so weit aufgedreht, daß ich grad' noch hören konnte, damit die Kinder nichts merkten. Wenn Briefe von unserer Verwandtschaft aus Westdeutschland kamen, haben wir sie gleich verbrannt. Ist das nicht ein schreckliches Leben?

ZK-Kaderabteilung

Mein Vater ist 1941 gefallen, und meine Mutter kam 1942 nach Ravensbrück ins KZ, weil sie Juden geholfen hatte. Meine jüngere Schwester und ich sind bei unserer Großmutter in Westfalen aufgewachsen. Meine Schwester hat das alles noch nicht so mitbekommen, aber ich habe schon mit 11 Jahren ausländische Sender gehört, ich wußte damals auch, wie es im KZ zugeht. Hin und wieder wurden ja Häftlinge aus Ravensbrück entlassen, die gaben uns Bescheid.

Nach 1945 haben wir erst mal gar nichts von meiner Mutter gehört, wir nahmen an, daß sie tot ist. Dann kam 1945 im September eine Karte mit dem Absender Rosa R., Schwerin. Da war sie schon wieder verheiratet. Auf dem Weg nach Schwerin – die KZs wurden geräumt und die Häftlinge von Ravensbrück nach Schwerin in Marsch gesetzt –, da lernte sie diesen Mann kennen, der hat während der ganzen Nazizeit im KZ gesessen, als Kommunist. Als wir die Karte mit dem neuen Namen meiner Mutter bekamen, waren wir wie vor den Kopf geschlagen. Vor allem meine Großmutter. Mein Stiefvater holte uns dann im Dezember 1945 ab und brachte uns nach Schwerin. Ich mochte ihn gern. Er sah sehr energisch aus, war groß und ganz blond, und zu meiner Schwester und mir war er gut, obwohl das für ihn sicher nicht so einfach war, plötzlich zu der Frau noch zwei große Töchter zu haben.

Aber meine Mutter war ganz anders, als ich sie in Erinnerung hatte. Früher war sie unpolitisch gewesen, und nun redete sie genauso wie mein Vater – das paßte gar nicht zu ihr –, und natürlich war sie in die Kommunistische Partei eingetreten. Wir wurden auch entsprechend erzogen. Früher war es mit Mutti immer so gemütlich und schön gewesen, jetzt herrschten strenge Prinzipien zu Hause.

Mein Stiefvater ging immer in Uniform – wir kannten ihn

nur in Uniform. Er war stellvertretender Polizeichef der Provinz.

Als meine Schwester und ich in Schwerin ankamen, wohnten meine Eltern schon in einem schönen Haus, das war ihnen mit der ganzen Inneneinrichtung zugewiesen worden. Bequeme Klubsessel, große geschnitzte Schränke, ein schönes Bild mit einer Heidelandschaft im Goldrahmen, das hing über dem Schreibtisch meines Vaters. Die Wohnung hatte einem SS-Mann gehört, der war nach Hamburg getürmt, aber mein Vater hat ihm das Geld für die Wohnungseinrichtung nach Hamburg geschickt, mein Vater hat sich niemals etwas auf Grund seiner Stellung angeeignet wie viele andere Genossen.

Ich war 15 Jahre, als dieses Leben für mich begann. Ich war immer nur mit Parteigenossen zusammen, von anderen Menschen war ich völlig isoliert. Ich fand alles gut und richtig, so wie es war. In der FDJ-Gruppe hatte ich eine Freundin, die erzählte mir eines Tages, daß man ihren Vater abgeholt und verhaftet hätte. Ich dachte, wenn man ihn verhaftet hat, dann hat er auch etwas Schlechtes gemacht. Daß es auch anders sein könnte, kam mir gar nicht in den Sinn.

Ich hätte in Schwerin eigentlich noch zur Schule gehen müssen. Aber durch die Entbehrungen während des Krieges war ich lungenkrank geworden und kam in eine Lungenheilanstalt.

Als ich dann aus der Lungenheilanstalt zu meinen Eltern zurückkam, wurde ich in der Landesleitung der SED in der Registratur angestellt in der Kaderabteilung, und zwar für Verschlußsachen. Dort lagen die Akten der Funktionäre. Meine Arbeit bestand in der Verwaltung der Akten. Die Akten mußten halbjährlich ergänzt werden. Ich mußte dann an die Parteigenossen neue Fragebogen ausgeben und dafür sorgen, daß sie ausgefüllt wieder eingingen. Selbst bei Funktionären in den höchsten Positionen, zB. bei einem Abteilungsleiter der Landesregierung, war es nicht anders.

Durch meine Arbeit kannte ich fast alle führenden Funktionäre in Mecklenburg. Wenn sie zu uns in die Landesleitung der SED kamen, waren sie nett. Zu mir waren alle sehr freundlich. Aber in ihrem Privatleben sah es nicht immer schön aus. Hatten sie erst mal höhere Stellungen erreicht, suchten viele sich eine jüngere, schickere Frau, die zu dem gehobenen Lebensstil paßte, und schoben ihre alte Lebens- und Leidensgefährtin aus dem KZ einfach beiseite.

Wenn sie nur einen Schwips haben, benehmen sich diese Herren oft wie Schweine, vielleicht ist es überall so. Ich war einmal in so einem Heim in Kühlungsborn, nur für Funktionäre. Der Fürstenhof. Damals war auch so ein Chefredakteur da, der gab mir seinen Schlüssel, ich solle ihm mal eine Zigarre aus seinem Schrank holen. Ich bin raufgegangen, da stand keine Zigarrenkiste im Schrank. Er sagt: Wollen wir wetten, da steht eine Zigarrenkiste? Ich bin noch mal raufgegangen, er hinterher und schließt hinter sich die Tür ab. Er wußte genau, daß keine Zigarrenkiste da war. Mit knapper Not kam ich aus dem Zimmer wieder raus. Ich war damals 16 Jahre alt.

Der 1. Vorsitzende der Partei in Schwerin hat sich auch sehr schlecht benommen. Abends wurden die Vorhänge der Veranda zugezogen, und dann wurden Apachentänze getanzt und gesoffen. Der Schlimmste war der Polizeichef von Leipzig. Und ihre Frauen hatten die meisten zu Hause gelassen, es waren ja genug Frauen zu kriegen in Kühlungsborn.

Ich habe das alles damals meinem Vater erzählt, der hat dann dort tüchtig aufgeräumt. Der war böse, solche Scherze liebte der gar nicht.

Mein Vater wurde dann 1950 nach Berlin versetzt als Vizepräsident der Volkspolizei von Ostberlin. Meine Schwester und ich sind mit meinen Eltern nach Berlin gezogen.

Seit 1948 war ich Mitglied der SED, und in Berlin wurde ich im ZK angestellt. Meine Mutter war schon 1946 in die KPD eingetreten, nur meine Schwester ist kein Parteimitglied. Es gab zu Hause deshalb wiederholt Auseinandersetzungen, aber sie blieb dabei: sie wolle mit Politik nichts zu tun haben. Ich stand damals ganz unter dem Einfluß meines Vaters. Ich möchte sagen, er ist ein guter Kommunist, ein Idealist.

Als dann die Sache mit seiner Vergiftung passierte, hat ihn das auch nicht an der Partei irre machen können. In der Zeit wurden einige alte Genossen umgebracht. Man zwang sie, Gift zu nehmen. Grade damals kam mein Vater wegen eines Blasenleidens ins Polizeikrankenhaus. Es war keine sehr schlimme Sache, und er hätte damit bald wieder rauskommen können. Aber es wurde im Krankenhaus immer schlimmer. Und meine Mutter in ihrer Angst – es ist manchmal so, als wenn sie einen sechsten Sinn hätte – ging zu XY, und der rief gleich das russische Krankenhaus in Karlshorst an.

Mit Fieber wurde mein Vater in das russische Krankenhaus gebracht, und dort wurde festgestellt, daß er Gift bekommen hatte. Mein Stiefvater hat das gewußt. Er hat die Medikamente, die er einnehmen sollte, im Polizeikrankenhaus aus dem Fenster geworfen. Aber nun hatte man ihm Spritzen gegeben, dagegen konnte er ja nichts tun. Ich weiß nicht, was das für ein Gift war, wahrscheinlich eins, an dem die Menschen ganz langsam und unauffällig zugrunde gehen. Das darf niemals rauskommen; in Funktionärskreisen ist es natürlich bekannt. Mein Vater hat dann noch fast drei Monate im russischen Krankenhaus gelegen, und dann war er wieder in Ordnung. Er ist nie wieder, auch nicht zu einer Untersuchung, ins Polizeikrankenhaus gegangen.

Ich habe die ganzen Jahre im ZK in Berlin gearbeitet als Sekretärin in der Parteiorganisation. Das war nicht schön, es war gefährlich. Man war überhaupt kein freier Mensch. Ging man nur ein paar Schritte raus, mußte man gleich den Ausweis zeigen. Ich durfte überhaupt nur im Beisein von zwei Leuten der Staatssicherheit arbeiten. Die waren immer mit bei mir im Zimmer. Da war damals die Umtauschaktion der Parteidokumente während der Parteiüberprüfung. Sie haben mich noch ausgezeichnet als Bestarbeiterin, weil ich oft bis nachts zwei gearbeitet habe. Damals war das ZK in der Wilhelm-Pieck-Straße 1, das Haus hat so besondere, blinde Scheiben, dahinter stehen Wachen, man kann rausgucken auf die Straße durch diese Scheiben, aber nicht rein. Das Arbeiten ist sehr schwer im ZK. Wenn ich mit Dokumenten zu tun hatte – und das war meist der Fall –, dann saßen immer zwei vom Staatssicherheitsdienst dabei, um zu verhindern, daß jemand hereinkam, das war kein Mißtrauen gegen mich. Wir hatten da z. B. das Büro Max Reimann (KPD der Bundesrepublik), ich hatte alle Verschlußsachen, die wurden bei mir abgegeben, ich mußte alles verschließen, ebenso das ganze Material über die Westinstrukteure. Es gab dafür Riesen-Panzerschränke, ich hatte die Schlüssel.

Nun kam oft der Posdnjakow aus Karlshorst und forderte von mir Akten, die mußte ich ihm geben, obwohl eine Anweisung von Ulbricht bestand, daß keine Akte rausgegeben werden darf. Posdnjakow war der Russe, der für die Arbeit des ZK verantwortlich war, der leitete die politische Arbeit in der DDR, der holte Akten von irgendeinem Minister, nach ein paar Tagen bekam ich sie zurück. In den Akten befand sich der Lebenslauf des Betreffenden, eine Charakteristik, der ganze politische Werdegang, Auskunft über Emigration, Perspektivplan, Entwicklungskartei usw. Ich war ja nur eine kleine Angestellte im ZK und bin da nicht ganz schlau draus geworden, aber nach diesen Aktenkontrollen durch Posdnjakow wurden häufig Leute abgesetzt und neue dafür reingeholt.

Man rechnete damals schon mit dem Verbot der KP in Westdeutschland. Wenn die Partei in die Illegalität gehen muß, ist die Organisation ja besonders schwierig und wichtig. Wir hatten ein Büro 35, das war nicht im Zentralgebäude, das war im Karl-Liebknecht-Haus, einem Privathaus, oben im vierten Stock war das Büro, ganz getarnt. Und ca. 40

Instrukteure, die fuhren laufend nach Westdeutschland mit Material – natürlich unter falschem Namen, und bevor sie fuhren, mußten sie mir ihre Dokumente bringen. Sie dürfen nicht mal das Parteidokument zu Hause haben, wenn sie wegfahren. Es gibt da eine Bestimmung, wenn ein Genosse z. B. in Urlaub fährt, muß er das Parteidokument seinem Parteisekretär abliefern. Und die mußten bei mir ihre Parteidokumente abliefern, dafür stellte ich ihnen eine Quittung aus, die durften sie mit nach Hause nehmen. Diese 40 fuhren ungefähr alle vier Wochen einmal in die Westzone. Jeder hatte dann seinen bestimmten Kreis dort, den er bearbeiten mußte. Bei mir lagen auch die Unterlagen vom Diplomatischen Korps, von allen Leuten, die im Ausland an den Botschaften tätig waren.

Keiner von unserer Familie durfte mit der S-Bahn oder U-Bahn fahren, auch wenn wir einkaufen wollten, mußte der Fahrer uns fahren. Nur die Straßenbahn war uns erlaubt, weil die ja nicht über die Sektorengrenze fährt, aber mit der S-Bahn oder U-Bahn hätten wir ja in den Westsektor fahren können. Mein Vater brachte mich mit seinem Dienstwagen mit Fahrer jeden Morgen vor das Gebäude des ZK und setzte mich davor ab. Er war nicht nur Vizepräsident der Volkspolizei, sondern auch Leiter der Politverwaltung.

Meine Eltern wohnten jetzt in einer Villa der Funktionärskolonie in Pankow für 120 Mark Miete im Monat. Rechts von der Ossietzkystraße an der Panke liegt der Park von Niederschönhausen mit dem Schloß, dem Regierungssitz von Wilhelm Pieck, hinter einer doppelten Absperrung. Links von der Ossietzkystraße, auch hinter einer Absperrung mit Wachhaus und Schlagbaum, liegt die Funktionärskolonie, das »Städtchen«, wie es heißt. Das ist von der übrigen Welt durch eine hohe Mauer abgegrenzt und hat nur einen einzigen Zugang. Eine Ausfahrt für Autos gibt es noch auf der anderen Seite, zum Schloß Niederschönhausen zu, durch die verlassen die Wagen von Ulbricht und Grotewohl meist das Städtchen.

Wenn wir Besuch bekamen, rief der Wachhabende vom Wachhaus bei uns an, ob das mit dem Besucher seine Richtigkeit hätte, dann erst konnte der Gast passieren, mußte aber seinen Personalausweis beim Wachhabenden zurücklassen.

Es gab im Städtchen auch einen HO-Laden, nicht weit von Wilhelm Piecks Haus – der Präsident hat eins der kleinsten Häuschen der Kolonie, ganz bescheiden –, in diesen HO-Laden ging beschlagnahmte Ware von der Sektorengrenze, da konnten wir z. B. westliche Schokolade kaufen, die äußere Papierhülle war entfernt worden, die Schokolade gab es im Silberpapier. Dann wurden Apfelsinen angeboten, Bananen, aber das zu gepfefferten Preisen.

Einen Vorteil für den Einkauf hatten Funktionäre im Lager Heinersdorf, Idunastraße, da waren ganze Etagen vollgestopft mit beschlagnahmten Sachen, wahrscheinlich von Republikflüchtigen. Schöne Ölgemälde, kostbare Truhen, Schränke, Teppiche, alles zu lächerlichen Preisen. In das Lager kamen aber nur Funktionäre mit einer Bescheinigung herein. Ich ließ mir im ZK mal so eine Bescheinigung geben, um mir das anzusehen, und kaufte für 12 Mark ein chinesisches Lackservice; als ich zu Hause damit ankam, hat mein Vater mir einen Riesenkrach gemacht. Er würde nie für sich solche Vorteile in Anspruch nehmen. Er hat noch die alten Anschauungen. Auch nachdem er diese Giftsache am eigenen Leib zu spüren bekommen hat, ist er von diesen Anschauungen nicht abgewichen. Für ihn ist es nicht das ZK, was schlecht ist, sondern das sind einzelne Menschen, und diese Menschen müssen nach seiner Meinung ausgemerzt werden, sie müssen überführt werden, wenn sie Verbrechen begehen.

Mein Vater hat sich mit seinen strengen Auffassungen sehr unbeliebt gemacht. Obgleich er gut zu uns war, hatten wir so großen Respekt vor ihm, meine Mutter und meine Schwester und ich, das war schon beinahe wie Angst.

Mein Vater hemmte das ganze Familienleben. Wenn er nach Hause kam, hatte er nur seine Bücher. Dann sagte er höchstens mal zu mir: Komm, schreib mir mal was. Und dann diktierte er. Er kennt kein Familienleben, da fehlt irgendwie die Harmonie. Das ist eben sein Funktionärstum; er fühlt sich nur wohl, wenn er seinesgleichen um sich hat. Aber Besuch hatten wir nur zu Geburtstagen. Sonst waren meine Eltern meist für sich – für meine Mutter war das gar nicht schön. Allein wegzugehen wagte sie auch nicht, das wollte mein Vater nicht. Kam er nach Hause, setzte er sich vor den Fernsehapparat und sprach oft kein Wort mehr. Zuletzt war das so bei uns, daß meine Eltern nur noch stumm nebeneinander vor dem Fernsehapparat saßen. Mein Vater machte sich's dabei nie mal ein bißchen bequem, immer in Uniform. Er trug dunkelblaue Uniform mit goldenen und silbernen Spiegeln, später hatte er helle Uniform, Khaki, mit dunkelroten Spiegeln. Er sah sehr gut damit aus.

Nun war 1950 mein kleiner Bruder geboren, der ist die ganze Liebe meines Vaters, obwohl er's nicht zeigen will. Der Kleine ist jetzt zehn Jahre alt und außerordentlich klug. Was der schon alles weiß, und mein Vater ist bestrebt, aus ihm einen perfekten Kommunisten zu machen. Da gibt es auch Ärger; meine Mutter will, daß das Kind spielt, aber mein Vater schenkt ihm Bücher und immer wieder Bücher: »Weltall, Erde, Mensch«, das ist noch nichts für einen zehnjährigen Jungen; er ist doch noch ein Kind. Ich habe meinen kleinen Bruder schrecklich gern. Wir hängen alle so an ihm, weil es ohne ihn noch trauriger zu Hause gewesen wäre.

Vergnügungen gab es für uns überhaupt nicht, nicht mal Kino. Ich bin ab und zu heimlich nach Westberlin ins Kino rübergefahren – wenn das rausgekommen wäre! Mein Vater hätte mich aus dem Haus geschmissen. Nie wären meine Eltern nach Westberlin rübergefahren, nur um sich's mal anzusehen, das machten sie aus Überzeugung nicht. Mein Vater raucht nicht mal 'ne Zigarette von drüben.

Ich war inzwischen älter geworden, Anfang zwanzig, ich begann mir allmählich über das alles meine eigenen Gedanken zu machen, über meine Eltern – mein Vater war kein glücklicher Mensch, und meine Mutter hat er auch nicht glücklich gemacht, manchmal hat sie zu mir gesagt, am liebsten liefe ich fort, aber in eine Scheidung hätte mein Vater ja niemals eingewilligt, wegen des Jungen.

Ja, und wie es zuging mit der Partei, das sah ich ja im ZK, ich hatte da drüber jetzt auch meine eigene Meinung. Oft bekam ich eine richtige Wut, ich dachte: Da müßte man doch was gegen tun, gegen solche Schweinereien.

Nun hatte ich einen Freund, den konnte ich gut leiden, der verkehrte auch bei meinen Eltern. Mein Vater hätte gern gesehen, wenn ich den geheiratet hätte, aber für mich war das ein guter Freund, mehr nicht. Er war Fahrdienstleiter bei der Seepolizei. Eines Tages erzählte er mir folgendes: Er saß mit General N. in Dresden in einer Bar – und am Nachbartisch wird ein Mann weggeholt. Die Frau, die mit diesem Mann am Tisch gesessen hat, schreit auf und läuft zum Tisch, an dem dieser Freund von mir saß: Sie sind doch in Uniform, bitte, helfen Sie meinem Mann. Das waren zwei Zivilisten, die den Mann verhaften wollten. Mein Freund sprang auf und wollte die Ausweise von diesen beiden sehen. Die Ausweise haben sie natürlich nicht gezeigt, haben den Mann rausgeführt, er mußte in ein Auto einsteigen, das vor der Tür stand, und sie fuhren mit ihm ab. Und da hat mein Freund seine Pistole gezogen und in die Reifen geschossen.

Und nun stellt sich raus – natürlich kam sofort das Überfallkommando –, es waren gar keine Deutschen, die den Mann verhaften wollten, es waren Russen. Das hatte vorher niemand bemerkt. Wahrscheinlich hatten sie alle zuviel getrunken, es war ja in einer Bar. Nun hat man also meinen Freund verhaftet. Es war Vorschrift, daß er von seiner

Dienstwaffe keinen Gebrauch machen durfte. Und dabei war er der festen Meinung gewesen, es geschähe ein Verbrechen.

Er hat also ein paar Monate gesessen, dann haben sie ihn freigelassen, und nun sollte er sich als Schlosser bewähren. Das mach' ich nicht, sagte er zu mir, die können mir den Buckel runterrutschen.

Er ging also nach Westberlin. Er hatte es mir vorher gesagt, hatte mich gefragt: Willst du mit? Ich sagte: Um Gottes willen, ich kann nicht, ich bringe meine Eltern in Gefahr; das geht nie und nimmer. Er ist allein gegangen, und acht Wochen später ruft er mich im ZK an – die Telefonverbindung zwischen Ost- und Westberlin lief damals noch. Er rief von Westberlin im ZK an, ich solle doch mal rüberkommen. Der hatte Nerven! Ich bin rübergefahren. Ich habe ihm dann seine ganzen Sachen nach und nach rübergebracht, Radioapparat, Wäsche, Teppich und sogar acht Stühle, alles mit der S-Bahn. Das war ein Bravourstück, als Angestellte des ZK. Meine Eltern durften nichts davon wissen.

Und dann bekam mein Freund Verbindung mit den westalliierten Dienststellen. Er hat mir davon erzählt, weil er wußte, wie es in mir aussah, wie ich alles satt hatte, dieses kontrollierte Dasein in der Funktionärskolonie, dieses ganze ZK. Ich habe ihm einiges erzählt von meinem Vater und daß ich empört war über die ganzen Dinge, die sich zutrugen. Er sagte mir, daß es nur einen Weg gibt, sich dagegen aufzulehnen und dagegen zu kämpfen, und das könnte jeder einzelne tun und ich besonders im ZK, ich könnte durch Informationen helfen, daß die ganzen üblen Zustände aufgedeckt würden.

Ich habe mir das alles viele Male durch den Kopf gehen lassen, viele Tage und Nächte, wochenlang. Ich sah keinen anderen Weg, als daß ich tatsächlich Informationen in den Westen herüberbrachte, damit der Westen besser Bescheid wußte.

Ich habe also begonnen, Karteikarten aus dem ZK mitzunehmen und sie nach Westberlin herüberzubringen, ich gab sie meinem Freund, der brachte sie der alliierten Dienststelle zum Fotokopieren, und ich nahm sie am selben Tag wieder mit nach Ostberlin zurück. Diese Karteikarten werden nach den Personalakten angefertigt. Auf diese Weise wurden den westalliierten Dienststellen Namen und Adressen von Angestellten des ZK bekannt.

Ich habe regelmäßig Karteikarten nach Westberlin herübergebracht, ich habe nie Geld dafür genommen, obwohl man es mir anbot, ich wollte kein Geld für so was haben, ich tat das, weil mir alles im Osten zum Ekel geworden war. Und außerdem hatte ich ja an äußeren Dingen zu Hause alles, was ich brauchte, und Geld genug.

In der ersten Zeit hatte ich überhaupt keine Angst, aber dann – die Nerven lassen eben nach. Ich mußte in diesen Jahren dreimal eine Schlafkur machen, weil ich nervlich vollkommen kaputt war. Es wurde ja auch alles immer schwieriger, das ganze Leben – und immer die Angst!

Und eines Tages wurde ich verhaftet. Das war am 1. September 1954. Ich bin gerade aus dem Institut für Gesellschaftswissenschaften herausgekommen, da standen ein paar Herren in Zivil vor mir, die haben ihre Ausweise vorgezeigt, ganz korrekt.

Bitte, Staatssicherheit, Sie sind verhaftet. Machen Sie kein Aufsehen, verhalten Sie sich ruhig, oder ich muß von der Schußwaffe Gebrauch machen.

Ich mußte ins Auto steigen, und sie haben mich rausgefahren nach Heinersdorf. Sie haben mir eine große dunkle Brille aufgesetzt, wie eine Motorradbrille mit dunklen Gläsern, aber man konnte nicht sehen dadurch. Die Brille war aber sehr groß, an der Seite habe ich immer ein bißchen gukken können. Das hat der eine Stasi-Beamte bemerkt und hat mir eine Decke um den Kopf gebunden. Dann haben sie mich zur Magdalenenstraße gefahren. Damals wußte ich ja gar nicht, wo ich war, das habe ich später erst erfahren. Da war ich eine Nacht und wurde am gleichen Abend noch verhört. Die Verhöre waren schlimm. Am nächsten Tag wurde ich von der Magdalenenstraße nach Hohenschönhausen gebracht. Dort ist der Stasi-Keller, den nennt man Badewanne. Der ist tief unten, ohne Fenster; früher war das mal ein Schlachthof.

Es war sehr kalt. Schon in der Magdalenenstraße hatte man mir meine Sachen abgenommen. Ich bekam eine Männerunterhose, eine alte Trainingshose und ein Männerunterhemd. Dann kriegte ich ein Paar Pantinen, keine Strümpfe. Das ganze Personal, auch zur Bewachung, alles Männer. Schon in Hohenschönhausen bekam ich meine Tage, und die hatte ich acht Wochen lang. Ich habe nichts dafür bekommen, ich durfte nicht mal die Wäsche wechseln. Zum Glück bekam ich meine Tage dann ein ganzes Jahr nicht mehr. Geschlagen wurde ich nicht, aber sechs Tage und sechs Nächte ununterbrochen verhört. Ich habe nichts gegessen, dann wollten sie spritzen. Ich konnte nicht essen. Das Hungergefühl war da, aber ich konnte nicht essen, es blieb stecken, es ging nicht runter. Getrunken habe ich wie wahnsinnig. Dann komme ich eines Tages runter in die Zelle, und da stand eine große Schüssel Tomatensalat, schön zurechtgemacht, den habe ich restlos aufgegessen.

Zwei Monate saß ich in Einzelhaft. Die Zelle ohne Fenster, nur eine schwache Funzel brannte. Als Toilette diente so ein kleines Ding, das mußte man vor die Zellentür stellen. Das übrige machten Kalfaktoren. Zu derselben Zeit saßen dort auch der Ernährungsminister und seine Mitarbeiter. Diese Leute hatte man zum Kübeln genommen.

Wir bekamen morgens eine Waschschüssel rein mit Wasser, dann konnten wir uns waschen. In Hohenschönhausen bekamen wir morgens eine etwa 3 cm dicke Schnitte mit dünn raufgekratzter Marmelade, mittags eine Wassersuppe mit fast rohen Kartoffeln, und abends gab's noch mal so eine

3 cm dicke Stulle mit Margarine dünn bekratzt. Das war alles. Zu trinken gab es Kaffee, der stank schon von weitem.

Das hat mir alles nicht weh getan; ich hatte in der ersten Zeit sowieso keinen Appetit. Schlaf fehlte mir mehr als Essen. Ich bin in der Zeit abgemagert, ich war nur noch Haut und Knochen. Ich wurde alle Viertelstunde geweckt, Hände hochheben, runter, und dann konnte ich wieder für eine Viertelstunde schlafen. Das wurde gemacht, damit die Nerven kaputtgingen.

Und ich glaube, ich bin verrückt gewesen, denn ich hatte keine Angst mehr, wie das alles weitergehen könnte. Ich war tatsächlich bald so weit, wie die mich haben wollten.

Man durfte nicht mit dem Rücken zur Wand sitzen, grade auf der Pritsche, nicht die Beine überschlagen, Hände auf dem Schoß, oder wir konnten rumgehen, das durften wir. Auf keinen Fall hinlegen.

Nachts, wenn man froh ist, daß man endlich lang liegen kann, geht der Schlüssel an der Zellentür: Aufstehn! Verhör! Und im Vernehmungszimmer manchmal dann zehn Mann zu gleicher Zeit: Für welche Spionagedienststelle haben Sie gearbeitet? Das ging immer hintereinander. Erst brüllte der, dann der, von allen Ecken. Dann mußte ich aufstehen, mußte mich in eine Ecke stellen mit dem Gesicht zur Wand und wurde weiter angebrüllt. Die Brüllerei war nicht auszuhalten.

Das waren fast alles jüngere Leute, die verhörten, alle in Zivil und fast ausschließlich Sachsen.

Ich habe geblutet, die verhöhnten mich: Guckt euch das mal an, wie die blutet, dieses Schwein.

Dann haben sie mich auf eine andere Art fertiggemacht: Gestehen Sie, daß Sie ein Verhältnis mit Ihrem Vater hatten, Sie sind ein ganz verkommenes Stück.

In der ersten Zeit habe ich immer gedacht: Denken die das wirklich? Nachher habe ich von anderen Häftlingen erfahren, daß das eine Vernehmungsmethode ist. Das war grausam. Ihre Mutter ist jetzt auch hier drinne, schrien sie mich an, jetzt haben wir die ganze saubere Familie. Gestehen Sie, dann kommt Ihre Mutter frei. Ihr kleiner Bruder ist jetzt ganz allein im Kinderheim, der braucht die Mutter.

Auch mein Vater wäre verhaftet, sagten sie. Und in meinem Wahn habe ich tatsächlich meinen Vater husten hören und habe gedacht, das ist er. Jedenfalls habe ich sechs Tage und sechs Nächte nicht geschlafen.

Zuerst lag ich allein in einer Zelle, später lagen wir zu fünft in einer Zweimannzelle. Jeder hatte zwei Matratzen und zwei Decken. Mit der Decke durften wir uns bis zur Brust zudecken, die Hände raus und grade auf der Decke, und wer nur die Hände hochhielt oder ein bissel versteckte, dem wurden sofort die Matratzen abgenommen, der mußte dann auf der Pritsche schlafen.

Vier Monate war ich in Hohenschönhausen, dann kam ich nach Potsdam. Da war es leichter. Ich wurde in der »Grünen Minna« transportiert, in der waren noch mehr Häftlinge drin, aber wir haben uns nicht gesehen, die Tür geht auf: einer rein, Tür zu. Da sind sechs Zellen, einer sieht den anderen nicht.

Das Essen war in Potsdam besser. Hier hat man tatsächlich versucht, uns ein bißchen hochzupäppeln. Zuerst war ich ein paar Tage allein, und dann kam ich in eine Zelle mit drei oder vier anderen, darunter auch eine Verrückte.

Das Schönste war: eine Zelle mit Tageslicht, allerdings mit Blenden vor den Fenstern, aber immerhin mit Licht. Ich habe erst mal nur in den Himmel geguckt.

Im Januar 55 hatte ich Termin. Artikel 6 wurde in Potsdam verurteilt oder in Cottbus, nicht in Berlin, weil die Termine doch meist öffentlich sind und vom Westen niemand dazukommen soll. Der Termin fand im Gerichtsgebäude in Potsdam in der Friedrich-Ebert-Straße statt. Wieder mit der »Grünen Minna« bis vor die Tür, raus, in einer blauen VP-Hose, immer Hosen und Männerunterhosen. – In Potsdam bekamen wir von Anfang an alle vierzehn Tage saubere Wäsche, und das, nachdem ich vier Monate in Hohenschönhausen in den blutverschmierten Sachen zubringen mußte. Keine Gelegenheit, das zu waschen; Wäschewechsel gab es dort überhaupt nicht.

Zum Termin bekam ich also eine saubere Hose statt dieser ausgefransten. Einen Tag vorher mußte man sich vorstellen. Also so können Sie nicht gehen, sagte der Sanitäter, dann bekam ich auch ein Jackett, aber ohne Schulterstücke, auch VP-Uniform. Ein weißes Hemd, viel zu groß, da habe ich hinten eine Sicherheitsnadel reingesteckt, und dann saß ich auf der Anklagebank. Das Haar hing mir lang herunter.

Meine Mutter war zum Termin da, ich wußte es nicht. Sie durfte bei den Verhandlungen nicht dabeisein, es wurde unter Ausschluß der Öffentlichkeit verhandelt. Nur einige Vertreter des ZK saßen dabei und aus dem Ministerium.

Meine Mutter hatte mir einen Privatverteidiger besorgt, der durfte ein paar Tage vor dem Termin mal eine halbe Stunde mit mir sprechen, das war alles.

Ich saß auf der Anklagebank mit einigen anderen zusammen, die ich nicht kannte. Es sollte aussehen wie eine Gruppe. Bei der Gerichtsverhandlung sahen wir fünf Angeklagten alle gleich aus, alle in den alten VP-Uniformen. Drei Männer und noch ein Mädchen außer mir. Jeder mußte bis in alle Einzelheiten seinen Lebenslauf erzählen.

Bei der Urteilsverkündung durfte meine Mutter in den Saal kommen. Ich sah sie zum ersten Mal nach vier Monaten wieder. Sie fing an zu weinen, als sie mich auf der Anklagebank sitzen sah.

Ich wurde nach Artikel 6 abgeurteilt, wegen Spionage und KD 38, d. h. Kontrollratsbestimmung 38. Ich bekam 12 Jahre Zuchthaus. Nach der Urteilsverkündung wurde ich aus Potsdam abtransportiert nach Halle in den Roten Ochsen. Ich hatte erst mal Absonderung, das heißt, alle langen Strafen kamen einzeln in den Keller. Ich habe aber nicht lange allein gesessen, denn sie hatten zu viele lange Strafen, die konnten sie gar nicht alle allein unterbringen. So kamen schließlich drei Mann zusammen. Wir haben es uns gemütlich gemacht. Es war allerdings im Keller sehr kalt, aber man war wenigstens nicht allein. Wir hatten auch Tageslicht durch ein Kellerfenster.

Dann wurden wir zur Arbeit eingesetzt. Ich habe in der Schneiderei gearbeitet, habe erst mal nähen gelernt. Im ersten Monat hatte ich acht Mark verdient. Wenn man sich sehr anstrengte, konnte man bis auf dreißig Mark kommen. Wir bekamen das Geld nicht ausgezahlt, aber man konnte sich dafür was kaufen, Margarine oder Rübensaft, das war schon sehr schön. In der ersten Zeit war das Essen in Halle nicht schlecht, es wurde nachher sehr schlecht, als die Lebensmittelkarten im Osten wegfielen. Meist gab es Trockenkohl. Als Arbeiter bekam man mittwochs und sonntags so 'n Stückchen Wurst extra, das war immer was. Das Hungergefühl wurde man nie los.

Es gibt im Strafvollzug keine politischen Häftlinge, in der DDR sind alles Kriminelle. Dadurch lag man in der Zelle mit Mördern und Prostituierten zusammen. Ich lag mit zweien, die hatten lebenslänglich. Eine hatte ihr Kind ins Moor geworfen, die andere hat eine Frau mit Gift umgebracht, weil sie deren Mann heiraten wollte. Der Mann wußte davon, der hat sich in seiner Zelle erhängt.

In der Absonderung war es in dieser Beziehung besser, da waren nur Politische und Zeugen Jehovas. Das sind eigenartige Menschen, die fühlen sich noch glücklich in der Haft, irgendwie geht eine Kraft von denen aus. Nachher, das war schlimm, immer mit Diebinnen und Mörderinnen zusammensein zu müssen. Da war jeden Tag was los. Die haben sich dauernd in den Haaren gelegen, haben ihre Sachen erzählt, wie man einbricht und wie es am besten geht mit den Männern.

Im Zuchthaus in Halle war ich mit einer Frau zusammen,

die hatte ich schon in Potsdam getroffen. Da holte mich eines Tages die Anstaltsleitung und sagte: Sie können doch sicher Kranke betreuen. Ich sagte: Das kann ich. Und da kam ich zu dieser Frau in die Zelle. Sie war blau und schwarz am ganzen Körper von Schlägen, konnte vierzehn Tage lang nichts ausziehen, lag so in ihren Sachen, das war eine 55jährige Rentnerin, sie hatte Caritas-Spenden verteilt. Man vermutete dahinter eine andere Tätigkeit, und sie sollte Namen sagen. Dabei war sie wirklich unschuldig, hat aber trotzdem acht Jahre bekommen, weil diese Spendenverteilung über die Liga für Menschenrechte lief. Die Frau ist zu 70 Prozent schwerbeschädigt und bekam immer Herzanfälle, das war furchtbar. Wegen Herzanfällen kam man nicht ins Lazarett.

Ich hatte auch zweimal einen Blutsturz; bin auch nicht rausgekommen. Sie schickten mir einen Arzt, und der hat mir etwas verschrieben. Das war nach dem ersten Blutsturz.

Meine Mutter hat alles getan, um mich aus dem Zuchthaus herauszukriegen. Sie konnte mich alle Vierteljahr einmal besuchen, und sie kam auch immer, obwohl das Geld sehr knapp bei ihr geworden war.

Mein Vater hatte durch meine Verurteilung seine Position verloren. Er wurde nach Dresden versetzt und bekam eine ganz kleine Stellung beim Rat des Bezirks mit 700 Mark Gehalt – er hatte vorher 4000. Das war natürlich eine kolossale Umstellung, meine Mutter hatte große Sorgen. Sie mußte viel verkaufen, auch ihren Schmuck.

Sie sollte sich ja von mir lossagen, aber das hat sie nicht getan, obwohl mein Vater das auch von ihr verlangt hat. Meine Mutter wollte sich daraufhin von meinem Stiefvater trennen, sie wollte zurück nach Westfalen. Nun aber das Kind, mein kleiner Bruder! Mein Vater hat meiner Mutter verboten wegzugehen, wegen des Kindes, das hätte er sonst hergeben müssen, das Kind hätte sie bekommen.

Meine Mutter hat zu ihm gesagt: Ich bleibe, aber um das Mädel kämpfe ich! Meinem Stiefvater ist mein Vergehen schwer angekreidet worden in der Partei; schließlich war ich das Produkt seiner Erziehung. Er als führender Funktionär, der schon immer in der Jugendarbeit gestanden hatte, und dann passiert ihm so was in der eigenen Familie!

Meine Mutter hat nicht nachgegeben, um mich freizubekommen, mein Vater hat sich dann auch eingesetzt, und schließlich, im Dezember 1958, wurde ich entlassen. Mit Beschluß des ZK wurde meine Strafe von 12 auf 5 Jahre reduziert, und davon wurden mir dann noch neun Monate erlassen, weil mein Vater für mich die Bürgschaft übernahm. Er mußte dafür bürgen, daß ich niemals den Raum von Berlin betrete.

Ich wußte nichts von meiner bevorstehenden Entlassung. Von einer Wachtmeisterin bekam ich meine Sachen, dann wurde ich zum Anstaltsleiter geführt und bekam meine Papiere.

Auf der Straße war mir ganz komisch, so als wenn man etwas getrunken hat. Vom Bahnhof in Leipzig habe ich bei meinen Eltern in Dresden angerufen, sie haben mich am Zug abgeholt und waren sehr nett zu mir, auch mein Vater.

Er hatte seine Strafe um meinetwillen inzwischen in den Augen der Partei abgebüßt, war wieder emporgestiegen, meine Eltern hatten eine schöne Etagenwohnung in Dresden, und mein Vater verdiente jetzt schon fast soviel wie als stellvertretender Minister. Er sagte zu mir: Ich bin froh, daß ich aus Berlin, aus diesem Ministerium weg bin. Für einen alten Parteimann ist das da kein Klima.

Mein Vater hat auch gleich versucht, mich gut unterzubringen im Rat der Stadt, Abteilung Inneres. Da habe ich dann vier Wochen probeweise gearbeitet, ohne Bezahlung.

Damals lief gerade die Aktion, daß Flüchtlinge aus Westdeutschland aufgenommen wurden. Da habe ich nun diese Figuren gesehen, die von drüben nach dem Osten kamen. Die kriegen nun Wohnungen zugewiesen und auch einen Kredit.

Es gab dort eine Kartei, und wir hatten die Aufgabe, bei einer Anmeldung in dieser Kartei nachzusehen, ob derjenige vielleicht da drin steht. Ich war ahnungslos, ich war ja neu, ich finde nun tatsächlich von einem Flüchtling eine Karteikarte. Ich habe die Karte genommen und meinem Vorgesetzten gezeigt, ich sage noch: Von dem ist schon eine Karte da. Die Karte ist da? Gut – der Mann soll draußen Platz nehmen. Und dann wurde er abgeholt. Der wurde vom Osten gesucht, kam ahnungslos aus dem Ruhrgebiet zurück und wurde verhaftet. Wenn ich das gewußt hätte, daß das eine Suchkartei war, hätte ich ja die Karte verschwinden lassen können; das ahnt man aber doch nicht. Da habe ich sofort gesagt: Das mache ich nicht mit, habe das auch zu meinem Vater gesagt.

Ich blieb dann erst mal ein Weilchen ruhig zu Haus, und da klappte ich zusammen. Der ganze Schock kam jetzt überhaupt erst nach. Die Ehe meiner Eltern ging immer schlechter – und weg konnte ich ja nicht in den Westen, weil mein Vater für mich gebürgt hatte. Das konnte ich nicht tun; ich war verzweifelt.

Als die neun Monate, für die mein Vater Bürgschaft leisten mußte, endlich um waren, habe ich den ersten Versuch gemacht, zu fliehen und nach Berlin durchzukommen. Ich hatte meinen Eltern kein Wort vorher gesagt, nur die Nachbarin gebeten, meiner Mutter Bescheid zu sagen, damit sie nicht beunruhigt ist. Mein Vater war aber gerade zu Hause, als die Nachbarin kam, der ist sofort mit einem schnellen Wagen nach Berlin gefahren und hat mich am Ostbahnhof schon im Empfang genommen, rein ins Auto und zurück. Er hat einen furchtbaren Krach gemacht und wollte mich ins Irrenhaus stecken. Er hätte das auch getan. Er hat Verbindungen, auch mit Ärzten, und er kann ja sagen: Meine Tochter hat in der Haft gelitten, sie ist nicht mehr richtig im Kopf.

Nach diesem mißglückten Versuch bekam ich einen Nervenzusammenbruch. Ich habe immerzu geheult und geheult. Ich bin zum Arzt gegangen, und der hat mich sofort krank geschrieben.

Nun hatte an einem Abend meine Mutter eine Sitzung in einer Sozialkommission, und mein Vater war auch nicht zu Hause. Da habe ich zu meinem kleinen Bruder gesagt: Du, jetzt fahre ich weg. Er sagte: Fährst du wieder zur Schule, und dauert das wieder so lange? Ich sagte: Ich weiß nicht, wie lange das dauert. Er fing an zu weinen: Aber wenn es draußen wärmer wird, dann kommst du wieder?

Dann habe ich mir eine Taxe gerufen, habe inzwischen einen Koffer gepackt, und dann haben sie mich im Zug wieder geschnappt, weil ich einen großen Koffer hatte. Ich mußte meinen Ausweis abgeben und wurde in ein besonderes Abteil gebracht. Mit der Zeit wurde das Abteil, in dem die Verhafteten unter Bewachung saßen, immer voller. Obwohl ständig ein Polizist mit drin saß, unterhielten sich die Leute und gaben offen zu, daß sie abhauen wollten.

Da sagte ich zu dem Polizisten: Was wollen Sie eigentlich mit mir machen? Ja, sagt er, am Kontrollpunkt Schönefeld werden Sie der Kriminalpolizei übergeben. Ich sagte: So, dann melden Sie mich bitte Ihrem Vorgesetzten.

Ich habe dann mit der hohen Stellung meines Vaters gedroht, das wirkte. Der Polizist ließ mich frei, erlaubte mir, mit meinem Koffer in mein altes Abteil zurückzugehen, da waren die Mitreisenden richtig froh, daß ich wiederkam.

Ich bin auch heil vom Ostsektor in den Westsektor von Berlin durchgekommen. Auf dem ersten westlichen Bahnhof bin ich ausgestiegen, hab' ich mich erst mal auf meinen Koffer gesetzt und geheult.

Der Blinde und der Märtyrer

Einmal in meinem Leben bin ich einem wirklichen Märtyrer begegnet: im Lazarett der Strafanstalt. Ich lag neben ihm mit festverbundenen Augen nach einer schweren Operation – Netzhautablösung –, rechts und links meines Kopfes einen Sandsack, sechs Monate unbeweglich, flach auf dem Rücken.

Ich hörte seine Stimme nicht, fühlte nur seine Anwesenheit. Ich fühlte von dorther, wo er lag, etwas zu mir herüberdringen. Wenn die Wärter ihn mit rauhen Stimmen ansprachen, anbrüllten – nichts! Keine Antwort, Schweigen. Ich hörte die Stimme des Arztes, der auch Gefangener war, eine menschliche Stimme – keine Antwort. Vielleicht Blicke, Gesten – ich weiß es nicht. Ich weiß nur, daß der Mann neben mir künstlich ernährt wurde. Anscheinend verweigerte er jegliche Nahrungsaufnahme, und das schon sehr lange, seit seiner Verhaftung, mehr als ein Jahr. Es schien eine mühsame Prozedur zu sein, die Wärter und Lazarettgehilfen brummten und fluchten. Er wehrte sich nur durch Schweigen.

He, du, willst wohl eingehen für deinen lieben Gott! Eingehen in sein Himmelreich, was? Uns solche Scherereien zu machen! Wir sollen wohl Mörder werden deinetwegen, was?

Von ihm kein Laut. Ich hörte ihn nicht, sah ihn nicht, sie sprachen mit einem Geist, schien es mir.

Ich lag da unter furchtbaren Schmerzen. Tag und Nacht waren für mich ein einziger hallender Raum, in dem Geräusche kamen und gingen. Wenn ich aus meinen Schmerzen auftauchte, und es war still ringsum – es mußte dann Nacht sein –, hörte ich Gebete. Ich lag und horchte auf das Murmeln neben mir, und einmal faßte ich mir ein Herz und fragte: Zu wem betest du? Bete für mich mit.

Ja, ich will auch für dich beten, antwortete die Stimme.

Um was, fragte ich, betest du denn? Ich verstehe nichts davon. Bete, daß ich nicht blind werde.

Du bist nicht blind, du wirst wieder sehen, sagte die Stimme.

Mir war es unheimlich; ich bin nicht gewohnt, so zu reden. Wir haben auch nie mehr über Gott und Beten gesprochen, aber haben uns von da an über manches andere unterhalten. Am Tag, wenn alle anderen sprachen, schwieg der Mann, verlangte nur immer wieder, wenn der Major durchs Krankenrevier ging, nach einem Priester. Aber sie haben ihm keinen Priester geschickt.

Nachts erzählten wir uns gegenseitig unser Schicksal. Die anderen Häftlinge im Krankenrevier konnten uns nicht verstehn, weil ein Gang zwischen ihren Betten und unseren lag. Ich merkte das am Abstand der Geräusche und am Luftzug. In der Finsternis lernt man mit anderen Sinnen sehen.

Ich erzählte meinem Nachbarn, daß ich Bildhauer sei. Ich lebte in meiner Welt, weißt du; ich kannte mich in der wirklichen Welt schlecht aus. Ich kannte mich auch mit den Menschen schlecht aus, denn sonst wär mir nie ein solcher Irrtum passiert. Sonst hätte mich nicht die eigene Braut beim Staatssicherheitsdienst angezeigt. Kannst du dir das vorstellen, die eigene Braut geht zum Staatssicherheitsdienst und zeigt dich an. Ich hätte staatsfeindliche Äußerungen getan! Natürlich habe ich oft dahergeredet gegen die Kommunisten, aber doch nur zu meinen Freunden und zu meiner Braut. Wie konnte ich ahnen, daß sie so etwas tun wird, und alles nur aus Eifersucht, für die sie keine Gründe hatte.

Ich wurde verhaftet und verhört. Bei den Vernehmungen waren Schlägertypen dabei, die haben mich zusammengeprügelt, immer auf den Kopf geschlagen, bis ich besinnungslos war. Nach der Verurteilung – ich bekam 1½ Jahre wegen staatszersetzender Reden – wurde ich in die Strafanstalt eingeliefert, und da sagte der Major zu mir: Sie haben ja Mumps, oder woher sind Sie so verschwollen im Gesicht? Aber der Gefängnisarzt sagte nur: Ich weiß schon.

Und dann begannen die Schmerzen im Kopf – furchtbar!

Und es begannen Sehstörungen. Jetzt sagte der Gefängnisarzt: Ein Spezialist muß hier ran. Und der Spezialist untersuchte mich und stellte fest: Netzhautablösung auf beiden Augen.

Wenn Sie nicht operiert werden, erblinden Sie unweigerlich. Zuerst auf dem linken und dann auf dem rechten Auge.

Ich wollte nicht blind werden. Ich wollte, daß man mich operiert. Ich wurde in die Universitätsklinik nach Leipzig transportiert, und dort sagte der Professor nach der Untersuchung zu mir: Sie müssen wissen, ob Sie diese Operation aushalten. Wir müssen bei Bewußtsein operieren, nur mit Lokalanästhesie, und die Operation dauert mehrere Stunden.

Ich hielt es aus, aber es war die Hölle! Viele Studenten sahen zu. Obwohl ich ein armseliges Stückchen Sträfling war, haben sich die Professoren große Mühe um mich gegeben. Aber nun muß ich ein halbes Jahr lang hier so liegen, und niemand weiß, ob ich jemals wieder sehen werde.

Das alles erzählte ich der Stimme in der Nacht, und die Stimme erzählte mir wieder. Ich erfuhr, daß mein Nachbar erst dreißig Jahre alt war, also nicht älter als ich. Und ich hatte ihn mir als alten Mann vorgestellt. In Mainz hatte er gelebt, wo der gute Wein in den Bergen wächst, auf der linken Seite des Rheins. Dort ist er in einer Klosterschule aufgewachsen. Er ist frommer Katholik. Er reiste zu einem Katholikentreffen nach Leipzig, und dort verhaftete ihn der SSD am zweiten Tag. Warum? Er hatte keinem Menschenwesen auf dieser Welt etwas getan, aber er hatte Artikel in westdeutschen Zeitungen veröffentlicht über die Verfolgung der Katholiken in der Ostzone.

Ich habe nur die Wahrheit geschrieben, sagte er. Die Kirche selbst greifen sie ja vom Staat aus nicht an. Sie machen es raffinierter. Sie hindern Menschen daran, ein christliches Leben zu führen, sich an die Gebote Gottes zu halten, in die Messe zu gehen, zur Taufe, zur Firmung, zur christlichen

Eheschließung. Das alles hat er geschrieben, und dafür ist er zu zwei Jahren Gefängnis verurteilt worden.

Ich lag mit verbundenen Augen flach auf dem Rücken und hörte zu. Ich dachte über diesen Menschen nach, der wie ich monatelang ohne sich zu rühren auf seinem Eisenbett lag. Er aber tat es freiwillig. Es war der einzige Akt von Freiheit, den er hier im Gefängnis vollbringen konnte: zu hungern und zu schweigen. Aber warum tat er das? Wem nützte er damit? Ich konnte den Sinn dieses Hungerns nicht einsehen. War das Christentum? Oder wollte er ein Opfer bringen? Buße tun? Für andere, für sich? Sollte es ein Protest sein, ein politischer, ein religiöser Protest? Ich fragte ihn einmal. Er antwortete nur: Das verstehst du nicht; du glaubst nicht mehr an Gott.

Ich weiß nicht, ob man das so sagen kann. Ich bin getauft und als Kind auch in die Kirche gegangen, aber was war er? Ein Wirrkopf oder ein Heiliger?

Ich versuchte, mir vorzustellen, wie er wohl aussah. Und nach einigen Monaten sah ich ihn dann zum erstenmal. Der Verband wurde mir abgenommen. Ich hatte Angst – ich wagte nicht, die Lider aufzuschlagen –, ich hatte große Angst, daß ich blind wäre. Niemand konnte mir das vorher sagen.

Jetzt öffnen Sie die Augen, sagte der Arzt energisch. Ich öffnete sie, und durch Schmerzen und Schleier hindurch konnte ich Konturen erkennen, hell und dunkel – ich konnte sehen. Nicht deutlich, aber ich konnte sehen. Ich war nicht blind. Nach einiger Zeit – vielleicht waren es Stunden – drehte ich vorsichtig den Kopf zur Seite und blickte zu meinem Nachbarn hinüber. Da lag eine Gestalt, lang ausgestreckt und so dünn, wie es sich niemand vorstellen kann. So dünn konnte ein lebender Mensch gar nicht sein. Die Arme wie weiße abgeschälte Stöcke auf der Brust gefaltet. Ein dunkler Bart wuchs ihm aus einem wächsernen Gesicht über die Bettdecke. Er bewegte lautlos die Lippen, er betete. Er spürte, daß ich ihn ansah, und wandte mir seine dunklen riesengroßen Augen zu. Ich glaube, er lächelte.

Mich erfaßte Furcht und Mitleid zugleich. Ich wagte in der nächsten Nacht nicht, ihn anzusprechen. Die Welt hatte sich für mich verändert, seit ich sie wieder sah, auch dieser Mensch. Er war mir vertraut gewesen, als ich noch blind war. Jetzt wurde er mir fremd.

Ein paar Tage später haben sie mich in ein anderes Krankenrevier verlegt. Ich durfte mich nun schon ein wenig bewegen und kam in einen entfernten Block. Ein Jahr später wurde ich entlassen. Ich habe meinen Nachbarn nie wieder gesehen, nie wieder etwas von ihm gehört. Ich hoffe, ich werde noch einmal irgendwo im Westen mit unserem Arzt zusammentreffen, der ein halbes Jahr nach mir entlassen werden soll. Er war ein Engel. Er hat für meinen Nachbarn und mich alles getan, was nur in seiner Kraft stand. Wenn ich ihn jemals wiedersehe, werde ich ihn nach meinem Nachbarn fragen. Ich glaube, er ist gestorben.

Unser Beruf ist veraltet

Ich bin Schuhmachermeister. Nach meiner Rückkehr aus der Gefangenschaft habe ich gleich begonnen, unsere Berufsgruppe wieder aufzubauen. Die Schwierigkeiten waren ja damals sehr groß. Aus Aktentaschen und allem möglichen Zeug haben wir Schuhe angefertigt, bloß damit die Menschen erst mal wieder was an die Füße bekamen. Ich habe allein als Meister gearbeitet, Gesellen hatte ich nicht.

Weil ich nun mit allem gut Bescheid wußte und schon als Jungmeister in unserer Berufsgruppe mitgeholfen hatte, haben mich meine Kollegen zum stellvertretenden Bezirksmeister ernannt. Ich war in keiner Partei; ich habe mich nur der Arbeit in der Berufsgruppe gewidmet.

Zunächst ging ja auch alles ganz gut und schön. Was mit uns geschehen sollte, das wußten wir damals noch nicht, bis es mit den Produktionsgenossenschaften losging.

Da hatten wir nun also unseren Bezirksmeister. Der besaß ein gut aufgebautes Geschäft und hatte die Idee, eine Produktionsgenossenschaft zu gründen. So was haben wir ihm alle nicht zugetraut. Obwohl ich sein engster Mitarbeiter war, wußte ich nichts von seinem Plan. Erst von einem Kollegen erfuhr ich in einem Gespräch, daß er tatsächlich eine Produktionsgenossenschaft aufgemacht hatte. Nun wollten die Kollegen mit ihm nichts mehr zu tun haben und haben mich zum Bezirksmeister gemacht.

Damals war ja noch alles in der Entwicklung, und ich habe die Interessen der Kollegen noch vertreten können, weil es damals noch nicht so scharf herging. Da hat man ja jeden gebraucht. Aber mit der Gründung der PGHs begann die Abwerbung der Gesellen. Es kam soweit, daß die Gesellen von den Meistern weggegangen sind, weil sie ja in den PGHs einen zwei- und dreifachen Lohn erhielten und weil die soziale Betreuung auch besser war. Die PGH bekommt eben

Kredite von der Bank. Geld spielt ja da keine Rolle. Auch Material kriegen sie in ausreichender Menge.

Materialschwierigkeiten hatten wir ja immer, aber jetzt, bei Gründung der PGHs, kriegten die das Material, und wir bekamen nur so Stückchen. Und so sind dann viele Kollegen bestraft worden wegen Wirtschaftsverbrechen, weil sie Material drüben im Westen gekauft haben, was natürlich verboten ist. Verschiedene Kollegen mußten aus diesem Grund fliehen.

Jetzt wird es allerdings so gemacht, daß die entsprechenden Alleinmeister – also Meister, die ohne Gesellen arbeiten – angesprochen werden, und es wird ihnen gesagt: Kommt doch zu uns, da habt ihr euern bezahlten Urlaub, und wenn ihr krank seid, habt ihr alles, was ihr sonst nicht habt, alle diese Vergünstigungen unserer PGH.

Wenn ein Alleinmeister krank wird, dann bekommt er 5 Mark pro Tag Krankengeld, macht seinen Laden zu, weil ja keine Arbeitskraft da ist, und damit kann er dann verhungern.

Wenn sich aber ein Alleinmeister entschließt, in die PGH einzutreten, läßt man seinen Laden nur bestehen, wenn er in einer günstigen Laufgegend liegt, sonst läßt man ihn eingehen.

Meist ist die Werkstatt in einem großen Haus untergebracht, wo alles zusammenliegt. Die Maschinen werden eingeschätzt und dem Meister abgekauft und dann in einer großen Werkstatt aufgestellt. Der Preis für die Maschinen richtet sich nach ihrem Alter und ihrer Beschaffenheit. Aber meist sind die alten besser als die, die jetzt hergestellt werden, da sind oft Materialfehler drin. Der Kollege, der noch selbständig arbeiten kann, ist zufrieden, denn Arbeit hat er genug. Er kann seine Arbeit in Ruhe machen, und die Kunden bezahlen auch. Weil ja in der Produktionsgenossenschaft die Arbeit zusammengehauen wird, kommen die Kunden doch alle wieder zu uns. Oft sind wir derart überlastet, daß wir die Arbeit gar nicht schaffen können. Es gibt zuwenig Leute. Seit 25 Jahren gibt es kaum Nachwuchs für unseren Beruf. Ich kenne wenig Kollegen, die unter 50 sind. Ich selbst bin 54. Bei der schlechten Bezahlung ist das kein Wunder. Ein Straßenfeger verdient mehr als ein Geselle bei uns. Der Straßenfeger bekommt 1,86 Mark die Stunde, und der Tarif für unsere Gesellen ist 1,29 Mark. Drei Lehrjahre sind nötig, und der Lehrling bekommt 50, 60 und 80 Mark im Monat. Wenn er nachweisen kann, daß er ausgelernt und drei Jahre als Geselle gearbeitet hat, dann kann er sich anmelden zur Meisterprüfung. Als Material für die Lehrlingsausbildung kriegen wir nur Schweinsleder. Im dritten Lehrjahr bekommen wir Leder für drei Paar Schuhe für ihn. Jetzt soll der Lehrling in dem ganzen Jahr drei Paar Schuhe machen, damit er nachher seine Gesellenprüfung besteht, und nun Schweinsleder! Schweinsleder kann man *so* ziehen und *so* ziehen, da kriegt man überhaupt keinen graden Schuh raus, eine fachmännische Arbeit ist das niemals.

So sieht es mit der Lehrlingsausbildung aus. Deshalb haben wir davon Abstand genommen, Lehrlinge zu nehmen, und jetzt tritt die Handwerkskammer an uns heran, jetzt merken die mit einmal, daß der Nachwuchs fehlt und es keine Schuhmacher mehr gibt. Nun haben sie uns zusammengetrommelt, die Obermeister, und haben gesagt: Wie wollen wir das nun machen? Die haben nun vorgeschlagen, zentrale Lehrwerkstätten einzurichten.

Ich habe ihnen zu bedenken gegeben: Wenn ihr die Zehnklassenschule eingerichtet habt, da hat ein Mensch, der zehn Jahre die Schule besucht hat, doch soviel Verstand, daß er sich sagen tut, bevor ich eine Lehre anfange, möchte ich wissen, was ich nachher kriege. Und wenn wir dem nun sagen: 1,29 die Stunde, dann sagt der doch: Dann brauch' ich ja gar nicht erst anfangen zu lernen. Da sind die Entwicklungsmöglichkeiten tatsächlich besser in der Produktionsgenossenschaft: Wenn einer ausgelernt hat, geht er die Woche gleich mit 100 Mark nach Hause. Der kriegt am Anfang des Monats noch seine Abschlagzahlung von 50 oder 60 Mark, dann hat so 'n junger Mensch von 18, 19 Jahren seine 480 Mark im Monat. Das ist doch klar, wenn die Gesellen diese Vorteile sehen – am Ende des Jahres gibt es dann noch Prämien –, daß sie sagen: Was soll ich denn da bei einem Meister arbeiten, der kann mir doch gar nichts bieten.

Aber in Zukunft, wenn sie gar keine individuellen Handwerker mehr haben, kommen sie nämlich auf den Standpunkt, daß da auch die Löhne gesenkt werden können, denn sie brauchen ja nicht mehr zu befürchten, daß ihnen einer zur Konkurrenz wegläuft. Jetzt sagen die nur: Unser Geld stimmt! Aber wenn es dann nachher nicht mehr stimmt, wenn die Löhne gesenkt werden, dann sagen sie: Jetzt ist Feierabend, dann geh' ich als was anderes, dann geh' ich eben zur Volkspolizei oder zur Reichsbahn oder zur Gasag, da hab' ich mehr Entwicklungsmöglichkeiten. Die Stimmung in den PGHs ist nämlich auch nicht rosig. Es stimmt nicht, daß sie alle aus Überzeugung mitmachen und darauf schwören. Da ist alles auf Leistung eingerichtet. Für ein Paar Sohlen und Absätze soundso viel Minuten. Vier Kollegen sitzen um einen Werktisch herum. Die nehmen sich so dreißig, vierzig Paar Schuhe vor, einer reißt die Absätze ab, einer macht sie grade, der nächste legt die Sohlen auf, bis sie wieder geschnitten aus den Leisten herauskommen. Eine Art Fließbandarbeit. Das Kollektiv dieser vier Gesellen teilt sich dann in den Lohn. Da reißt einer den andern mit, denn jeder will Geld verdienen. Wenn nun mal einer nicht so kann, denn jeden Tag ist man ja nicht gleich, dann sagt schon der andere: Du, hör mal zu, mein Lieber, ich will weiter.

Ein Alleinmeister muß beispielsweise 480 Mark Steuern zahlen das Jahr und 720 Mark an die VAB. Früher zahlten wir auch an die VAB 420 Mark, dann haben sie uns Handwerker aber da herausgeschmissen. Die VAB wurde aufgelöst, und dann wurde die Krankenkasse eingerichtet für die Arbeiter.

Uns Handwerker und die Gewerbetreibenden und die freien Berufe, wie Künstler, Maler, Schauspieler usw., die haben sie rausgeschmissen, weil die Unkosten für diese Leute zu groß sind. Den Ausweis konnten wir behalten, aber jeder von uns kriegte ein großes »H« reingestempelt, und das heißt Handwerker. Wir gehören nun zur Großberliner Versicherungsanstalt und zahlen nicht mehr 480 Mark, sondern 720. Uns wurde damals versprochen: Wenn ihr nun 70% mehr einzahlt, dann bekommt ihr auch 50% mehr Krankengeld. Erst hatten wir 4 Mark pro Tag, später hatten wir 6 Mark, und nun am 1. Januar haben sie uns das gestrichen auf 5 Mark. Aber die 720 Mark dürfen wir weiter bezahlen. Ich habe nun die Herren von der Großberliner Versicherungsanstalt zu einer Bezirksversammlung eingeladen. Die sagten natürlich, es stünde trotz der Erhöhung des Beitrags noch immer in schlechtem Verhältnis zueinander, was wir einzahlen und was sie an uns auszahlen müßten. Das ist auch klar, das liegt daran, daß unser Beruf überaltert ist. Da sind viele Kollegen, die zu mehr als 50% arbeitsunfähig sind. Die jungen Leute aber, die Gesellen und Lehrlinge, die rechnen ja als Arbeiter und sind deshalb in der Krankenkasse. Die zahlen die ganzen Jahre da ein, und wenn sie sich später selbständig machen wollen, dann müssen sie aus der Kasse raus und kommen gar nicht in den Genuß ihrer Einzahlungen. Dann geht es denen so wie jetzt uns. Das ist ein Hin und Her, und keiner weiß, was daraus werden soll.

Ich sehe da schwarz, daß es für die individuell arbeitenden Meister überhaupt noch eine Existenzgrundlage gibt, zumal ja die vollkommene Sozialisierung bis 1960 beendet sein soll.

Sie drücken und drücken auf die Kollegen, besonders wenn sie noch größere Werkstätten haben, vielleicht sechs Gesellen, denn da ist ja dann eine reguläre Konkurrenz für ihre PGHs. Aber lange werden sich die einzelnen Meister auch nicht mehr halten können.

Ich hatte jetzt einen Fall: Da kommt ein Mann in meinen Laden und fragt mich, ob ich nicht wüßte, wo ein Geselle gebraucht wird. Na, die suchen wir ja alle; und ich sag' ihm: Gehen Sie da und da hin. Mein Kollege freut sich, daß er endlich einen Gesellen bekommt, und braucht nun die Genehmigung vom Arbeitsamt und den Zuzug. Das Arbeitsamt sagt mir: Das geht nicht, der Mann ist ja aus Stralsund, und nach Berlin kommt überhaupt kein Bäcker und kein Schuhmacher rein. Da besteht ein Gesetz; das gibt es nicht, weil Schuhmacher und Bäcker in der DDR knapp sind. Ich sage: Aber hier ist doch ein ganz anderer Fall, der Mann hat ein Häuschen in Berlin geerbt von seiner Tante, der geht auf jeden Fall in Berlin arbeiten, und wenn er hier bei uns keine Arbeit bekommt, dann zieht er in sein Häuschen und geht drüben in Westberlin arbeiten, da hat er es sogar noch besser, und wir verlieren ihn. Aber es hat doch eine Ablehnung gegeben, und als wir Einspruch erhoben, wieder eine Ablehnung.

Nach ein paar Tagen hören wir, daß der Mann in der PGH angefangen hat, er hat seinen Zuzug bekommen, seine Einweisung, seine Arbeit, alles. Da galt das Gesetz plötzlich nicht mehr.

Ein Kollege in Niederschöneweide, der hatte ein Häuschen und wollte sich verkleinern. Früher hatte er zwei, drei Gesellen, nun bekam er keine mehr und war alleine. Er möchte sich gerne in seinem Häuschen unten die Werkstatt einrichten, daß er da für sich arbeiten kann, denn das reicht ihm ja auch. Die Leute bringen ihm schon genug kaputtes Schuhzeug. Der Vorsitzende der PGH sagt aber einfach, er kann das nicht zulassen. Er hat selbst auch ein Häuschen von einem Kollegen, der republikflüchtig ist, übernommen und unten eine Werkstatt eingerichtet; das ist nun PGH, und oben wohnt er, der Meister. Da hat alles geklappt, da war alles wunderbar und schön, aber für unsern Kollegen haben sie's abgelehnt.

1953 waren wir in meinem Bezirk Pankow noch 143 selbständige Schuhmachermeister, und jetzt, 1959, sind wir noch 67. Das geht immer weiter runter. Der Beruf ist veraltet, und es sterben viele weg. Viele machen auch ihr Geschäft zu. Es gibt Kollegen, die sind 76 Jahre und arbeiten noch, weil die Rente von 105 Mark nicht zum Leben reicht und nicht zum Sterben.

Schuhmacher ist ja auch ein ungesunder Beruf. Die VEB-Schuhfabriken kriegen am Tag für jeden Arbeiter einen Liter Milch, damals haben sie die Marken gebraucht, heute kann man die Milch ja kaufen. Aber wir haben gar nichts gekriegt, obgleich uns die Partei versprochen hat: Jawohl, wir setzen uns dafür ein, daß ihr Milch kriegt. Es ist bei dem Versprechen geblieben. Dieses Azeton und die ganzen Klebemittel, das geht doch auf den Magen und auf die Lunge. Da kommt es manchmal vor, daß man am Tag, wenn man lange in der Werkstatt sitzt, gar nichts essen kann, weil man den Magen voller Chemikalien hat.

Wenn es nach meiner Frau gegangen wäre, wir wären schon längst im Westen. Aber ich bin nur immer noch dageblieben wegen meiner Kollegen. Eine Frau sieht immer noch eher, wie es wirklich ist. Die Woche zweimal, dreimal Sitzung, montags und donnerstags nachmittags gar nicht im Geschäft: Sitzung! Das macht einen dann tatsächlich fertig, namentlich, wenn man Alleinmeister ist, denn der Schornstein muß ja schließlich rauchen, da kann man ja nicht nur die ganze Zeit woanders sitzen und bloß reden, und die Arbeit bleibt liegen.

Sie wußten es alle, wie schwer ich es hatte als Bezirksmeister, aber einer mußte die Arbeit doch eben machen. Ich hätte auch sagen können: Nee, ich mach's nicht. Dann hätten sie jemand anders hingesetzt, und so konnte ich manches verhindern. Z. B. zum 1. Mai brauchten die Kollegen nicht anzutreten und zu marschieren, weil ich einfach keine Bezirksversammlung gemacht hatte.

Und zum 10. Geburtstag der Republik, da sollte ich nun von meinen Kollegen verlangen, daß sie eine Urkunde unterschreiben: Die Berufsgruppe der Schuhmacher verpflichtet sich zu Ehren des 10. Jahrestages der Republik, ihr Soll um soundso viel Prozent überzuerfüllen. Die Urkunde sollte ich persönlich dem Präsidenten der Handwerkskammer übergeben.

Ich habe nun die Frage aufgeworfen: Kann man das überhaupt sagen, du machst für 300 Mark mehr, und du machst für 500 Mark mehr im kommenden Jahr? Ich muß ja warten, bis der Kunde mir die Arbeit bringt, und an Material ist auch nicht mehr zu beschaffen. Wie kann ich denn da so eine Verpflichtung eingehen?

Und das alles nur, damit der Präsident der Handwerkskammer dem Präsidenten der DDR, Wilhelm Pieck, so eine Urkunde übergeben kann, zum 10. Geburtstag unseres schönen Staates.

So sieht die Sache aus!

Das hat man mir sehr übel genommen, daß ich solche Reden geführt habe. Ich fing überhaupt an, mich unbeliebt zu machen bei denen da oben. Und als Kreisobermeister sah ich ja, wo die Entwicklung in unserm Handwerk hinführt. Die führt unweigerlich zur Produktionsgenossenschaft.

Ich bin nun seit zwanzig Jahren selbständig. Ist das nun nicht schwer, seine Selbständigkeit aufzugeben, wenn man seine erworben hat, von der Pike auf sein Handwerk erlernte und ganz darin aufgegangen ist? Denn nicht jeder, der lernen tut, wird ja Meister. Und nicht jeder Meister, wenn er dreist sich einen nennt, kann ja ein Geschäft führen. Und wenn man das alles jetzt so hingeben soll und ist nachher nur irgend jemand, nur irgendein Genosse! Man will ja selbst Verantwortung tragen. Soll man nun zum Verräter einer Berufsgruppe werden; das kann man doch sich selbst und den Kollegen gegenüber nicht verantworten! Deshalb bin ich weggegangen. Sicher fällt es schwer, alles im Stich zu lassen. Ich hatte nun ein Häuschen erworben, und wir hängen an dem Bißchen. Aber wir haben ja im Krieg auch alles verloren und mußten wieder anfangen.

Hier saß ich im verkehrten Kahn

Ich kam von meinem Urlaub beim Iwan zurück in meinen Heimatort und bemühte mich um Arbeit. Ich bin in der kleinen thüringischen Stadt geboren, aufgewachsen und bekannt wie ein bunter Hund.

Da waren nun ein paar von den neuen Funktionären, die verbauten mir den Weg zu jeder Anstellung. Ich war eben kein Kommunist und machte anfangs auch keinen Hehl daraus. Später bin ich erst gewitzt geworden. Ich lavierte mich also durch wie die meisten anderen auch. Leben mußt du, die Familie vor Hunger bewahren. Ich entschloß mich daher im Jahre 1950, nach Aue zu gehn. Meine Frau sagte: Mach mich nicht unglücklich, schon wieder willst du fort von zu Hause. Aber ich sagte zu ihr: Ich muß erst einmal in einen volkseigenen Betrieb, wenn ich von dort komme, finde ich vielleicht eine Möglichkeit, irgendwo anders anzukommen.

Ich habe dann in Aue, in Johann-Georgenstadt gearbeitet und machte bald den Brigadier. Ich war Spitzenverdiener. Damals waren die Schachtmeister und Schachtleute alles Russen. Na, wir wurden behumst und wir haben natürlich den Iwan ooch behumst.

Ich bin im März 1952 in Aue entlassen worden, will sagen: Habe mich entlassen lassen. Ich hatte keine Schichtversäumnis, nichts. Ich kehrte in meine Heimatstadt zurück und bewarb mich bei einer Bäuerlichen Handelsgenossenschaft als Leiter. Es war eine große BHG, und sie suchten jemanden dafür, der das Geschäft verstand. Der Vorgänger war ein Kellner gewesen, der arbeitet jetzt in Leipzig auf 'm Wartesaal. Der hat den ganzen Betrieb total runtergewirtschaftet.

Ich erhielt ein Schreiben des GGL – das ist der Gewerkschaftsgruppenleiter –: Geehrter Herr Sowieso, unser Vorstand hat einstimmig beschlossen, Sie als Leiter unseres Betriebes einzusetzen. Sie sind uns als Getreidekaufmann sehr empfohlen worden, und so weiter.

Am nächsten Morgen bin ich zu dem Betrieb rausgefahren. Ich mußte drei Stationen mit unserm Bimmelbähnchen bis dahin reisen und habe mich mit den neuen Kollegen erst mal bekannt gemacht. Dabei wurde mir von dem Oberbuchhalter gleich gesagt: Der Kreisvorstand der VdgB (Vereinigung der gegenseitigen Bauernhilfe) – die vorgesetzten Stellen gliedern sich in Kreisvorstand, Bezirksvorstand und Zentralvorstand –, ja also, der Kreisvorstand, der wird Sie nicht genehmigen. Sie werden hier als Chef nicht in Frage kommen, denn ohne Genehmigung des Kreisvorstandes ist nichts zu machen.

Ich habe mich dadurch nicht stören lassen, weil mir der Vorsitzende gesagt hatte: Ich komme vormittags um 10 Uhr und stelle Sie offiziell der Belegschaft vor. Der kam aber um 10 Uhr nicht. Ich bin um 12 Uhr zu ihm nach dem Dorf rein und traf den Vorsitzenden bei sich zu Hause, auf 'm Hof an. Ich sagte: Herr Sowieso, passen Sie mal auf, ich hab' mir den Betrieb angesehen. Sie sitzen mit Ihrer BHG nach der Bilanz, wie ich gesehen habe, mit 40 000 Mark im Keller, außerdem haben Sie 195 000 Mark Überplanbestände – die BHG hat die Versorgung von fünf Ortschaften mit Düngemitteln, Saatgut, Maschinen, und man konnte durch die Lager gar nicht durchgehen, ohne mit dem Kopf überall anzuecken. Und alles alte Ladenhüter. Da waren z. B. alte Düngerstreumaschinen, die waren schon so rostig geworden. Die haben wir nachher mit Zement verschmiert; die hab' ich nach Mecklenburg verkauft. Mecklenburg nahm alles. Dann Hunderte von 20-l-Milchkannen. Solche Kanne kostet zum Einstandswert ungefähr 45 Mark. Alles hab' ich dann nach Mecklenburg hochgegeben. – Ich sagte also zu dem Vorsitzenden: Ich hab' im Protokollbuch der Vorstandssitzung nachgesehen und habe den Vermerk gefunden, daß ich einstimmig zum Leiter Ihres Betriebes ernannt worden bin. Das Protokoll ist von allen 18 Vorstandsmitgliedern der Vorstands- und Revisionskommission unterschrieben. Das ist also rechtsverbindlich. Sie haben nun das Vergnügen, mir das Gehalt, das ausgemacht ist – 550 Mark brutto monatlich ist sowieso kein großes Geld –, zu zahlen, bis ich eine andere Anstellung gefunden habe.

Kommt gar nicht in Frage, sagt er, kommt gar nicht in Frage. Wir sind froh, daß wir jetzt endlich 'n Kaufmann gefunden haben. Wir wollen kein' so 'n Parteifritzen mehr haben. Das haben wa ja geseh'n, wo wa da hinkomm', und wenn der Kreisvorstand nich' mitmacht, dann lösen wa die BHG uff.

Na, das hat der sich so gedacht, das geht natürlich nicht.

Der Vorsitzende sagte zu mir: Also ich komme morgen um 9 Uhr aufs Büro und führe Sie offiziell ein.

Ich sagte: Is' gut.

Ich hab' mich dann nach 'm Büro verfügt und mir so 'n bissel Übersicht verschafft. Und wie ich da so sitze im Büro, da klingelt das Telefon, und es meldet sich der Kreisvorstand: Ja, wir möchten mal den BHG-Leiter sprechen.

Ich sagte: Ist selbst am Apparat.

Nein, den Kollegen Sowieso.

Ich sage: Der sitzt hier im Zimmer, aber der ist vom Vorstand entlassen, der ist kein BHG-Leiter mehr. – Das war der Kellner, der hatte sowieso keine Lust mehr und war froh, daß er aus der Misere raus war. Der war vor dem 17. Juni knallrot und ist während des 17. Juni grade in Leipzig gewesen – das erzählten mir die Kollegen –, hat nun erschüttert berichtet. Die Augen sind ihm zum ersten Mal aufgegangen. Wie ich schon sagte, von Beruf war er Kellner und gleich bei der SED. Dann wurde er Polizeioffizier, und dann hat ihn die Partei als BHG-Leiter eingesetzt. Er hatte keine Ahnung, das gab er auch zu. Zu mir sagte er vertraulich: Sieh mal, ich hab' Verwandtschaft drüben im Westen. Meine Frau hat 'n Paar

Schuh' gekriegt von da, ich werd' wahrscheinlich auch rübergehen.

Ich sagte: Du als linientreuer Genosse? Nu mach mal halblang! Der saß nun neben mir, als der Kreisvorstand anrief, und ich sagte: Es tut mir leid, der Kollege ist in dienstlicher Eigenschaft nicht mehr zu sprechen.

Ja, wir wollen aber den BHG-Leiter sprechen.

Ich sagte: Der ist am Apparat – und hab' abgehängt. Das war der Kreisvorstand, von dem die Bestätigung meines Postens abhing. Der Sekretär der BHG sagte zu mir: Hör mal zu, du bist sowieso nicht bestätigt.

Das steht auf einer anderen Seite, erwiderte ich nur und fuhr mit dem Siebenuhrzug nach Hause. Mutti, sagte ich zu meiner Frau, da draußen ist Feierabend. Ich fahr' nur noch raus, um mich zu verabschieden. Meine Frau hat mir nie reingeredet. Sie flachste nur und sagte: Na, du als BHG-Leiter in so 'nem sozialistischen Land, das wär' ja auch 'n Witz.

Am nächsten Morgen fuhr ich nun raus und hab' noch mal die Stimmung abgehört. Da kam der Vorsitzende der Revisionskommission, das ist ein Bauer, ein Umsiedler aus dem Warthegau, ein intelligenter, tüchtiger Mensch und ein sauberer Charakter. Der sagte: Kollege, es wäre richtiger, wenn du zum Kreisvorstand reinfahren und da mal persönlich reden würdest. Wir haben wahrscheinlich einen Fehler gemacht, wir hätten zu unserer Vorstandssitzung den Kreisvorstand einladen sollen, aber dann wäre es nicht zu unserm Entschluß für deine Person gekommen.

Ich sagte: Ich hab' auch schon dran gedacht, selbst reinzufahren, und das mach' ich auch.

Ich rief den Kreisvorstand an, ich käme mit dem Mittagszug und es möchte sich jemand dort im Büro aufhalten. Ich war gegen zwei Uhr beim Kreisvorstand, und da saß der 2. Sekretär. Das ist der Kopf, die graue Eminenz – heimtückisch, verschlagen, aber nicht dumm. Der 1. Sekretär war ein ungelernter Arbeiter – VVN (Vereinigung der Verfolgten des

Naziregimes) –, der machte bloß 'n Hanswurscht. Der 2. Sekretär ist wie 'n Japaner, aus dessen Gesichtszügen werden Sie nicht schlau. Ich bin bestimmt ein guter Psychologe, aber der ist schwer zu enträtseln, der lacht beim besten Witz nicht, eine ganz heimtückische Sorte. Früher war er in der NSDAP.

Ich kam also rein ins Zimmer und nahm Platz. Paß mal auf, Kollege, fing er an – das geht doch alles gleich per du –, wir haben da einen andern Kollegen, der geht als Leiter zu dieser BHG, denn du mußt hier ungefähr 60 Prozent fachliche Tätigkeit und 40 Prozent gesellschaftliche Tätigkeit ausüben. Und du bist kein Genosse, hast überhaupt keine Schulung, du bringst die Vorbedingungen nicht mit.

Ich setzte mich in meinem Stuhl zurecht und sah ihn an und sagte nur: Mir kommt das so vor, als ob du den 17. Juni total verschlafen hast, Kollege. Ich wer' dir mal was sagen, ich hab' kein Interesse mehr an dem Betrieb. Ich hab' mir den angeguckt, ich bin Fachmann. Da kann ein anderer selig werden, aber ich will dir eins sagen: Ich hab' bereits nach Berlin einen Kurierbrief laufen, um über euer Verhalten zu berichten.

Nanu, du bist doch nicht in der Partei?

Dazu brauche ich nicht in der Partei zu sein.

Dann mußt du aber 'n langen Arm haben.

Den hab' ich auch.

(Ich hab' gar keinen langen Arm, ich hatte im Gegenteil mit den Brüdern da überhaupt keinen Kontakt, aber ich wußte, daß es nur eine Tour gibt, mit der man hier durchkommt.)

Ich sagte: Ich komme aus Johann-Georgenstadt und war dort Brigadier, ein ausgezeichneter Brigadier; hier kannst du mein Zeugnis sehn.

Auf solche Zeugnisse, da legen wir gar keinen Wert, sagte er da und schob das Papier über den Tisch wieder zurück.

Nun wurde ich böse. Ich sagte: Wo ich hergekommen bin, da gehst du mit deinem 1. Sekretär innerhalb 14 Tagen hin, das verspreche ich dir, damit du erst mal die Bindung zum werktätigen Menschen, zum Arbeiter wiederfindest. Ihr habt euch hier ganz schön eingebonzt, meine Herren. Ich sagte: Wenn du dann nach dreizehn Monaten zurückkommst aus Aue und legst mir dasselbe gute Zeugnis vor, dann wollen wir mal sehen, ob du noch findest: auf solche Zeugnisse legt man keinen Wert.

Ich habe dann nach der Uhr geguckt und so leichthin gesagt: Unsere Unterhaltung, Kollege, hat nun schon 32 Minuten gedauert, nun weißt du, woran du bist. Packe schon langsam deine Koffer für Johann-Georgenstadt; ich mache keinen Spaß!

Bin aufgestanden und rausgegangen, bin nach Hause gefahren und habe zu meiner Frau gesagt: Also nun ist endgültig Schluß, und ich hole bloß noch meine Aktentasche. Ich fuhr also wieder auf das Dorf, und die Kollegen bei der BHG fragten: Na, was ist denn nun? Ich hatte so etwas durchsikkern lassen von dem Schrieb an das Ministerium. In dem Moment ruft das Telefon: Ja, Sie werden vom Kreisvorstand verlangt. Also Kollege, bleib jetzt draußen, ja, wir kommen in etwa einer Stunde mit dem Wagen, und dann wirst du bestätigt – der hatte Angst gekriegt! Nach einer Stunde erschienen der zweite Sekretär und der erste Vorsitzende des Kreisvorstandes, sein Chef.

Du bist in keiner Partei und nichts und gar nichts, sagte er zu mir. Kannst du denn wenigstens Briefe nach Westdeutschland schreiben?

Na selbstverständlich, sagte ich.

Das wurde dann auf dem Fragebogen mit eingesetzt, und schon war die Bestätigung fertig. (Weil ich keinen politischen Nachweis führen konnte, mußte ich eben mit irgendwelchen Leuten in Westdeutschland Kontakt aufnehmen und korrespondieren. Man bekommt Adressen angesagt und muß dann schreiben, wie herrlich das Leben bei uns in der DDR ist.)

Nun war ich also bestätigt und brachte erst mal Zucht und

Ordnung in den Laden rein, und nach anderthalb Jahren hatte ich den Betrieb rentabel. Auf meinen politischen Einsatz hat man vorerst noch verzichtet. Nur montags mußte ich immer zum Kreisvorstand kommen und wurde ideologisch geschult über Grundbegriffe des Marxismus usw. Na, ich mach' das mit, ich bin kein Leisetreter. Und wenn man so die Maschen kennt bei den Brüdern, dann kann man sich schon durchjonglieren. Ich habe immer treu und brav jeden Monat gemeldet: Alle vierzehn Tage mittwochs mache ich politische Schulung mit der Belegschaft. Wir haben überhaupt keine Schulung abgehalten, wir haben nicht mal die Zeit abgesessen, wir haben gar nichts gemacht. Im monatlichen Meldebogen schrieb ich bloß: Schulung, und das war alles. Ich habe meinen Leuten gesagt: Also wenn mal jemand kommt und fragt, was ihr gelernt habt, dann behauptet ihr, ich schule euch immer nach dem aktuellsten Artikel des *Neuen Deutschland*. Meine Belegschaft war erstklassig; ich konnte mich auf alle 17 Mann verlassen. Der Handelsleiter war ein SED-Mitglied, aber auch nur pro forma. Ich fragte mal diesen oder jenen Kollegen, was sie über Sozialismus wüßten, über Marxismus – sie wußten gar nichts.

Funktionäre, die zu uns kommen wollten, um die Zeit abzusitzen, die habe ich mir alle vom Halse gewimmelt. Ich habe später keinen Instrukteur mehr empfangen und reingelassen. Ich kriegte daraufhin mit der Gewerkschaft Krach und trat mit der gesamten Belegschaft geschlossen aus der Gewerkschaft aus. Wir waren eine BHG, die nicht in der Gewerkschaft war, eine Rarität in der DDR.

Aber ich hatte eben einen festen Stand bei den Bauern. Es waren werktätige freie Bauern, Großbauern, Mittelbauern und Umsiedler, und ich war ihr Vertrauensmann. Ich kannte jeden, und sie kannten mich. Die Anhänger des neuen Staates kann man in jedem Ort an einer Hand abzählen, vier, fünf Mann unter den Bauern, Bürgermeister und Lehrer nicht dazugerechnet.

Die Bauern kamen mit ihren Strafbescheiden wegen Nichterfüllung ihres Solls zu mir, und ich habe die Strafbescheide entsprechend bearbeitet. Ich habe da so einen halben Rechtsanwalt gemacht. Ein Großbauer wurde zu 4½ Jahren Zuchthaus verurteilt, weil er mit 'ner LPG einen Viehtausch gemacht hatte. Ich habe mich für ihn bemüht und bin mit seinem Sohn nach Berlin gefahren, nach Niederschönhausen, und wir haben den Vater tatsächlich nach 11 Monaten freibekommen.

Als Leiter einer Bäuerlichen Handelsgenossenschaft sind Sie so was wie ein kleiner König im Ort. Der Bürgermeister rief mich an, wenn 'ne Bauernversammlung war: Du, heute abend ist Bauernversammlung, kommst hin, ich habe ausgeben lassen, daß der BHG-Leiter spricht. Wenn der Bürgermeister allein sprach, kam keiner. Da saßen dann so 150 Bauern im Saal der Gastwirtschaft »Zum roten Ochsen« und murrten und meuterten. Denn die Dörfer liegen unmittelbar an der Elbe, und der Russe übte auf den schönen Elbwiesen mit seinen Panzern und zerfuhr die Wiesen.

Wegen des Schadenersatzes hat sich der Russe sehr unkulant verhalten. Die Bauern aber mußten ihr Heusoll erfüllen, obwohl sie kaum Heu ernten konnten. Da ist es dann in der Sitzung stürmisch zugegangen. Die Bauern hören alle RIAS, daher die Kampfstimmung! Sie schimpften: Mit der Mistgabel müßte man auf die Russen losgehen, und so. Ich habe dann zum Schluß das Wort genommen: Bisher habt ihr immer euer Soll treu und brav erfüllt. Ich verspreche euch, ich setze mich dafür ein, daß ihr um die Sollgeschichte in irgendeiner Form rumkommt. Tut aber weiter eure Pflicht und bringt euer Soll, soweit ihr's eben könnt.

Ich hab' die Bauern ein bißchen am nationalen Herzen genommen. In den Bauern ist das Nationalgefühl noch fest verankert, obwohl die Partei immer alles Internationale als Patriotismus predigt.

Wenn ich so von einer Bauernversammlung nachts noch

mal zum Büro mit ranfuhr – ich hatte ein Dienstmotorrad –, noch irgendwelche Notizen gemacht habe und dann in der Stunde um Mitternacht allein im Büro saß, dann habe ich mich gefragt, wie lange wird das hier eigentlich noch gutgehen; sind die so dumm, daß sie dir vertrauen, oder ist hier 'ne Rute gelegt, wo du draufgehen sollst? Vier Jahre war ich nun schon dabei, und meine Frau sagte immer: Du bist nicht der Mensch zu so 'ner Tätigkeit mit Politik; dich schnappt's noch mal!

Bei meiner Schulung beim Kreisvorstand mußte ich auch ab und zu Vorträge halten und habe mich dafür von meinem ältesten Sohn unterrichten lassen, wie heutzutage die Historie lautet. Ich kenne das Historische von früher, das wirklich Geschichtliche, aber das hat ja heute eine ganz andere Färbung bekommen.

Meine Jungens waren durch die Schule noch nicht verdorben. Sie lernen eben das Sprechen mit zwei Zungen. Meine Jungs lachten mich oft aus: Vati, du sprichst manchmal schon wie so 'n Kommunist in der Diskussion. Aber man gewöhnt sich daran, das Lügen lernt man. Wenn die Jungens zu mir kamen: Vati, wie ist denn das? Dann habe ich ihnen erklärt, also in Wirklichkeit ist das so, aber das darfst du natürlich nicht in der Öffentlichkeit sagen. Weiß schon Bescheid, Vati!

Innere Probleme ergab das für keinen aus unserer Familie.

Im Herbst 1958 wurde ich zu einem achtwöchigen Schulungslehrgang delegiert nach Teutschenthal bei Halle zur Bezirks- oder Zentralschule der VdgB. Da sollte jeder BHG-Leiter den letzten politischen Schliff kriegen. Als ich losfuhr, sagte ich zu meiner Frau: 8 Wochen den Kokolores da anhören, wenn das man nicht schiefgeht. Und nach 4 Wochen bin ich bereits reingefallen. Die Schule war im Schloß des ehemaligen sogenannten Zuckerbarons untergebracht. Der Zuckerbaron hat früher große Güter gehabt und muß ein äußerst tüchtiger Landwirt gewesen sein. Er war wohl auch Großaktionär bei Zuckerfabriken. Sein Schloß war wunderschön und weitläufig. Jetzt zeigte es natürlich Verfallserscheinungen, weil nichts mehr dafür getan wird. Wir waren in Zweibett- und Mehrbettzimmern untergebracht. Ich hatte mit drei Mann ein sehr hübsches Zimmerchen, aber erst mal geguckt, wo vielleicht eine Höranlage eingebaut sein könnte. Überall im Schloß hat man sich nur leise miteinander unterhalten, man konnte ja nicht wissen – die BHG-Leiter sind zu 70 Prozent echt.

Morgens um 6 Uhr ging die Glocke: aufstehen, dann gemeinsames Kaffeetrinken – sehr ordentlich, Verpflegung war gut. Da lassen sie sich nicht lumpen. Wir waren ca. 100 Mann, eingeteilt in vier Seminare. Auf der Schule war ein Durchgang in vier Quartalen, damit alle BHG-Leiter des Bezirks Halle in einem Jahr durchgehen sollten.

Um 7 Uhr früh ging's los im Seminar, 50 Minuten Unterricht, 10 Minuten Rauchpause, 50 Minuten Unterricht, 10 Minuten Rauchpause und immer so fort. Meist nur gesellschaftswissenschaftliche Schulung, bis mittags um 12, dann wurde Essen eingenommen, Mittagspause bis 2 Uhr; dann wieder Unterricht von 2 bis 5 oder 6 Uhr. Also man war bedient. Und den ganzen Mist mitschreiben. Man wurde geprüft, dann wurde Klausur geschrieben. Das Durchschnittsalter der Schulungsteilnehmer war 45 Jahre. Die Genossen hörte man gleich raus. Wir waren in unserm Seminar ein sehr ordentlicher Haufen. Wir hatten fünf Genossen dabei, davon waren vier keine richtigen Genossen. Einer allerdings ein ganz Wilder. Na, die Leute hat man gleich spitz. Trotzdem hat's mich mit so einem erwischt.

Er war 1. Sekretär vom Kreisvorstand, ein großer Kerl mit spitzer Nase, ging so gebeugt und immer um sich rum schielend. Abends saß er meist allein am Tisch, soff Bier in sich hinein und hatte derweil seine Ohren in allen Zimmerecken aufgehängt. Ich ging ganz harmlos an seinem Tisch vorbei, um mir Zigaretten zu holen, blieb nur mal so stehen und fragte: Na, Kollege, wo bist du denn her? Ich bin der erste Sekretär vom Kreisvorstand soundso. Nanu, erwiderte ich, kannst du denn da acht Wochen weg, jetzt bei der Frühjahrskampagne?

Och, die wollen's doch nicht anders, als daß alles drunter und drüber geht, nun sollen sie's doch haben.

Nanu, denke ich und sage: Dann mußt du aber sehr qualifizierte Mitarbeiter haben, sonst könntest du ja nicht weg.

Was mein zweiter Sekretär ist, der hat von Tuten und Blasen keene Ahnung. Der säuft nur auf Kosten der Leute rum.

Ich sage: Das muß aber ein komischer Verein bei euch sein. Und um das Thema zu wechseln, frage ich: Bei euch in der Gegend sind doch viele Sorben; wie verhält es sich denn mit denen?

Ach, sagt der, die Sorben, die fühlen sich bei uns auch nich' wohl. Die wollen selbständig werden. Was meinst du, wenn du bei uns auf einer Bauernversammlung von Politik anfängst, dann quatschen die einfach sorbisch, da verstehst du kein Wort. Wenn du von Naturhilfsfonds anfängst, kriegst du nicht einen Strohhalm oder 'ne Kartoffel – der Naturhilfsfonds soll ja eine Reserve sein für Hochwasserkatastrophen oder ähnliches, um dann den Bauern helfen zu können, aber jeder weiß, daß man diese Reserven jetzt unter die LPGs verteilt hat –, also keine Kartoffeln und keinen Strohhalm geben die, aber wenn die katholische Kirche kommt und sammelt, dann wehen die Hundertmarkscheine. Die sind streng katholisch, die werden nie Sozialisten. Ich bin ja auch katholisch.

Nu' hör mal zu, sag' ich, hier sitz' ich wahrscheinlich auf 'm verkehrten Kahn. Du hast dein SED-Abzeichen am Aufschlag, dann bist du doch ein Materialist, wie kannst du dann noch Anhänger der Kirche sein? Das versteh' ich nicht.

Am Nebentisch saßen sieben Kollegen, die grinsten mich immer an, weil ich mit dem alleine diskutierte. Sie hatten schon immer gesagt: Vorsicht, das ist ein Spitzel! Ich denke, hier hauste ab, hier wird's brenzlig, und will mich verdrükken. Da sagt er zu mir: Also gib erst mal 'n paar Flaschen Bier aus.

Ich? sage ich.

Jawohl, und die bezahlst du, sagt der.

Ich sage: Du, ich will dir mal eins sagen, erste und zweite Sekretäre, die auf Kosten anderer Leute saufen, sind in meinen Augen Lumpen und Strolche, das merk dir. Ich sage: Weil du mir erzählt hast, du bist so 'n treuer und braver Katholik, will ich dir mal eins sagen: Mein Großvater, ein alter Sozialdemokrat, ein bekannter Sozialdemokrat, aus Halle, der hat zu mir als Junge immer gesagt: Junge, wenn du was von der Kirche hörst, halt die Taschen zu, die mausen. Ich sage: Mit deinem Sozialismus, da setz dich mal auseinander, da liegst du nämlich schief. Wenn der Sozialismus so aussieht wie du, dann wandere ich aus. Nach diesen Worten hab' ich mich einfach umgedreht und bin aus dem Gemeinschaftsraum rausgegangen.

Und Freitag, abends um 7 Uhr – wir hatten Seminar, und es waren ungefähr noch 24 Kollegen versammelt –, da sagte der Schulungsleiter: Also Kollegen, hört mal zu, der Sowieso hat hier die Äußerung gemacht: Sekretäre der Arbeiterpartei sind Lumpen und Strolche, saufen auf Kosten des Volkes. Sein Großvater hätte ihm gesagt: Junge, wenn du was von der Kirche und von den Sozialisten hörst, halt die Taschen zu, die mausen alle beide. Und wenn der Sozialismus in der DDR weiter fortschreitet, dann wandert er aus.

Ich sage: Soll ich das sein?

Ja!

Nun hab' ich mich bemüht, die Sache richtigzustellen. Sagte der Schulungsleiter: Du bist der typische Mann, der nur mit der Pistole in der Tasche auf den Tag X wartet.

Dann stand der Parteisekretär auf, ein ehemaliger Zwölfender. Der hatte mir mal beim gemeinsamen Mittagessen erzählt, seine Tochter hätte ein Arbeitsverhältnis bei einem

Großbauern. Ich sagte darauf: Du, ich bin wahrscheinlich hier der einzige Vernünftige, der Sekretär ist Katholik, deine Tochter bei einem Großbauern, und du willst die Bauern sozialistisch umerziehen. Aber die lachen dich doch aus und sagen: Wie können wir auf den hören, wenn seine eigene Tochter noch beim Großbauern arbeitet. Der stand also jetzt auf und schoß gegen mich: Man sieht, wie gemeingefährlich dieser Mann ist. In seinem BHG-Bereich geht die Sozialisierung darum auch nicht vorwärts. Wir haben Beweise, was für zersetzende Gespräche er bei den Bauernversammlungen führt.

Sie hatten sich nun seit Montag – seit meiner Diskussion mit dem Kreissekretär – über mich erkundigt. Hatten Protokolle angefertigt, die mir später vorgelegt wurden. Der Parteisekretär beantragte meine Verweisung von der Schule. Nun wurden meine 24 Kollegen befragt: Ja, was meinst du, Kollege? Was sollten die nun sagen – der Kollege muß natürlich aus seiner Handlungsweise die Konsequenzen ziehn! Nur einer wagte zu erwidern: Ich bin dafür, daß man dem Kollegen Gelegenheit gibt, in den letzten vier Wochen durch besondere Leistungen die Sache vergessen zu machen. Denn wenn eine Strafgeschichte kommt, dann verbittert der Mann und geht dem Staat verloren – wer so zu reden wagt, liegt natürlich vollkommen schief.

Ich sagte: Darf ich mich nun auch mal äußern?

Ja, bitte!

Erst mal möchte ich zu den Ausführungen Stellung nehmen. Ich lasse den Stab nicht über mich brechen von einem Menschen, der ehemaliger Spieß, ehemaliger Zwölfender und jetzt ein 500prozentiger Genosse ist. Ich sage: Du kannst über mich überhaupt nicht urteilen, das merk dir mal. Wenn ich solch ein Staatsfeind wäre, wie ich hier dargestellt werde, dann müßte ich in den vier Jahren als BHG-Leiter schon längst aufgefallen sein. Und zu dem Schulungsleiter sagte ich: Ich soll also der typische Mann sein, der mit der

Pistole in der Tasche nur auf den Tag X wartet? Ich sage: Hättest du deine Schwiegereltern ideologisch anständig überzeugt, wie sich das gehört, dann wären die nicht vor einem halben Jahr nach 'm Westen stiften gegangen. Du bist für mich nicht kompetent.

Der antwortet voller Wut: Wir wollen hier nicht abschweifen; die Organe des Staatssicherheitsdienstes sind bereits im Haus.

Da kamen drei Genossen von der Stasi, die haben mich in Empfang genommen und unten im Büro verhört. Das Verhör war korrekt, aber sie wollten Namen von Kollegen wissen, die angeblich auch Äußerungen getan hätten. Und die Namen habe ich ihnen nicht gegeben. Sie haben mich dann in ihrem Pkw abtransportiert nach Halle zum Polizeipräsidium.

Nun habt ihr ja 'n richtigen Agenten gefangen, sagte ich im Auto. Na, na, na, sagte der vom Staatssicherheitsdienst. Agenten sehen anders aus.

In Halle bin ich dann bis halb fünf Uhr früh vernommen worden, zunächst korrekt, bis wir dann zu dem Punkt kamen, wo ich Namen der Kollegen nennen sollte. Ich sagte: Ich kann mich auf keinen Namen besinnen, ich kenne die Kollegen meist nur mit ihren Vornamen, und außerdem stehe ich noch vollkommen unter dem Eindruck der Verhaftung.

Sie haben Bedenkzeit, eine Viertelstunde, dann fallen Ihnen vielleicht die Namen ein. Wenn nicht, werden wir mal nachhelfen. In welcher Form sie nachhelfen wollten, weiß ich nicht. Ich weiß nur von Mitgefangenen, wo sie schwer nachgeholfen haben.

Ich sagte: Ich bin vier Jahre BHG-Leiter gewesen und habe meinen Bauern vier Jahre lang die Demokratie gepredigt. Ich hab' mal was läuten hören vom Staatssicherheitsdienst und seinen Methoden. Ich kann Ihnen die Namen nicht nennen, und selbst wenn ich sie wüßte, würde ich es nicht tun, um die Kollegen vor dem zu bewahren, was mir noch bevorsteht. Ich sagte: Ich bin beim Russen inhaftiert gewesen und bin nicht geschlagen worden. Wenn ich das hier erlebe, verlassen Sie sich drauf, ich setze mich bis zum letzten zur Wehr.

Nein, nein, entschuldigte sich der Beamte, Sie haben mich falsch verstanden.

Ich habe Sie durchaus richtig verstanden!

Gegen fünf Uhr morgens habe ich dann das Protokoll unterschrieben, nachdem einige Äußerungen eingesetzt worden waren. Dann sagte der Beamte: So, jetzt schließe ich Sie hier erst mal in einen kleinen Raum ein. Versuchen Sie, vielleicht können Sie schlafen. Morgen fahren Sie nach Hause.

Ich habe ihm kein Wort geglaubt. Ich hatte noch ein halbes Paket Tabak und sieben Streichhölzer in der Tasche. Ich hab' mich in der Zelle auf die Bank gesetzt und geraucht und mir gesagt: Nur nicht die Haltung verlieren. Ich bin nicht ängstlich, aber ich dachte, das wird für lange Zeit die letzte Zigarette sein.

Am Morgen schloß einer die Tür auf, guckte bloß so rein: Haben Sie nischt zu sagen?

Nee, sagte ich, habe nichts zu sagen. Hab' den bloß dumm angeguckt.

Nach 10 Minuten kam ein anderer: Kommen Sie raus! Dann ging's die Treppe im Polizeipräsidium runter auf 'n Hof und bis an ein Gitter. Nanu, denk' ich, wo wollen die denn mit dir hin? Der Beamte hatte einen Schein in der Hand. Aha, dachte ich, Einweisungsbefehl. Da ging das Gitter auf, und dann hatten sie mich drin. Sie haben mich in die Einzelzelle gesperrt. Das war Sonnabend früh, so gegen 9 Uhr. Zunächst wurde ich unterwiesen, wie ich mich verhalten müßte, wenn die Tür der Zelle aufginge: sofort zackige militärische Meldung machen.

Montag wurde ich einem Vernehmungsrichter vorgeführt. Ich fragte: Was wirft man mir denn eigentlich vor?

Na, erwiderte der, Sie haben ja da ein paar schöne Dinger losgelassen, mein lieber Mann!

Ich mußte meine Hafteinweisung unterschreiben und bat, wenigstens meiner Frau Nachricht geben zu dürfen, damit sie wüßte, wo ich abgeblieben bin. Um mich persönlich habe ich mir keine Sorgen gemacht. Ich sagte mir, wenn deine Stunde mal ran ist, dann ist sie ran. Aber um die Familie hatte ich eine Mordssorge. Mein Jüngster war Lehrling in einer BHG; was wird man dem Jungen jetzt anhängen? Und der Große als Oberschüler kurz vor dem Abitur! Ich saß in meiner Zelle und grübelte und grübelte. Ich hatte noch nie in so 'nem Salonbau gesessen. Nach fünf Tagen kam ich nach Haftanstalt Steinstraße in Einzelhaft, und dort erhielt ich einen Brief meiner Frau, sie schrieb: Lieber Vati, ich hab' mich schon gewundert, als ich den Briefumschlag erhielt, da stand eine Feldpostnummer oben, ich dachte schon, Dich haben sie eingezogen. Wie es ist, so wird's genommen. Laß den Kopf nicht hängen. Die Hauptsache ist, Du bist zu unserer Silberhochzeit im nächsten Jahr wieder ran. Mach Dir um uns keine Sorgen. Wir sind schon oft alleine gewesen während des ganzen Krieges, und Du kennst mich. Ich halt' durch!

Wie ich den Brief bekam, fiel mir ein Stein vom Herzen. Ich kam dann in Gemeinschaftshaft. Wir waren zu vier Mann in einer Einmannzelle, nur Politische. Ein ehemaliger Berufsschuldirektor aus Merseburg, der hatte ein Jahr wegen antikommunistischer Äußerungen. Wir haben Freundschaft geschlossen. Dann ein Hamburger, der ist von drüben gekommen, wollte Familienzusammenführung machen. Den haben sie zwei Jahre eingelocht. War auch so 'n armer Deibel. Dann ein Hallenser, der wollte mit seiner Frau und seiner Tochter nach dem Westen rüber, der ist geschnappt worden und saß nun wegen Republikflucht.

Ich versuchte, alles von der leichten Seite zu nehmen. Ich sagte zu den anderen: Herrschaften, wenn wir hier nun eben mal Staatsfeinde sein sollen, dann wollen wir denen zeigen, daß wir wirklich was anderes sind als sie. Wir wollen uns nichts nachsagen lassen, aber unsere Verachtung, die sollen sie merken!

Ich wurde Zellenältester. Zeitungen konnte man sich als Untersuchungsgefangener kaufen. Man konnte sich Geld von zu Hause schicken lassen. Wir hatten auch unsere Zivilsachen noch an. Man konnte sich täglich drei Zigaretten kaufen, morgens, mittags und abends eine. Man mußte nur immer die Kippen zurückgeben, wenn man die neue bekam, damit man nicht aus den Kippen und Zeitungspapier neue drehen konnte. Was die Gefangenen dann alles gemacht haben – da wurde aus den Kippen der Tabak rausgepult und Brotkrumen dafür reingetan. Sechs Kippen gaben dann eine Zigarette. Als ich den Zirkus gesehen habe – ich war ein leidenschaftlicher Raucher –, da habe ich mir gesagt, also das machst du nicht mit, so abhängig von einer Sucht wirst du nicht, und ich habe von dem Augenblick an nicht mehr geraucht. Habe für meinen Mitgefangenen, den Hamburger, den armen Deibel, Zigaretten gekauft und konnte dann ruhig dabeisitzen, wenn er rauchte.

Ab und zu war Zelleninspektion. Ein Oberleutnant ging in die Zellen, um zu provozieren. Man muß sich so 'n früheren SS-Führer vorstellen: schöne Breecheshosen, ganz schnieke, fragte nun jeden, weshalb er sitzt. Zu mir sagte er: Ja, ja, das sind so die Doppelzüngler.

Als ich ersten Sprechtag hatte, kam meine Frau. Es wird einem nicht gesagt, daß die Frau da ist. Man wird nur vorher zum Rasieren geführt. Als meiner Frau die Tränen kamen, sagte ich nur mit einem Blick auf den Polizisten, der dabei saß: Wir werden uns doch hier nicht blamieren. Da war sie auch gleich wieder in Ordnung. Sie sagte: Mach dir keine Sorgen um uns, Vati, und die ganze Stadt läßt dich grüßen.

Nach sechs Wochen wurde ich dem Staatsanwalt vorgeführt. Er stellte sich vor: Nehmen Sie Platz! Ich habe noch einige Fragen an Sie zu stellen. Was macht Ihr Gedächtnis? Hat sich das nun gebessert? Ich sagte: Herr Staatsanwalt, das ist damals schon sehr mangelhaft gewesen, und bei den 15 g Schmalz pro Tag ist es nun ganz weg. Ich kann mich an keinen Namen erinnern.

Ich habe dann zu Protokoll gegeben, warum ich nichts sagen kann. Der Staatsanwalt war zynisch. Fünf Minuten dauerte das ganze Verhör. Nach 14 Tagen ließ er mich wieder vorführen. Was macht jetzt Ihr Gedächtnis? Machen Sie sich keinen Ärger. Wir wissen die Namen Ihrer Kollegen sowieso. Sie können Ihre Strafe nur verbessern, wenn Sie sich einsichtig zeigen und aufrichtig sind.

Diesmal dauerte das Verhör eine Stunde. Ich sagte: Herr Staatsanwalt, verstehen Sie etwas vom dialektischen Materialismus? Er guckte ganz erstaunt. Ich sagte: Dann haben Sie vielleicht den Begriff »Kausalität« schon mal gehört. Der dialektische Materialismus sagt, daß eins vom andern abhängt, daß jede Auswirkung ihre Ursache hat. Ich sagte: Wenn der Sekretär nicht so dämlich gequatscht hätte, der Provokateur, dann säß ich nicht hier. Der Lump, der mich angeschwärzt hat, der gehört hier rein und nicht ich.

Bei jedem Verhör haben wir immer auf demselben Zeug rumgekaut. Dann kam mein Termin ran, und ich bekam 10 Monate. Die hab' ich bis zum letzten Tag absitzen müssen. Als sich das Gefängnistor für mich öffnete, bin ich mit meinem Köfferchen rausspaziert bei strömendem Regen zum Bahnhof und mit dem Zug nach Hause gefahren. Ich wußte, was ich wollte, die ganzen zehn Monate über hatte ich es gewußt. Nicht einen Tag länger sollten die mich hier in ihrem Wunderstaat aufhalten, wo Spitzel und Provokateure einen ordentlichen Menschen zu Fall bringen können. Ich kam zu Hause an, meine Frau hatte einen Kuchen gebacken, und ich sagte: Pack ein bißchen zusammen, viel können wir nicht mitnehmen, wir fahren getrennt nach Westberlin, du mit dem einen Jungen, ich mit dem anderen, und im Notaufnahmelager treffen wir alle wieder zusammen – wenn Gott will. Und in Marienfelde sahen wir uns dann wieder. – Auch nicht so einfach!

Austreibung des Aberglaubens

Der Lehrer kam zu uns nach Hause und sagte zu Mutti: *Sie* bringen Ihre Kinder in Konflikte, nicht ich!

Meine zehnjährige Schwester Ursel war ein paar Tage vorher aus der Schule gekommen und hatte erzählt: Herr Nietke hat mich gefragt, na, Ursel, stehst du immer noch zu deinem Aberglauben? Ursel hatte angefangen zu weinen. Der katholische Glaube ist kein Aberglaube, und ich werde es unserem Herrn Pfarrer und meinem Vater sagen!

Und darum war der Lehrer zu uns nach Hause gekommen. Sie müssen mir schon gestatten, Frau G., sagte er zu Mutti, daß ich zu den Kindern in der Schule nach meiner Überzeugung rede. Für Fortschritt und gegen alle Arten des Aberglaubens! Sie können bei Ihrem Kind ja zu Hause Ihren Einfluß geltend machen und es damit in Konflikte bringen, wenn Sie das wollen. In der Schule machen wir unseren Einfluß geltend. Sie haben fünf Kinder. Sie können sich gar nicht so um sie kümmern wie wir, so viel Zeit haben Sie gar nicht. Ich verspreche Ihnen, für Ihre Tochter Ursel werde ich mir besonders viel Zeit nehmen, und nach einem Jahr wollen wir mal sehen, wem sie glaubt!

Mutti ist in ihrer Aufregung zum Herrn Pfarrer gelaufen, und der hat dann mit Ursel gesprochen, und Vati auch. Es war beim Abendbrot, wir saßen alle um den Küchentisch, und da hat Ursel Vati geantwortet: Jetzt sagst du, die Lehrer sind gezwungen, den Kindern manchmal was vorzulügen, was sie selbst nicht glauben. Lügst du deinen Schülern auch was vor?

Vati war Lehrer an einer Hilfsschule. Es war für ihn schwierig mit der Antwort, er versuchte sich rauszureden, daß Lehrer zu Hilfsschülern nicht über politische Sachen zu sprechen brauchten.

Aber neulich hast du uns erzählt von dem großen Jungen,

der aufstand und zu dir sagte: Herr G., glauben Sie das selbst, was Sie da vorerzählen? – Als Ursel das sagte, wurde Vati ganz rot im Gesicht. Ich habe gehört, wie meine Eltern drauf die Nacht im Nebenzimmer gesprochen haben. Mutti war aufgebracht und weinte auch.

Mit Ursel wurde es dann schwierig. Der Lehrer war sehr beliebt, alle Kinder hatten ihn gern, weil er lustig war und weil er immer Zeit für sie hatte. Die Mädchen waren direkt verliebt in ihn. Bei Ursel ging das nur noch: Herr Nietke hat gesagt – und Herr Nietke hat gesagt –. Wir haben sie damit aufgezogen, die Geschwister. Aber Vati war böse; Ursel wollte schon nicht mehr in die Kirche mitkommen. Das gab's natürlich nicht, aber meine Eltern machten sich schwere Gedanken darum.

Ich war damals grade auf die Oberschule gekommen, ich bin die Älteste, nächsten Monat werde ich sechzehn. Wir hatten auch Lehrer, die über Religion spotteten. Auf dem Flur in unserer Schule hing mal ein Plakat – auch in öffentlichen Gebäuden hing das und auch bei unserem Schlachter –, darauf war der evangelische Bischof Dibelius in bunt gezeichnet, wie er die Arme über einer Reihe Atombomben ausbreitet, und darunter stand ein Bibelvers, ich glaube: Lasset die Kindlein zu mir kommen – oder so was Ähnliches.

In der Grundschule hatten wir noch Religionsunterricht im Schulgebäude, in der siebten Stunde oder nachmittags. Da rissen Kinder die Klassentür auf und schrien rein: Lieber Gott im Himmel, du hast 'nen großen Fimmel, oder sie legten der Lehrerin einen nassen Schwamm auf den Stuhl.

Einmal hatten wir keinen Raum für den Religionsunterricht, da mußten wir mit der Lehrerin in den Flur gehen. Wir hockten so auf dem Fensterbrett, wir waren auch nur zwei.

Mutti hat mich mal sehr gescholten, daß ich nicht aus der Klasse rausgegangen bin, wie der Lehrer sagte: Die Missionare haben unter der Tarnung des Glaubens nur den Kapitalismus verbreiten wollen! – Aber ich kann doch dann nicht einfach aus der Klasse rausgehen, habe ich zu Mutti gesagt, dann komm' ich vor den Direktor. Und der schmeißt mich von der Oberschule.

Mutti ist bei einer Weihnachtsfeier in unserer Aula mal rausgegangen. Da standen oben auf dem Podium in einer Reihe Schüler in blauen FDJ-Hemden. Einer sagte an: Jetzt werden wir mal vormachen, wie früher an einer Schule Weihnachtsfeiern eingeleitet wurden. Und sie fingen an ganz langgezogen »O du fröhliche« zu singen, so zu plärren, damit die Leute darüber lachen sollten. Viele Kinder haben auch gelacht, Eltern nicht. Dann hieß es: So, nun singen wir euch ein Lied unserer Zeit vor. Und dann schmetterten sie: Brüder, zur Sonne, zur Freiheit. Alle mußten klatschen. Da ist Mutti aufgestanden und rausgegangen. Vati wollte das nicht, weil es ihm schaden könnte. Er ist doch auch Lehrer. Der Direktor hat von oben her mit wütender Stimme gerufen: Wann der Saal verlassen wird, bestimme ich! Es waren noch andere Eltern rausgegangen.

Die Hälfte der Kinder in unserer Klasse war in der FDJ. Die andere Hälfte sollte natürlich auch noch rein, eine Lehrerin hat in einer Pause die aus der FDJ um sich gesammelt und ihnen den Auftrag gegeben, uns alle in die FDJ zu werben durch Überzeugung. Auf dem Schulhof mußten sie mit uns diskutieren. Zu einer Mitschülerin sagte ich: Wenn ich mal rübergeh' nach Westberlin ins Kino, da treff' ich bestimmt welche von unserer Schule, und die sind dann auch bestimmt in der FDJ. (Wer in der FDJ ist und in der Oberschule, darf nicht nach Westberlin!) – Also warum macht ihr solche Schwindelei? Wie könnt ihr mich noch überzeugen wollen? Und deine Mutter geht ja auch rüber nach Westberlin, 'nen Bückling einkaufen für die Katze. Ich weiß das!

Biste ruhig! sagte das Mädchen. Die war fanatisch. Das mit ihrer Mutter und den Bücklingen war ihr peinlich. Die ist auch nicht mit rübergelaufen, als wir bei einem Klassenausflug an der Sektorengrenze über die Straße rannten und uns drüben im westlichen Kiosk Apfelsinen und Kaugummis kauften. Die Lehrerin hat weggeguckt, ist auf der Ostseite stehengeblieben, mit ein paar Schülern; einer hatte Angst, weil er der Sohn eines Volkskammerabgeordneten war, dem haben wir den Kaugummi mitgebracht.

Soll ich noch erzählen, wie es mit polytechnischem Unterricht an unserer Schule war? Ich ging auf die Carl-von-Ossietzky-Schule. Seit 1958 war der polytechnische Unterricht eingeführt, und unsere Klasse, Jungen und Mädchen, Vierzehn- und Fünfzehnjährige, wurden in einem Glühlampenwerk eingesetzt. Einmal in der Woche, fünf Uhr aufstehen, um sieben mußten wir in der Fabrik sein. Wir standen zu zweit und dritt in den Abteilungen und mußten Glühbirnen prüfen und einpacken. Eine schwere Arbeit war das nicht. Andere hatten es schwerer an den Maschinen. Wir mußten über unsere Arbeit ein Berichtsheft führen, das wurde in der Schule zensiert.

Das Jahr darauf hatten wir alle acht Tage abwechselnd theoretischen und praktischen Unterricht. Theoretischen Unterricht gab es in der Berufsschule vormittags von 8 bis 1, wir lernten Betriebsökonomie, Werkzeugkunde und technisches Zeichnen. Der praktische Unterricht war in einer großen Werkstatt. Unsere Eltern mußten uns dazu einen Arbeitsanzug kaufen. Sie mußten auch eine Einwilligung unterschreiben, daß ihre Kinder in den Produktionseinsatz durften. Viele Eltern haben nicht unterschrieben, meine auch nicht. Wir mußten trotzdem hin.

Ich machte als Werkzeugstück einen Schraubenschlüssel und eine sechskantige Mutter, bekam auch eine gute Note dafür. In meinem Zeugnis stand: Produktionsunterricht: praktisches Arbeiten gut, theoretische Arbeiten sehr gut. Die Prüfung als Rohrschweißer konnte ich nicht mehr machen, weil ich Tuberkulose gehabt habe. Auch die Lehrer mußten sich qualifizieren, mußten sich einen Arbeitsanzug kaufen und die Rohrschweißerprüfung genau wie die Schüler und Schülerinnen machen. Ich durfte nicht, weil meine Mutter zur Amtsärztin gegangen war, die Arbeit war zu schwer für mich, es strengt mich alles an. Aber ich hätte so gern alles mitgemacht.

Die Amtsärztin ist auch Katholikin, sie hatte die Schulfürsorge und ist zum Direktor gegangen und hat gesagt: Maria muß vom praktischen polytechnischen Unterricht befreit werden, ihre Tuberkulose ist grade erst ausgeheilt. Man kann im Westen mit Recht dem Osten vorwerfen, der schindet seine Jugend, darum gehen auch so viel weg in den Westen! – Da sagte der Schuldirektor: Sie sehen das nur vom Gesundheitsstandpunkt, wir sehen das vom politischen Standpunkt, und da haben wir recht. – Ja, aber auf den Knochen der Kinder, hat die Amtsärztin ihm geantwortet.

Ich wurde vom polytechnischen Unterricht befreit.

In meinem Herbstzeugnis – ich habe es mitgebracht, Sie können es lesen – schrieben sie dann:

Maria ist fleißig und rege im Unterricht. Trotz ihrer durch jahrelange Krankheit begründeten Schwäche zeigte Maria im Produktionsbetrieb gute Arbeitsbereitschaft und führte ihre Aufträge sorgfältig und fleißig durch. An den Einsätzen der Klasse konnte sie aus gesundheitlichen Gründen nicht teilnehmen. Sie sollte sich aber deshalb nicht gehindert fühlen, ihr Bekenntnis zu unserem Arbeiterstaat der Klasse gegenüber deutlich zum Ausdruck zu bringen.

Daß ich die Einsätze nicht mehr mitzumachen brauchte, darüber war ich froh. Das waren Westeinsätze. Die Oberschüler werden klassenweise mit Propagandamaterial nach Westberlin rübergeschickt, das müssen sie dort in den Wohnungen durch die Briefschlitze stecken. Wir bekamen unsern Bezirk zugeteilt, da mußten wir mit den Zetteln unter der Jacke rüber. Eine aus meiner Klasse hat mal eine Mitschülerin angezeigt, weil sie gesehen hat, wie die im Wedding den ganzen Packen einfach in eine Mülltonne im Hof schmiß.

Die Oberschüler, die in der FDJ sind, bekommen besondere Westeinsätze; zum Beispiel vor Wahlen in alten Trainingsanzügen und mit einem Kleistertopf rüber und Zettel ankleben. Trainingsanzüge darum: Wenn Polizei kommt und sie überrascht, sollen sie sich so geben, als wenn sie eben Halbstarke wären, gegen die Wand lehnen und die Zettel verdecken. Davon werden die Sachen schmutzig. Einen Jungen aus der Klasse über mir hat mal ein Westpolizist geschnappt und mit aufs Polizeirevier genommen. Nun sag schon, daß du Westeinsatz machen mußtest, sagte der Polizist. Das hast du doch nie im Leben freiwillig gemacht! Aber der Junge war ein Überzeugter, er blieb standhaft, hat gesagt: Nee, damit hat niemand sonst was zu tun, das mache ich aus Überzeugung. – Der war aber auch wirklich überzeugt.

Meine Eltern haben das nun jahrelang alles erlebt mit uns Kindern. Und meine Eltern sind sehr kirchlich. Sie wußten nicht, wie sie uns noch schützen sollten. Keins von uns war Junger Pionier oder in der FDJ. Und jetzt sollten meine beiden kleinen Schwestern in ein Landschulheim geschickt werden von der Schule aus – die Eltern können nichts dagegen machen –, wo in vier bis sechs Wochen die Kinder so weit gebracht werden, daß sie selbst ankommen und bitten, in die Jungen Pioniere oder in die FDJ aufgenommen zu werden. Besonders hartnäckige Kinder, die nach den vier bis sechs Wochen Bearbeitung immer noch nicht soweit sind, kommen ein zweites Mal hin.

Als das meine Eltern hörten, war das Maß voll. Sie hatten schon lange überlegt, ob sie nicht rübersollten, aber mein Vater hatte Kinder in der Hilfsschule, die wollte er nicht im Stich lassen. Ein Mädchen – sie war schon siebzehn –, die konnte nur mit ihm lernen, die war ganz verloren ohne meinen Vater, und er sagte immer, wegen Elvira kann er nicht weggehen. Aber Mutti hielt ihm vor, daß er fünf eigene Kinder hätte, an die er erst einmal denken mußte.

Meine Schwestern und ich sind dann alle paar Tage rübergefahren zu einem Herrn Kaplan in Westberlin, hatten immer drei, vier Sachen übereinander an, die haben wir bei ihm gelassen. Es waren grade die heißesten Tage im Juni und wir in Jacken und Mänteln.

Die Caritas hat uns geholfen, daß wir die Zweizimmer-Wohnung bekamen, das Haus gehört der Kirche.

Ich gehe in eine Ostklasse. Auf drei Schulen in Westberlin gibt es Ostklassen für Kinder, die von den Ostschulen kommen und sonst keinen Anschluß an den westlichen Unterricht haben würden. Vati sollte eine Stelle als Hilfsschullehrer in Westberlin bekommen, es war ihm versprochen worden, und darum sind wir in die Wohnung gezogen, und von der Kirche wurde uns mit Möbeln geholfen. Aber dann hieß es, Vati kann doch nicht ankommen in Westberlin, und er sollte rüber nach Westdeutschland. Er wurde rübergeflogen und hat jetzt eine Anstellung an einer Schule in Aachen. Nun wollen sie ihn wieder nach Berlin zurückhaben, aber er hat schon in Aachen unterschreiben müssen, daß er erst mal dort an der Schule bleibt. Inzwischen wird der Platz in Berlin wieder besetzt. Was soll Mutti nun bloß machen? Sie sitzt mit uns fünf Kindern in Berlin in der Wohnung, und wir gehen alle zur Schule. Mutti sagt, wir können nicht schon wieder umgeschult werden, und sie bleibt mit uns in Berlin.

Das Flugblatt

Ich war Lehrling bei der MTS, wollte Motorenschlosser werden. Hab' zuerst 67 Mark im Monat bekommen, später gab's mehr, bis 112 Mark. Ich hab' zu Haus bei meiner Mutter gewohnt, die ist Witwe. Meine Oma wohnt da auch mit. Meine Mutter hat als Näherin verdient.

Wir lebten in einem Dorf, da war eine große MTS. Ich wär' ja gern in die Industrie gegangen, aber Freigabe von der Landwirtschaft muß der Direktor der MTS geben. Der gibt sie aber nicht. Arbeitswechsel aus der Landwirtschaft ist jetzt verboten. Ein Traktorist bei der MTS bekommt 500 Mark im Monat. Wenn nun die MTS von der LPG übernommen wird – wie das jetzt überall geht –, dann bekommt er nur noch 280 Mark, wird nur nach Arbeitseinheiten bezahlt. Da will der Traktorist natürlich weg. Aber das gibt's nicht.

Bei uns in der MTS erschienen auch die Werber für die NVA. Einmal wurden wir vorgeladen zum Rat des Kreises. Dort standen die Offiziere von der NVA und wollten uns überzeugen, in die NVA einzutreten, schon bevor wir unsere Lehre beendet hatten. Sie nehmen Jungens von 17½ Jahren an. Ich war grade 17½ Jahre.

Wenn man nicht für die NVA unterschrieb, dann war man bei Prämien nie dabei. Bei der NVA sollten wir 270 Mark im Monat bekommen und alles frei. Damit wollten sie uns lokken.

Als wieder mal so ein Werber in die Werkstatt kam, hab' ich gesagt: Also laßt mich in Ruhe, wenn ich schon zu 'ner Armee muß, dann noch lieber zur NATO als in die NVA!

Hab' dem das so hingeknallt, weil die ein' ja ganz verrückt machten! Das war natürlich dumm von mir. Der sagte auch sofort: Diesen Ausspruch muß ich oben melden. Ich dachte, na, dann melde mal. Aber ich hab' doch nicht gedacht, daß er das tut.

Ich wurde zum Leiter von der MTS befohlen, und der hat mich fertiggemacht. Und dann kam in unserm Betrieb ein Flugblatt raus, unterschrieben von zwei Brigadieren. Wie ich morgens komm', gibt's mir schon ein Traktorist: Da, lies mal, das geht dich an! Da schlackerten mir die Knie.

Flugblatt:

Der Kollege A. S. ist der Meinung: »Ich gehe lieber zur NATO als zur Nationalen Volksarmee.« Er will also lieber in der westdeutschen Bundeswehr gegen unseren Arbeiter- und Bauernstaat kämpfen und der Arbeiterklasse in den Rücken fallen, als in den Reihen unserer Nationalen Volksarmee den Schutz unseres Arbeiter- und Bauernstaates gewährleisten und damit den Frieden erhalten. Bei der Aussprache mit unserem Werksleiter brachte er zum Ausdruck, daß er »diese ewigen Belästigungen« – damit meint er die Aussprache über die Heimatverteidigung – satt hat. Ist das eine Belästigung, wenn man aufgefordert wird, sich selbst und sein Eigentum zu schützen? Ihr jungen Kollegen habt die Entwicklung vor dem 2. Weltkrieg nicht miterlebt. Sie war die gleiche, wie sie heute von den Kriegstreibern in Bonn verfolgt wird. Tatsache ist, daß in Westdeutschland die Wehrpflicht eingeführt ist, die Bundeswehr mit Atomwaffen ausgerüstet und Abschußbasen an der Grenze unserer Republik, gegen unsere Städte und Dörfer gerichtet, aufgebaut sind.

Arbeiterinnen und Arbeiter unserer sozialistischen Brigaden, seid ihr der Meinung, daß der Ehrendienst unserer nationalen Streitkräfte eine Belästigung ist?

Unser Jugendfreund A. S. zieht den Dienst in der NATO vor und schlägt sich offen in das Lager der Feinde unserer Republik.

Meiner Mutter gab ich das Flugblatt auch zu lesen. Die kriegte große Angst um mich und sagte: Unterschreib bloß für die NVA jetzt, sonst sperren sie dich ein!

Da hab' ich unterschrieben. Die NVA-Offiziere haben mich noch aufgeklärt, wenn noch mal so was passierte und ich meine Einstellung nicht änderte, sollte ich den Staat von der anderen Seite kennenlernen! Für diesmal wollten sie mir ermöglichen, mich in der NVA zu bewähren.

Ich hab' zu meiner Mutter gesagt: Also ich hab' unterschrieben, aber ich geh' nicht in die NVA, ich hau' ab in den Westen.

Du gehst nicht, sagte meine Mutter, ich verbiete dir das!

Da hab' ich meiner Mutter dann nichts mehr gesagt und bin eines Nachts heimlich weg. Bin mit dem Rad bis in die Stadt gefahren und da in den Zug nach Berlin gestiegen. In Schönefeld war dicke Kontrolle am Morgen, aber ich hatte Glück. In unserem Abteil saß ein Herr, fein angezogen, der kam mit mir ins Gespräch, woher und wohin ich reisen will, wollte er wissen, und was für einen Beruf ich hätte. Er wollte sehr viel wissen.

Ich erzählte, daß ich in die NVA eintrete und daß ich ganz begeistert dafür wäre.

Da kommt in Schönefeld die Kontrolle. Vier von der Polizei gingen von Abteil zu Abteil. Als sie zu uns kamen und meinen Ausweis sehen wollten, klappte der Herr nur sein Revers um: Kriminalpolizei! Ist schon gut, sagte er, nicht nötig! und winkte ab. Er hatte also das Abteil schon auf seine Art gesichert. Die Polizisten salutierten nur und gingen weiter.

Das Heimkind

Also ich will mal von Anfang an erzählen: Vater war Maschinist in Leuna, wir wohnten in Leuna. Ich hab' noch eine Schwester und einen Bruder. Mein Vater ist öfters nach Westberlin gefahren. Da hat ihn mal ein Nachbar gebeten, Federbetten für ihn mitzunehmen, weil er türmen wollte. Vater nahm die Federbetten mit, aber dann ist er geschnappt worden mit den Federbetten; sie haben ihn zurückgeschickt, die Federbetten auch, und es wurde gemeldet im Werk. Ein Flugblatt kam im Betrieb raus, daß Vater Federbetten nach Westberlin verschieben wollte. Da hat Vater den Mann, der das Flugblatt gemacht hat, besinnungslos geschlagen. Danach wollte Vater mit uns allen türmen. Aber wir sind vor Berlin geschnappt worden, und sie haben uns zurückgeschickt. Dann hat Vater es noch mal allein versucht, und allein ist er durchgekommen. Er arbeitet jetzt in Dortmund. Mutti arbeitete in Leuna in einer großen Wäscherei. Wir mußten doch essen, wir waren doch vier. Dann versuchte Mutti ein Jahr später mit uns zu fliehen. Wir kamen bis Zossen. Da übernachteten wir bei einer Tante. Eine richtige Tante war das nicht. Wir schliefen schon, da klopfte es an der Haustür. Wir wachten auf, weil es so klopfte. Meine Tante wollte nicht aufmachen, aber sie mußte. Es war Kriminalpolizei. Sie holten Mutti. Ich schlief mit meiner kleinen Schwester in einem Bett zusammen. Wir hatten Angst, wir weinten. Mein Bruder schlief auf dem Fußboden. Mutti hatte auf dem Sofa gelegen. Früh um 5 Uhr kam sie zurück. Die Polizei hat alles gewußt, sagte sie und war ganz aufgeregt. Unsere Nachbarin hatte das verpfiffen, die war mal Muttis Freundin. Die wußte auch von der Tante in Zossen. Die Polizei hat Mutti verhört und hat dann gesagt, wir müssen alle sofort nach Leuna zurückfahren. Aber Mutti wollte nicht zurück nach Leuna, sie wollte in den Westen. Da haben wir alle noch Kaffee bei der Tante getrunken früh um 6 Uhr, und dann hat Mutti uns Kinder genommen und ist in Zossen in den Zug gestiegen, aber nicht in den nach Leuna, in den nach Berlin! Vor Berlin hat uns die Polizei aus dem Zug rausgeholt und zurücktransportiert nach Leuna im abgeschlossenen Abteil. Meine Mutti hat die ganze Fahrt über geweint. Zu Hause hat Mutti nichts anderes gedacht, als wie wir wieder wegkommen. Sie war ganz verrückt davon. Da hab' ich zu meiner Mutti gesagt: Fahr du allein mit Hella – Hella ist meine kleine Schwester –, mit Hella allein kommst du schon durch, wenn du uns alle dabei hast, geht es eben nicht. Ich habe zu Mutti gesagt, daß ich mit meinem Bruder allein fahren will. Wenn sie uns schnappen, dann sollen sie uns schnappen. Mutti wollte erst nicht, weil ich noch so klein war, ich war 12. Mein Bruder war 16. Dann ist Mutti mit Hella doch in einem anderen Zug gefahren. Mein Bruder und ich fuhren von Halle in der Nacht ab. Unser Abteil war voll. Wir dachten, da finden sie uns vielleicht nicht raus. Aber vom ZBK (Zugbegleitkommando) gingen welche durch den Zug – die fahren die ganze Strecke bis Berlin mit –, die hatten Zeit, sich die Leute anzusehen, und holten uns raus. Sie nahmen noch andere aus dem Abteil mit, und wir kamen alle in ein Sonderabteil zur Leibesvisitation. Bei mir fanden sie ja nichts, aber mein Bruder hatte zuviel Papiere. Wir wurden an einem Berliner Bahnhof ausgeladen und kamen in eine Männerzelle. Auf dem Bahnhof war auch noch ein Raum für Frauen und einer für Familien. Aber ich kam zu den Männern. Wir waren den ganzen nächsten Tag eingeschlossen, zu essen bekamen wir nichts. Dazwischen machten sie Verhöre; mein Bruder und ich kamen zusammen zum Verhör. Ich fing dabei an zu weinen. Ich habe so gebetet, daß man uns hinfahren läßt, wo meine Mutti ist. Ich wußte ja noch nicht, wo sie ist. Aber ich glaubte fest, daß sie durchgekommen war nach Westberlin. Es hat nichts geholfen, daß ich so gebetet hab'. Sie haben meinen Bruder und mich weitertransportiert zusammen mit anderen Republikflüchtigen zum Ostbahnhof. Das ging mit der S-Bahn über eine Station, die heißt Warschauer Brücke. Da haben ein paar Männer neben uns gesagt: Hier ist der Westsektor nah', hier springen wir raus aus dem Zug, wenn er hält! Mein Bruder sagte zu mir: Wir springen mit raus. Aber wie der Zug Warschauer Brücke einfuhr – wir standen alle ganz eng im ersten Wagen, wo der Zugführer ist –, da war schon der Bahnsteig voll mit Trapo. Die stellten sich vor unser Abteil so lange hin, wie der Zug hielt. Wir kamen nicht raus. Auf jedem Bahnhof ging es so. Immer vor unserem Abteil Trapo. Am Ostbahnhof wurden wir rausgeführt und kamen wieder in so eine große Zelle. Ich saß auf dem Fußboden, weil für mich kein Platz mehr zum Sitzen war. Danach wurden wir in einen Zug gebracht, in ein abgeschlossenes Dienstabteil, und der Zug fuhr los, wohin, wußten wir nicht. Auf der Fahrt war ich entsetzlich müde. Mein Bruder saß mir gegenüber und sprach auch nicht. Wir wußten ja gar nicht, was mit uns wird. In Zeuthen hielt der Zug, da mußten wir raus und kamen ins Durchgangsheim mit Betten übereinander. Aber da waren soviel Menschen drin, wir konnten immer noch nicht schlafen. Von da kamen wir nach Halle ins Durchgangsheim, da waren wir nochmals fünf Tage. Dann wurde ich in ein Kinderheim gesteckt, und mein Bruder kam woanders hin, den habe ich nie mehr gesehen. Einmal Weihnachten, da hat er mir geschrieben, daß er in einem Wohnheim ist. Ich bin immer im Kinderheim geblieben, ich war sehr unglücklich da. Einen gemeinen Erzieher hatten wir, und die Heimleiterin war auch nicht gut mit uns. Ich war auch sehr viel krank, ich bekam Blutschwamm, und dann bekam ich Tuberkulose, und darum bin ich auch so klein geblieben. Jetzt bin ich 14. Zwei Jahre war ich in dem Heim. Siebenmal habe ich versucht auszubrechen. Ich wollte rüber in den Westen zu meinen Eltern. Mutti war jetzt mit meinem Vater zusammen in Dortmund. Sie hatten da nur meine kleine Schwester, und

Vater arbeitete. Eine Wohnung hatten sie auch. Mutti hat mir manchmal geschrieben. Ich durfte wiederschreiben, den Brief mußte ich der Heimleiterin offen abgeben; ich hab' aber heimlich geschrieben. Meine Mutti hat mir mal Päckchen geschickt aus dem Westen, die wurden immer geöffnet vom Heim, und eine Niethose wurde rausgenommen. Niethosen waren amerikanisch! Mein Vater hat ans Jugendamt geschrieben und an die Regierung, immer wieder hat er an die Regierung geschrieben, sie sollen mich doch freigeben, sollen mich doch rauslassen aus der DDR, weil ich doch ein Kind bin und zu meinen Eltern muß. Die Regierung hat das nicht erlaubt. Ich durfte nicht zu meinen Eltern. Da bin ich eben immer wieder ausgebrochen und hab' versucht durchzukommen bis Berlin. Aber ich kam ja nie über die Grenze, weil ich ja noch keinen Personalausweis hatte. Erst mit 14 Jahren bekommt man den. Als ich 14 wurde, bekam ich meinen Personalausweis auch noch nicht. Den nahm die Heimleiterin und schloß ihn in ihren Schreibtisch ein, damit ich nicht türmen konnte. Ich hab' alles versucht, ihn zu bekommen. Ich wollte ihn schon stehlen. Da fiel mir was ein, das hab' ich mit meinem Freund besprochen, der hat mir dann geholfen. Das war mein einziger Freund, der wohnte mit seinen Eltern gegenüber von dem Heim, die Eltern hatten noch ein Privatgeschäft, die haben mir manchmal Geld gegeben, weil ich geholfen hab' mit den Kisten beim Auspacken. Sie haben mir auch zu essen gegeben. Ich konnte manchmal in der Familie sein; das war schön. Zu meinem 14. Geburtstag hat mir die Frau einen Topfkuchen gebacken. Ich bin an einem Sonntag früh zu der Heimleiterin gegangen und hab' angeklopft, und sie sagte: Was willst du? Ich sagte: Meinen Ausweis möchte ich bitte haben. Heute nachmittag ist ein schöner Film, da möchte ich gerne hin. Der ist aber nur für über 14 Jahre, und mir glaubt keiner, daß ich 14 bin. Da hat sie mir meinen Personalausweis gegeben. Mein Freund hatte schon die Fahrkarte für mich besorgt nach Ostberlin.

Ich bin dann zu der Zeit, wo das Kino anfängt, aus dem Heim weg, so wie ich war, Hose und Hemd, keine Jacke. Mit meinem Freund habe ich mich hinter dem Bahnhof getroffen. Der hat mir die Fahrkarte gegeben und noch 20 Mark mit einem schönen Gruß von seinen Eltern. Ich bin dann in den Zug gestiegen. Zweimal war Kontrolle. Ich habe furchtbare Angst gehabt. Ich konnte dem Trapo kaum antworten, wie der fragte: Na, Steppke, wo willste denn hin? Zu meinem Bruder will ich nach Berlin, hab' ich gesagt. Na, viel Spaß, hat der gesagt. Am Ostbahnhof bin ich ausgestiegen und wußte nun nicht, wie ich in den Westsektor komme. Ich hab' nicht gewagt zu fragen. Hab' dann da so rumgestanden, es war schon Abend und kalt. Ich hatte so Angst. Ich bin dann zu einem großen Plakat gegangen, das war ein Stadtplan von Berlin, auf dem habe ich mir angesehen, wohin die Züge gehn. Wenn ich in den Zug nach Potsdam stieg, dann mußte der durch den Westsektor fahren. In so einen Zug bin ich eingestiegen. Dann wurde plötzlich ausgerufen: Das ist der letzte Bahnhof im demokratischen Sektor! Da kamen dann welche rein in blauer Uniform, sind durch die Wagen gegangen, und einer hat mich so angeguckt. Da habe ich noch mal große Angst gehabt. Aber er ist weitergegangen und hat andere rausgeholt, Erwachsene. Dann fuhr der Zug los. Am Bahnhof Zoologischer Garten dachte ich, hier muß doch Westsektor sein, die Leute sahen so anders aus, und bin ausgestiegen. Bin dann so rumgelaufen und hab' immer noch nicht gewagt zu fragen. Schließlich habe ich doch eine Frau gefragt, ob hier Westsektor sei. Die Leute waren sehr nett mit mir, gaben mir heißen Kaffee zu trinken und eine Decke, daß ich die Nacht da ein bißchen schlafen konnte. Und am nächsten Morgen gaben sie mich im Lager ab.

Vorwort zur Erstausgabe (1960)

Die einzige Eingangstür zum Gebäudekomplex des Flüchtlingslagers trägt das Schild:

Der Leiter
des Bundesnotaufnahmeverfahrens
in Berlin

Wer durch diese Tür tritt, muß an einem weiteren Schild vorbeigehen:

Vorsicht
bei Gesprächen (Spitzelgefahr)
bei Einladungen (Menschenraub)
im Schriftverkehr mit der Ostzone
Sektorengrenze beachten

Dann ist er in der Welt zwischen Ost und West, im Lager. Die Gesichter der Menschen sind von »drüben« geprägt; hierher, zu uns, gehören sie noch nicht, das Leben in Freiheit hat für sie noch nicht begonnen.

Die Hunderte, die täglich eintreffen, werden eingewiesen, untersucht, registriert, mit Laufzetteln versehen und dann durch Warteräume vorwärtsgeschoben. Sechzehn Stempel müssen die Laufzettel zeigen, ehe der Flüchtling auf Staatskosten ein Flugzeug nach Westdeutschland besteigen kann.

Da sind die drei alliierten Sichtungsstellen, drei Stempel! Die drei deutschen Befragungsstellen, drei Stempel! Polizei, Aufnahmeausschuß, Ländereinweisung, Ländervertretung, Stempel, Stempel, Stempel! Den letzten drückt die Abflugstelle auf das Papier, und wenn der Flüchtling keine Arbeit in Westdeutschland nachweisen kann, keine Wohnung, keine Verwandten hat, die ihn aufnehmen, geht es mit dem Flugzeug wieder in ein anderes, ein neues Lager.

In dieser ungewöhnlichen, menschlich und politisch

schwierigen Situation habe ich mit Flüchtlingen gesprochen, denn nur in den Lagern ist es möglich, Menschen aller Alters- und Berufsgruppen aus der Zone, dem anderen Teil Deutschlands, zu treffen.

Zehn Jahre früher war ich denselben Weg nach West-Berlin gegangen, aber jetzt saß ich Menschen gegenüber, deren Sprache ich nicht mehr genau verstehen konnte. Sie gebrauchten Wörter und Redewendungen, die ich zuerst gar nicht begriff, Bezeichnungen wie GST, NVA, VdgB klangen in meinen Ohren wie eine fremde Sprache.

Dazu kam meine anfängliche Scheu und Erschütterung, auf die ich nicht gefaßt war. Jahrelang hatte ich in der Zone gelebt, hatte immer wieder Leute aus der alten Heimat gesprochen, hatte Zeitungen gelesen – die täglichen Flüchtlingsstatistiken. Jetzt hatte ich es nicht mehr mit Zahlen zu tun. Mir gegenüber saß ein Mann, der weinte, eine Frau, die, als sie zu sprechen begann, einen Herzanfall bekam.

Diese Monotonie der Angst! Ich habe sie monatelang erlebt. Von September 1959 bis Juni 1960 haben mir fast hundertfünfzig Flüchtlinge in den Lagern West-Berlins und Westdeutschlands, in meiner Wohnung, in fremden Wohnungen, in Cafés und Restaurants ihr Leben oder Bruchstücke ihres Lebens erzählt.

Würde man diese Arbeit fortsetzen, die Namen, die besonderen Umstände würden andere sein, aber die Wirklichkeit, schon namenlos gewordener Augenblick, bliebe immer gleich. Unter denen, die heute in der Zone leben, sind die Flüchtlinge von morgen. Es gehört oft nur ein Bruchteil dessen, was man seit 1945 ausgehalten hat, dazu, um das Gewicht unerträglich zu machen und den Entschluß zur Flucht auszulösen.

Nicht jedes Schicksal, das mir erzählt wurde, ließ sich niederschreiben. Vieles wiederholt sich – die Methoden der SED in Weimar sind die gleichen wie in Rostock –, vieles davon ist im Westen bekannt. Und wer hat schon viel Schicksal in den Bereichen seines persönlichen Lebens! Den meisten der Flüchtenden wird das Schicksal vom Staat gemacht und wie eine Uniform übergezogen.

Nicht mehr der Einzelne, nicht der offenkundige Gegner des Systems, der Widerstandskämpfer, fallen unter diese Schicksale, sie wurden längst vom Regime beseitigt oder zur Flucht getrieben. Heute sind es fast ausschließlich Menschen aus der Masse der Unpolitischen, kleine Leute, die nichts anderes wollen, als in Ruhe leben und arbeiten, die das Leid eines politischen Schicksals zu tragen haben.

Wie ein solcher Mensch sich auch bemüht, stillzuhalten, auszuhalten, sich anzupassen und mitzulaufen, eines Tages wird er stolpern und zur Flucht getrieben, oder seine Nerven verlassen ihn. Er verliert Heimat, Hab und Gut, ohne zu begreifen, warum gerade ihn das Schicksal so hart trifft.

Dieses Buch gehört den einfachen Menschen, denen, die sonst stumm bleiben. In diesem Buch sollen sie zu Wort kommen. Die Intellektuellen haben ihre eigenen Möglichkeiten. Keine westdeutsche Zeitung wird es sich entgehen lassen, die Kritik eines Linksintellektuellen am SED-Staat oder gar die Selbstkritik eines abtrünnigen Funktionärs zu publizieren. Und das ist nur gut. Aber wer gibt all den Tausenden, ja den Hunderttausenden kleiner Leute, die es nicht gewohnt sind, vor der Öffentlichkeit zu sprechen, eine Stimme?

Ich bitte den Leser, zu bedenken, unter welchen Umständen diese Berichte entstanden sind. Jeder Flüchtling, den ich darum gebeten habe und der die Notwendigkeit begriff, sprach mit dem leidenschaftlichen Wunsch, den Menschen im Westen etwas von seinem bedrängten Leben im anderen Teil Deutschlands begreiflich zu machen. Des freien Sprechens ungewohnt, trug viele der Fluß der Worte weit hinaus – plötzlich schreckten sie auf. Viele wurden von Gefühlen überwältigt. Die Erregung, die Übersteigerung gehört zum Flüchtling. In seiner Heimat hat er sich allein mit seiner

Angst gefühlt, allein bei seinem schweren Entschluß zur Flucht. Plötzlich befindet er sich im Notaufnahmelager inmitten einer großen Schicksalsgemeinschaft, plötzlich kann er frei sprechen, zum erstenmal seit Jahren, vielleicht zum erstenmal überhaupt.

Der Flüchtling sieht sich in der westlichen Welt bereits im Notaufnahmelager vor viele Schwierigkeiten gestellt, die ersehnte Freiheit beginnt für ihn erst einmal als bürokratischer Zwang. Er muß sich dem Notaufnahmeausschuß stellen und die Gründe seiner Flucht darlegen, muß, wenn er als politischer Flüchtling anerkannt werden soll, nachweisen oder glaubhaft machen, daß ihn »besondere Zwangslage« zur Flucht trieb, eine durch politische Verhältnisse der Sowjetzone bedingte Zwangslage.

Die Notaufnahme, die dem Flüchtling bestätigt, daß er Bürger der Bundesrepublik ist, wird fast jedem gewährt.

Die Hoffnung des Flüchtlings aber ist der C-Ausweis. Kaum einer wagt es heute noch, die Flucht mit einem Koffer anzutreten; sein einziger Besitz, den er mitbringt, könnte der Anspruch auf Anerkennung als politischer Flüchtling, der C-Ausweis sein. Damit erhielte er das Anrecht auf bevorzugte Wohnraumzuteilung, Hausratsentschädigung und Steuerermäßigung für drei Jahre. Aber bei den wenigsten Flüchtlingen ist die Voraussetzung für die Anerkennung als politischer Flüchtling gegeben, nur 15-17% erhalten den C-Ausweis.

Es gibt also zwei Kategorien von Flüchtlingen. In dieser unerläßlichen Unterscheidung liegt aber auch alles an Unzulänglichkeit, was sich aus der Schwierigkeit ergibt, die Wahrheit herauszufinden, Recht von Unrecht zu unterscheiden und Gerechtigkeit walten zu lassen.

Unendlich viele folgen ja einfach dem Sog aus dem Westen, sie wünschen nichts anderes als ein freieres, leichteres, ein schöneres Leben. Sie alle fühlen sich dem glücklicheren Bruder aus dem Westen gegenüber so sehr benachteiligt, leiden unter Minderwertigkeitskomplexen, wenn sie ihm gegenübertreten. Wer will es verargen, wenn mancher versucht, für sich einen »politischen Fluchtgrund« zu konstruieren, um die – wie bescheidenen! – Vorteile eines »anerkannten Flüchtlings« zu erhalten.

Mag nun auch das, was der eine oder andere im Notaufnahmeverfahren zur Begründung seiner Flucht oder über Begebenheiten und Verhältnisse in der Sowjetzone vorbringt, mitunter fragwürdig sein, so wird er doch das Gesamtbild der Situation in Mitteldeutschland nicht verfälschen können. Tausende von Aussagen liegen vor, sind seit Jahren gesammelt, werden immer wieder kontrolliert, gegeneinander abgewogen. Und nicht nur Aussagen von Flüchtlingen, auch von Menschen, die in der Zone bleiben.

Der Bewohner der westlichen Welt kann also wissen, was hinter der Zonengrenze vor sich geht, wenn er sich die Mühe macht, es wissen zu wollen.

Sicher wird der Leser sich manchmal – genauso wie ich – fragen: Stimmt das auch, was da erzählt wird?

Ich muß es noch einmal sagen: Ob es im Leben des Einzelnen nun so oder so zugegangen ist, die Totalität des Regimes und die Unmenschlichkeit seiner Maßnahmen stehen hinter jedem von ihnen und machen jeden Bericht, auch den Bericht dessen, der lügt, zu einer schrecklichen Wahrheit.

Der Leser sollte, auch wenn er nur die Stimme des Erzählenden hört, an der Art, wie die Worte gewählt und gesetzt wurden, spüren, wo Wahrheit gesprochen und wo gelogen wird und um was für einen Menschen es sich handelt. Ich habe ihm ja gegenübergesessen, sah ihn an, während er berichtete. Für mich ist auch heute noch das Bild jedes Einzelnen deutlich in dieser langen Reihe, an deren Anfang eine rührende und zierliche Gestalt steht.

Sie stand eingezwängt zwischen anderen Wartenden im Flur einer Befragungsstelle. Es war mein erster Tag im Notaufnahmelager, der Tag, an dem ich mit meiner Arbeit beginnen wollte; ich hörte, wie die Leute aufgerufen wurden, nur mit Vornamen und Geburtsdatum – und eine junge, hübsche Frau im geblümten Kleid, still, mit einem sanften Lächeln, löste sich aus der Reihe und trat vor.

Vielleicht sprach ich sie nur deshalb an, ohne zu wissen, wer sie war und was sie erzählen konnte, weil mir noch der Mut fehlte, mit den anderen zu sprechen, mit diesen Männern in Lodenmänteln, in schwarzen, kunstledernen Joppen, und mit den Frauen und ihren harten, verhärmten Gesichtern.

Dann saßen wir uns in dem kleinen, kahlen Raum gegenüber, ihre stillen, ganz schwarzen Augen blickten mich an. Mit selbstverständlicher Offenheit antwortete sie auf meine Fragen:

Ja, ich bin aus Westdeutschland in die Zone gegangen. Wenn Sie ein Buch schreiben wollen, und ich erzähle Ihnen alles, und es kommt in das Buch, dann liest es vielleicht jemand im Westen, der gerade dieselbe Dummheit begehen will wie ich damals, und er tut sie nicht, weil er das Buch gelesen hat, und mein Elend bleibt ihm erspart

Und dann begann die Frau zu erzählen, ohne die Stimme zu heben. Mit dieser Stimme beginnt das Buch, beginnt die Reihe der Berichte; dreiundvierzig Schicksale von drei Millionen Flüchtlingen – von siebzehn Millionen, die in der Zone leben.

Berlin, im Sommer 1960 *Erika von Hornstein*

Abkürzungen

BGL	=	Betriebsgewerkschaftsleitung
BHG	=	Bäuerliche Handelsgenossenschaft
DFD	=	Demokratischer Frauenbund Deutschlands
DHZ	=	Deutsche Handelszentrale
DSF	=	Gesellschaft für Deutsch-Sowjetische Freundschaft
FDGB	=	Freier Deutscher Gewerkschaftsbund
FDJ	=	Freie Deutsche Jugend
GPG	=	Gärtnerische Produktionsgenossenschaft
GST	=	Gesellschaft für Sport und Technik
Gewi	=	Gesellschaftswissenschaftliches Grundstudium
HO	=	Handelsorganisation
KVP	=	Kasernierte Volkspolizei
LPG	=	Landwirtschaftliche Produktionsgenossenschaft
LDPD	=	Liberal-Demokratische Partei Deutschlands
MTS	=	Maschinen-Traktoren-Station
NVA	=	Nationale Volksarmee
ÖLB	=	Örtliche Landwirtschaftsbetriebe
PGH	=	Produktionsgenossenschaft des Handwerks
SED	=	Sozialistische Einheitspartei Deutschlands
SMAD	=	Sowjetische Militäradministration
SSD	=	Staatssicherheitsdienst (Stasi)
Trapo	=	Transportpolizei
VAB	=	Versicherungsanstalt Berlin
VdgB	=	Vereinigung der gegenseitigen Bauernhilfe
VEB	=	Volkseigener Betrieb
VP	=	Volkspolizei (Vopo)
VVB	=	Vereinigung Volkseigener Betriebe
VVN	=	Vereinigung der Verfolgten des Naziregimes